음파메세지(氣) 성명학

신비한 동양철학 51

음파메세지(氣) 성명학

청암 박재현 편저

삼한

清岩 朴在鉉

본명 박청묵(朴淸默)
경북 영천시 고경면 단포리 133번지 출생
신의 계시로 입산수도 7년 만에 사주팔자 득도
사주팔자를 자연의 기(氣)과학으로 정립
격국과 용신을 새로운 측면에서 해석
음파메세지(氣) 성명학·한글이미지 성명학 창시
PSB TV 출연
MBC TV「우리 이름 가는 길을 묻다」단독출연
울산 매일신문 오늘의 운세 연재
울산 제일일보 오늘의 운세 연재
여성문화대학 생활역학 강사
사회단체 민족정신계승회 수석연구위원
한울경제연구소 자문위원
(주)행복한결혼 자문위원
전 음파이름학회 회장
전 음파메세지성명학회 회장
현재 한글이미지 음파작명원 운영

저서 :『참역학은 이렇게 쉬운 것이다』(삼한)
　　　『참역학은 이렇게 쉬운 것이다②|완결편』(삼한)
　　　『해몽정본』(삼한)
　　　『음파메세지(氣) 성명학』(삼한)
　　　『스스로 공부하게 하는 방법과 천부적 적성』(삼한)
　　　『한글이미지 성명학』(삼한)

검색어: 음파메세지, 음파작명
홈페이지 http://www.음파.kr, www.dao119.com

변함없는 전화 0505-516-2626
휴대폰 010-3566-0344

음파메세지(氣) 성명학

1판 1쇄 발행일 2002년 12월 16일 | 1판 2쇄 발행일 2013년 9월 16일

발행처 삼한출판사 | 발행인 김충호 | 지은이 박재현
신고년월일 1975년 10월 18일 | 신고번호 제305-1975-000001호

411-776 경기도 고양시 일산서구 일산동 1654번지 산들마을 304동 2001호
대표전화 (031) 921-0441 | 팩시밀리 (031) 925-2647

값 39,000원
ISBN 89-7460-083-8 03180

■ 머리말

이름에도 기(氣)가 흐른다. 기가 어떻게 흐르냐구요? 이름의 기는 누군가가 당신의 이름을 부를 때마다 생겨 많은 영향을 준다. 좋은 이름은 좋은 운을 만들어 하는 일마다 잘 되게 하고, 나쁜 이름은 나쁜 운을 만들어 하는 일마다 어렵게 만들 수 있으므로 이름보다 더 중요한 것은 없다. 회사나 상품 이름도 마찬가지다.

이렇게 중요한 이름은 전문가에게 부탁하는 것이 가장 좋으나 그 전문가를 구별하는 데도 지식이 필요하다. 그 지식을 이 책에서 얻을 수 있고, 좀더 깊이 연구하면 본인이 직접 지을 수도 있을 것이다.

지금까지의 모든 성명학은 모순 투성이라 참고할 만한 부분은 극히 일부분이다. 이제 새로운 시대에 맞는 새로운 성명학이 필요하다. 그래서 이 책을 내게 되었다. 바야흐로 수리획수에 의한 성명학 시대는 가고 음파메세지 기(氣)성명학 시대가 열린 것이다.

독자 여러분들도 이 책을 끝까지 잘 공부한 후에 아이의 이름을 짓거나 회사 이름이나 상품 이름을 지을 때 참고하면 좋은 결과를 얻을 수 있을 것이라고 믿는다.

지은이 박재현 올림

적응편

제 1 장. 기초편

1. 이름이란

　이름이란 사물(事物)에 대한 명칭이다. 그 사물이 갖고 있는
특성과 존재의 이유를 다른 사물과 구별 될 수 있도록 만물의
영장인 사람들이 붙여준 기호가 이름이다.
　태양, 달, 별, 동식물, 무생물 등 이 세상에 존재하고 있는
모든 만물은 제각기 이름을 갖고 있다. 그러나 사람의 눈에 뜨
이지 않는 것은 아직까지도 이름이 없고 이름의 가치를 느낄
수도 없다.
　그 중에서도 이름 모를 잡초들도 많다.
　그러나 언젠가는 그 잡초들도 사람의 눈에 뜨일 것이고, 잡초
를 발견한 그 사람은 그 잡초의 특성과 모양이나 형태에 잘
어울리는 이름을 지어 주게 되고 많은 사람들이 그렇게 정해
진 이름을 부르게 될 것이고, 사람들은 그 이름을 듣거나 부르

게 되면 그 잡초의 모습이 자연스럽게 떠오르게 될 것이다.

그러한 현상이 일어나도록 하는 것이 바로 이름이다.

즉 이름이란 사물의 존재 그 자체인 셈이다. 우리가 돼지라고 부르면, 꿀꿀거리며 먹이를 찾는 욕심쟁이이며, 조금은 바보스러워 보이는 돼지가 연상되듯이 이름 없는 잡초의 모습이 돼지와 그 생김새나 모습이 비슷하여 돼지꽃 이라고 이름 지어 주었을 때, 우리는 돼지꽃 하면 그 이름이 없던 잡초의 모습을 생각하게 되니 그 잡초의 이름은 돼지꽃이 되는 것이다.

이렇게 한번 정하여진 이름은 바뀌어지지 않으며 영원토록 불리어 질 것이며 지구가 존재하는 한, 그 이름도 존재하게 될 것이다.

이처럼 이름은 사물의 명칭이며 모습이며, 존재의 값어치를 나타내 주는 매우 중요한 것이다.

꽃을 예로 들어보면 할미꽃 하면 우선 떠오르는 것은 뒷동산이고, 허리가 꼬부라진 할미꽃과, 우리네의 인정 많고 인자하신 할머님의 모습이 생각나고, 호박꽃 하면 넝쿨 채 늘어져 있는 호박이 생각나지 않고 못생긴 여자의 모습이 떠오르게 된다.

그것은 못난 여자를 호박꽃에 비유하다 보니 호박꽃 하면 호박꽃 보다 못난 여자가 떠오르게 되는 것이다.

이러한 현상도 이름이 주는 연쇄 반응의 메세지 때문이고, 장미꽃하면 아름다운 사랑의 이야기가 생각나고, 백합꽃 하면 순수하고 고귀한 여성을 연상하게 한다.

이렇게 이름이란 제각각 깊은 뜻과 오묘한 뜻을 함께 공유하고 있다.

 우리는 이렇게 중요하고 소중한 이름을 짧은 지식과 소견으로 함부로 지어서 부르고 있으니, 어떻게 만물의 영장이라고 호언장담 할 수 있겠는가?

 조금만 더 연구하고 노력하면 멋지고 좋은 이름을 지을 수 있고 나쁜 운도 개운할 수 있는데도 사람들은 제 잘난 멋에 살아가는 이기적인 동물인지라 고통과 아픔을 감수하면서도 되지도 않는 옹고집을 꺾지 않는지도 모른다.

 이름의 소중함과 중요성을 다시 한번 생각해 보는 지혜가 필요하다.

2. 이름의 신비
(이름이 전달하는 음파 메세지(氣))

　앞에서도 말했듯이 이름을 부르면 그 이름의 주인공이 생각나게 되는데 말 못하는 동식물이나 무생물도 말을 할 수만 있다면 자기의 이름을 부를 때 반가이 대답하고 반기게 될 것이다.
　말은 못해도 지능이 발달된 동물들은 자기의 이름을 부르면 달려오는데 그 중에서도 개는 말로써 대답은 못해도 부르는 사람에게 다가와 꼬리를 흔들며 꼬리로써 대답을 한다. 왜냐하면 자기의 이름을 불러주기 때문이다.
　실험을 통하여 과학적으로 증명된 사실을 알아보면 꽃에게 즐겁고 아름다운 음악을 들려주었을 때 음악을 듣지 않은 다른 꽃보다도 더 아름답고 탐스러운 꽃을 피었었고, 자라나는 가축에게 즐겁고 아름다운 음악을 들려주었을 때 평상시 음악을 듣지 않았을 때 보다 더 건강하고 성장도 더 빨랐다는 것이다.
　이것은 비록 말은 못 하지만 좋은 느낌으로 음악을 듣고 받아들임으로써 신체 리듬이 좋아지고 신진대사가 더욱 좋아져서 신체는 건강해지고 성장은 더 빨라지게 된 것이다.
　사람도 이와 마찬가지로 즐겁고 아름다운 음악을 듣는 것과 같이 자기를 부르는 이름이 좋고 좋은 메세지를 전달해주면 기분도 상쾌하고 하는 일도 잘 될 것이고, 부르는 이름이 나쁘거나 좋지 못한 메세지를 전달하게 되면 기분이 나빠지는 것은 물론이고 신체 리듬도 깨어지고 하는 일 마다 장애가 생기고 해결이 잘 되지 않는 것이다.

　예를 들면 갑이라는 정상적인 사람을 두고 주위에 있는 사람 모두가 '바보'라는 이름으로 불렀을 때 갑은 처음에는 화만내는 정도가 되겠지만 머지 않은 날에 갑은 나는 정말로 '바보'인가 하는 생각을 하게 되고 그 생각이 깊어질수록 갑은 바보 아닌 '바보'가 되어 버리고 말 것이다.

　이렇게 자기에게 향하는 '바보'라는 개념이 결국은 그 사람을 '바보'로 만들게 되는 것이다.

　이것은 이름을 부르는 사람이 바보의 모습과 행동을 의식중이든 무의식중이든 생각하면서 갑을 부르기 때문에 이름을 부르는 사람이 생각하고 있는 바보의 모습과 행동이 메세지(氣)가 되어 갑에게 전달되고 갑은 무의식 속에서 메세지(氣)로 변한 바보의 모습과 행동을 받아들이게 되는데, 이러한 것이 반복되므로 해서 결국에는 갑은 바보의 기(氣)가 강하게 작용하게 되고 갑도 바보란 뜻을 알고 있음으로 하여 바보 아닌 바보가 되고 마는 것이다.

　이렇게 이름이 전달하는 메세지(氣)는 조금씩 조금씩 누적되여 엄청난 힘을 발휘하게 되는 것이다.

　그렇지만 밝고 좋은 이름은 전자 와는 반대의 현상으로 밝고 좋은 메세지(氣)를 전달해 줌으로써, 그 사람을 편안하게 하여 주고 하는 일마다 순조로울 것이며 속시원하게 해결 될 것이다.

3. 역학과 성명학

사주팔자대로 살아가지 않는 사람 없고, 운명은 실수가 없다.
그렇다면 이름이 좋아봐야 살아가는 데에 아무런 소용이 없다
는 생각이 들게 된다.

사주팔자는 조물주(神)가 정해준 운명이고, 이름은 그 운명을
좀 더 좋은 방향으로 유도 하고자 하는 후천적인 노력이다.

이름이 나쁘면 운도 나쁜 운을 맞이하고, 이름이 좋으면 나쁜
운을 좋은 운으로 유도하게 된다는 것을 믿기는 어렵겠지만
믿을 수밖에 없는 것이 현실이다.

어차피 이 세상에 출생하게 되면 나의 존재를 알리는 부호가
있어야 하는데 그것이 바로 이름이다.

이왕지사 갖게 되는 이름이라면 밝고 좋은 이름을 지어서 손
해 볼 일은 없을 것이며 오히려 득이 될 것이다.

발음하기도 어렵고 부르면 별로 유쾌하지 않는 이름은 나에게
좋은 느낌으로 와 닿지도 않고 부르는 사람 또한 기분이 좋지
않을 것이다.

우리의 부모님들은 곧잘 개똥이, 돌쇠, 말자 등으로 부르곤
하였는데 부모님들은 귀여운 자식들에게 별생각 없이 이름을
지어서 부르셨겠지만, 진즉 그 이름의 주인공들은 동네 아이들
의 놀림감밖에 되지 않았다.

어린 시절에만 수모를 당하는 것이 아니라, 그 여파는 평생동
안 따라 다닌다.

이렇게 이름이 좋지 않을 때 남들은 놀리기도 하고 이름이 좋

지 않다고 말하기도 하는데 이럴 때는 정말 내 이름이 나쁠까? 돈도 벌지 못하고 명성도 얻지 못하고 하는 일마다 방해가 많을까? 하고 생각하다 보면 결과는 그렇게 나타나고 마는 것이다.

그것은 이름의 주인공이 계속 그렇게 생각하고 그 이름을 부르는 제 3 자들도 그와 비슷한 생각을 하면서(무의식적으로) 이름을 부르게 되니 이름의 주인공에게 좋지 않는 기(氣)만 형성하게 되니, 그 이름이 암시하고 있는 대로 돈도 잘 벌어지지 않고, 명성도 얻기 힘이 들며 하는 일마다 막히니 힘겹고 어려운 삶이 되고 마는 것이다.

이처럼 이름은 무서운 암시력을 내포하고 있고 이름이 갖고 있는 암시력을 무시해서도 안되고 무시 할 수도 없는 것이다.

앞에서 바보에 대한 예를 들어 알아보았듯이 부르는 사람의 생각이 의식적이든 무의식적이든 생각되어지는 이름의 메세지(氣)가 이름의 주인공에게 작용하여 좋은 이름은 좋은 운으로 유도하게 되고, 나쁜 이름은 나쁜 운으로 유도하게 된다.

운명의 전체가 되든 아니면 운명의 어느 한 부분이든....

평생을 부르고도 또 후손 대대로 기억되는 이름, 이왕이면 좋은 이름, 밝고 명랑한 이름, 불러서 기분 좋고 들어서 기분 좋은 이름을 지어서 사용해야 한다.

범은 죽어서 가죽을 남기고 사람은 죽어서 이름을 남긴다는데 우리는 지금 이름의 불감증 시대에 살고 있지는 않는지 모르겠다.

사람은 태어날 때부터 거지가 없고 도둑이 없고 강도나 살인자 또한 따로 없다.

다만 자기의 주어진 천명(天命)대로 살아가지 못하거나, 아니면 노력은 하지 않고 희망 사항만 많다거나, 아니면 욕심만 많아 가지고 한탕만 노리다 보면 제대로 풀려 나가는 일은 없고 하는 일마다 장애물뿐이다.

이럴 때 이름까지 좋지 않아서 나쁜 운이 합세한다면 나쁜 운은 힘을 배가하게 되니, 거지가 되고 도둑이 되고 강도나 살인자가 되어 그야말로 어둡고 침침한 뒷골목 인생 중에서도 가장 밑바닥 인생이 되고 말 것이다.

이와는 반대로 욕심 내지 않고 현실에 만족하며 최선을 다하다 보면 이 세상이 바로 천국인데 이때에 이름까지 밝고 좋다면 금상 첨화가 아닌가?

사주 팔자 좋다고 자랑하지 말고 이름 좋다고 자랑하지 마라.

사주 팔자도 좋아야 하고 이름도 좋아야 하며 이와 함께 노력도 게을리 하지 말아야 한다.

이 세 박자가 잘 조화되어야 만이 정말로 멋진 삶 멋진 인생이 될 것이다.

서양의 과학이라는 것은 이론상으로도 부합되어야 하고 또 합리적이어야 한다. 그렇지 않은 초현실적인 일들이 실제로 많이 일어나고 있는데도 불구하고 많은 지식층들의 사람들은 그러한 초현실적인 일들을 비과학으로 몰아 세우고 과학적으로는 설명이 되지 않는 부분은 미신으로 함축 시켜 버린다.

눈에 보이는 것만 과학이고 눈에 보이지 않는 것은 비과학이라면, 이 우주 속에서 살아 움직이는 모든 생명체들은 눈에 보이는 음식만 섭취하고 살아가는 것만이 아니고 눈에 보이지 않는 공기를 섭취하여 그 속에서 필요한 생체 에너지를 공급받음으로써 생명을 유지할 수 가 있는 것이다.

 눈에는 보이지 않는 공기이지만 단 몇 분간만 섭취할 수 없다면 그 생명체는 귀중한 생명을 잃게 되는 것이다. 이렇게 중요한 공기에는 생명체에는 없어서는 안될 생체 에너지가 존재하고 있고, 그 생체 에너지가 바로 살아 숨쉬고 있는 모든 생명체의 운명을 좌우하고 또 운명대로 살아가도록 만드는 것이다.

 이러한 일을 분석하고 증명해 줄 수 있는 과학이 아직 수준 미달이기 때문에 믿을 수 없다고 생각될지는 몰라도 언젠가는 그 신비의 베일은 벗겨지리라 확신한다.

 근래에 와서 서양의 과학자들이 동양의학을 연구하고 동양의 사상과 철학을 심도 깊이 연구하고 있는데 그것은 서양의 눈에 보이는 과학이라는 학문이 한계에 도달했다는 것이다.

 예를 들어보면 서양 의학은 같은 병에 걸린 환자는 같은 주사와 약으로 처방을 하는데 그것은 정말 위험 천만한 일이다. 사람은 저마다 타고난 체질과 생활하는 환경이 다른데 어떻게 일률적인 치료 방법으로 치료 할 수 있다는 말인가? 그래도 간혹 병이 완쾌되는 사람이 있다면 그것은 환자의 몸이 스스로 치유했다고 밖에 볼 수 없다. 이러한 처방은 비과학적이고 비합리적이다.

 그러하다면 동양의학은 어떻게 치료하는가.

 동양 의학은 같은 질병에 걸렸다 하더라도, 그 사람의 체질에 따라 그 처방이 다르다는 것이다. 체질에 맞게 처방하는 동양의학과 체질을 무시하고 일률적으로 처방하는 서양의학 중 과연 어떤 방법이 과학적이고 합리적인가는 누구든지 알 수 가 있다.

똑같은 질병에 걸리더라도 체질에 따라 처방을 하는 동양의학의 근본적인 바탕은 역학의 기본 학문인 음양 오행학 이다.

그 기초적인 개념을 살펴보면 음기가 많은 사람은 음기를 설기 시켜 주는 약이나 음기를 다스리는 약으로 처방하게 되고 양기가 많은 사람은 양기를 설기 시켜 주는 약이나 양기를 다스리는 약으로 처방하게 되는 것이다.

이렇게 체질에 따른 처방을 하게 되면 그 치료 기간이 매우 짧아지고 근본적인 치유가 되는데 그 반대로 음기가 많은 사람에게 양기가 많은 사람의 처방을 하거나 양기가 많은 사람에게 음기가 많은 사람의 처방을 하게 되면 병은 더욱더 악화될 것이고 그 치료 기간은 매우 길어지게 된다.

이렇듯 동양 의학은 음양오행을 기초로 하여 발달되어 왔고 체질에 따른 처방으로 건강한 기(氣)를 북돋아 줌으로써 질병의 근원을 송두리째 뽑아 버림으로 하여 보다 나은 건강한 몸을 유지하게 되는 것이다.

그러나 서양의학은 약물만을 투입하여 병균 자체만을 죽이기 때문에 실제적으로 건강과는 거리가 먼 치료 방법인 것이다.

동양 의학의 근본 바탕이 된 음양 오행학이란 동양 철학에서 연구하던 학문인데 음양 오행학이란 바로 우리가 숨쉬고 있는 공기 속의 생체 에너지의 실체를 분석하여 그 요소 요소를 학문으로 분리함으로써 생체에너지를 느낄 수가 있었으며 그 음양 오행학은 인간의 운명과 접목시킴으로 하여 인간의 운명을 미리 알아 볼 수 있었으니 이것은 지극히 과학적이고 합리적 인데 반하여 서양의 과학은 공기 중의 산소, 질소, 일산화탄소 등을 분석해 내었지만 음양 오행의 실체를 찾아 내지 못했다.

이것은 바로 서양의 과학이 동양의 철학에 한참 뒤쳐져 있다는 증거인 셈이다.

즉 서양 과학으로 설명할 수 없는 음양 오행학은 동양에서는 아주 오랜 옛날 5000여 년 전부터 긴 세월을 두고 연구 발전되어 오고 있다.

음양 오행학이 인간이 살아가는데 있어서 필요하지 않거나 인간의 운명과 일치하지 않았다면 5000여 년이란 긴 세월동안 명맥을 이어 올 수도 없었고 벌써 오래 전에 소멸되었을 것이고 영원히 인류 역사 속으로 사라져 버렸을 것이고 현재까지 존재 할 수도 없었을 것이다.

5000여 년이란 세월을 뛰어 넘어 현재 이 순간에도 동양의 많은 학자들이 음양 오행학을 연구하고 있다는 사실은 인간의 과거와 현재 미래를 정확하게 들여다 볼 수 있어서일 것이다.

학문이 인간이 살아가는데 도움이 되지 않는다면 그 학문은 학문도 아니고 쓸데없는 글자의 나열에 불과 한 것이다.

이것을 더 쉽게 얘기해 보자면 농촌에서 농사만 열심히 짓고 있는 농부에게 무슨 영어, 일어, 프랑스어, 라틴어 등이 필요 하겠으며, 배워서 회화가 유창한들 농사 짓는데 무슨 도움이 된다는 말인가 ?

농부에게 필요한 것은 사계절의 변화를 알아 볼 수 있는 능력과 농사에 꼭 필요한 산지식일 뿐이다.

농부에게 외국어 교본을 갖다 주면은 그들은 그것으로 무엇을 할 것인가는 답이 나와 있다. 쓸데도 없고 필요하지도 않으니 버리지 않으면 책장을 찢어서 종이로써만 사용하게 될 것이니 그 종이에 인쇄되어 있는 글씨는 없는 것보다 더 못한 것이다. 깨끗한 종이이면 다른 용도로써 사용할 수가 있으니까.

이렇게 사용할 수도 없고 이용가치도 없는 학문이 바로 동양 철학의 최고라 일컬어지는 주역이다. 주역은 학문으로써는 그 값어치가 높을지는 몰라도 인간의 운명에는 전혀 도움도 되지 않고 인간의 운명을 알아 볼 수도 없다.

주역은 주역 그 자체로써의 학문일 따름이지 사주팔자와는 전연 연관성이 없는 독립된 개체이다. 일부 역학자 들은 사주팔자 하면 주역을 들먹이는데, 이것은 바로 나는 무식한 놈이외다 하고 선전하고 다니는 것과 똑같다.

이 사실은 주역 학자 스스로도 알고 있다. 98년 ○ 월 ○ 일 모 텔레비전 방송국에서 사주 팔자에 대한 특집 방송이 있었는데, 서울에 있는 ○○ 대학교 동양철학과 교수 김○○ 가 역학은 미신이고 사기다 하고 강력하게 주장하였는데, 그 말은 틀림없는 말이다.

이 사람은 동양 철학의 꽃이라는 주역만 열심히 연구하다 보니 인간의 운명과는 별개라는 것을 뼈저리게 느꼈다는 것이다.

주역을 전문으로 연구하는 학자의 입에서 역학은 미신이고 사기다 하니 주역은 틀림없이 그냥 학문일 뿐이고 인간의 운명과는 전연 상관이 없다는 것이 명명백백한 사실이다.

그러나 여기서 이 학자에게 권하고 싶은 게 있다.

하나만 보는 사람이 되지 말아 달라는 것이다. 어차피 동양 철학을 연구하는 학자이면 인간의 운명을 좌지우지하는 사주 팔자란 학문을 연구해 보았으면 한다.

만능이라고 일컬어지는 컴퓨터는 실수가 있어도, 사주팔자는 무서우리 만큼 실수가 없는 정확한 과학이다. 역학 자들은 신의 학문이라고 까지 말하는 역학을 미신으로 몰아 부치고 있는 사람들은 주로 사주 팔자가 좋아 글께나 배운 사람들로써 다음과 같은 부류가 있다.

먼저 선거철만 되면 철학관 이나 점 집으로 몰려드는 정치인 들이다.

뒷구멍으로는 철학관 이나 점 집에 드나들면서도 입으로는 자신의 입지 때문인지 체면 때문인지 입으로는 역학은 미신이다 라고 말하고 다니는 거짓투성이의 정치인이고, 그 다음은 지도 층에 있는 학자들이다.

동양 철학의 최고 학문인 음양 오행학을 쥐뿔도 모르면서 역학은 미신이다 하는 유식한 학자들이다.

그러나 그들은 실제로는 인정하면서도 그놈의 체면 때문에 역학을 미신으로 몰아 부치는 최고로 바보 같은 무식쟁이이다.

일본은 1910년 한일 합방이후에 제일 먼저 서두른 것이 역학 말살 작전이다. 한 민족의 근본 뿌리는 무속 신앙(무당과는 다름)이고, 그 무속 신앙으로 결집시키는 것이 역학이라는 것을 일본은 감지하고 국내에 있는 많은 역학서적들을 압류 수거하여 불살라 없애 버렸고, 언론 매체나 입으로 통하여 역학은 미신이라고 선전하였으니, 순진하고 소박한 우리 백성들은 그 말에 속아 넘어 가게 되니 36년이란 세월 속에서 역학은 미신으로 전락되고 말았던 것이다.

조선시대 말엽까지도 훌륭한 역학자가 많았는데 일제 식민지 시대를 거치면서 역학자 수는 줄어들고 역학은 퇴보하고 말았다.

일본의 역학 말살 작전 이후 역학서도 없었고, 역학을 가르치는 사람도 없었고 역학을 배우려는 사람도 없었으며, 결국은 역학의 수난 시대를 맞이하게 되었는데, 그나마 역학을 조금 접한 서투른 학자들만이 그 명맥을 유지 해 왔는데, 학문이 짧으니 사주 풀이가 정확하지 않고, 그 적중률이 낮고 함으로써 오히려 미신 쪽으로 더 흐르게 되지 않았나 생각된다.

그러나 해방을 전후하여 훌륭한 학자들이 많이 나와 크게 발전되어 오늘날 그 적중률이 100% 에 가깝게 달했는데도, 이 시대에 살고 있는 지식층들은 아직도 미신 쪽으로 밀어 부치고 있는 것이다.

자기의 체면이나 자기가 연구하고 있는 학문만 최고라고 주장하고 자기가 살아오면서 큰 어려움을 당해 보지 않았기 때문에 노력하면 무엇이든지 다 이룰 수 있다는 어리석은 생각으로 역학을 미신으로 생각하는 것이다.

내가 잘 살았다고 후손도 잘 산다는 보장 없고 나도 언제 어느 시기에 고통받는 일을 당할지는 알 수가 없는 일, 지금 이 순간에도 고위 공직자의 일부나 재벌 그룹의 총수의 일부가 쇠고랑을 차고 재판을 받고 있다는 사실을 명심하여야 할 것이다.

당신이라고 예외는 될 수 없으니까.

그리고 역학을 미신으로 보는 이유 중에서 가장 비중을 많이 차지하는 부분이 바로 역학과 무당을 동일시하기 때문이다. 역학을 무당과 동일시 보는데 한 몫을 하는 부분이 바로 매스컴이다. 물론 자기 회사의 이익을 찾아서 하는 행위이겠지만 무당들이 나오는 대로 중얼거리는 말을 예언이랍시고 같이 덩달아 부추기니 역학도 도매금으로 미신화 되는 것이다.

왜냐하면 그들의 예언이 대부분 틀리기 때문이다.

그러한 예언은 누구라도 할 수가 있다. 맞으면 인기를 얻게 되고, 틀려도 책임이 따르지 않기 때문이다. 그렇게 마구잡이로 예언을 해 대는 무당들에게 그 책임을 묻는다고 하면 그들은 결코 예언 따위는 하지 않을 것이다. 애초에 모르고 하는 예언이었으니까. 무당과 역학은 엄연히 다른 분야이다.

무당이란 어쩌다가 영적인 투시로 그 사람의 순간적인 일을 맞추는 수가 있는데, 그런 영적인 능력을 갖춘 사람은 일부분이고 대체로 당 사주를 갖고 눈치 놀음을 하는 것이 대부분이다.

그러나 역학은 다르다.

역학은 학문으로써 제대로만 본다면 똑같은 운명으로 나오게 되고 10년 후에 보나 100년 후에 보나 동일한 운명이 나온다는 사실이다.

과거는 맞는데 미래는 맞지 않다고 하는 바보들이 있는데, 이것은 잘못된 생각이다.

미래가 현재가 되고 현재가 과거가 된다는 사실을 명심해야 한다. 역학은 학문으로써 정확하기 때문에 사람의 운명은 타고난다는 것이다.

운명을 선천적으로 타고난다는 것은 자기의 천직을 임무 받고 태어난다는 것이다. 자기에게 주어진 천직대로 살아가게 되면 일평생 부귀 영화와 함께 편안하게 살아가게 될 것이고 천직을 모르거나 외면하고 제멋대로 살아가게 되면 인생 길 굽이굽이 눈물과 고통뿐이며 한 많은 생을 살아가게 된다.

이러한 학문을 입에서 나오는 대로 중얼거리는 무당과 동일시하여 미신으로 몰아 버리는 사람은 아무리 지식이 있다 하여도 필자는 이렇게 말하고 싶다.

제 잘난 척 하지만 자기가 누구인지 무엇 때문에 이 세상에 왔는지도 모르면서 살아가는 불쌍하고 가련한 무식쟁이라고.

역학이 아직도 비과학적이고 미신이라고 생각하는 사람은 하루빨리 역학에 대한 개념을 바꿔야 할 것이다. 그래야 만이 당신이나 당신 가족 특히 당신의 후손들이 자신들의 천직을 찾아서 행복하게 살아 갈 수 있는 길을 찾게 될 것이다.

우리 나라 사람들 모두가 역학 공부를 하여 자녀들에게 천직대로 살아가도록 하고 자신들의 가정을 행복한 가정으로 만들어갈 때 사회는 안정될 것이고 국가는 크게 번창할 것이니 그 때가 되면 우리 나라가 세계를 지배하게 될 것이라 필자는 확신한다.

우리가 여행길을 떠날 때 그 여행하는 곳의 지도가 있으면 원하는 곳 가고 싶은 곳을 모두 가보게 되겠지만, 지도가 없는 여행길이면 막다른 골목도 모르고 들어가게도 되고, 자갈밭길을 가게 되기도 하고, 늪지대나 진흙탕 길을 가게도 된다.

이러한 길을 헤쳐 가려 하면 타이어가 펑크가 날 수도 있고, 차가 고장 날 수도 있고, 진흙탕 속에 빠진 차를 끄집어 낼 수 없어 그곳에서 여행기간이 끝나게 되는 수도 있게 된다.

이러한 상황을 인생에다 비교해 보면, 인생의 지도가 있는가 없는가에 따라서 행복한 삶과 불행한 삶에 있어서 엄청난 차이가 있다는 점이다.

물론 그 지도가 얼마나 정확한가에 따라서 상황이 조금은 바뀌겠지만, 제대로만 학문을 배우고 연구한다면 100%에 가까운 인생의 지도를 그릴 수가 있다.

인생의 지도를 정확하게 그리지 못하거나 인생의 지도를 정확하게 그려도, 주위의 여건이나 환경으로 인하여 자기의 천직대로 살아가지 못하는 경우에 조금이라도 도움을 주고 보탬이 될 수 있는 것이 바로 이름이요, 그것을 학문화시킨 것이 성명학이다.

그러니 인생의 지도인 역학과 성명학은 뗄래야 뗄 수 없는 상호 보완 관계에 있다고 볼 수 있다.

역학이 인생의 길이라면 성명학은 그 길을 더욱 더 편안하게 갈 수 있도록 도와주는 학문이다. 이름이 바로 자기 자신이고 자신의 운명을 좌우하기 때문에 이름을 지을 때는 신중을 기해야 하고, 이 책을 읽으시고도 성명학에 자신이 없으신 분은 돈 몇 푼에 사랑하는 자녀들의 인생 길을 망치지 말고 전문가와 상의하여 귀여운 자녀들에게 행운이 찾아오는 멋진 이름을 지어 주시기 바란다.

매스컴을 통하여 많이 접하게 되는 단전호흡이나 기 치료법은 우리가 숨쉬고 있는 공기를 활용하고 있음을 누구든지 알 수가 있다.

단전호흡이란 공기를 될 수 있는 대로 많이 들이쉬고, 천천히 내쉼으로써 단전에 생체 에너지원인 기(氣)를 모으는 것이다.

그러한 방법을 계속 함으로써 자신도 모르게 단전에 많은 기(氣)가 모이게 되고 그 기(氣)로 인하여 막혔던 경락이 뚫려 신체가 건강해진다.

기(氣)치료도 이와 마찬가지로 단전호흡으로 기(氣)가 충만한 사람이 기(氣)가 허한 사람이나 경락이 막힌 사람에게 기(氣)를 나누어줌으로써 질병도 완쾌되고, 신체도 건강해 지는 것이다.

자신을 건강하게 하거나 상대를 건강하게 해주는 단전호흡은 말 그대로 호흡을 통해서만이 단전에 기(氣)가 모이게 되고, 호흡을 하는 것은 특별한 것이 아니고, 너도 나도 숨쉬고 있는 공기, 바로 그 공기인 것이다.

우리는 그것을 줄여서 옛날부터 기(氣)라고 불러 왔던 것이다.

단전호흡을 통해서 정신도 맑아지고 신체도 건강해지고 또 어느 정도 경지에 올라 환자를 치료해 주면 환자가 건강을 되찾게 되는 원인은 무엇인가?

그것은 바로 우리들이 호흡하고 있는 공기 속에 생명을 이어주는 생체 에너지가 존재하고 있기 때문이다. 우리는 그것을 모르고 살아가고 있으며 그 소중함도 별로 느끼지 않고 살아가고 있다. 그러나 그 공기가 생명이 있는 모든 만물의 생과 사를 움켜쥐고 있다.

왜냐하면 살아있는 생명체는 공기 즉 공기 속에 내재되어 있는 생체 에너지를 흡수해야 만이 그 생명을 유지 할 수가 있고, 이 우주 속에 존재할 수가 있는 것이다.

과학적으로 입증이 되지 않는다고 부정하고 싶으면, 숨을 쉬지 않고 5분만 살아 있어도 당신은 호흡을 하지 않고 살아가는 무생물이고 위대한 사람이다.

과학적으로 입증이 되지 않아서 미신이라고 생각하는 것은 위험한 사고방식이다.

불가사의한 일들이 세계 곳곳에서 일어나고 있는데, 그것은 현실인데도 과학으로 입증은 할 수 없다.

그러면 그러한 현상을 어떻게 합리적으로 설명할 수 있는가 하면, 그 방법은 없다.

그렇다면 믿는 수밖에 없다.

실제로 일어난 일이니까.

이와 마찬가지로 공기 속에 생체 에너지가 있다는 것을 믿어야만 되는 것이 앞서 말한 단전호흡의 효력이라든지, 사람이 사주팔자대로 살아가고 있다는 사실이다.

그렇다면 왜 태어난 생년월일인 사주팔자대로 사람이 살아가고 있는 가를 생각해 보아야 한다.

사주팔자란 태어난 생년월일이다. 그것은 바로 그 시간에 흐르고 있는 기(氣)의 실체를 말하는 것이다.

사주 팔자가 형성되는 과정부터 알아야 사주 팔자가 이해될 것이다.

먼저 사주 팔자를 형성하고 움직이는 것은 바로 우리가 호흡하고 있는 공기이다. 그 공기 속에 음양 오행이라는 물감(생체 에너지)이 존재하고 있다는 것을 우리는 이미 단전호흡이나 기(氣) 치료로 알고 있는 사실이다.

사람이 자궁 속에 있을 때는 아무런 색상도 없는 무색으로 있다가 어머니의 자궁 밖으로 나오는 순간에 그때 당시 공기 속에 형성되고 있던 색상(생체에너지)으로 물 들여져 그 물감의 색상대로 운명이 결정되고 그 운명대로 일생을 살아가게 되는 것이다. 사람은 제 각각 자기가 갖고 있는 색상과 잘 어울리는 색상의 운이 오면 운이 좋아하는 일 마다 승승장구하게 되지만 자기가 갖고 있는 색상과 전혀 어울리지 않는 색상의 운이 오면 최악의 운으로서 하는 일 마다 실패가 따르고 인생살이 고달프기만 하고 조상 탓만 하게 된다. 그리고 사주 팔자는 타고 나는 것이지 만들어지는 것은 아니다.

자연 분만을 하든 제왕절개 수술을 하든 다른 어떠한 방법으로 이 세상에 태어나든지 주어진 자기 팔자대로 그 때 그 순간에 태어나게끔 이미 정해져 있다는 사실이다.

만약에 이 질서가 무너지면 그 때는 태양이 서쪽에서 뜨고 물이 거꾸로 흐르는 세상의 종말이 올 것이다.

자기 자식의 사주 팔자를 좋게 만들려고 제왕 절개하는 수술 날자를 택일하려 오는 사람들이 가끔 있는데 필자는 그럴 때마다 이런 말을 하게 된다.

다 소용없는 일이고 돈만(돈을 많이 받음) 낭비하니, 하지 말라고, 그래도 그 사람들은 꼭 택일을 하여 가는데 그 때마다 안타까운 마음을 금할길 없으며 정말 딱한 마음이 들때가 많다.

특히 요즈음은 의사들이 영업적인 목적인지 잘은 모르겠지만 수술 날자를 받아 오라고 부추긴다.

그러나 분명한 것은 택일해 준 그날 태어나지 않을 아기라면 어떠한 형태로라도 수술을 하지 못한다는 것이다.

그 날에 수술할 수 있다고요? 글쎄요 확인해 본 결과는 아직 한번도 택일해 준 그날에 수술한 것을 보지 못했으니까.

만약에 수술 날짜를 택일한 그 날에 수술을 하였다면 그 아이는 가만히 있어도 택일한 그 날짜에 이 세상에 태어나게 된다는 것이다.

필자의 경험에 비추어 보면 첫 번째 아기를 낳을 때 수술날을 받아간 사람은 두 번째 아기 낳을 때는 수술 날짜를 택일하러 분명하게 오지 않았다.

다만 이름을 지으러 왔을 뿐이다.

그래서 당사자에게 물어보면 인의적으로 사주를 바꿀 수 없다는 것을 알았다고 대답한다.

이러한 예를 보더라도 사주 팔자는 아기가 임신할 때에 이미 정해진다는 것을 우리는 알아야 한다.

필자의 개인적인 생각일는지 모르지만 호흡하고 있는 모든 생명체는 음양 오행으로 이루어진 사주 팔자에서 한 발자국도 벗어 날 수가 없다는 것이다.

그렇지만,

이 사주 팔자를 너무 믿어서도 안되고 너무 믿지 않아서도 안된다.

믿을 부분은 믿고, 믿지 않을 부분은 과감하게 버리고 하여 인생의 이정표로 삼아 살아가면 더욱 더 값진 삶이 되리라 생각된다.

믿지 않을 부분이라는 것은 사주 팔자를 해석하고 풀이하는 사람이 잘못 해석할 수도 있다는 것이지, 사주 팔자의 일부분이 틀린다는 것이 아니다.

정확하게만 해석하고 풀이한다면 100%의 미래를 볼 수가 있고 또 예언도 할 수가 있다.

이렇게 설명을 해도 믿지 않는 사람은 믿지 않을 것이니 믿지 않는 사람은 자기 자신만 손해일 따름이지 다른 사람이 손해를 보는 것은 아니다.

이 설명을 보고 이해가 되시는 분들은 인생의 지도로서 사주 팔자를 잘 활용하여 멋지고 아름다운 인생을 가꾸시기 바란다.

실패와 좌절 속에 헤매이는 사람들의 대부분이 고집과 아집, 자만으로 가득하다는 것을 명심하여야 할 것이다

때로는 남의 말에 귀를 기울일 줄 아는 사람이 성공을 거머쥔다는 것 또한 우연은 아니라고 생각한다.

돌다리도 두들겨 보고 건너라는 속담도 있듯이 사주 팔자를 풀이하는 사람에 따라 다소 틀린다고 하더라도 한번쯤은 자신의 운명을 들여다보고 자신이 살아가는데 참고하는 것이 현명하리라 생각된다.

여러분들도 한번쯤 자신이 어디서 와서 어디로 가고 있는지 궁금증을 풀어보고 싶지 않으신 지?

그렇다면 사주 팔자를 한번 보러 가자!

마음 내키는 곳 아무 곳에나.......

각설하고,

연월일시가 그 사람의 사주팔자가 되고, 년년마다 새롭게 맞이하는 음양오행(생체에너지)의 변화에 따라 길흉화복이 변해 가는 것이다.

살아 숨쉬고 있는 모든 생명체는 이를 거부할 수도 없고, 거부 할 수 있는 능력도 없다.

이것이 자연의 법칙이고, 우주의 철칙이다.

사람들은 생각하는 것이 제각기 다르기 때문에 운명에 대한 해석이 분분할 수밖에 없다.

필자의 경험이나 생각을 정리해 보면 팔자대로 살아가는 사람 없고, 팔자대로 살아가지 않는 사람이 없더라는 것이다.

모든 만물은 자연의 법칙대로 행복하고 즐거운 삶을 살아가도록 되어 있는데, 오직 사고하는 동물인 사람만은 동물적인 본능대로 살아가지 못하고 있다.   사람은 간사하고 욕심 많고, 허황된 꿈을 먹고사는 동물인지라 동물의 본능적인 생각은 잊어버리고 자기중심주의로 제멋대로 살다가 결국은 밑바닥 인생으로 추락하여 살아가게 된다는 것이다.

그렇다고 보면 현실에 만족하고 큰 욕심 없이 본능대로 부지런히 노력하는 사람은 행복한 팔자대로 살아가게 될 것이고, 게으르고 사악하고 욕심이 많은 사람은 행복한 팔자대로 살아

가지 못하고 최악의 밑바닥 팔자대로 살아가게 되는 것이다.

이렇게 극과 극인 사람의 일평생에 조금이라도 보탬을 주기 위한 방법이 성명학이고, 좋은 이름을 지어서 불러 주므로 해서 나쁜 운으로 흘러가는 것을 막아 주고, 좋은 운으로 유도하게 되는 것이다. 이름도 잘못 지어 놓으면 나쁜 운만 유도하게 되니 많은 연구와 노력을 하여 지어야 한다.

자칫 잘못 지은 이름으로 일생을 망칠 수도 있고, 남에게 따돌림을 당할 수도 있으며, 패륜아로 자라게 될 수도 있다.

사주팔자는 타고난 운명대로 살아가면 되지만, 이름은 후천적인 운으로 부모들의 잘못으로 귀여운 자녀들이 나쁜 이름을 짓게 되고, 그 이름을 부르게 되면, 나쁜 운으로 유도하게 되어 사주팔자 중에서 가장 좋은 운의 길로 가지 못하고, 가장 나쁜 운의 길로 가게 되니 그 고통과 비애는 글로써 표현 할 수가 없다.

이름은 그 사람의 인생에 있어서 대단한 위력을 발휘하게 된다는 것을 차차 알게 될 것이다.

처음에 세상 밖으로 나올 때는 사주팔자는 모두가 좋다.

다만 이름이 나쁜 운을 유도한다든지, 노력을 하지 않고 욕심만 부리게 된다면 사주 팔자는 최악의 사주 팔자가 되어 버리는 것이다.

이러한 기초적인 원리를 모르는 학자나 역술인 들이 많고, 또한 일반인들도 모르니 사주팔자가 통계학의 수치이고 또 미신이라고 푸대접을 받게 되는 것이다.

똑같은 사주팔자를 갖고 태어난다 해도 똑같은 인생을 살아

갈 수는 없다.

 모래사막에 뿌린 씨와 옥토에 뿌린 씨가 다르고, 같은 조건으로 태어났다 해도 그 사람의 노력의 결과에 따라 다르게 살아가게 된다.

 그 이유를 여기에서 자세하게 설명 하기는 어렵지만, 간단하게 설명을 하자면, 사업가로써는 성공할 수는 없고 월급 생활을 하게 되면 명예와 부귀를 얻게 되는 사주팔자를 같이 갖고 태어났을 때, 한 사람은 자신의 분수를 본능적으로 느끼고, 월급 생활을 택하면, 가정도 행복하고 직장에 있어서는 진급도 잘되고 하여 명예롭고 행복하게 일생을 살아가게 되고, 같은 사주 팔자를 타고난 또 한사람은 본능적인 느낌을 무시하고 과욕 때문에 사업가로 나서게 되면, 하는 사업마다 모두 실패하게 되고 월급 생활을 택한 사람이 진급하는 운에는 관재 구설수에 휘말려 고생을 하게 되며, 일생을 통해 되는 일은 없고, 실패와 좌절 속에 일생을 고통스럽게 마치게 된다.

 이러한 현상을 두고 사주 팔자대로 살아가는 사람 없고 사주 팔자대로 살아가지 않는 사람 없다고 한다.

 성명학 책에서 역학이야기를 반복해서 하는 것은 역학을 빼놓고는 성명학이 있을 수 없기 때문이다. 그리고 사주 팔자가 100% 맞지 않는다면, 성명학은 필요가 없다. 사주 팔자가 정확하게 맞기 때문에 성명학도 필요한 것이고, 또한 좋은 이름을 가져야 하는 것이다.

 사주 팔자에 맞는 좋은 운의 길을 가다가 자칫 실수하여 조금 나쁜 운으로 가게 될 때 좋은 이름을 지어서 불러 주게 되면,

나쁜 운을 좋은 운으로 유도하여 보다 나은 인생을 살아가게 되는 것이다.

선천적인 운이 조금 잘못되어 걸어가게 된다해도 좋은 이름만 지어서 불러 주게 되면 그 이름의 후천적인 운으로 보충해 주게 되는 것이다.

그래서 사주 팔자는 선천적인 운이고, 이름은 후천적인 운이라고 한다.

4. 이름은 후천운 이다.

한글은 소리글자이다. 소리가 발생하면서 음양오행이 함께 발생하여 그 소리와 함께 공존하게 되는 것이다.

일반적으로 대화를 할 때도 음양오행은 발생하지만 그런 말들은 불특정 다수를 향한 말이기 때문에 듣는 사람들에게 별 영향을 주지는 않는다.

그러나 그 소리가 의미하는 메세지(氣)는 강하게 작용한다.

예를 들어보면 변소라고 누가 말하면 배설물의 모양과 냄새가 풍겨 오는 것 같고, 화장실이라고 말하면 조금은 변소보다 깨끗한 느낌을 준다.

변소나 화장실이나 대소변 보는 곳인 것만은 똑 같은데 사용하는 단어에 따라서 그 이미지가 완전히 달라진다.

이와 같이 일상 생활의 언어도 많은 메세지(氣)를 담고 있듯이 이름도 이름의 주인공에게 메세지(氣)를 그때 그때마다 전달 해 주는 것이다.

"홍길동" 이라 불렀을 때 우선적으로, "홍"이란 성의 'ㅎ'은 음양오행의 土의 기(氣)와, "길"'의 'ㄱ'인 木의 음양오행 기(氣)와, "동"의 'ㄷ'인 火의 음양오행의 기(氣)가 하나의 그룹을 형성하고, 또 "홍길동" 이라는 이름으로 인하여 연상되는 메세지(여기서는 홍길동전에 나오는 의적이 연상됨)가 음양오행그룹이 주는 메세지(氣)와 함께 "홍길동"이란 이름의 주인공에게 전달되고, 그 메세지(氣)가 주인공에게 강하게 작용하게 되는 것이다.

한 두 번 부르면 음파 메세지(氣)의 작용력은 미비하겠지만 자꾸만 부르게 되는 것이 이름이니, 세월이 흘러 갈수록 음파 메세지(氣)의 작용력은 점점 더 강해지는 것이다.

이렇게 부르는 이름은 다른 사람에게는 그 작용력이 없고 그 이름의 주인공에게만 작용력이 있게된다.

그것은 이름을 부르는 사람이 그 사람을 지칭하여 부르고, 또 음파 메세지(氣)를 보내고 이름의 주인공은 당연히 자기의 이름이니까 거부하지 않고 받아들이기 때문에 그 이름의 당사자에게만 음파 메세지(氣)의 힘이 작용하게 된다는 것이다.

"홍길동" 이라는 이름은 "홍길동" 이라는 사람의 이름이지, "김갑돌"이의 이름은 아니라는 사실이다.

"홍길동"이라고 부르면 "홍길동"이에게만 음파 메세지(氣)의 작용력이 있고 "김갑돌"이라고 부르면 "김갑돌"이에게만 음파 메세지(氣)의 작용력이 있는 것이다.

이렇듯 이름이란 그 사람의 고유명사이기 때문에 그 사람에게만 해당되는 문제인 것이다.

사주에는 자식을 해 하는 운이 없는데도 이름에 자식을 해하는 운이 있으면, 자식이 공부를 게을리 하거나, 잘못되어 사고가 나거나, 하는 일마다 잘 풀리지 않을 수도 있고, 사주에도 이름에도 자식을 해하는 운이 있으면 자식에게 좋지 않은 일들이 쉴새 없이 일어나게 된다.

이러한 때에 후천 운인 좋은 이름을 지어서 불러 주게 되면 그러한 선천적인 나쁜 운을 막음으로 해서 흉(凶)을 길(吉)로 바꿀 수가 있는 것이다.

사주는 타고 난 것이어서 고칠 방법이 없으니, 이름이라도 밝고 좋은 이름으로 바꾸어 자식에게 해로운 운을 중화 시켜야 하는 것이다.

 그래서 사주가 아무리 좋아도 이름이 따라 주지 않으면 안되고 사주가 나빠도(나쁜 사주는 처음부터 없다) 이름이 밝고 좋고, 꾸준한 노력만 한다면 나쁜 악운도 저 멀리로 떠 나 보내 버릴 수 있다.

 그래서 예로부터 사주 팔자 타령하는 놈 치고 이름 좋은 놈 없고 잘 되는 놈 없다 하더라 하지 않았는가?

 어찌 되었든 간에 선천 운인 사주 팔자도 좋아야 하고 후천 운인 이름도 좋아야 하고 노력 또한 게을리 해서도 안 될 것이다.

5. 항렬(行列)자는 버려라.

집성촌을 형성하고 살던 시대에 항렬자는 같은 혈족(血族)간의 촌수 및 대수(몇 대 자손 몇 대 조상)를 표시하는 글자로 木, 火, 土, 金, 水 오행의 순서대로 반복하여 사용해 왔으며 한자의 어느 부분에 있어도 상관없이 사용하여 왔다.

과거 봉건 시대에는 아버지가 양반이면 자식도 양반으로 태어나고, 아버지가 상놈이면 억울하지만 그 자식도 상놈으로 태어나, 양반이면 양반으로, 상놈이면 상놈으로, 아버지의 삶을 자식이 그대로 살아갔던 것이다.

그 시대에는 항렬자를 중요시하다 보니 성과 이름 중 글자 하나는 같고, 이름 중 두 글자가 같으니 큰 변화 없이 조상들의 운명을 그대로 받아들이고 살아갔다고 해도 과언은 아닐 것이다.

그러나 시대는 변하는 것이고 사람 또한 시대에 따라 변하여 가는 것은 당연한 이치이니, 양반 상놈 따로 없는 요즈음 세상에 항렬자를 고집한다면 쾌케 묵은 구식 소리를 듣게 될 것이고, 항렬자를 넣어 이름을 짓게 되면 이름 한 자와 성은 조상과 같으니 남은 한 자만으로 개운을 하기는 매우 어렵고 조상이 살아 온 길로 걸어가기가 십상이다. 이제는 시대에 발 맞추어 과감하게 항렬자를 버리고 밝고 좋은 이름을 지어 과거 조상들의 업에서 벗어나 보다 나은 삶을 살아가도록 노력해야 할 것이다.

물론 항렬자가 좋으면 좋은 운을 받을 수도 있겠지만 사람마다 이름이 다르고 제각각 태어난 날이 틀리니 항렬자를 이름에 사용하기는 매우 힘이 든다.

 이름을 짓는다는 것은 하나의 창작이요, 사람의 운명을 좌우하기도 하는데 이름 짓는 일이 쉬울 수만은 없다. 아무렇게 짓다가는 그 사람의 인생을 절망의 구렁텅이로 밀어 넣는 결과를 초래하게 된다.

 컴퓨터가 만능인 과학 시대에 항렬자를 고집하는 것도 바보스러운 일이며 민법에서도 친족의 범위를 8촌까지로 한정하고 있으니 굳이 항렬자를 갖고 촌수를 따져 볼 이유가 없다고 생각된다.

 그래도 필요하다면 이름을 두 가지로 지을 수밖에 없다. 실생활에 필요한 이름과 족보에 기재하는 이름을 따로 따로 지을 수밖에 없다.

 그런데 부르는 이름, 족보에 기재하는 이름 따로 복잡하게 할 것이 아니라, 항렬자를 없애 버리고 부르는 이름만 족보에 그대로 기재하게 된다면 복잡하지도 않고 한 가지 이름만 부르게 되니 얼마나 좋으며 그 운의 작용력도 더욱 더 좋아 질 것이다.

 시대에 따라서 변화 해 가는 것이 인간 사회이다.

 후천 운을 잘 받으려고 노력하는데는 조상인들 나무라지는 못할 것이다. 모두가 다 열심히 살려고 하는 일이기 때문에...

6. 호적과 상관없이 음파메세지(氣)는 작용한다.

신생아는 이름이 없는 깨끗한 상태이기 때문에 좋은 이름을 지어 주어 불러 주게 되면 후천 운이 자라나면서 따라 오겠지만, 나이가 들어서 이름을 바꾸게 되면 새로운 이름의 운을 받으려면 많이 불러 주어야 하는데 사람이 부르는 데는 한계가 있다.

그래서 필자가 생각 끝에 녹음기를 활용해 보기로 하고, 주위에 있는 친구에게 개명을 하여 주고 본인이 직접 녹음을 하여 반복해서 틀어 주라고 하였는데 얼마 지나지 않아서 개명의 효과가 나타나기 시작하였다.

개명을 한 그 친구는 조그만 중소제조업체를 운영하고 있었는데, 녹음기를 이용하여 개명한 이름을 틀기 시작한지 오래지 않아 회사에 주문이 쇄도하기 시작하였고 자금도 잘 회전되어 그야말로 회사가 날로 번창해 나가는 것을 보았다.

필자는 그 사실을 분석해 본 결과 본인이나 가족이 부르면 이름의 주인공과 뇌의 파장이 같으니 개명의 효력은 더욱 좋아지고 빨리 온다는 것을 알 수가 있었다.

녹음기는 사람의 목소리를 그대로 재생하여 주니 사람이 부르는 것과 똑같은 효력이 발생하게 되고 녹음기만 틀어 놓으면 장소와 시간에 대한 구속도 피할 수가 있고 힘도 들지 않으니 일거삼득이다.

될 수 있으면 이름의 주인공이 많이 사용하는 곳이면 그 효력은 더 좋다.

예를 들면 사무실이든지 아니면 자신이 기거하는 집안이면 더욱 좋다. 많이 부르면 부를수록 개명의 운이 본인에게 빠른 시일 안에 작용하여 좋은 개명의 운을 받을 수가 있는 것이다.

신생아나 초등학생은 호적에 올리거나 개명 신청을 하면 호적을 바꿀 수 있지만은 그렇지 못 할 경우에는 녹음기를 활용함으로써 개명의 효력을 빨리 볼 수가 있는 것이다.

그리고 여기서 주의해야 하는 것은 그 동안 불러오던 이름의 힘(氣)이 남아 있으니 더욱 많이 불러 주어야 하고 개명 전에 사용하던 이름은 될 수 있는 대로 사용하지 않아야 개명의 효력은 더욱 더 크다.

한문은 상형 문자이고 한글은 소리글자이다. 지금까지의 성명학은 한문 위주로 많이 지어 졌고, 특히 한문의 획수에 따라 이름의 길(吉)·흉(凶)을 바라보았고, 또 그렇게 지어져 왔다.

그런데 여기에서 문제를 제기 하고 싶은 것은 한문은 읽을 때 그 뜻이 나타나지 않는다는 것이다.

그 글자를 눈으로 보아야 뜻을 알 수가 있고 그렇지 않으면 앞과 뒤의 문장의 연결을 보고 그 뜻을 짐작 할 수 있는 것이다.

그것은 한문은 소리글자가 아니고 뜻글자이기 때문이다.

이렇게 글자를 보지 않고는 그 뜻을 알 수 없는 한문으로 이름을 지어 불러 봐도 아무런 의미가 없다.

다만 그 뜻은 소리글자인 한글로써의 뜻이 더 강하게 작용 할 뿐이다.

한문에 의해 지은 이름을 아무리 불러 주어도 그 한문의 뜻은 전혀 전달되지 않는다.

예를 들면 김영창(金英昌)이라는 이름의 사람이 있다면

한문풀이 --- 金: 쇠   김
           英: 꽃부리 영
           昌: 창성할 창

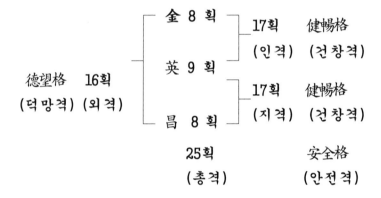

상기 이름을 해석하여 보면 획수는 모두가 다 좋고, 한문을 해석해도 꽃부리의 뜻처럼 한 우물을 파면 성공하듯이 쭉쭉 뻗어 나가서 대성공을 하라는 이름이다.

그런데 실제로 이름을 불렀을 때 그러한 느낌이 와 닿는가가 의문점이다.

"김영창" 이라고 부르는 사람이 헤엄칠 '영(泳)'자 인지, 영화로울 '영(榮)'자 인지, 비칠 '영(映)'자 인지, 그림자 '영(影)'자 인지 도대체 구별이 안 되는 상태이고, 또 무의식 속에서 부르게 된다.

'창'이란 글자도 마찬가지로 무슨 뜻의 글자인지 듣고서는 알수가 없다.

창성할 '창(昌)' 인지, 창고 '창(倉)' 인지, 노래부를 '창(唱)' 인지, 창녀 '창(娼)'인지, 전쟁터에서 사람을 찌르는 '창(槍)'인지 도대체가 분별이 되지 않는다.

이렇게 한문으로 지어진 이름은 그 의미가 분명하지 않으며 글자를 보아야만 그 뜻을 알 수 있을 뿐 더러 한문의 뜻을 모르는 사람은 천번 만번 들어보아도 그 뜻을 알 수가 없다.

그리고 이름을 부를 때 '영창아' 하고 부르지, 영화로울 '영(榮)'자에 창성할 '창(昌)'자인 '영창아' 하고 부르지는 않는다는 것이다.

그래서 부르는 사람이나, 듣는 사람이나 그 이름의 뜻을 각자가 생각하기 나름이다.

자기가 가장 잘 알고 있는 한문의 뜻으로 이해하고 해석하기 마련이다.

우리들이 '영창아'에서 '아'자를 빼고 그냥 '영창이'라고 하면 너나 없이 떠오르는 것은 죄 지은 자들이 우글거리는 어둠 침침한 감옥이다.

그럴 수밖에 없는 것이 우리가 일반적인 언어로 쓰고 있는 단어이기 때문이다.

우리는 죄 지은 사람들이 가는 곳을 감옥이라고 잘 부르지 않고 '영창 간다'고 한다.

그래서 감옥살이하고 나온 사람들을 보고 영창 살이 갔다 왔다고 말하는 것이다.

이 '영창'이란 글자에 '아' 자를 하나 더 붙여서 부른다고 뭐 달라 질 것은 없다. '영창아' 하고 불렀을 때 주위의 모르는 사람들은 '저 사람 친구들이 놀리는 것을 보니 영창 갔다 왔나 본데' 하고 생각하게 된다.

그러니 '영창'이란 이름은 그러한 의미를 내포하고 있으니 본인도 그러한 생각을 당연하게 갖게 될 것이고, 영창(감옥)에 가지 않았다 해도 그 생각이 뇌리에서 떠나지 않을 것이니, 결코 좋은 이름이라고 볼 수가 없을 것이다.

그리고 이름의 획수에 있어서도 마찬가지이다.

한글이나 한문이나 읽을 때 또는 부를 때, '영(英)'자는 9획이고, '창(昌)'자는 8획이다 하고 읽거나 부르지는 않는다.

그냥 소리 그대로 '영창(英昌)'이라고 읽거나, 부를 뿐이다.

이렇게 소리 그대로 '영창' 이라고 부를 뿐인데 한문의 뜻과 한문(한글도 획수에 있어서는 동일하다) 획수에 의해 지어진 이름이 그 사람의 운명에 있어서 중요한 역할을 하고 그 작용력이 미치는지는 알 수도 없을뿐더러, 과학적인 아무런 근거도 제시 할 수 없다고 생각한다.

그래도 지금까지 한문과 획수에 의한 작명 법이 전수되어 왔고 현재도 많은 사람들이 소외시 하지 않는 것은 오랫동안 전해 내려오던 관습이라고 볼 수 있으며, 학문적으로 이해해 보면 한문과 획수에 의한 작명 법은 아마도 많은 사람들의 이름과 운명을 대비하여 통계를 낸 통계학이 아닌가 추측해 볼뿐이며, 그렇지 않으면 한문 애호가들이 심심풀이로 만든 과학적

근거가 전혀 없는 어불성설일 뿐이다.

한글에 있어서도 마찬가지이다.

한글 이름으로 '영창'이라고 지어지고, '영창'이라고 부를 때, '영'은 5획이고, '창'은 6획이다 하고 부르지도 않고, 듣는 사람도 마찬가지로 '영'은 5획이고 '창'은 6획이다 하면서 듣지도 않는다는 것이다.

한글로 이름을 지을 때 한글의 획수를 갖고 논(論)하는 일부 학자들이 있는데 이것도 잘못된 학술이라고 본다.

이름이 '영창'이면 '영창'이라는 일반적인 뜻과, 앞서 밝힌 한글의 음양오행만이 그 뜻과 작용력이 있는 것이다.

'영창'이라는 이름은 '영창'일 뿐이지, 한문은 영화로울 '영(榮)'자와 창성할 '창(昌)'자를 쓰고, 총격 획수는 25획이며 총격은 안전격(安全格)으로, 성품이 중후하고 재능이 영특하여 꿈과 희망을 스스로가 펼침으로써, 안락한 생활과 즐거운 인생을 살아가며 위엄 있고 당당하게 평생을 가정적으로나 사회적으로나 태평하게 살아 갈 것이다 하고 풀이를 하는데 그러한 성명학은 모두 허구에 불과하다.

이제 과거의 폐습은 과감히 버리고 새로운 작명의 시대를 열어야 할 것이다.

(실제로 필자가 알고 있는 사람 중에 '영창'이라는 이름을 가진 사람이 있는데, 98년도에 사기죄로 감옥(영창)갔다가 얼마 전에 출소했음)

우선 성명학에 꼭 필요한 기초 역학을 공부한 뒤에 현재까지 활용하고 있는 작명 법을 하나 하나 세밀하게 분석해 보고, 그 모순된 문제점을 밝혀 보고자 하니 독자 여러분께서는 어느 작명 법에 의해 작명을 하더라도, 필자가 주장하는 음파 메세지(氣) 성명학을 무시하고, 작명을 하다가는 그 이름의 주인공이 패륜아가 되던지, 인생의 밑바닥에서 헤매 일 수도 있다는 사실을 필히 명심하시길 바란다.

7. 음양 오행의 이해

(1) 음양오행의 탄생

태초에는 암흑의 시대인 무극(無極)의 시대였다 그후 우주의 대폭발인 빅뱅이후에 음과 양이 생겨났고 음과 양의 조화에 의해 천지 만물이 생겨났으며, 천지 만물 가운데 음과 양으로 되어 있지 않은 것은 없다.

음은 정(靜)과 질(質)이며 숨겨진 것, 고요한 것, 소극적인 것이고, 양은 동(動)과 기(氣)며 보이는 것, 움직이는 것, 적극적인 것이다.

태양은 밝으므로 양에 속하고, 달은 어두우므로 음에 속하고, 강물은 흐르는 것이므로 양에 속하고, 샘물은 정지되어 있으므로 음에 속하고, 남자는 적극적이므로 양에 속하고, 여자는 소극적이므로 음에 속한다.

그리고 낮은 양, 밤은 음, 산은 양, 논밭은 음이며 어느 하나라도 음과 양으로 구별되지 않는 것이 없다.

빅뱅이후에 음과 양이 생겨나고, 그후에 오행이 생겨났으니 木, 火, 土, 金, 水 가 바로 오행이다.

우주에 존재하는 만물을 구성하는 요소가 오행이며 우리는 오행 중 하나만 없어도 생명을 부지 할 수가 없다.

천지만물은 음양오행에 의해서 탄생되었으며 음양오행이 이끄는 대로 살아가게 되는 것이다.

 그렇지만 만물의 영장인 사람은 음양오행을 좀 더 좋은 방향으로 유도하여 좀 더 행복하고 즐거운 삶을 살아가려고 노력하고 있다.

 그 중에서 하나의 방법이 바로 이름에 대한 연구와 노력이다.

 사람의 욕망은 끝이 없지만, 편안한 삶을 추구하는 것은 너나없이 동일하다고 생각된다.

(2) 상생이란 무엇인가

① 오행의 이해

木 - 木 은 나무와 같은 개념으로 이해하면 된다.
火 - 火 는 불과 같은 개념으로 이해하면 된다.
土 - 土 는 흙과 같은 개념으로 이해하면 된다.
金 - 金 은 쇠와 같은 개념으로 이해하면 된다.
水 - 水 는 물과 같은 개념으로 이해하면 된다.

 다시 말하자면 木은 나무요, 火는 불이요, 土는 흙이요, 金은 쇠요, 水는 물이다.

② 상생

 상생이란 어느 한 오행이 어느 한 오행을 일방적으로 도움을 준다는 뜻이다.

木 生 火 - 나무는 자기 몸을 태워 불을 지핀다.
火 生 土 - 불은 타고 난 뒤 재를 남기고 재가 모여서 흙이
          된다.
土 生 金 - 흙이 단단하게 굳어 변하면 金이 된다.
金 生 水 - 쇳덩어리는 차기 때문에 이슬이 맺힌다.
水 生 木 - 물은 수분을 제공하여 나무를 자라게 한다.

③ 상극

 상극이란 자연의 순리인 상생을 무시하고 강제로 뛰어 넘어
충돌과 대결하는 상태를 말한다.

木 剋 土 - 나무는 흙이 원하든 원하지 않든 흙 속에 뿌리를
          박고 흙이 흩어지게 한다.
土 剋 水 - 흙은 물을 흡수해 버릴 수도 있고 둑이 되어 꼼짝
          못하게 막는다.
水 剋 火 - 물은 불을 꺼버린다.
火 剋 金 - 불은 쇠를 녹여 버린다.
金 剋 木 - 톱으로 나무를 자를 수도 있고, 쇳덩어리로 찍어
          뭉갤수도 있다.

(3) 십간 십이지

오행을 음양으로 세분하여 표시한 것이 십간이고 십이지 이
다. 음양의 부호는 두 가지로 나무처럼 땅 위에 있는 것과, 땅
속에 있는 뿌리가 있다.
땅 위에 있는 것은 하늘로 뻗은 줄기라 하여 천간이라 하고,
땅 밑에 있는 뿌리는 땅 밑으로 뻗은 가지라 하여 지지 라고
한다.
천간은 하늘에 흐르는 기(氣)를 세분화 한 것이고, 십이지는
땅 속에서 흐르는 기(氣)를 세분화 한 것이다.
자연의 모든 조화가 하늘과 땅의 힘에 의해 변하듯 천지 만물
도 하늘과 땅의 조화로 태어나고 죽는다.

① 십간

십간	甲	乙	丙	丁	戊	己	庚	辛	壬	癸
수리	1	2	3	4	5	6	7	8	9	10

양	음					
甲	乙	→	나무	이고	木	오행 이다.
丙	丁	→	불	이고	火	오행 이다.
戊	己	→	흙	이고	土	오행 이다.
庚	辛	→	쇠	이고	金	오행 이다.
壬	癸	→	물	이고	水	오행 이다.

甲 丙 戊 庚 壬은 양 이라 하고
乙 丁 己 辛 癸은 음 이라 한다.

② 십이지

※ 음양의 구별

양	子	寅	辰	午	申	戌
음	丑	卯	巳	未	酉	亥

※ 오행의 분류

寅 卯　　　→　나무 이고 木 오행 이다.
巳 午　　　→　불 이고 火 오행 이다.
申 酉　　　→　쇠 이고 金 오행 이다.
亥 子　　　→　물 이고 水 오행 이다.
辰 戌 丑 未 →　흙 이고 土 오행 이다.

※ 지지에 해당되는 동물 (띠)

지지	子	丑	寅	卯	辰	巳	午	未	申	酉	戌	亥
띠	쥐	소	범	토끼	용	뱀	말	양	원숭이	닭	개	돼지

※ 지지에 해당하는 동물의 성격

1. 자(子)

■ 자(子)는 쥐이며 쥐의 특성을 갖고 있다.

■ 명랑하고 활발하며 깔끔하고 사교적이지만 마음이 불안하다.

■ 남보다 뛰어나다고 생각하다가 자기 꾀에 빠지는 경우도 있다.

■ 쥐가 집단생활을 하는 것처럼 사람도 역시 눈치가 빠르고, 사회 생활에 잘 적응한다.

■ 자식에 대한 사랑이 남다르게 깊으며, 재물도 야금야금 모은다.

■ 밤에 잠을 자지 않는 습관이 있으며 돌아다니는 것을 좋아한다.

2. 축(丑)

■ 축은 소를 말하며 소의 특성을 갖고 있다.

■ 외유내강의 기질이다.

■ 온순하고 침착하며 부지런하고 건실하다.

■ 명예욕과 의지가 강하지만 미련하고 느리다.

■ 남에게 굽히거나 지는 것을 싫어하지만 상대방을 이해하려고 노력한다.

■ 황소고집이라 남의 말을 잘 듣지 않고, 혼자 잘난 척 하다가 실패하는 경우도 있다.

■ 소는 화가 나면 뿔로 받듯이 성질이 나면 아무도 못 말린다.

■ 자신에게 좋은 일인데도 외면하여 성공할 기회를 놓치기도 한다.

■ 다리와 어깨가 부실하다.

3. 인(寅)

■ 인(寅은) 호랑이며 호랑이의 특성을 갖고 있다.

■ 활달하고 의협심이 강하다.

■ 우두머리 기질이 있어 리더십과 추진력이 있다.

■ 때때로 이기적이고 일확천금을 꿈꾸기도 한다.

■ 세속적인 출세나 안정을 무시하고 방황하다 자포자기하는 경우도 있다.

■ 예리하고 날카롭지만 무슨 일이든지 생각하지 않고 달려든

다.
■ 성격이 불같이 급하지만 쉽게 풀린다.

4. 묘(卯)

■ 묘(卯)는 토끼를 뜻하고 토끼의 특성을 갖고 있다.
■ 토끼는 얌전하고 순해 보이기 때문에 순종하는 타입 같지만, 만물 중에서 자기 새끼 물어 죽이는 동물은 아마 토끼밖에 없을 것이다.
■ 비위에 맞지 않으면 포악해지고 끝장을 보는 독한 부분이 있다.
■ 토끼는 적에게 잡혀 먹힐까 두려워 마음이 늘 불안하고 작은 소리만 들려도 신경을 곤두세우며 두리번거리니, 주위가 산만하고 특히 여자는 우울증에 잘 빠진다.
■ 토끼는 잠시도 가만히 있지를 못한다. 쉴새없이 입을 움직이며 자리를 옮기고, 교미를 할 때도 시작인가 싶으면 끝난다.
■ 성급하고 속이 좁다.

5. 진(辰)

■ 진(辰)은 용이며 용의 특성을 갖고 있다.
■ 성격이 매우 강하며 지혜와 재주가 있고, 자존심도 매우 강하다.
■ 거칠고 사나운 면이 있어 잘못하면 낭패를 당하기 쉽다.

■ 자신의 재주만 믿고 남을 속이려고 하다가 오히려 당한다.

■ 변덕이 심하고 남을 무시하며, 한탕주의 기질이 있다.

■ 마음은 깊으나 신경질적이고, 냉정할 때는 무자비할 정도로 잔인하며, 여자는 사치스럽고 돈과 유혹에 약하다.

6. 사(巳)

■ 사(巳)는 뱀이고 뱀의 특성을 갖고 있다.

■ 용감하며 남에게 굽히기를 싫어하고 행동이 매우 민첩하다.

■ 사소한 일에도 화를 잘 내며 그 화로 인하여 실패할 수도 있다.

■ 고상하고 호기심이 많으며 숨은 재주가 많고 두뇌가 명석하다.

■ 허영심이 많고 변덕이 심하여 무슨 일이든지 싫증을 빨리 느낀다.

■ 쾌할 하고 명랑하지만 예민하여 방황하기도 한다.

7. 오(午)

■ 오(午)는 말이고 말의 특성을 갖고 있다.

■ 물과 인연이 깊어 눈물이 많고 음식업과 관계 있다.

■ 말은 돌아다니는 특성이 있기 때문에 역마살(驛馬殺)로 보며, 여기저기 떠돌아다니니 현실도피주의자다.

■ 특히 여자는 활동적이기 때문에 앉아서 놀지 못한다.

■ 오(午)는 도화살(桃花殺)과 역마살(驛馬殺)에 해당하므로, 남녀 할 것 없이 나다니는 것을 좋아하여, 이성관계가 복잡해질 수 있으니 각별히 조심해서 행동해야 한다.

8. 미(未)

■ 미(未)는 양이고 양의 특성을 갖고 있다.
■ 순하고 고고하며 박애주의자다.
■ 유순하면서도 강직한 면을 갖고 있어서 한번 결심하고 마음먹은 일은 끝까지 밀고 나간다.
■ 큰 욕심은 없으나 도도하고 자존심이 매우 강하다.
■ 하반신이 마비되거나 다칠 염려가 있으니 주의해야 한다.

9. 신(申)

■ 신(申)은 원숭이며 원숭이의 특성을 갖고 있다.
■ 매우 사교적이며 말재주가 좋다.
■ 자신은 남의 잘못을 용서하지 않으면서 남을 잘 속인다.
■ 베풀 줄은 모르면서 재물에 대한 욕심은 끝이 없다.
  속은 좁지만 항상 쾌활하고 즐거운 마음으로 생활한다.
■ 겉으로는 솔직하고 담백한 것 같아 친구가 많지만, 속으로는 상대방을 이용하려는 마음뿐이고, 이익이 없으면 아주 냉정하다.
■ 승부근성이 강하여 마음먹은 것을 이루지만, 한편으로는 게

으르고 태만하여 변화를 싫어한다.

■ 환상과 낭만을 멋으로 알며, 오직 자식밖에 모르는 타입이다.

■ 임기응변에 뛰어나고 유머감각도 있다.

■ 결단력은 있어 보이나 끝마무리가 좋지 않다.

■ 인덕과 실속이 없고 자신의 꾀에 빠지는 수가 많으며, 여자는 신경질적인 성격이다.

10. 유(酉)

■ 유(酉)는 닭이며 닭의 특성을 갖고 있다.

■ 온순하며 자신의 명예를 소중하게 여긴다.

■ 업무를 세밀하고 신속하게 처리하지만 실수를 잘하는 편이다.

■ 성격이 매우 급하고 직선적이기 때문에 화가 나면 참지 못한다.

■ 비교적 강직하고 용맹스러우나 우둔하다.

■ 괴팍하고 고집이 강하지만 처세가 뛰어나 대인관계가 원만하다.

■ 허황된 꿈을 꾸다가 실패할 수도 있다.

■ 깊이 생각하지 않고 행동하며 성격이 급하고 직선적이기 때문에 손해를 볼 때가 많다.

■ 신경이 매우 예민한 편이지만 금방 잊어버린다.

■ 자기에게 해를 끼친 사람에게는 반드시 복수한다.

11. 술(戌)

- 술(戌)은 개에 해당하고 개의 특성을 갖고 있다.
- 두뇌가 명석하고 민감하지만 성격이 불같아 참을성이 없다.
- 임기응변에 능하며 청렴하고 정직하다.
- 비위에 맞지 않으면 아래위를 모르고 덤비지만 뒤끝이 없다. 뚝심 있고 책임감이 강하다.
- 잔인할 때는 한없이 잔인한 면이 있다.
- 부모형제와 인연이 약하고 중상모략에 잘 휘말린다.
- 성욕이 강하다.

12. 해(亥)

- 해(亥)는 돼지를 뜻하고 돼지의 특성을 갖고 있다.
- 의협심이 강하고 의리를 소중하게 생각한다.
- 독선적이고 황우고집이라 무슨 일이든지 남의 말을 듣지 않고 혼자 처리하려고 한다.
- 주위는 더러워도 자기 한 몸은 깨끗하게 한다.
- 원도 많고 한도 많으며 고독하다.
- 어려서 잔병을 많이 하고 하반신이 약하다.

(4) 육십갑자

육십갑자(六十甲子)란 천간(天干)의 양(楊)은 지지(地支)의 양(楊)과, 천간(天干)의 음(陰)은 지지(地支)의 음(陰)과 순서대로 결합하여 각각의 기둥을 이루는 것을 말한다.

그러나 순서대로 결합하다 보면 지지(地支)의 술해(戌亥)가 남는데, 천간(天干)의 글자를 다시 순서대로 결합하면 60번째 이후에는 다시 갑자을축(甲子乙丑)으로 반복된다. 이 숫자가 60개이기 때문에 육십갑자(六十甲子)라고 부르는 것이며, 이 육십갑자(六十甲子)의 기둥이 사주(四柱)가 되고 명리학(命理學)의 기본이 된다.

육십갑자표

甲子	甲戌	甲申	甲午	甲辰	甲寅
乙丑	乙亥	乙酉	乙未	乙巳	乙卯
丙寅	丙子	丙戌	丙申	丙午	丙辰
丁卯	丁丑	丁亥	丁酉	丁未	丁巳
戊辰	戊寅	戊子	戊戌	戊申	戊午
己巳	己卯	己丑	己亥	己酉	己未
庚午	庚辰	庚寅	庚子	庚戌	庚申
辛未	辛巳	辛卯	辛丑	辛亥	辛酉
壬申	壬午	壬辰	壬寅	壬子	壬戌
癸酉	癸未	癸巳	癸卯	癸丑	癸亥

(5) 합형충파해(合形沖破害)

일반적으로 합(合)이 다른 오행(五行)으로 변한다고 알고 있지만, 운명을 감정하다 보면 잘 맞지 않아 혼란스러울 때가 많다.

갑목(甲木)이 기토(己土)를 만나 토(土)로 변한다고 했을 때, 갑목(甲木)이 완전히 변하는 것이 아니라, 그 본질은 그대로 남아있기 때문이다.

예를 들어 여자가 결혼을 하면 성씨나 몸이 바뀌지는 않는다. 다만 변하는 것이 있다면 남편과 시댁식구가 생겼다는 것뿐이다.

이와 마찬가지로 합(合)이란 다른 오행(五行)으로 바뀌는 것이 아니라, 서로 뜻이 통하는 글자끼리 짝을 지어 자식을 낳는 것으로 해석하면 이해하기 쉬울 것이다.

만일 합(合)이 다른 오행(五行)으로 변한다고 생각하면 사주(四柱)를 풀기가 매우 어렵다는 것을 명심하고 다음의 예를 들어보기로 한다.

진(辰)과 유(酉)가 합(合)되면 금(金)이 된다. 진토(辰土)가 유금(酉金)을 만나 금(金)으로 변한다는 것인데, 진토(辰土)는 절대로 변하지 않고 그대로 존재한다.

다만 유금(酉金)과 힘을 합쳐 새로운 금(金)이란 글자를 만들 뿐이다.

물론 진토(辰土)의 기능은 많이 상실된다.

이처럼 천간합(天干合)이나 지지합(地支合)이나 합(合)되는
과정에서 많은 역학자(易學者)들이 혼동을 일으켜 감정을 제대
로 못하는 경우가 많다.

다시 강조하면 합(合)은 다른 오행(五行)으로 변하는 것이 아
니라, 또 하나의 오행(五行)을 만드는 것이다.

1. 천간합(天干合)

천간합(天干合)은 각각 여섯 번째 천간(天干)과 합(合)되어
다른 오행(五行)으로 변하며 뜻은 아래와 같다. 그러나 적중
률이 매우 낮아서 이 책에서는 적용하지 않으니 자세한 설명
은 생략한다.

- 갑(甲) + 기(己) = 토(土)　　　→　　　중정지합(中正之合)
- 을(乙) + 경(庚) = 금(金)　　　→　　　인의지합(仁義之合)
- 병(丙) + 신(申) = 수(水)　　　→　　　위엄지합(威嚴之合)
- 정(正) + 임(壬) = 목(木)　　　→　　　인수지합(仁壽之合)
- 무(戊) + 계(癸) = 화(火)　　　→　　　무정지합(無情之合)

2. 지지합(地志合)

지지합(地志合)에는 세가지가 있는데 삼합(三合), 방합(方

合), 육합(六合)이고 작용은 다음과 같다.

1. 삼합

木局	金局	火局	水局
亥卯未	巳酉丑	寅午戌	申子辰

삼합(三合)은 지지의 세글자가 의기 투합하여 하나의 나라(국(局))를 만드는 것을 말한다.

그러나 둘만 있어도 반합(半合)이라 하여 약한 삼합(三合)으로 본다.

2. 방합(方合)

木局	火局	金局	水局
東	南	西	北
寅卯辰	巳午未	申酉戌	亥子丑

방합(方合)은 한 글자가 반드시 월지(月支)에 있고, 세 글자가 모두 합쳐져야 성립된다.

삼합(三合)과는 다르게 두개만으로는 방합국(方合局)이 될 수 없다.

3. 육합(六合)

土	金	木	水	火
子丑	辰酉	寅亥	巳申	卯戌,午未

육합(六合)은 천간합(天干合)과 마찬가지로 서로 의기투합하여 힘을 과시하는 것을 말한다.

3. 천간충(天干沖)

甲庚沖	乙辛沖	丙壬沖	丁癸沖	戊甲沖	己乙沖	庚丙沖	辛丁沖	壬戊沖	癸己沖

칠충(七沖)이라 하며, 일곱번째 천간(天干)끼리 충돌하므로 칠살(七殺)이라고도 한다.

양간(陽干)은 양간(陽干)끼리 음간(陰干)은 음간(陰干)끼리 충(沖)한다.

충(沖)이란 말 그래도 부딪친다는 뜻으로 제살(制殺) 중에서 가장 흉한 살로 광폭, 질병, 파산, 이별, 수술, 고독, 손재, 송사, 관재구설 등이 따른다.

4. 지지충(地支沖)

寅申沖	巳亥沖	子午沖	卯酉沖	辰戌沖	丑未沖

- 인신충(寅申沖) : 애정이 많으나 구설수가 따른다.
- 사해충(巳亥沖) : 쓸데없이 남의 걱정을 잘한다.
- 자오충(子午沖) : 항상 불안하다.
- 묘유충(卯酉沖) : 골육상쟁을 보게 되고 평생 인덕이 없다.
- 진술충(辰戌沖) : 여자는 남자를 해치고 고집으로 망한다.
- 축미충(丑未沖) : 일이 더디고 잘 이루어지지 않는다.

5. 육파(六破)

子酉破	午卯破	巳申破	寅亥破	辰丑破	戌未破

- 파(破)는 부순다는 뜻으로 충(沖)보다는 작용이 약하다.
  자유파(子酉破), 진축파(辰丑破), 인해파(寅亥破)는 일반적
  인 뜻이다.
- 오묘파(午卯破) : 색정, 유흥, 실패 등이 일어난다.
- 사신파(巳申破) : 처음에는 합(合)의 작용으로 시작하나 중
  간에 불화가 생겨 파산이나 손재 등이 발생한다.

■ 술미파(戌未破) : 골육상쟁, 구설시비, 배신, 질투 등이 생긴다.

6. 육해(六害)

| 子未害 | 丑午害 | 寅巳害 | 辰卯害 | 申亥害 | 酉戌害 |

해(害)는 오행(五行)의 서로 다른 성격이 나쁘게 작용하는 것을 말하며, 충(沖)과 파(破)는 극단적으로 작용하지만 해살(害殺)은 은근하게 해를 끼친다. 자미(子未)와 축오(丑午)는 원진살(怨嗔殺)의 작용이 더 강하고, 인사(寅巳)는 인사신삼형(寅巳申三形)의 작용이 더 강하고, 유술(酉戌)은 해살(害殺)보다 원진살(怨嗔殺)에 가까우며, 진묘(辰卯)와 신해(申亥)만이 해살(害殺) 작용을 한다.

7. 삼형살(三刑殺)

형살(三刑殺)에는 인사신삼형(寅巳申三刑), 축술미삼형(丑戌未三刑), 자묘삼형(子卯三刑), 진진삼형(辰辰三刑)이 있다. 인사신삼형(寅巳申三刑)이나 축술미삼형(丑戌未三刑)은 두 글자만 만나도 작용한다.

이 살에 해당하면 남을 묶지 않으면 내가 묶이는 형상이므로 판사나 검사, 변호사, 의사, 교육자, 약사 등의 직업으로 나가는 것이 좋다.

1. 인사신삼형(寅巳申三刑) : 지세지형(持勢之刑)

■ 권력에 아부하며 세도를 부린다.
■ 언행일치가 안되고 불의를 일삼으며 파렴치하다.
■ 자신의 힘을 믿고 오만불손하다가 좌절하며, 외롭고 고독하다.
■ 노상횡액과 수족부상을 조심해야 한다.

2. 축술미삼형(丑戌未三刑) : 무은지형(無恩之刑)

■ 성격이 냉정하고 친구와 은인을 배신한다.
■ 알콜중독, 가스중독, 약물중독 등이 따른다.
■ 피부나 소화기계통의 질환을 조심해야 한다.

3. 자묘삼형(子卯三刑) : 무례지형(無禮之刑)

■ 성격이 난폭하고 예의가 없다.
■ 고집이 세고 남의 말을 잘 듣지 않는다.
■ 비뇨기계통의 질병을 조심해야 한다.

4. 그외 형살(刑殺) 작용을 하는 것

■ 진진(辰辰)은 물이 많기 때문에 형(刑)으로 본다.
■ 오오(午午)는 화가 많기 때문에 형(刑)으로 본다.
■ 유유(酉酉)는 금이 많기 때문에 형(刑)으로 본다.
■ 해해(亥亥)는 물이 많기 때문에 형(刑)으로 본다.

　진진(辰辰), 오오(午午), 유유(酉酉), 해해(亥亥)는 해당되는 오행(五行)이 많다는 것 뿐, 작용은 매우 약하니 참고하기 바란다.

(6) 사주의 구성방법

　우주만물은 태양이 없으면 존재할 수 없고, 태양의 에너지로 생명을 유지하기 때문에 기후변화에 영향을 받는다.
　그러므로 기후의 변화를 알아야 사주(四柱)도 풀이할 수 있다. 일년은 사계절과 12개월로 나뉘어지는데, 그 법칙은 영원불변하며 다음과 같다.

　사주(四柱)란 네기둥 여덟글자를 말한다. 년주(年柱)는 출생한 해이고, 월주(月柱)는 출생한 달이고, 일주(日柱)는 출생한 날이고, 시주(時柱)는 출생한 시간이다.

봄	여름	가을	겨울
입춘~입하전	입하~입추전	입추~입동전	입동~입춘전

월과절기표

1월(寅)	입춘일에서 경칩일 전까지
2월(卯)	경칩일에서 청명일 전까지
3월(辰)	청명일에서 입하일 전까지
4월(巳)	입하일에서 망종일 전까지
5월(午)	망종일에서 소서일 전까지
6월(未)	소서일에서 입추일 전까지
7월(申)	입추일에서 백로일 전까지
8월(酉)	백로일에서 한로일 전까지
9월(戌)	한로일에서 입동일 전까지
10월(亥)	입동일에서 대설일 전까지
11월(子)	대설일에서 소한일 전까지
12월(丑)	소한일에서 입춘일 전까지

사주의 구성요소

구분 사주	기둥	하루	계절	나 이	시 기	사 물
년	년주	아침	봄	1~15세	유년기	조상, 사회, 직장
월	월주	점심	여름	16~30세	청년기	부모, 형제, 가정
일	일주	저녁	가을	31~45세	장년기	본인, 처
시	사주	밤	겨울	46~60세	노년기	자식

1. 년주(年柱) 정하는 방법

년주(年柱)는 출생한 해의 태세(太歲)를 그대로 적용하면 된다. 예를 들면 을해년(乙亥年)에 태어났으면 을해(乙亥)가 년주(年柱)이고, 병자년(丙子年)에 태어났으면 병자(丙子)가 년주(年柱)가 된다.

일년을 정하는 기준은 입춘부터 그 다음해 입춘까지다. 을해년(乙亥年) 12월 16일 20시에 출생한 사람이라면, 다음해인 병자년(丙子年)의 시작은 입춘인 12월 16일 22시 3분이기 때문에 년주(年柱)는 을해(乙亥)가 된다.

그리고 만일 을해년(乙亥年) 12월 16일 22시 30분에 출생했다면, 입춘이 시작되는 시간인 22시 3분을 지났으므로 다음해의 시작으로 보아, 다음해의 태세(太歲)인 병자(丙子)를 년주(年柱)로 삼는다.

2. 월주(月柱) 정하는 방법

　월주(月柱)는 태어난 달의 월건(月建)으로 정하면 된다.　년
주(年柱)를 정할 때 입춘을 기준으로 하듯이, 월주(月柱)도 월
(月)의 절기를 기준으로 한다.

　예를 들면 갑기년(甲己年)이란 태세(太歲)의 천간(天干)이 갑
(甲) 또는 기(己)로 시작되는 해를 말한다.

　그러므로 그 해는 1월의 월건(月建)은 병인(丙寅)인고 2월의
월건(月建)은 정묘(丁卯)다.

월건지표

陰曆	節名	甲己年	乙庚年	丙辛年	丁壬年	戊癸年
正月	立春	丙寅	戊寅	庚寅	壬寅	甲寅
二月	驚蟄	丁卯	己卯	辛卯	癸卯	乙卯
三月	淸明	戊辰	庚辰	壬辰	甲辰	丙辰
四月	立夏	己巳	辛巳	癸巳	乙巳	丁巳
五月	芒種	庚午	壬午	甲午	丙午	戊午
六月	消暑	辛未	癸未	乙未	丁未	己未
七月	立秋	壬申	甲申	丙申	戊申	庚申
八月	白露	癸酉	乙酉	丁酉	己酉	辛酉
九月	寒露	甲戌	丙戌	戊戌	庚戌	壬戌
十月	立冬	乙亥	丁亥	己亥	辛亥	癸亥
十一月	大雪	丙子	戊子	庚子	壬子	甲子
十二月	小寒	丁丑	己丑	辛丑	癸丑	乙丑

앞에 있는 월간지 조견표를 보는 방법은 다음과 같다.

우선 년간(年干)이 무엇인가를 알아봐야 한다.

예를 들면 년주(年柱)가 경술년(庚戌年)이고 6월이면 도표 년간(年干)에서 경(庚)이 있는 곳을 찾아보면 둘째 줄에 을경년(乙庚年)이 나온다.

그 을경년(乙庚年)과 왼쪽의 6월이 만나는 곳을 보면 계미(癸未)라고 적혀있을 것이다.

그것이 월건(月建)이다.

그리고 천간(天干)끼리의 합(合)이 되는 것은 월건(月建)도 같다.

그래서 갑(甲)과 기(己), 을(乙)과 경(庚), 병(丙)과 신(辛), 정(丁)과 임(壬), 무(戊)와 계(癸)는 월건(月建)이 같다.

월간지 조견표 없이도 쉽게 찾는 방법은 천간(天干)끼리 합(合)되는 오행(五行)을 생하여 주는 양오행(陽五行)부터 1월(寅)이 시작되는 것이다.

예를 들면 년주(年柱)가 병신년(丙辛年)이면 병(丙)과 신(辛)의 합(合)은 수(水)가 되는데, 수(水)를 생하여 주는 것은 금(金)이고, 금(金)의 양(陽)은 경(庚)이 되니 1월은 경인(庚寅), 2월은 신묘(辛卯), 3월은 임진(壬辰)이 월건(月建)이 된다.

이렇게 순서대로 붙여 나간다면 월건(月建)을 쉽게 찾을 수 있다.

그리고 순서대로 붙여 나갈 때 가장 좋은 방법은 왼손을 이용하는 것이다.

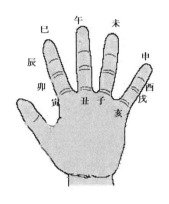

지지(地支)의 위치는 변
하지 않으며 왼손 엄지손
가락으로 인(寅)에 경
(庚), 묘(卯)에 신(辛) 등
으로 시계방향으로 짚어
가면 쉽게 찾을 수 있다.
시간(時干)을 찾는 방법
도 이와 비슷하다.

시간(時干)은 천간(天干)이 합(合)되는 오행(五行)을 극(剋)
하는 오행(五行)의 양오행(陽午行)부터 짚어가면 되는데, 월건
(月建)은 인월(寅月)부터 시작했지만 시간(時干)은 자시(子時)
부터 시작한다.

3. 일주(日柱) 정하는 방법

일주(日柱)는 출생한 날의 일진(日辰)을 말하며, 현재까지 만
세력을 보지 않고 알 수 있는 방법은 없다.

만세력에서 출생한 날을 찾아보면 그 날짜 밑에 적혀있는 일
진(日辰)이 있는데 그것이 바로 일주(日柱)다.

여기서 주의할 것은 자시(子時)에 출생한 사람의 일주(日柱)
는 그 날이 아니라, 다음날의 일진(日辰)이 된다.

왜냐하면 자시(子時)부터 이미 새로운 날이 시작되기 때문이
다.

예를 들면 정축년(丁丑年) 2월 1일의 일진(日辰)은 경술(庚戌)이지만, 2월 1일 자시(子時)에 태어났다면 경술(庚戌)이 아니라, 다음날 일진(日辰)인 신해(辛亥)가 일주(日柱)가 된다.

어떤 학자들은 야자시(夜子時)니 정자시(正子時)니 하지만, 자시(子時)부터 새로운 날이 시작되는데 시간은 다음날의 것을 쓰고, 일진(日辰)은 그날 것을 쓴다면 이것은 역학(易學)의 기본을 모르고 하는 소리다. (12시의 개념은 서양시간)

입춘절에 태세(太歲)가 바뀌는데 만일 야자시(夜子時)의 이론을 따른다면, 태세(太歲)는 바뀌지 않고 월건(月建)만 바뀐다는 결론이 나온다.

그러므로 자시(子時)에 일진(日辰)이 바뀐다는 사실을 받아들이지 않는 것은 어불성설이다.

기(氣)의 흐름이 자시(子時)부터 바뀌기 때문에 일진(日辰)도 따라서 변하는 것은 당연한 원리며 이치이니, 말도 안되는 엉터리 이론 때문에 혼동하는 일이 없기를 바란다.

4. 시주(時柱) 정하는 방법

시주(時柱)를 정할 때 주의해야 할 점은 우리 나라는 현재 일본의 시간을 그대로 적용하고 있다.

정확하게 계산하면 일본보다 32분이 늦다. (서울시간)

그러니 현재의 시간에 32분을 더해야 정확한 시간이 나온다.

그러므로 32분을 더해서 11시 32분부터 자시(子時)가 된다는 것을 잘 이해하고 시간을 정해야 한다.

시주(時柱)는 일간(日干)을 기준으로 찾고, 월주(月柱)를 찾는 방법과 같다. 시지(時支)는 이미 정해져 있기 때문에 시간(時干)만 찾으면 된다.

5. 대운(大運) 정하는 방법

대운(大運)이란 출생한 월(月)을 기준으로 하며 계절의 변화를 말한다. 꽃피는 봄이 지나면 무더운 여름이 오고, 여름이 지나면 낙엽 지는 가을이 오고, 가을이 지나면 만물이 잠드는 겨울이 오고, 겨울이 지나면 다시 봄이 오듯이, 인생도 계절이 있으니 그것이 바로 대운이다.

시간지표

時干\日干		甲己日	乙庚日	丙辛日	丁壬日	戊癸日
子時	오후11시 ~오전1시	甲子	丙子	戊子	庚子	壬子
丑時	오전1시 ~오전3시	乙丑	丁丑	己丑	辛丑	癸丑
寅時	오전3시 ~오전5시	丙寅	戊寅	庚寅	壬寅	甲寅
卯時	오전5시 ~오전7시	丁卯	己卯	辛卯	癸卯	乙卯
辰時	오전7시 ~오전9시	戊辰	庚辰	壬辰	甲辰	丙辰
巳時	오전9시 ~오전11시	己巳	辛巳	癸巳	乙巳	丁巳
午時	오전11시 ~오후1시	庚午	壬午	甲午	丙午	戊午
未時	오후1시 ~오후3시	辛未	癸未	乙未	丁未	己未
辛時	오후3시 ~오후5시	壬申	甲申	丙申	戊申	庚申
酉時	오후5시 ~오후7시	癸酉	乙酉	丁酉	己酉	辛酉
戌時	오후7시 ~오후9시	甲戌	丙戌	戊戌	庚戌	壬戌
亥時	오후9시 ~오후11시	乙亥	丁亥	己亥	辛亥	癸亥

사주(四柱)는 그 사람의 운명이 어떤가를 아는 기준이 되고, 그 사주(四柱)에 의하여 약속된 운명이 언제 어느 시기에 찾아오는가는 대운(大運)으로 알 수 있다.

사주(四柱)를 자동차나 배에 비유하면, 대운(大運)은 자동차가 달려야할 도로이며 배가 항해하는 바다이다. 바다가 맑고 잠잠하다면 항해는 순조로울 것이며, 비바람이 몰아치고 파도가 친다면 어려움에 처하게 될 것이다.

이와 마찬가지로 대운(大運)이 좋으면 편안하고, 대운(大運)이 나쁘면 고난과 불행 속에서 일생을 마감하게 된다. 사주(四柱)는 불여대운(不如大運)이라 했으니 사주(四柱)도 중요하지만 대운(大運) 또한 매우 중요하다.

비록 사주(四柱)가 나빠도 대운(大運)이 좋으면 즐거운 인생이 될 수 있고, 사주(四柱)가 아무리 좋아도 대운(大運)이 나쁘면 욕심은 있는데 운이 따라주지 않으니 고생스럽다.

대운(大運)을 정하려면 먼저 출생년의 태세(太歲)의 음양(陰陽)을 알아야 하고, 양남음녀(陽男陰女)를 구분해야 한다. 양(陽)은 남자를 뜻하고 음(陰)은 여자를 뜻한다.

출생 년의 태세(太歲)가 양(陽)이면 양남(陽男)은 순행하며 양녀(陽女)는 역행하고, 출생년의 태세(太歲)가 음(陰)이면 음녀(陰女)는 순행하고 음남(陰男)은 역행한다.

다시 말하면 남자는 태세(太歲)가 양년(陽年)이면 순행하고 음년(陰年)이면 역행하며, 여자는 음년(陰年)이면 순행하고 양년(陽年)이면 역행한다.

대운(大運)은 월주(月柱)를 기준으로 하는데 순행이면 월주

(月柱)이후 일위(一位)부터 기록하면 되고, 역행이면 월주(月柱) 전 일위(一位)부터 기록해 나가면 된다.

병자년(丙子年) 임진월(壬辰月)에 출생한 남자는 임진월(壬辰月)후 일위(一位)부터 순행하므로 계사(癸巳), 갑오(甲午), 을미(乙未), 병신(丙申), 정유(丁酉) 등으로 되고, 여자는 임진월(壬辰月)전 일위(一位)부터 역행하여 신묘(辛卯), 경인(庚寅), 기축(己丑), 무자(戊子)등으로 된다.

순행은 미래절, 역행은 과거절 이라고 하며 대운(大運)은 10년을 주기로 바뀐다. 들어오고 나가는 시기는 대운수(大運數)로 알 수 있다.

대운수(大運數)를 계산하는 방법은 너무 복잡하므로 만세력에서 찾아서 사용한다.

만세력을 보면 일진(日辰) 밑에 숫자가 있다. 위에 있는 숫자는 남자의 대운수(大運數)이고, 아래 있는 숫자는 여자의 대운수(大運數)다.

그리고 숫자 말고 순(旬)이라고 적혀 있는 한문이 있는데, 이것은 10대운(大運)을 말하는 것이다.

6. 종합 구성법

사주(四柱)는 년월일시(年月日時)를 오른쪽에서 왼쪽으로 써 나가야 한다.

건(乾)은 하늘을 뜻하므로 건명(乾命)은 남자를 말하고, 곤(坤)은 땅을 뜻하므로 곤명(坤命)은 여자를 말한다.

(7) 지장간(地藏干)

 땅 속에 있는 천간(天干)을 지장간(地藏干)이라고 한다.
 천간(天干)은 하늘의 기(氣)이고, 지지(地支)는 땅의 기(氣)다. 인간관계는 우선적으로 지장간(地藏干)을 분석해야 된다.
 지장간(地藏干)에는 정기(正氣)와 중기(中氣)와 정기(正氣)가 있다. 정기(正氣)는 입절(入節)한 후에도 전월(前月)의 기(氣)가 흐르고 있는 것을 말하고, 중기(中氣)는 정기(正氣)와 정기(正氣)의 중간 기(氣)가 흐르는 것을 말하고, 정기(正氣)는 그 달의 기(氣)가 흐르는 것을 말한다.
 일반적으로 정기(正氣)만을 활용하지만, 사주(四柱)를 풀이할 때는 정기(正氣), 중기(中氣), 정기(正氣)를 모두 대비해야 잠재되어 있는 운명을 자세하게 알 수 있다. 이것이 바로 지장간(地藏干)의 묘법이다. 그리고 정기(正氣), 중기(中氣), 정기(正氣)를 기간을 정해서 표시하고 있지만 운명을 감정하는데는 별 도움이 되지 않으니 신경쓰지 말고 지장간(地藏干)을 모두 분석해야 한다. 뒤에서 다시 나오지만 지장간(地藏干)을 모르면 사주(四柱)를 세밀하게 풀 수 없다.

寅申巳亥				子午卯酉				辰戌丑未			
	正氣	中氣	正氣		正氣	中氣	正氣		正氣	中氣	正氣
寅	戊	丙	甲	子	壬		癸	辰	乙	癸	戊
申	戊	壬	庚	午	丙	己	丁	戌	辛	丁	戊
巳	戊	庚	丙	卯	甲		乙	丑	癸	辛	己
亥	戊	甲	壬	酉	庚		辛	未	丁	乙	己

(8) 용신(用神)은 믿으면 안된다

　고전파들이 사주(四柱)에서 찾는 백만불짜리 황금은 용신(用神)이다. 이들은 판에 박은 듯이 격국(格局)과 용신(用神)을 위주로 하는 이론을 주장하고 있다.

　격국(格局)과 용신(用神)을 제대로 연구하자면 많은 시간이 필요하지만 그렇다고 완성되는 것도 아니다. 이론이 분분하고 갑론을박(甲論乙駁)으로 귀에 걸면 귀걸이 코에 걸면 코걸이식으로 다루는 것이 대부분이라, 초보자들은 물론이고 십 년씩 공부하고도 감정을 하지 못하여 어리둥절하게 하는 일이 태반이다.　모든 사주(四柱)의 격식이 격국(格局)과 용신(用神)을 골자로 삼은지라, 용신(用神)을 모르고서는 대운(大運)이든 세운(歲運)이든 살필 수가 없으니 무슨 짓을 하든 용신(用神)잡는 법을 알아야 한다.

　그러나 몇년씩 애써서 용신법(用神法)을 익히고, 감정에 임하지만 그때부터 헤매기 시작한다.　사주(四柱)가 한눈에 분석되어 감별되지 않고 고작 용신(用神)을 도와주는 운은 좋고, 용신(用神)을 충극(沖剋)하는 운은 나쁘다는 것을 알 뿐이다. 운이 좋다 나쁘다라는 추상적인 결론으로는 운명을 감정할 수 없다. 적어도 언제 무엇이 어떻게 발생하고 변하며, 현 시점은 어떤 상태인가를 속시원하게 알 수 있어야 한다.

　그러한 감정원리는 격국(格局)이나 용신(用神)에 있는 것이 아니고, 십간십이지(十干十二支)의 특성과 변화의 법칙에서만 발견될 수 있다.　신사주(新四柱)가 격국(格局)과 용신(用神)

을 떠나서 간지(干支)의 특성과 작용에 역점을 두고 중점적으로 다루는 까닭은 바로 여기에 있다.

간단하게 예를 들면 일간(日干)이 강하면 관성(官星)을 용신(用神)으로 잡는다. 그러나 배부른 놈을 힘으로 누른다고 되는 것이 아니다. 배부른 놈은 식상(食傷)이란 운동장으로 끌어내어 운동을 시켜야 소화가 되는 것이다. 이것이 용신법(用神法) 중에서 잘못된 부분중의 하나다.

그러니 이제부터 용신(用神)에 대한 미련은 버리자. 용신(用神)에 집착하면 할수록 이름을 짓기가 어려워진다. 용신법(用神法)을 익히는데 들이는 시간을 음양오행(陰陽五行)의 무궁한 조화를 분석하는데 활용해야 한다. 어차피 용신(用神)이란 사주(四柱)에 필요한 오행(五行)의 하나일 뿐이고, 사주(四柱)는 음양오행(陰陽五行)에 의해 구성되었기 때문이다.

(9) 신강(身强)과 신약(身弱)

신강(身强)과 신약(身弱)은 사주를 풀이하는데 있어서 기초공사가 끝나고 뼈대를 진단하는 과정이다. 뼈대가 튼튼한지 그렇지 않은지를 진단해서 그 위에 올리는 건축물을 계산하는 것과 마찬가지다.

그러므로 신강(身强)과 신약(身弱)을 정확하게 판단해야 그 위에 이름이라는 구조물을 그 사주(四柱)에 맞추어 멋지고 아름답게 장식 할 수 있다.

신강(身强)이란 왕성한 힘과 강력한 지도력으로 다른 육신(六

神)을 제압하고 다스리는 힘을 말한다. 나와 뜻을 같이 하는 비견(比肩)이나 겁재(劫財)가 많거나, 나를 도와주는 편인(偏印)이나 인수(印綬)가 많으면 신강(身强)이 된다.

그리고 신약(身弱)이란 신강(身强)과는 반대로 나와 뜻을 같이하며 도와 주는 것이 다른 육신(六神)보다 적을 때나, 힘은 있는데 나를 제압하는 살성(殺星)인 정관(正官)이나 편관(偏官)이 강하거나, 아니면 나의 힘을 빼앗아가는 식신(食神)이나 상관(傷官)이 많거나 편재(偏財)와 정재(正財)가 많은 경우이다.

사주팔자(四柱八字)는 음양(陰陽)과 오행(五行)의 변화와 조화를 보고 운명의 길흉을 판단하기 때문에, 한가지 오행(五行)이 너무 많아도 안되고 어느 오행(五行)이라도 빠지면 안된다. 오행(五行)이 골고루 들어 조화를 이루어야 가장 좋은 사주(四柱)가 된다.

즉 일간(日干)이 너무 강하거나 왕성해도 안되고 너무 쇠약해도 안된다.

일간(日干)이 지나치게 강하면 손재, 손처, 재난 등이 생기고, 지나치게 약하면 질병이나 빈곤 등의 흉운(凶運)을 당한다. 어쨌든 신강(身强)해야 나를 지킬 수 있다. 신약(身弱)하면 재물이 있어도 짊어지고 갈 수 없으니 삶이 고단하고 어렵다.

신강(身强)과 신약(身弱)은 사주풀이의 핵심이 되며 이름을 지을때 필요한 오행을 선택하는 기준이 된다.

신강(身强)과 신약(身弱)이 정확해야 나에게 필요한 오행(五

行)이 무엇이며, 나를 괴롭히는 오행(五行)이 무엇인지를 찾아낼 수 있다.

나에게 필요한 오행(五行)이 올 때는 복록이 좋아 재물을 모을 수 있고, 나를 괴롭히는 오행(五行)이 올 때는 온갖 풍파와 재난이 온다. 만일 신강사주(身强四柱)를 신약사주(身弱四柱)로 잘못 파악하면 정반대의 오행을 선택하여 이름을 짓게되므로 조목조목 잘 분석해야 한다.

1. 득령(得令)과 실령(失令)

득령(得令)은 일간(日干)이 모체인 월지(月支)에서 기(氣)를 얻었다는 뜻으로, 일간(日干)이 월지장간(月地藏干)에서 비견(比肩)이나 겁재(劫財), 또는 편인(偏印)이나 인수(印綬)를 만난 것을 말한다.

월지(支)는 자궁으로 기(氣)가 다른 지지(地支)보다 3배정도 더 강하다.

월지(月支)의 기(氣)를 받으면 득령(得令)했다 하고, 그외는 실령(失令)이라 한다.

득령(得令)하면 일간(日干)은 강왕해지고 실령(失令)하면 쇠약해진다.

간혹 실령(失令)과 득령(得令)을 통근(通根)과 혼동하는 경우가 있는데, 실령(失令)과 득령(得令)은 월지(月支)에만 해당하고, 통근(通根)은 어느 지지(地支)에서나 가능하다.

2. 득세(得勢)와 실세(失勢)

득세(得勢)란 비견(比肩), 겁재(劫財), 편인(偏印), 인수(印綬)의 도움을 많이 받아 힘을 얻었다는 뜻이고, 도움이 적은 상태를 실세(失勢)라고 한다.

득세(得勢)하면 일간(日干)이 강왕해지기 때문에 신강사주(身强四柱)가 되고, 실세(失勢)하면 쇠약해지기 때문에 신약사주(身弱四柱)가 된다.

이와 같이 통근(通根)도 신강(身强)과 신약(身弱)을 구분하는 데 필요하다.

그 외에 십이운성법(十二運星法)에 의한 방법도 있지만, 그다지 정확하지 않기 때문에 생략한다.

시	일	월	년
甲	甲	壬	丁
子	戌	寅	未

갑목일간(甲木日干1)이 인월(寅月)에 출생했고, 인목(寅木)은 비견(比肩)이므로 일단은 득령(得令)하여 신왕(身旺)하다.

시상(時上)에도 비견(比肩)이 하나 있고, 월간(月干)에는 편인(偏印)이 있고, 시지(時支)에 또 나를 생하여 주는 인수(印綬)가 있으니 매우 왕성한 신강사주(身强四柱)가 되었다.

시	일	월	년
辛	己	庚	甲
未	亥	午	子

기토일간(己土日干)이 오월(午月)에 출생했고, 오화(午火)는 편인(偏印)이므로 일단은 득령(得令)하여 신강(身强)하다. 시지(時支)에 미토비견(未土比肩)이 있어 신강(身强)한 것 같지만, 시상(時上)에 식신(食神)이 있고 월간(月干)에 상관(傷官)이 있어 일간(日干)을 강하게 설기시키고, 일지정재(日支正財)와 년지편재(年支偏財)가 힘을 모아 또 설기시키고, 또 년간갑목(年干甲木)이 강하게 누르니, 비록 월지(月支)에 편인(偏印)이 있어도 설기를 너무 많이 당하여 신강(身强)에서 신약(身弱)으로 돌아섰다.

일반적으로 일간(日干)에서 비견(比肩), 겁재(劫財), 편인(偏印), 인수(印綬)가 사주(四柱)의 반만 차지해도 신강(身强)으로 보지만 세밀하게 분석해서 결정해야 한다. 신강(身强)과 신약(身弱)은 판단 할 때 지장간(地藏干)을 보면 혼동스럽기만 하므로 살펴보지 않아도 된다.

신강(身强)과 신약(身弱)을 구별하는 중점은 여덟 글자 중 작용이 가장 강한 월지(月支)에 두어야 하고, 천간(天干)보다는 지지(地支)가 작용이 강하다는 것을 명심하면 된다.

그리고 그 외에 간합(干合), 육합(六合), 삼합(三合)되어 다른 오행(五行)으로 변하는 것도 참작해야 한다. 그러나 대가

(大家)들도 종종 틀리는 경우가 있으니 세심한 주의와 사주(四柱) 전체의 상황을 잘 살펴서 판단해야 한다. 신강(身强)이라고 다 똑같은 신강(身强)이 아니고, 신약(身弱)이라고 다 똑같은 신약(身弱)이 아니다. 신강(身强)과 신약(身弱)이 애매할 때는 지장간(地藏干)을 살펴서 판단한다.

(10) 조후(調候)

우주에 존재하는 모든 생명체들이 기후의 조화에 의해 살아가듯, 사주(四柱)도 역시 기후의 조화가 필요하다.

추우면 따뜻하게 해주고 습하면 건조시켜 주어야 하는 것이 조후법(調候法)이다.

그러나 선천운(先天運)에는 잘 맞지만 후천운(後天運)에는 맞지 않는 경우가 종종 있다.

오행(五行)의 조후(調候)는 다음과 같으니 참고하기 바란다.

■ 금(金)과 수(水)는 차갑고,
■ 목(木)과 화(火)는 따뜻한데 화(火)는 따뜻하면서도 건조하고,
■ 진(辰)과 축(丑)은 습하고,
■ 술(戌)과 미(未)는 건조하고,
■ 무(戊)와 기(己)는 따뜻함과 차가움의 중간이다.

(11) 통근(通根)

통근(通根)이란 뿌리를 내린다는 뜻이다.

그러나 아무 지지(地支)에나 마구잡이로 뿌리를 내릴 수 있는
것은 아니라, 같은 오행(五行)이 지장간(地藏干)에 있어야 뿌
리를 강하고 힘차게 내릴 수 있다. 어떤 학자들은 인성(印星)
에도 뿌리를 내린다고 하지만 그 힘은 매우 약하다. 그러므로
같은 오행(五行)에만 뿌리를 내릴 수 있고 작용은 월지(月支)
가 가장 강하다.

그리고 통근(通根)은 어느 지지(地支)에서나 같은 오행(五行)
만 있으면 가능하지만 충(沖)이나 극(剋)된 지지(地支)에서는
안되고, 통근(通根)하려는 간(干)과 통근(通根)할 수 있는 지
지(地支)가 상극(相剋)되면 불가능하다. 이와 같이 일간(日
干)에서만 하는 것이 아니라 년월일시(年月日時)의 네 천간(天
干) 모두 가능하므로, 뿌리를 내린 육신(六神)과 내리지 않은
육신(六神)을 반드시 구별할 줄 알아야 정확한 신강,신약을 구
분할 수가 있다.

天干	五行	통근할 수 있는 지지
甲乙	木	寅 卯 辰 亥 未
丙丁	火	巳 午 未 寅 戌
戊己	土	辰 戌 丑 未 寅 申 巳 亥 午
庚辛	金	申 酉 戌 巳 丑
壬癸	水	亥 子 丑 申 辰

(12) 격국(格局)

고전파 사주학자(四柱學者)들은 사주(四柱)는 격국(格局)이고, 격국(格局)은 사주(四柱)라는 공식을 앞세워 격국(格局) 위주로 다루고 있다. 격국(格局)을 모르면 사주(四柱)을 말할 수 없고, 용신(用神)을 모르면 사주(四柱)를 감정할 수 없다고 단정하고 있다.

용신(用神)을 격국(格局)의 꽃이라고 믿는 그들 앞에서 격국(格局)을 모르면서 용신(用神)은 입도 벌릴 수 없기 때문에, 사주(四柱)를 감정하려면 어차피 격국(格局)부터 배워야 한다는 결론이 나온다.

그러나 격국(格局)과 용신(用神)을 공부하기 위해 몇년씩 애쓰지만 결과는 한결같이 오리무중으로 끝나고 만다. 격국(格局)을 배우고도 격국(格局)을 모르겠다는 것이 고전 명리학도(命理學道)들의 솔직한 고백이다.

그렇다면 어째서 격국(格局)은 그토록 어렵기만 한 것인가?

이유는 간단하다. 음양(陰陽)의 조화로 이루어진 격국(格局)의 꽃을, 격국(格局)의 조화로 이루어진 용신(用神)의 꽃으로 잘못 알고 있기 때문이다. 그들도 입으로는 사주(四柱)를 음양오행(陰陽五行)의 조화라고 주장하면서도 실제는 음양오행(陰陽五行)이 아닌 격국의 눈으로 사주(四柱)를 관찰하니 그런 모순된 결과가 나올 수 밖에 없는 것이다.

진리는 편견으로는 발견할 수 없다. 논리성과 합리성 그리고 실증성을 갖춰야만 성립되고 인정되는 것이다. 사주(四柱)는 처음부터 음양오행(陰陽五行)으로 구성된 오행(五行)의 꽃이기 때문에 음양(陰陽) 오행(五行)을 올바로 인식해야 한다.

음양(陰陽) 오행(五行)은 우주와 자연을 구성하고 움직이는 차원 높은 진리다. 그러므로 음양(陰陽) 오행(五行)의 진리를 모르고 사주(四柱)를 말한다는 것은 잠꼬대 같은 소리다. 그러나 기초적인 격국(格局)은 반드시 익혀두어야 한다.

이름을 지을때도 사주의 격국에 따라 이름 짓는 방법이 다르다는 것을 잊지 말아야 한다.

1. 종격(從格)

종격(從格)은 나를 버리고 강한 것을 따라가서 의지하는 것으로 종왕격(從旺格), 종강격(從强格), 종아격(從我格), 종재격(從財格), 종관격(從官格) 등이 있다.

1) 종왕격(從旺格)

일간(日干)이 득령(得令)하며 인성(印星)이 적고 비겁(比劫)이 많은 것을 말하며, 극(剋)하는 것이 없어야 한다. 인성운(印星運)과 비겁운(比劫運)과 식상운(食傷運)은 희신(喜神)이고, 관성운(官星運)과 재성운(財星運)은 기신(忌神)이다.

2) 종강격(從强格)

일간(日干)이 득령하여 비겁(比劫)이 적고 인성(印星)이 많은 것을 말하며, 극(剋)하는 것이 없어야 한다. 관성운(官星運)

과 인성운(印星運)과 비겁운(比劫運)은 희신(喜神)에 해당하
며, 재성운(財星運)과 식상운(食傷運)은 기신(忌神)이 된다.

3) 종아격(從我格)

일간(日干)이 인성이나 비겁(比劫)이 없어 약하고 식상(食傷)
이 많은 것을 말하며, 극(剋)하는 것이 없어야 한다. 강한 것
을 강하게 하면 더욱 좋으니, 식상(食傷)이 최고의 희신(喜神)
이고 다음이 재성(財星)이다. 비겁운(比劫運), 인성운(印星
運), 관성운(官星運)은 기신(忌神)이다.

4) 종재격(從財格)

일간(日干)이 인성(印星)이나 비겁(比劫)이 없어 약하고 재
(財)가 많은 것을 말하며, 극(剋)하는 것이 없어야 한다. 희
신(喜神)은 재성운(財星運)이 가장 좋고 그 다음은 식상운(食
傷運)과 관성운(官星運)이 좋다. 비겁운(比劫運)과 인성운(印
星運)은 기신(忌神)이다.

5) 종관격(從官格)

일간(日干)이 인성(印星)이나 비겁(比劫)이 없어 약하고, 관
(官)이 많으며 극(剋)하는 것이 없어야 한다. 관성(官星)이
많으므로 대귀인격이다. 정관(正官)이 많으면 더욱 좋고, 편
관(偏官)이 많으면 종살격(從殺格)이라고도 한다. 관성운(官
星運)과 재성운(財星運)이 희신(喜神)이고, 인성운(印星運)과
비겁운(比劫運)과 식상운(食傷運)은 기신(忌神)이다.

2. 전왕격(轉旺格)

전왕격(轉旺格)은 일행득기격(一行得氣格)이라고도 하며, 일간(日干)을 중심으로 한가지 오행(五行)으로 되어 있는 것을 말한다.

1) 곡직인수격(曲直仁壽格)

갑을일간(甲乙日干)이 지지(地支)에 삼합목국(三合木局)이나 동방합(東方合)을 이루고, 금(金)이 없는 경우를 말한다. 성격은 인자하고 교육이나 사회사업 분야로 나가면 크게 명성을 얻을 수 있다.

2) 염상격(炎上格)

병정일간(丙丁日干)이 지지(地支)에 삼합화국(三合火局)이나 남방합(南方合)을 이루어야 하고, 수(水)가 없고 월지(月支)에 합(合)된 글자가 하나는 있어야 한다.
여기에 해당하면 성격이 불같아 마음의 변화가 심하지만 예의는 반듯하다.
문화사업이나 법조계나 불과 관계된 사업을 하면 크게 명성을 얻을 수 있다. 그러나 수운(水運)이 강하게 들어오면 죽음을 맞는 경우도 있다.

3) 가색격(稼穡格)

무기일간(戊己日干)이 지지(地支)에 진술축미(辰戌丑未)가 3개 이상있고, 이중에서 하나라도 월지(月支)에 있어야 하며 목(木)이 없어야 한다.

부동산과 관계된 사업이나 법학계로 나가면 명성을 얻을 수 있다.

4) 종혁격(從革格)

경신일간(庚辛日干)이 지지(支支)에 삼합금국(三合金局)이나 서방합(西方合)을 이루고, 화(火)가 없으며 월지(月支)에 합(合)된 글자가 하나는 있어야 한다.

통이 크고 의리가 있어 혁명적이며 두려움이 없다.

검찰, 군인, 법관 등 금(金)과 관련된 직업으로 나가면 명성을 얻을 수 있다.

5) 윤하격(潤下格)

임계일간(壬癸日干)이 지지(地支)에 삼합수국(三合水局)이나 북방합(北方合)을 이루었고, 토(土)가 없으며 월지(月支)에 합(合)된 글자가 하나는 있어야 한다.

영리하고 지혜로우며 남을 돕는 것을 좋아한다.

숫자나 물과 관계된 직업으로 나가면 명성을 얻을 수 있다.

6) 합화격(合化格)

 일간(日干)이 시간(時干)이나 월간(月刊)과 간합(干合)하여 변하고, 월지(月支)에 간합(干合)하여 생성된 오행(五行)이 있거나 삼합(三合)된 오행(五行)이 있어야 성립된다.

 일간(日干)이 의지할데가 있으면 합(合)이 안된다. 지지(地支)에 합(合)된 오행(五行)이 많으면 화신유려(化神遺餘)라고 하여, 부귀한 명으로 위대한 지도자나 통치자가 될 수 있다. 지지(地支)에 합화(合和)된 오행(五行)이 적을 때는 화신부족(化神不足)이라고 한다. 운에서 생조하고 설기시키는 것이 가장 좋다.

 화신(化神)을 극하는 운이 가장 큰 흉이다. 합화격(合和格)은 자세하게 파악해야 알 수 있다. 운명을 감정하다 보면 약 10%정도가 합화격(合化格)을 갖추고 있는데, 그 적중률이 매우 낮아서 일반적인 감정으로 보는 경우가 더 많다는 것을 참고로 말해둔다.

8. 한글은 음양 오행의 산물이다

역학을 최초로 창안한 사람이 단군이었고, 그후 중국으로 건너가 발전되어 다시 우리 나라로 역수입되었고, 한문도 단군 시대에 창힐 이라는 우리 나라 사람이 중국으로 건너가 최초의 한문을 가르쳐 주었다는 역사적 사실이 하나 둘씩 나타나고 있는데, 아직까지는 역학이나 한문이 중국의 학문이요, 문자라고 하니 필자로써는 자존심이 상하지만 어쩔 수 없고 아무튼 한글이 만들어지던 그때의 상황을 돌아보기로 하자.

중국의 음운학(音韻學)은 6세기를 중심으로 하는 중국의 남북조(南北朝)시대에, 특히 남조(南朝)에서 발달하였다.

그후 음운학이 발달하다가 당나라 말기부터 북송(北宋)초에 걸쳐서 새로이 한 부문의 연구가 일어났다.

이때에 송(宋)나라 소옹(邵雍 1011-1077)이라는 학자가 역학을 기본으로 삼아서 우주 만물의 모든 원리를 설명하여 한자 음운학 연구에 역학의 수리론(數理論)을 응용하고 모든 술어를 역학상의 술어로 고쳐서 새로운 음운학을 만들게 되었는데 그것이 황극경세성음도(皇極經世聲音圖)이며 그의 저술인 황극경세서에 포함되어 있다.

이 황극경세서가 우리 나라에 전래된 것은 세종(世宗)초의 일이었으며, 그것은 소옹의 여러 이론이 성리대전(性理大全)속에 포함되어 있었으며, 성리대전이 세종초에 중국으로부터 전래된 때문이다.

그리하여 성리대전에 수록된 황극경세성음도는 세종과 그 보필자들의 큰 관심사가 되었으며, 특히 세종은 운학(韻學)에 깊은 관심과 조예(造詣)가 있었고 그 보필자이었던 신숙주(申叔舟)와 성삼문(成三問)등은 운학에 대한 연구가 상당수준에 도달하므로 하여 훈민정음(訓民正音)창제의 이론적 배경이 되었고 한글은 음양오행을 토대로 하여 창제된 소리글자이다.

(필자의 견해로는 한글이 단군 시대 때에 창제되었다고 추정
  된다.)

9. 한글과 오행

(1) ㄱ. ㅋ. ㄲ

ㄱ. ㅋ. ㄲ 은 간(肝)에서 발생하여 어금니에서 발성되며 그 모양은 만물이 흙을 뚫고 올라 오는 형상을 본 뜬 것이며, 소리의 발생근원이 간(肝)이므로 간은 木과 일맥 상통하므로 ㄱ. ㅋ.ㄲ은 木오행에 해당되고 방향은 동방이요 색상은 청색이다.

(2) ㄴ. ㄷ. ㄸ. ㄹ. ㅌ

ㄴ.ㄷ.ㄸ.ㄹ.ㅌ은 심장(心臟)에서 발생하여 혀에서 발성되며, 그 모양이 ㄴ이 대표적인데 이것은 불길이 나누어져서 위로 타오르는 것을 본 뜬 것이며 심장은 火와 일맥 상통하므로 ㄴ. ㄷ.ㄸ.ㄹ.ㅌ은 火오행에 해당되고 방향은 남방이요 색상은 적색이다.

(3) ㅇ. ㅎ

ㅇ.ㅎ 은 비(脾)에서 발생하여 목구멍에서 발성되며 그 소리는 주로 합 하는 것이라 목구멍의 모양을 본 뜬 ㅇ 이고, 비는 土와 일맥 상통하므로 ㅇ. ㅎ 은 土오행에 해당되고 색상은 황

색이다.

(4) ㅅ. ㅈ. ㅊ

ㅅ.ㅈ.ㅊ 은 폐(肺)에서 발생하여 이(齒)에서 발성되며, 그
소리는 주로 당기는 것이기 때문에 그 모양이 ㅅ 이 되었는데
이것은 쇠의 날카롭고 펼쳐 당김을 본 뜬 것이며 폐는 金과
일맥 상통하므로 ㅅ. ㅈ. ㅊ 은 金오행에 해당되고 방향은 서
방이요 색상은 백색이다.

(5) ㅁ. ㅂ. ㅍ

ㅁ.ㅂ.ㅍ 은 신장(腎臟)에서 발생하여 입술에서 발성되여 그
소리는 주로 토(吐)하므로써 그 모양이 ㅁ 이 되었는데 이것은
물이 모여서 구멍에 가득 찼음을 본 뜬 것이며 신장은 水와
일맥 상통하므로 ㅁ.ㅂ.ㅍ은 水오행에 해당되며 색상은 흑색이
다.

(註 단원 8과9는 강신항(姜信沆)선생님의 운해훈민정음(韻解
訓民正音)에서 발췌한 것임)

이와 같이 한글은 소리 글자요, 또 소리 글자이기 때문에 소
리가 발생되는 장기(臟器)의 영향과 발생되는 부분의 형태와
모양에 의해 소리가 되면서 음양오행이 형성되고 그 음양오행

의 기(氣)가 이름을 갖고 있는 사람에게 작용하게 된다.

제 2 장. 각종 성명학

제 1편   수리 성명학

1. 탄생 배경

 정통 역학 서적 어느 곳에서도 성명학에 대한 것을 찾아 볼 수가 없을 뿐만 아니라 이름에 대한 해석의 기준 조차도 없었으며, 다만 이름으로 사용한 한자의 뜻에 따라 그냥 무의미하게 좋다, 나쁘다고만 하였는데, 근세에 와서 이름에 대한 관심도가 높아졌는데, 오늘날에 가장 많이 활용하여 이름을 짓는 수리 성명학의 기원을 찾아 보면, 일본의 웅기건웅(熊埼健熊)이라는 한 역학자가 저술한 웅기식 성명학(1929년)이다.

 그는 주역의 삼재 원리와 81 영동수를 활용하여 오늘날의 수리 성명학의 기초 이론을 정립 시켰다.

이 기초적인 이론이 후대의 학자들에 의해 더욱 발전되어 왔으며, 이 옹기식 성명학을 일본에 유학온 대만의 백혜문(白惠文)이란 사람이 배워 가지고, 중국으로 건너가게 되고, 그는 중국에서 많은 사람들의 이름을 지어주고 그 경험을 바탕으로 하여 옹기식 성명학, 성명지 명문학, 성명학지오비등 세 권의 책을 저술하게 되었는데, 그 책들이 오늘날의 중국 성명학으로 발전되어 왔다.

이 백혜문의 성명학이나 옹기식 성명학이 어떠한 경로로 우리나라에 유입되어 들어 왔는 지는 잘 모르지만, 지금 현재에 사용하고 있는 수리 성명학은 그 대부분이 백혜문의 옹기식 성명학이다.

어찌 되었던 간에 수리 성명학은 오늘날에 일반화되다시피 하여많이 사용하고 있는데, 수리 성명학은 성명에 사용하는 한자의 획수에 따라 그 길흉화복과 부귀빈천, 흥망성쇠를 예지 판단하는 성명학이다.

수리 성명학의 주요 부분인 격이 있는데, 그 격을 다음과 같이 보게 된다.

2. 한자 획수에 의한 수리와 격

(1) 세글자로 된 이름

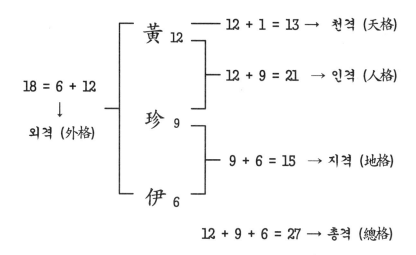

$$黃\ 12 \quad —— 12 + 1 = 13 → 천격 (天格)$$
$$18 = 6 + 12$$
$$↓$$
$$외격 (外格)$$
$$12 + 9 = 21 → 인격 (人格)$$
$$珍\ 9$$
$$9 + 6 = 15 → 지격 (地格)$$
$$伊\ 6$$
$$12 + 9 + 6 = 27 → 총격 (總格)$$

(2) 성과 이름이 각각 한자인 수리

$$8 = 8 \quad —— 金\ 8 \quad —— 8 + 1 = 9 → 천격 (天格)$$
$$↓$$
$$외격 (外格)$$
$$8 + 2 = 10 → 인격 (人格)$$
$$九\ 2 \quad —— 2 = 2 → 지격 (地格)$$
$$8 + 2 = 10 → 총격 (總格)$$

(3) 성이 두 글자이고 이름이 한자인 수리

南 9 ── 19 + 1 = 20 → 천격(天格)

19 = 19
↓
외격(外格)

宮 10

19 + 7 = 26 → 인격(人格)

甫 7 ──── 7 = 7 → 지격(地格)

19 + 7 = 26 → 총격(總格)

(4) 성과 이름이 각각 두 글자인 수리

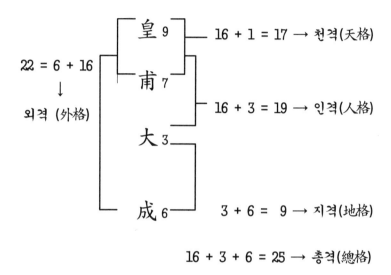

5) 획수를 계산하는 법

수리 성명학은 성명에 사용하는 한자의 획수에 의하므로 어떤 글자를 몇 획으로 계산하느냐 하는 것이 매우 중요하다.

획수를 잘못 계산하게 되면 이름을 잘 지어도 잘못 지은 이름이 되기 때문에, 획수 계산이 정확해야 된다.

그러나 한자는 자꾸만 변화되어 가는 것이므로, 어느 획수를 쓰느냐 하는 것에 대해 작명가들 사이에도 의견이 일치되지 않고 있다.

필자의 견해로는 사용하는 글자 그대로의 획수를 사용하면 된다고 생각한다.

왜냐 하면 시대는 변하기 마련이고, 시대에 따라 글자의 모양도 변해 간다고 생각하면 과거의 것들은 과감하게 버릴 수 있는 용단이 필요하다.

예)

	원형		변형	
※	水 4획	→	氵 3획	→ 3 획으로 본다
※	手 4획	→	扌 3획	→ 3 획으로 본다
※	心 4획	→	忄 3획	→ 3 획으로 본다

※　　艸 6획　→　　艹 3획 으로 본다

※　　邑 7획　→　阝(우부방) 3획　→ 3 획으로 본다

※　　阜 8획　→　阝(좌부방) 3획　→ 3 획으로 본다.

※　　玉 5획　→　　王　4획　　→ 4 획으로 본다

※　　示 5획　→　　礻　4획　　→ 4 획으로 본다

※　　衣 6획　→　　衤　5획　　→ 5 획으로 본다

※　　肉 6획　→　　月　4획　　→ 4 획으로 본다

※　四, 五, 六, 七, 八, 九, 十, 百, 千, 萬, 億, 兆 등도 글
자의 뜻에 따라 획수를 정하기도 하는데, 그것은 매우 잘못된
이론으로써 숫자도 일반 한자와 똑같이 획수에 의해 결정해야
한다.
※ 획수를 잘 모르거나 애매할 때는 정확한 옥편을 찾아, 참고
하는 것이 가장 좋다.

(6) 음양의 배치

홀수 획수인 1, 3, 5, 7, 9 를 양으로 하고,
짝수 획수인 2, 4, 6, 8, 10 을 음으로 한다.

이름은 홀수(양)가 전부가 되거나, 짝수(음)가 전부가 되면,
매우 흉한 이름이 된다.
그러므로 홀수(양)와 짝수(음)가 서로 혼합되게 지어야 한다.

예)

세 글자 이름

① 양, 양, 음   ② 양, 음, 양
③ 음, 음, 양   ④ 음, 양, 음
⑤ 양, 음, 음   ⑥ 음, 양, 양

두 글자 이름

① 양, 음   ② 음, 양

(7) 격에 따른 운세의 배치

① 천격

 조상으로 물려받은 유전 인자로써 어떻게 바꾸어 볼 수도 없는 태어날 때부터 죽을 때까지의 선천적인 운으로 부모와 조상의 덕행과 업으로 그 자손도 같은 운으로 살아가게 되는데, 이것은 봉건 시대적 발상으로 시대의 변화에 따라 나머지 격으로 나쁜 운을 좋게 유도 할 수 있다.

② 인격

 인격은 성과 이름 첫 글자를 합한 획수로 여름을 상징하며, 그 사람에 있어서, 중년운을 중심으로 그 사람의 성격, 지능, 사회운 등을 보는 중심적인 의미를 내포하고 있다.

③ 지격

 지격은 성을 제외한 이름만의 획수를 합한 수로써 봄을 상징하며, 초년의 운을 주로 보게 되는데, 어린 시절의 가정 환경과 길흉화복의 운을 보게 된다.

④ 외격

성과 이름 끝자의 획수를 합한 수로 가을을 의미하며, 중년 후반기 운을 주로 보게 되며, 사회적 활동, 이성관계 및 부부 운 등을 보며 천격, 인격, 지격의 보조적인 역할도 하게 된다.

⑤ 총격

이름 전체를 모두 합한 획수로, 겨울을 의미하고 주로 말년운 으로 보게 되지만, 이름을 총괄하는 의미로써, 전체적인 운을 관리 하므로 전체적인 운을 보게 되고, 천격, 인격, 지격, 외 격 등의 어느 부분이 조금 나쁘다 해도 총격만 좋으면, 나쁜운 은 없어지는, 이름에서 가장 중요한 획수이다.

3. 수리에 의한 이름의 해석

■ 1획 - 기본격(基本格)

 회춘상(回春像) 최대길상(最大吉祥) 대성공(大成功) 건강(健康) 부귀(富貴) 행복(幸福) 명예(名譽)

 수리의 기본이 되는 첫글자로, 봄에 새싹이 돋아나는 형상으로 만물의 시초요 근본이 되는 것이니 소원하는 것이 성취되고 모든일이 크게 발전하여 성공으로 유도해 가는 좋은 수이며 만사에 부지런하며 수명과 복록이 겸비하여 지위와 명예가 높아지며 남녀 모두 소망을 이루게 된다.

■ 2획 - 분산격(分散格)

 최대흉악(最大凶惡) 상시불안(常時不安) 신고일생(辛苦一生) 파멸무상(破滅無常)

 바람 부는 날 밀가루 장사가 장사하러 가듯이 매사에 때를 만나지 못한 것 같이 업무에 실패가 많으며 심약하여 적극성이 부족하고 시작보다는 결과가 만족하지 못하며 힘들고 어려운 가운데 좌절을 반복하고, 허망한 마음으로 방랑생활을 하게 되니 주거와 직업이 일정하지 못해 일생을 떠돌이 생활을 하게 되고 뜬구름처럼 횡액이 많으며, 부부간에도 냉냉한 기운이 흘러서 이별수가 있을수도 있다.

■ 3획 - 길상격(吉祥格)

복록부귀(福祿富貴) 성공발달지상(成功發達之像) 명리양전(名利兩全) 사업성대(事業成大) 복지무궁(福祉無窮)

음과양이 화합하는 만사 형통수로써 재주와 지혜가 총명하고 판단력이 빠르고 두뇌 회전이 뛰어나고 처세가 원만하여 사교성이 좋으며, 과감한 추진력으로 만사가 순조롭게 성공하게 되며 부귀 영화를 누리며 가정도 화합하여 대내외적으로 크게 이름을 날린다.

■ 4획 - 흉변격(凶變格)

대파지흉상(大破之凶像) 진퇴양난(進退兩難) 불구불안(不具不安) 방랑(放浪) 파멸(破滅)

의지력이 약하고 성격이 우유부단하여 융통성이 없어 주위에 사람이 없으며 불운이 떠나지 않으며, 부모형제 덕이 없고 가족들도 자기의 곁을 떠나게 되니 행복은 느낄 수도 없고 동서남북으로 부지런히 뛰어 다녀도 소득이 없으며 실패의 연속 속에 고통과 슬픔의 눈물뿐이다.

■ 5획 - 복록격(福祿格)

완벽지상(完璧之像) 화합(和合) 대성공운(大成功運) 신체건전
(身體健全) 복록장수(福祿長壽) 부귀번영(富貴繁榮)

성격이 밝고 활달하고 덕망과 학식이 높으며 지덕을 겸비하니
만인의 사랑을 받아 하는일 마다 성공과 발전이 찾아들고 대
내외적으로 크게 이름을 떨치고 부귀와 번영을 마음대로 누릴
수 있으며, 가정에서도 부부가 화합하고 부귀, 명예, 권세가
자손대대로 누리게 된다.

■ 6획 - 안운격(安運格)

가세성대(家勢盛大) 음양조화(陰陽調和) 천덕지상구비(天德之
祥俱備)

성격이 온후하고 지덕을 겸비하여 자기에게 주어진 책임을 끝
까지 지며 매사에 노력을 게을리 하지 않으며 사교성도 매우
뛰어나 처세술에 밝으며 하는 일마다 손쉽게 결실을 얻게 되
고, 부귀영화와 명예가 저절로 얻게 되니 그 빛과 영화가 자손
대대로 내려 갈 것이다.

■ 7획 - 독립격(獨立格)
독립(獨立) 단행(單行) 정력충만(精力充滿) 자연행복증진(自

然幸福增進)

　지조가 굳고 마음이 넓고 포용력이 있으며 성품이 강직하고
독립심이 강하여 노력을 그치지 아니하고 만난을 극복하며, 정
력이 흘러 넘치기 때문에 일생동안 지칠 줄을 모르고 나아가
며 목적한 것과 행복은 자연스럽게 찾아오며 부부간 금실이
좋고 가족간도 화합하게 되니, 그 후대에까지 영광을 누리게
되나 너무 지나치게 자신의 주장을 내세우게 되면 스스로 무
너질수도 있으니 때로는 이해하고 양보하는 미덕을 길러야 하
겠다.

■ 8획 - 견지격(堅志格)

　의지철석(意志鐵石)　자활독립(自活獨立)　명리양득(名利兩得)
인내극기(忍耐克己)　대성공(大成功)

　철석같은 의지와 독립정신과 인내와 극기로 매사를 극복하고
한번에 명예와 부귀를 얻을 수가 있으며 시작도 좋지만, 끝마
무리도 좋으며 목적하는 바를 언제나 얻을 수가 있으며 장수
하게 된다.
　미래에 대한 불안은 없으며 가족간의 이해와 화합 속에 대성
공을 얻을 수 있는데, 다만 너무 강직하게 나가다 보면 부러질
염려가 있으니 경계를 하여야겠다.

■ 9획 - 흉악격(凶惡格)

대재무용(大材無用) 단명(短命) 비통(悲痛) 패질(廢疾) 빈곤(貧困) 재해(災害) 고독(孤獨)

지모(智謀)가 출중하여 일시적인 성공은 있으나, 곧 좌절되어 파탄에 직면하고 경제적으로나 사회적으로나 되는 일이 없으며 부모형제, 인덕이라고는 전혀 없으며 단명, 폐질, 재해, 고독에 일생을 허덕이며, 특히 여성은 남편이 바람을 피우거나 자손문제로 인하여 많은 파란을 겪게 되는 흉악한 수리이다.

■ 10획 - 공허격(空虛格)

천지허망(天地虛亡) 공허(空虛) 단명(短命) 빈곤(貧困) 고난(苦難) 만사종지운(萬事終之運)

지모와 기량이 풍부하고 포부와 이상은 원대하나, 의욕이 지나쳐 계획을 세워 놓고도 흐지부지되고, 시작은 많아도 결과가 없으며 인덕이 없고 우유부단하여 기회를 놓치며 단명으로 끝나기 쉽다.

만사가 공허하고 끝나는 운으로 유도하게 되니 재물과 재산은 흩어지고 부부간에도 이별수가 있으며 빈곤과 고난 속에서 헤매이게 된다.

■ 11획 - 만회격(挽回格)

자력갱생(自力更生) 만사순서발달(萬事順序發達) 부귀(富貴)
번영(繁榮) 재흥가지격(再興家之格) 만회가운(挽回家運) 최대
길수리(最大吉數理)

이지적이고 사고력이 깊으며 자기의 힘으로 스스로 부귀번영
을 얻으며 비록 지난날에 실패가 있었다 하더라도 곧바로 만
회하며 만사가 순서대로 발전하기 때문에 몰락한 가문을 일으
켜 자손후대에 까지 전할 수 있는 최대의 대길수로써 부부해
로 하여 평생을 고난 없이 살아간다.

■ 12획 - 박약격(薄弱格)

박약무력(薄弱無力) 만사역부족(萬事易不足) 고독(孤獨) 실패
(失敗) 역경(逆境) 병약(病弱)

아무리 영리하고 매사에 침착하게 일을 추진한다 하여도 만사
가 역부족으로 성공직전에 무너지며, 심신이 박약하여 사실상
추진력도 없으며 현실과 거리가 먼 엉뚱한 일을 잘 저지르며
바람에 흔들리는 갈대처럼 하는 일에 실패가 많고 부부 파경
도 있으며, 말년에는 고독과 병약 속에 최말단 인생으로 회한
의 눈물로 일생을 마감하게 될 것이다.

■13획 - 지모격(智謀格)

지모출중(智謀出衆) 지혜충만지상(智慧充滿之像) 부귀행복지
호운(富貴幸福之好運)

명석영리하여 지모가 뛰어나 아무리 어려운 일이 닥쳐도 능히
해결할 수 있는 수단과 능력이 출중하며, 추진력도 매우 좋아
힘차게 모든 일을 추진한다.

특히 임기응변에 능하여 그때 그때 적절히 대처하여 목적을
꼭 달성하게 되며 부귀행복이 저절로 찾아오며 인덕이 있으며
부부운도 매우 좋아 편안하고 안락한 일생을 살아가게 된다.

■ 14획 - 이산격(離散格)

파재(破財) 망친(亡親) 망자(亡子) 형제자매이산(兄弟姉妹離
散) 고독(孤獨) 위난(危難) 불여의(不如意)

깊은 생각 없이 업무를 처리하여 실패를 가져오고 계획성이
전혀 없으며 놀고 먹는 것만 좋아하니 되는 일이라고는 하나
도 없다.

잘못하면 조실부모에 자식마저 잃을 운세이고 형제 자매는 흩
어지고 단신으로 살아가야 하며, 말년은 더욱더 흉하다.

■ 15획 - 천복격(天福格)

최대호운(最大好運) 천지안전(天地安全) 행복천수(幸福天壽)
덕망고(德望高) 자성대업(自成大業)

덕망이 높아 많은 사람들로부터 존경을 받으며 하늘의 운을
받아 하는 일마다 만사 성공하게 되고 관운도 좋으며, 여자는
현모양처로 가정에 행복이 찾아들고 나쁜 운이라고는 전혀 없
고 최고 좋은 운이며 배우자와 함께 천수를 누리게 된다.

■ 16획 - 온후격(溫厚格)

아량후중(雅量厚重) 대사대업성취(大事大業成就) 부귀발달지
호운(富貴發達之好運)

인정이 많고 착실하며 남의 잘못을 탓하지 않고 스스로의 노
력으로 대사대업을 성취하게 되며 부귀가 저절로 이루어지니
가정은 즐거운 웃음으로 가득하고 그 여세가 자손 대대로 내
려 갈 것이다.

■ 17획 - 건창격(健暢格)

권위강성(權威剛性) 만난돌파(萬難突破) 대업성취(大業成就)

강인한 의지로써 어떠한 난관에도 굽히지 않는 불굴의 기상으
로 무엇이든지 성취하고야 마는 인내와 끈기가 있다.

여성은 고집스러운 면도 있지만 자기 자신을 우아하게 하므로
써 현모양처로 부귀영화를 누리게 된다.

■ 18획 - 진취격(進取格)

자력발전(自力發展) 지모발달(智謀發達) 성공득명(成功得名)

투철한 지모와 강인한 정신력으로 철두철미하게 업무를 처리
하므로 하여 반드시 목적대로 성공을 하고 만다.
너무 강직하므로 주위에 경쟁자가 많게 되는 단점이 있으나
끝내는 성공을 손에 쥐게 된다.
운은 계속 좋은 운으로 흐르게 되니 고귀한 지위에 올라 명예
와 행복을 얻게 되어 부부 백년해로를 하게 된다.

■ 19획 - 고난격(苦難格)

고난다(苦難多) 내외불화(內外不和) 살상재난(殺傷災難) 처자
사별(妻子死別) 형벌(刑罰) 비명, 단명수(非命, 單名數)

지혜와 활동력이 뛰어나지만 때를 만나지 못한 영웅처럼 하는
일 마다 좌절하게 되고 관재 구설수와 몸에 재해가 항상 따라
다니고, 자칫 잘못되면 비명횡사 하는 수도 있다.
안팎으로 의견이 대립되고 부부운과 자식운도 좋지 않아 말년
에는 고독한 운명이 되고 만다.

■ 20획 - 허무격(虛無格)

　만사허무(萬事虛無)　단명비운(短命非運)　대흉지운(大凶之運)
일생불안(一生不安)　파멸(破滅)　만사불성(萬事不成)

　뜻은 있으나 힘이 없고 육친의 덕도 없고 인덕도 없다.
　부부가 불화하고 재난이 떠나지 않고 일시 성공이 있어도 곧
파멸되고 일생동안 마음에 불안을 느끼고 모든 일에 허무만이
남게되고 마음 편할 날이 없으니 만사가 불성이요, 교통사고
횡액, 단명 등이 있게 되고 남녀 불문하고 홀로 촛불을 켜리
라.

■ 21획 - 두령격(頭領格)

　독립권위(獨立權威)　수령지운(首領之運)　명월지상(明月之像)
가정화합(家庭和合)

　제갈공명 같은 지략과 대야망을 가지고 스스로 큰일을 도모하
여 이루게 되며, 성격은 솔직 담백하고 리더쉽이 뛰어나 많은
사람들이 주위에 따르며 최고의 자리에 오를 수도 있다.
　남성은 가정에 행복이 가득하고 백년해로 하겠으나, 여성은
자신의 생활을 꾸려 가야하고, 그렇지 않으면 남편과 생사이별
수가 있으며 애정과 부부운에 최악의 운을 초래하기도 한다.

■ 22획 - 추초격(秋草格)

백사불여의(百事不如意) 중절운(中折運) 추초봉상지상(秋草逢霜之像) 곤란(困難)

활동력은 충분하게 있고 또 추진력이 있어서 힘차게 나아간다 해도 가을날에 서리를 맞은 풀처럼 만사가 중도에서 좌절과 실패로 끝나고 만사를 최고의 흉운으로 유도하는 운으로써 한 때는 성공을 하고 명성을 얻는다 해도 하루아침에 파멸을 면치 못하고, 불행한 어린 시절을 보내게 되고, 부모형제 덕이 없으며 가정도 중도에서 끊어지니, 고독 속에서 질병에 시달리게 된다.

학생은 공부를 중단하게 되고, 사업가는 사업운이 중도에서 끊기고, 운동선수는 중도에서 신체에 이상이 와서 운동을 포기해야 하는 사태가 일어난다.

가을에 서리를 맞은 풀과 같은 인생이 되고 만다.

■ 23획 - 공명격(功名格)

공명영달(功名榮達) 위세충천지상(威勢沖天之像) 수령지운(首領之運) 권세왕성(權勢旺盛) 평소활기강대(平素活氣强大) 대사대업성취(大事大業成就)

정열이 흘러 넘치고 그 기세가 하늘을 꿰뚫을 듯 하니 만사에 의욕이 충만하니 하는 일마다 성공하고 끝내는 자기의 전문분야에서 최고의 위치에 올라 그 권세와 영광이 길이 빛나게 될 것이다.

남성은 부부화합하고 백년해로 하게되고, 그 후손도 부귀 영화를 누리게 되지만은, 여성은 남편을 헤치거나 생사이별하고 고독하게 일생을 보내게 된다.

■ 24획 - 입신격(立身格)

우후개화(雨後開花) 지모출중(智謀出衆) 천복지운(天福之運)

비 온 뒤에 꽃이 활짝 피듯이 뛰어난 재주와 불굴의 노력으로 만사를 성공하므로 하여 하늘이 내려준 천복을 누리게 되고 성격은 온화하고 부드러워 남들과 잘 융화되어 주위로부터 신임을 얻게 되며 주위 사람들의 도움을 많이 받게 된다.

특히 여성은 남편을 잘 보필하는 덕망이 있는 현모양처로써 많은 재물을 후대에까지 물려주고 그 공명이 온 누리에 빛나게 된다.

■ 25획 - 안전격(安全格)

재능유지운(才能有之運) 교제원만(交際圓滿)

성품이 온후하고 마음의 도량이 넓고 재능이 특출하여 자력으로 초지일관하여 명리를 얻게 된다.

권위와 위풍이 천하에 떨치고 사교성이 매우 좋아 사업가로서는 최고의 운으로 유도되고, 재물은 태산처럼 쌓이게 되니 일생을 안락된 생활을 보내게 된다.

■ 26획 - 풍파격(風破格)

풍파(風破) 만난(萬難) 역부족(力不足) 단명(短命) 실패지운(失敗之運) 파산지운(破産之運)

부모형제 덕이 없고 인덕도 없으며 하는 일마다 되는 일이 없으며 홀로 고난의 길을 걸어야 하는데 파란만장의 역경을 딛고 풍파를 헤치고 대성 할 수도 있으나, 끝내는 파산으로 치닫으며 좌절과 불운 속에 가정운도 파하고 고독, 횡액, 또는 불구자 등의 악운으로 유도된다.

■ 27획 - 중절격(中折格)

쟁론불화(爭論不和) 형벌(刑罰) 상해지운(傷害之運) 배우자상실(配偶者喪失) 말년노고(末年勞苦)

비상한 재주와 지력을 갖고 있어도 모든 일이 자신이 계획한 대로 진행되지 않고 도중에서 관재구설수에 휘말리게 되거나 상해로 인하여 실패하게되고, 특히 배우자 운이 좋지 않아 생사이별수가 있으며, 만약에 생사이별을 하지 않더라도 성격의 차이로 인한 갈등 속에 가정운도 하락하고 말년에는 고독 속에 힘겹게 살아가게 된다.

■ 28획 – 파란격(破難格)

실패지운(失敗之運) 중절지상(中折之像)

고요한 바다를 항해하던 일엽편주가 성난 파도를 만난 것과 같이 어려운 세파에 이리 부딪치고 저리 부딪치며 시달리지만 모든 일이 마음먹은 대로 되지 않고 고통만 더해지니 일신은 항상 고달프고 가정에까지 흉운이 겹쳐 산 넘어 산이니 인생살이 고달프기만 하다.

■ 29획 성공격(成功格)

재력활동력구비(財力活動力具備) 지모우수(智謀優秀) 대업성취(大業成就)

재력과 지모가 겸비되고 활동력이 왕성하여 만사가 시작 만하면 모두 이루어지고 대길한 운세속에 크게 성공하고 명예도 높아지며, 가정에도 웃음꽃이 피며 부부가 백년해로 하게되고 자손에게도 부귀영화가 미칠 것이다.

■ 30획 - 비운격(非運格)

일장춘몽(一長春夢) 함락실패(陷落失敗) 대성대패(大成大敗)
단명(短命) 상실처자(喪失妻子)

두뇌는 명석하고 재능이 있어 일시적인 성공은 있으나 결국에
는 실패하고 결과는 성공과 실패의 연속이니, 허황된 꿈으로
자신의 분수를 저버리면 처자식과의 생사이별을 면할 길이 없
고 자기 자신도 단명으로 끝나기 쉽다.

■ 31획 - 융성격(隆成格)

지인용구비(智仁勇俱備) 번영부귀(繁榮富貴) 행복(幸福) 대업
성취운(大業成就運) 수령운(首領運)

지인용의 세가지 덕을 겸비하여 능히 사람을 다스리고 통솔하
여 자력으로 대업을 성취하고 부귀와 안락을 누리게 되며, 크
게 명성을 얻게 되고 현모양처를 만나 행복한 가정을 이루게
되고 그 여음이 자손에게까지 미치게 되리라.

■ 32획 - 번영격(繁榮格)

번영(繁榮) 부귀(富貴) 장수(長壽)

성격이 온순하고 자비로워 부귀 번영이 저절로 찾아오고, 뜻밖의 기회를 얻어 크게 성공을 해 많은 재물과 높은 지위를 얻으며 가정에도 행운이 찾아들고, 특히 여성은 남편 운이 좋아 좋은 남편을 만나서 가난과 고통을 모르고 부귀 영화를 누리고 무병 장수하게 되리라.

■ 33획 - 승천격(昇天格)

욱일승천(旭日昇天) 웅비격(雄飛格) 권위지모(權威智謀) 천하지길(天下之吉) 행복(幸福)

자신감과 자존심이 강하고 재능과 지모가 뛰어나서 스스로 노력하여 만사를 성공으로 이끌고 타고난 호운으로 언제나 인덕과 재복이 있으며, 그 명성과 위엄이 내외적으로 크게 떨치고 만인의 존경을 한 몸에 받으며 부부운도 좋아 백년해로 한다.

■ 34획 - 파멸격(破滅格)

파멸(破滅) 대곤란(大困難) 대신고(大辛苦) 자녀이별(子女離別) 흉악지운(凶惡之運)

매사에 파란과 파멸이 연속되고 되는 일이라고는 전혀 없는 흉악운으로써 자녀와의 이별 또는 배우자와의 이별 등으로 마음의 고통이 많으며, 불행과 고난의 연속뿐이니 그 고통은 말로 표현 할 수가 없다.

■ 35획 - 순행격(順行格)

온양화순지상(溫良和順之像) 발전지운(發展之運) 부귀행복(富
貴幸福) 공명영달(功名榮達)

천성적으로 온순한 성격에 대인관계가 원만하여 하는 일마다
성공적으로 이루어지고, 부귀와 행복이 저절로 찾아오고 명예
와 지위도 얻게 되니 크게 발전하고 가정운도 화목하여 부부
가 화합되어 백년해로 하게 된다.

■ 36획 - 변동격(變動格)

신고곤란(辛苦困難) 대변동(大變動) 단명(短命) 병고(病苦)
실패(失敗)

영웅호걸의 지략과 용감성을 지녔으나 운이 따라 주지 않아
변화가 무성하여 실패와 성공을 반복하고 재물복이 없어 노력
을 해도 소득이 없으며 근심걱정으로 인하여 병고에 시달릴
수도 있고 부부운도 좋지 않아 굴곡 많은 삶을 살게 되고 단
명 하는 수도 있다.

■ 37획 - 권위격(權威格)

독립(獨立) 단행(單行) 권위(權威) 충실(忠實) 만난대성업(萬難大成業)

계획을 세우면 곧 단행을 하며 지모, 지략이 뛰어나고 남들이 보면 무슨 일이든지 열심히 하는 것처럼 보여 사회의 신임을 얻게 됨으로써, 모든 고난이 닥쳐도 무난하게 해결하고 대성공을 거두고 명성과 권위를 내외적으로 떨쳐 부귀와 영화를 누리게 되고 부부애정도 매우 깊어 가정도 화목하고 백년해로 하게 된다.

■ 38획 - 평범격(平凡格)

급박약평범지상(及薄弱平凡之像) 불행(不行) 예술성공수(藝術成功數)

성품이 온화하고 처세술이 매우 좋아 끈기있는 노력으로 성공을 한다 하여도 급진적으로 약하게 되어 사업은 흩어지고 평범한 생활로 돌아오게 되고, 예술 기능 분양에 소질이 있어 그 계통으로 직업을 택하여 노력을 하면은 크게 인기도 얻고 재물과 영화도 얻게 되지만 분수를 지나치면 성공하기도 힘들고 성공한 것을 지키기도 어렵다.
  그러나 매사에 물 흐르듯이 흘러가면 모든 것을 얻을 수 있으리라.

■ 39획 - 부귀격(富貴格)
부귀(富貴) 번영(繁榮) 춘정백화(春庭百花) 권위(權威) 장수
(長壽)

청빈하고 고결한 인품으로 위풍이 당당하고 대중을 통솔할 수
있으며 일찍이 성공하여 명예와 부귀를 누리게 되고, 이른 봄
정원에 백가지 꽃이 만발하듯이 그 영화가 길이길이 빛날 것
이다.
가정운도 만발하여 화목하고 그 영화와 부귀가 오래오래 지속
될 것이다.

■ 40획 - 위난격(危難格)

위난(危難) 무덕망(無德望) 고독(孤獨) 단명(短命) 투기위험
(投機冒險)

명석한 두뇌와 뛰어난 지모를 가졌다 하지만 인덕이 없어 은
혜가 원수로 변하여, 일시적으로 성공한다 하여도 곧바로 흩어
지고 투기성이 발달하여 투기를 일삼게 되니 만사가 물거품이
되고 부부운 마저 박복하여 외로운 고독 속에 일찍 삶을 포기
할 수도 있다.

■ 41획 - 유덕격(有德格)

유덕(有德) 화순(和順) 건전(健全) 명진사해(名振四海) 명리지최대호운(名利之最大好運)

얼굴이 준수하고 밝은 식견과 온순 착실한 성격으로 매사에 임하기 때문에, 주위 사람들에게 덕망과 신임을 얻게 되고 만인이 우러러 보는 훌륭한 지도자가 되어 그 공명이 사해에 떨치고, 그 귀명을 길이길이 후대에까지 남을 것이며 가정적으로도 재물이 충만하고 배우자 운까지 매우 좋아 부부간에 애정이 넘치고 백년해로에 자손까지 번창하게 되리라.

■ 42획 - 불성격(不成格)

십중구불성(十中九不成) 재능기예무의(才能技藝無意) 고독병약(孤獨病弱)

다재다능하고 예술적 소질이 있으나 경거 망동으로 좋은 시기를 놓치고 또 연이 닿지 않아 크게 실패하고, 실의에 빠지게 되니 생활에 안정이 되지 않아 부부 생활이 원만하지 못하고 이별을 하게 되고 말년에는 고독과 질병속에 시달리게 된다.

■ 43획 - 산재격(散財格)

산재파산운(散財破産運) 외관행복(外觀幸福) 내외곤란(內外困難) 의지산만지상(意志散漫之像)

　겉으로는 화려하고 행복에 넘쳐 보이지만 속으로는 의지가 흩어지고 재물도 흩어져 가진 것이라고는 하나도 없는 속 빈 강정이다.　의지가 흩어지기 때문에 시작은 해도 끝이 없으며 재산은 뜬구름 같이 흩어지니 평생을 두고 시작만 하다가 고독한 생을 마감하게 된다.

■ 44획 - 광풍격(狂風格)

　백일광풍(百日狂風) 패가망신(敗家亡身) 만사불능(萬事不能) 역경(逆境) 노고(勞苦) 생사이별(生死離別) 단명(短命) 병약(病弱)

　폭풍이 몰아치듯 하는 일에 풍파가 많으며 재능과 지모가 있어도 발휘 할 수가 없으니, 재산도 명예도 거센 광풍에 모두 날아가 버리고 만사가 불능이니 힘드는 역경 속에 부부 생사이별수에 가족들 마저 뿔뿔이 흩어지고 힘겨운 노고 끝에 질병에 시달리게 되니 그 험난한 길을 누가 알아 주리오.

■ 45획 - 순풍격(順風格)

　순풍지상(順風之像) 지모대(智難大) 대지대업(大志大業) 만난

극파성공(萬難克破成功) 부귀번영(富貴繁榮)

 뛰어난 지모와 책략으로 만난을 극파하고 성공하게 되고, 순
풍에 돛 단 듯이 만사가 순조롭게 흘러가고 재물과 명예를 한
꺼번에 얻게 되니 그 명예와 공명이 대내외적으로 크게 떨치
며 배우자 덕과 자녀 덕으로 가문은 점점 더 좋아지고 부귀
영화 속에 무병 장수하게 된다.

■ 46획 - 난파격(難破格)

 난파(難破) 변괴(變怪) 박약(薄弱) 곤란(困難) 신고(辛苦) 실
패(失敗) 대난후대성공(大難後大成功)

 지모가 있고 포부와 이상은 크지만 의지가 박약하고 사교성이
결여되어 성공 직전에 변괴의 운이 작용하여 뜻밖의 일로 실
패하여 가난과 씨름하게 된다. 그러나 때로는 실패를 거울로
삼아 의지력을 강하게 하고 계획성 있게 일을 추진하여 크게
성공을 하여 부귀 공명을 누리게 되는 경우도 있다.

■ 47획 - 개화격(開花格)

 개화지상(開花之像) 타인합작대업대성(他人合作大業大成) 자
손길운(子孫吉運) 행복(幸福)

초목에 단비가 내려 꽃을 활짝 피우는 것과 같이 만사가 주위의 도움으로 성공할 수 가 있고, 특히 동업에 의하여 크게 성공을 하고 명성과 지위를 얻게 되니 천운이 따르는 수리이고, 그 부귀와 공명이 자손대대로 물려가게 되어 배우자도 좋은 사람을 만나게 되니 사람으로써 최고의 행복을 느끼며 살아가게 된다.

■ 48획 – 지덕격(智德格)

재능, 지모, 덕망(才能, 智謀, 德望) 명리영달(名利榮達) 수령지운(首領之運)

재능이 출중하고 지모와 덕망을 겸비하니 주위 사람들의 칭송 속에 지도자가 될 수 있으니, 뜻하는 일마다 성공하게 되고 재물과 명예는 저절로 형성되니 그 은덕과 공명을 크게 떨치고 가정운도 매우 좋아 현모양처나 훌륭한 남편을 만나 행복한 일생을 보내게 되어 자손들도 크게 성공하여 공명과 부귀영화를 누리게 된다.

■ 49획 – 길흉격(吉凶格)

길래흉래(吉來凶來) 행복후불행(幸福後不幸) 길변흉(吉變凶) 고독(苦獨)

비상한 재능과 지모가 있어 성공을 할 수 있으나, 곧 바로 흉운이 들이닥쳐 실패가 있게 되니 성공 뒤에는 반드시 실패를 동반하게 되니 성공과 실패의 반복 속에 길과 흉이 교차되니 생활이 안정되지 못하고 주거불안, 직업변동, 등으로 고통이 심하며, 가정적으로도 냉랭한 기운이 흘러 부부이별수가 있으며 고독 속에 슬픔 뿐 이다.

■ 50획 - 불운격(不運格)

일성일패지격(一成一敗之格) 일시부귀(一時富貴) 살상(殺傷) 이별(離別) 후성대업(後成大業)

일성일패로 변화무상하고 일시적인 부귀가 있을 수 있으나 실패가 따르고 부부간이나 가족간에 이별이 있을 수 있으며, 신체에 이상이 오기도 한다.
그러나 초지일관하여 계획성 있게 전진하면 중년 이후에 크게 성공하여 명예와 부귀를 누릴 수도 있다.

■ 51획 - 흥패격(興敗格)

명리일시자연지흉(名利一時自然之凶) 일희일비(一喜一悲) 고독(孤獨) 불행(不幸)

만난을 극복하고 일시적으로 대업을 이룩하고 명리와 부귀를 얻는다 해도 자연스럽게 흉운으로 돌아서서 파산하게 되니 한 번 웃음 뒤에 한번 눈물이 뒤따른다.

 그러나 자기의 분수를 알고 과욕을 하지 않는다면 말년에 성공을 할 수도 있지만, 대부분은 말년에 고독과 불행을 벗삼아 외롭게 살아가게 된다.

■ 52획 - 선명격(先明格)

 선견지명상(先見之明像) 세력강대(勢力强大) 대성대업(大成大業) 부귀공명(富貴功名) 행복(幸福) 장수(長壽)

 대세를 정확하게 판단하는 선견지명이 있으며, 나를 도와 주는 사람이 많고 활동력이 강해서 하는 일마다 날로 번창하여 대성하게 되고, 재물도 많이 쌓이게 되고 명성도 얻을 수 있는 운으로 유도되며 배우자 덕이 많아 가정도 편안하며 그 자손들도 부귀 영화를 얻게 될 것이다.

■ 53획 - 내빈격(內貧格)

 외화내빈상(外華內貧像) 파가망신(破家亡身) 전반생불행(前半生不幸) 후반생행복(後半生幸福)

 겉으로는 화려해 보이나 속으로는 비어 있고 초년에는 하는 일마다 실패하고 부모 형제 덕과 인덕이 없으며 일시적인 성

공이 있어도 파산하게 된다. 그러나 욕심을 부리지 않고 분수
대로 생활하고 계획성 있게 일을 추진해 가면 말년에는 행복
한 삶을 살아 갈 수 있다.

■ 54획 - 횡사격(橫死格)

대흉살암시(大凶殺暗示) 불화(不和) 손실(損失) 단명(短命)
횡사(橫死) 형벌(刑罰) 고독(孤獨)

만사가 순조롭지 못하고, 재물이 흩어지고, 주위의 사람들과
불화가 닥치는 대흉살운으로 고난과 불행속에 일생을 살아가
야 하고 가까운 사람을 잃던지 자신이 횡사를 당하게 되니 말
년에는 고독과 우울속에 질병으로 시달리게 되며 배우자와도
생사이별이 있으니 빈술병들고 홀로 달밤에 목놓아 울리라.

■ 55획 - 선악격(善惡格)

주마낙상상(走馬落傷像) 액난(厄難) 이별(離別) 병약(病弱)
의지박약(意志薄弱) 타파만난(打破萬難)

선과악이 대치하고 있는데 의지가 박약하여 선이 악에게 이끌
려 가게 되어 재능과 지모가 출중해도 액란을 피할 수가 없으
며 말을 타고 달리다가 말에서 떨어지는 형상이니 추진 하던
일이 중도에서 좌절되고 성공을 하기는 매우 어렵다.

그러나 때로는 백전불굴의 정신으로 성공을 하는 경우도 있으나, 그 비중은 매우 낮고 결국에는 실패와 재난 속에 병마와 싸우면서 고독한 생을 살아가게 된다.

■ 56획 - 만흉격(滿凶格)

손실(損失) 재액(災厄) 망신(亡身) 정력부족(精力不足) 최대흉운(最大凶運)

최대의 흉운으로써 흉이 흘러 넘치니 재능이 아무리 뛰어나고 지모가 있어도 뜻을 이룰 수는 없고 고난과 재액속에 망신수만 있게 되고, 정력이 부족하니 활동력도 저하되어 끝내는 실패하고 고통스러운 삶이 된다.

■ 57획 - 노력격(努力格)

노력백사성(努力百事成) 부귀번영(富貴繁榮) 화합(和合) 지인용구비(智仁勇俱備)

지인용(智仁勇)을 겸비하고 끈기와 노력으로 밀고 나가며 처세술도 잘 융화되어 주변에 귀인들의 도움으로, 하고자 하는 일 마다 성공하게 되고 가정운도 만복이 깃들고 하니, 그 부귀영화가 자손까지 내려가게 된다.

■ 58획 - 액난격(厄難格)

인생무상(人生無常) 필경대실패(必經大失敗) 만년지성공(晚年之成功)

성공과 실패가 빈번해지니 인생무상을 느끼게 한다.

성공이 오래 갈 것 같아도 대 실패 운이 와서 크게 실패하게 되고 만다. 그러나 노력을 아끼지 않고 꾸준하게 전진하다 보면 말년에는 성공하여 부귀를 누릴 수도 있다.

초년 보다는 말년이 좋은 운세이며 여성은 남편 하는 일을 좋은운으로 유도하게 되니, 남편의 사업은 하는 일마다 성공하게 된다.

■ 59획 - 쇠퇴격(衰退格)

용기쇠퇴(勇氣衰退) 의지쇠퇴(意志衰退) 유재능무성사(有才能無成事)

지모와 재능이 있고 활동력이 있어도 세월이 흘러가면 흘러가는 대로 용기와 의지가 쇠퇴 기운을 만나게 되니 재능과 지모가 아무리 뛰어나도 기회를 잡을 수도 없으며 성공되는 것은 하나도 없다.

재물이 모이지 않으니 생활 환경이 불안정하고 가족 운도, 배우자 운도 흔들리게 되니 말년에는 고독 속에 홀로 술잔을 기울이게 된다.

■ 60획 - 암흑격(暗黑格)

 불안지운(不安之運) 풍파지운(風波之運) 단명(短命) 실패(失敗) 무모불성(無謀不成)

 노력은 하여도 실속은 없고 마음이 항상 불안하니 주관이 뚜렷하지 못하고 변덕이 심해 한가지 일도 마무리를 짓지 못하고 무모하게 여기 저기 일만 떠벌리게 되니 재물은 모이지 않고 고난과 고초가 심하다.
 절대적으로 성공할 수는 없으며 형액, 살상, 병고, 단명등의 비운을 맞게 되며 부부운도 좋지 못하여 가정의 파탄도 면하기 어렵다.

■ 61획 - 명리격(名利格)

 명리쌍전(名利双全) 외화내불화(外和內不和) 번영부귀(繁榮富貴) 가정반목(家庭反目)

 다재다능하고 활동력이 있고 밖으로의 처세술이 매우 좋아 자연적으로 명예와 부귀를 얻게 되고 그 영광이 오래도록 유지되는데, 다만 가정적으로는 부부간에 불화가 잦아 자칫 잘못하면 이별수도 있게 된다.
 가정적으로는 불운하고 화합이 잘 되지 않지만은 그 명예와 권위는 크게 빛나게 된다.

■ 62획 - 무정격(無情格)

무정천지상(:無情天地像) 내외불화(內外不和) 파산지경(破産之境) 의외재해발생(意外災害發生) 병고(病苦) 병약(病弱) 단명(短命)

천성이 정이 없어 남과 화합하지 못하고 언쟁만 일삼으니 되는 일이라고는 없고, 운이 있어 한때 성공을 한다 하여도 곧바로 파산하게 되며 생각지도 않은 재해로 인하여 막대한 재물의 손실이 있게 된다. 부부간에도 갈등이 많아 부부 생사이별수도 있으며, 말년에는 질병에 시달리며 단명으로 끝나는수도 있다.

■ 63획 - 발전격(發展格)

발전(發展) 만사번영(萬事繁榮) 자손최대길운(子孫最大吉運)만사부귀(萬事富貴)

재능이 특출하고 두뇌 회전이 빠르고 만사를 계획성 있게 추진함으로써 만사가 뜻대로 이루어지며 재물과 명예가 저절로얻어지니, 부귀와 영화를 마음껏 누릴 수 있으며, 특히 가정이화목하고 자손들도 하는 일 마다 부귀 공명이 따르게 되니 일생을 부귀영화를 누리며 편안하게 보내게 된다.

■ 64획 - 멸망격(滅亡格)

멸망지운(滅亡之運) 만사불여의(萬事不如意) 의외재해(意外災害) 이별(離別)

재능이 있고 두뇌가 명석하고 활동성이 있어도 하는 일마다 성공할 수 없으니 일생을 통하여 일시적인 성공이 있다해도 의외의 재해로 망하게 되고 부부 이별 운에, 말년에는 인생무상에 하늘을 쳐다보고 너털웃음을 웃을 것이다.

■ 65획 - 귀중격(貴重格)

귀중지기운(貴重之氣運) 태양승천상(太陽昇天像) 만사성취(萬事成就) 일생평안(一生平安) 가운번창(家運繁昌)

아침에 태양이 떠오르는 형상으로서 목적한 것은 만사가 다 이루어지고, 특히 가정 운이 매우 좋아 방마다 재물이 가득하고 부부간에 다정 다복하고 자손이 번창하는 대길운으로써 일생을 통해 나쁜 운세는 전혀 없고 아무런 걱정 없이 편안하게 살아가게 된다.

■ 66획 - 망신격(亡身格)

망신(亡身) 내외불화(內外不和) 신가파멸지흉상(身家破滅之凶

像) 손해(損害) 재액(災厄) 단명(短命)

천성이 착하고 영리한데 사교성이 부족하여 내외적으로 화합
이 잘 되지 않아 노력은 하여도 성공 할 수가 없고, 하는 일이
뜻과 같지 않아 내 자신도 파멸되고, 가정도 파멸되는 망신 운
으로 흐르고 일생동안 불만불평 속에서 가난하게 살아가야 하
며 신체적인 불구나 단명 운이 있다.

■ 67획 - 무해격(無害格)

만사무장해(萬事無障害) 부귀초래(富貴招來) 가도번창(家道繁
昌) 행복지운(幸福之運)

성품이 온화하여 내외적으로 화합이 잘되어 부귀영화가 스스
로 찾아오며, 목적하는 바를 순조롭게 진행되어 이룩할 수 있
고, 세월이 가면 갈수록 가운은 점차 번창하여지고 부부운도
최고로 좋으며 평생을 통하여 행복과 행운을 누릴 수가 있으
며, 널리 공명과 함께 장수하게 된다.

■ 68획 - 다복격(多福格)

다복지운(多福之運) 발명기능유(發明機能有) 대사대업(大事大
業) 명리공명(名利功明)

성실근면하여 만사에 노력형이며, 하는 일마다 천운이 닿아서 성사되며, 주위의 도움으로 부귀 공명도 얻어지며 발명기능 계통으로 발전 시켜 나가면 대사대업을 이룩할 수가 있으며, 부부운도 백년 해로 하게 되고, 특히 여성은 현모양처로 내조를 잘하여 남편을 성공의 운으로 유도하게 된다.

■ 69획 – 궁박격(窮迫格)

궁박지운(窮迫之運) 역경지상(逆境之像) 불안지운(不安之運) 재해(災害) 단명(短命) 불행(不幸) 이별(離別)

생활이 불안정하고 마음도 갈피를 잡지 못하니, 능력과 활동력이 있어 업무를 추진한다 해도 만사가 여의치 못하고 되는 일이 없으며, 인덕이 없어 의지 할 만한 곳도 없으니 살아가는 데 있어서 궁박하여 지고 가정은 불화하고 가족들은 뿔뿔이 흩어지게 되니, 재해로 인한 재산 몰락은 물론이고, 신체적으로 잘못되거나 단명운으로 치닫기도 한다.

■ 70획 – 패망격(敗亡格)

패망지운(敗亡之運) 만난살상(萬難殺傷) 형벌(刑罰) 험악망멸지상(險惡亡滅之像) 단명(短命)

유능한 재능과 명석한 두뇌를 가지고 진취적이고 활동성 있게 나아간다 해도 하는 일 마다 흉운이 겹쳐 패망하게 되고, 잘못하면 경쟁자로부터 신체상 살상을 당할 우려가 있으며, 본인도 형벌운이 있으니, 성격을 다스리고 과욕을 버리면 액운을 조금은 비켜 갈 수 있으나, 일생을 두고 후회 할 일만 생기게 되니 가정인들 온전할 리가 없으며 후회와 눈물로 일생을 마감하게 된다.

■ 71획 - 상반격(相反格)

길흉상반지상(吉凶相半之像)

길한중에 흉이 따르는 수리로써 내외적으로 화합되도록 노력을 하여야 하고, 욕심을 부리지 말고 차근차근 발전 시켜 나가야만 조금이라도 이룩할 수가 있지만, 조금이라도 요행을 바라거나 과욕을 하게되면 길할 운보다 흉한 운이 빨리 작용하여 실패하게 된다.
부부운도 썩 좋지 않으며, 사업이 실패하게 되면 배우자도 떠나게 되니, 한 발 한 발 조심조심 내딛어야 한다.

■ 72획 - 비운격(悲運格)

전반행복지운(前半幸福之運) 후반비운(後半悲運) 외길내흉(外吉內凶) 만년파가망신(晩年破家亡身)

노력은 하여도 소득이 없고 꽃은 피어도 열매가 맺지 않는 운으로써 부모 밑에 있을 적에는 행복하게 살았지 만은 중년이후로는 그 운세가 다하여 비참하고 암담한 일만이 닥쳐오니 감당하기가 어렵고, 남들이 볼때는 화려하고 재물도 있어 보이지만, 내면에는 빈털털이 인생으로 부부운 마저 하락하여 이별수가 있으며, 회한의 눈물로 지새게 된다.

■ 73획 - 종안격(綜安格)

만사불성(萬事不成) 종세평안(綜世平安)

유능하고 활동성이 있어도 초장년에는 흉한운으로 만사가 이루어지지 않으며, 내외적으로 불화만 생기게 되니 그 고통은 말할 수 없고, 그나마 중년이후에는 길운이 찾아드니 말년에는 하는 일마다 성사가 이루어지며, 가정도 평화가 찾아오니 나쁜 운 중에서도 좋은 운이 찾아오는 수리이다.

■ 74획 - 무능격(無能格)

무능무지상(無能無智像) 의외재액(意外災厄) 신고(辛苦) 극한비운(極寒悲運)

재능도 없고 지혜도 부족하여 부모 형제와는 인연이 멀고, 유산을 상속받아도 의외의 재액으로 모두 없어져 버리고, 하고자

하는 생각과 마음은 있어도 재능과 지혜가 부족하고 어쩔 수
없이 계획대로 업무를 추진한다 하여도 계획 자체가 이룰 수
없는 것이기에 만사가 제대로 되는 일이 없다.

 온갖 고생과 고통 속에 말년에는 극도로 빈곤하게 되어 배우
자도, 자식들도 모두 떠나가 버리니 쓸쓸한 일생을 보내게 된
다.

■ 75획 - 회한격(悔恨格)

 회한지상(悔恨之像) 진취필함선의(進取必陷先意) 재액(災厄)
파재(破財)

 길과 흉이 반반으로 상반되어 길 속에 흉이 있고, 흉 속에 길
이 있으니 길한 것은 노력하여야 덕을 얻을 수 있는데 반하여,
흉한 것은 수시로 찾아드니 좋은 일보다 나쁜 일이 더욱 더
많다.

 젊은 나이에는 진취적인 기상과 활동성이 강하여 사업을 성공
으로 이끌 수 있으나 중년 이후에는 진취적인 기상이 필히 함
정에 빠져 실패하고 재물은 흩어지고 몸에 재액이 발생하니
초년에는 길하고 중년이후에는 흉한 운이다.

■ 76획 - 불화격(不和格)

 불화지운(不和之運) 골육상쟁(骨肉相爭) 내외불화(內外不和)

파산망신(破産亡身) 다병(多病) 병약(病弱) 단명(短命)

대내외적으로 처세술이 원만하지 못하고 불화 하게 되니 되는 일이라고는 없고, 불만 불평만이 마음속에 가득하다.
재산을 상속하게 되면 골육상쟁이 있게 되고, 조상의 유업을 지키지 못하고, 재산은 파산되고 망신 수만 뻗치었으니, 신체적으로 허약하게 되어 수많은 질병에 시달리며 배우자는 멀리 멀리 떠나가고, 고독 속에 단명하게 된다.

■ 77획 - 후흉격(後凶格)

고독지운(孤獨之運) 중년행복(中年幸福) 후함락불행(後陷落 不幸) 재액(災厄)

초년 중년에는 순조로운 성공운이 지속되어 부귀와 공명을 누리게 되지만은 중년 이후에 자칫 잘못하면, 모든 부귀와 공명이 하루아침에 함락되고 불행해 지는데, 부부가 이별하고 자손이 흩어지고, 행복은 날아가버리고 재액만이 남게 된다.

■ 78획 - 만고격(晩苦格)

중년이전성공(中年以前成功) 중년이후곤고(中年以後困苦) 평지풍파지상(平地風破之像)

유능하고 활동성이 있어 진취적으로 나아가지만 평지에 풍파가 일어나듯이 도중에 실패 좌절하게 되고, 하는 일마다 막힌다.

그러나 중년 이전에 성공을 하게 되지만, 중년 이후에 다시 실패하고, 곤고해 지는데, 부부운도 초년에는 다정 다복하나 중년 이후에는 파란이 많고 자손 덕도 적다.

■ 79획 - 실패격(失敗格)

실패지운(失敗之運) 궁박(窮迫) 역경(逆境)

뛰어난 두뇌와 정신력으로 성실하게 목적 달성을 위해 노력하여도 길운이 도래하지 않아, 성공을 할 수가 없다.

재물은 흩어지고 경제적으로 고통을 겪게 되고, 부부운도 나쁜 운으로 흘러 생사이별수가 있고, 역경 속에 고독하게 된다.

■ 80획 - 곤고격(困苦格)

곤고지상(困苦之像) 일생곤란신고(一生困難辛苦) 병환(病患) 불행(不幸)

내외적으로 화합이 되지 않고, 독단적인 행동을 일관하니 뜻하는 일이 제대로 성사됨이 없고, 일생을 곤고 하게 지내게 된다. 작은 행복이라도 가질려고 노력해도 행복은 멀리 달아나

버리고, 불행만이 남게 되니 부부도 화합이 되지 않아 이별을
하게 되고, 가족들은 사방으로 흩어지고 중년 이후에는 병환으
로 고생하게 된다.

■ 81획 - 다복격(多福格)

다복격(多福格) 자연체력왕성(自然體力旺盛) 부귀번영(富貴繁
榮)

타고난 체력이 약해도 자연적으로 체력이 왕성해지며, 왕성한
체력으로 일을 추진해 가게 되면 만사에 좋은 운이 따라서 하
는 일마다 성공하게 되고, 부귀와 공명을 한 몸에 받게 된다.
가족 운도 매우 좋아 가족간에 화목하고 특히 부부운이 좋아
백년해로 하게되며, 일생을 큰 고난 없이 행복하게 살 수 있는
최대 길운의 수리이다.

4. 수리 오행 음오행에 의한 이름의 해석

음오행이란 이름을 불렀을 때 형성되는 오행으로써, 한글과
음 오행에서 설명하였지만, 예를들어 보겠다.

예1)

鄭 - "정"은 시작의 첫 소리가 "ㅈ" 으로 시작하기
때문에, ㅅ, ㅈ, ㅊ에 해당되는 金오행이 발생
한다.

有 - "유"는 시작의 첫 소리가 "ㅇ" 으로 시작하기
때문에, ㅇ, ㅎ 에 해당되는 土오행이 발생
한다.

民 - "민"은 시작의 첫 소리가 "ㅁ" 으로 시작하기
때문에, ㅁ, ㅂ, ㅍ에 해당되는 水오행이 발생
한다.

예2)

金 - "김"은 시작의 첫 소리가 "ㄱ" 으로 시작하기
　　　때문에, ㄱ, ㄲ 에 해당되는 木오행이 발생
　　　한다.

卓 - "탁"은 시작의 첫 소리가 "ㅌ" 으로 시작하기
　　　때문에, ㄴ, ㄷ, ㄹ, ㅌ에 해당되는 火오행이
　　　발생한다.

이러한 방법으로 음오행을 분류하게 되는데, 또 하나의 방법
으로는 다음과 같은 방법으로 오행을 분류하기도 한다.

甲	乙	丙	丁	戊	己	庚	辛	壬	癸
1	2	3	4	5	6	7	8	9	10
양	음	양	음	양	음	양	음	양	음
木		火		土		金		水	

이와 같은 분류 방법은 까다로운 점이 있으나, 현재까지도 많
은 활용을 하고 있는 부분이다.

예1)

$$
\begin{array}{ll}
朴\ 6 \;\rceil & 6\ +\ 1\ =\ 7\ \rightarrow\ 金(양) \\
眞\ 10 \;- & 6\ +\ 10\ =\ 16\ \rightarrow\ 土(음) \\
徹\ 15 \;\rfloor & 10\ +\ 15\ =\ 25\ \rightarrow\ 土(양)
\end{array}
$$

이름부터 시작하여 金 土 土 오행이 된다.

6 + 10 + 15 = 31 → 木(양) → 총격은 수리 오행에서 제외된다.

이렇게 천격, 인격, 지격의 획수에 의한 오행법이 수리 성명학의 기본 오행 발생법이고 현재까지 가장 많이 사용하고 있으니, 이름을 지을 때도 참작해야 한다.

※ 木 木 木

추진력과 진취 능력은 있으나, 만사가 시작은 있어도 끝이 없는 용두사미 격으로써, 발전은 있으나, 재물운은 박약하여 재물이 들어오는 대로 흩어지게 되며, 직장생활에는 잘 적응하지 못하고 자기가 만인을 거느려야 모든 일이 잘 풀려 나가게 되고, 남에게 지배받기를 싫어하고 남에게 간섭받는 것도 싫어하며, 오직 이 세상에서 내 자신만이 최고인양 의기 양양하지만 속마음은 깊고 인정에 약하며, 많은 사람들과 어울려 있어도 항상 혼자인 것처럼 외로움을 느끼고 때로는 방황하기도 한다.

그러나 시작은 확실하게 하게되고, 초지 일관하여 끝까지 밀고 나가는 마음가짐이 중요하다.

※ 木 木 火

부모 형제와의 사이에 온화한 기운이 흐르고, 성품은 인자하고 온화하면서 일을 시작하면 수단과 방법을 가리지 않고 끝까지 성공으로 이끌어 가며 주위에 불우한 사람이나 어려운 사람을 위해 헌신적으로 도울 줄도 알며 베풀 줄도 아는 타입이다.

부모 형제의 도움으로 성공하고 발전하며, 자기의 공로를 남에게 양보하기도 하는 양보심이 있는 반면에 신경이 예민하여 자칫 잘못하면 참을성의 결여로 실패를 보기도 한다.

※ 木 木 土

성격은 온화하고, 침착하지만 자기의 명석한 두뇌만 믿고 안하무인격으로 행동 할 수도 있다.

재물에 대한 욕심 때문에 주위 사람들과의 다툼도 생기고, 본의 아니게 남의 재물도 탐내거나, 남에게 해되는 일을 벌리기도 하며, 조금은 세상을 보는 시야가 비판적이며, 추진력은 있어서 강하게 밀어 부치게 되는데, 성공하게 되면 그 부귀와 영화가 오래 가게 되지만, 만약에 마음 먹은대로 일이 잘 풀리지 않으면, 주위 탓으로 돌리기 쉽다.

사회 생활에 있어서는 변동이 매우 많고 특히 직장에서는 인정 받기 힘이 들고 자기 스스로가 직장을 뛰쳐나오게 되고, 직업의 변동도 많을 우려가 있으니 심신의 수양이 누구보다도 필요한 오행의 구성이다.

※ 木 木 金

성격은 순하고, 정직하고 추진력도 좋은데, 마음이 항상 가시방석에 앉은 듯이 불안하고 안정되지 못하여 이래 볼까 저래 볼까 망설이다가 좋은 세월과 기회를 놓치고 나서 후회하는 타입이다.

사회적으로 하는 일이 잘 이루어지지 않으니 경제적으로는 어려움을 겪게 되고, 경제적으로 어려우니까 집안이 편안할 날이 없으며, 부부 불화로 인하여 가정에 파탄을 가져 올 수도 있으며, 정신적으로 스트레스에 시달리게 되니 신경성 질환이 생길 수도 있으며 신경 안정을 위해 술이라도 먹게 되면 간에 이상이 생겨 회복하기가 어려우니 건강에 유의하고 마음의 안정을 우선적으로 찾아야 한다.

※ 木 木 水

성격은 인자하고, 정직하여 많은 사람들로부터 많은 도움을 받게 되고, 아울러 지덕을 겸비하게 되니, 존경과 선망의 대상이 된다.

만사가 순조롭게 항상 발전하여, 크게 성공하게 되고, 시작하기만 하면 만사가 성공으로 이어 지게 되는 운으로써 부러울 것 하나 없는 삶을 영위하게 되고, 그 영광과 덕망이 자손 만대에 까지 빛나게 될 것이며, 그의 후손들도 걱정 없이 잘 자라 늙으막에 자손들의 효도 속에 편안하게 살아가게 된다.

간혹 좋은 운 중에 나쁜 운이 올 수도 있으니 조금은 자제해 가며 살아가야 할 것이다.

※ 木 火 木

성격은 명랑하고, 쾌활하며, 남보다 앞장서서 일을 하는 타입으로서 자기 자신보다 남을 먼저 생각하는 마음이 있고, 언제나 유우머 속에서 즐겁게 생활에 임한다.

부모 형제의 덕도 많고 주위 사람들의 덕도 많아 한평생을 편안하고 안락하게 살아가게 되며, 직장에서는 상하의 도움으로 남보다 빨리 승진하게 되고, 개인 사업을 하게 되면 많은 협조자가 나타나 크게 성공하여 부부의 화합속에 편안하고, 안정된 가정 속에서 한 평생 복록이 무궁무진한 운이다.

※ 木 火 火

조상의 유업은 계승하기 어렵고, 조급하고 성급한 성격으로 인하여 주위에 적을 많이 두게 되고, 일시적으로 성공한다 하여도 그 성공을 오래도록 간직하기가 어렵고, 만사가 인내력의 부족으로 중도에서 그만 두는 일이 많으며, 성격 때문에 주위의 가까운 사람들과 융화되기가 어려우니 스스로 인덕을 발길로 차는 일이 수 없이 생기게 된다.

노력은 열심히 해도 노력한 만큼의 결실은 보기가 힘이 들며, 오나가나 찬밥 신세이니 가정인들 편안하지 않으며, 화려한 외모 때문에 이성 관계도 문란해지니 부부사이도 원만치 못하는 운이다.

※ 木 火 土

믿음성이 있고, 예의도 있으며 인자하고 따뜻한 마음으로 지위 고하를 막론하고 함께 잘 어울리며, 사업은 직장생활이나 개인 사업이나 모두 잘 맞으며 주위의 많은 협조자가 나타나서 성공하겠끔 하여 주는 매우 좋은 운으로써, 일찍이 성공하여 부귀 영화를 오래도록 누리게 되며 그 영광이 자손대에 까지 미치게 되며 건강운도 매우 좋다.

천격, 인격, 지격, 외격, 총격이 좋은 수리 획수이면 관공계에서 크게 출세하며 직업으로써는 교육자, 의사, 정치가 등으로 크게 공명을 얻게 된다.

이렇게 획수까지 모두 좋으며, 귀한 집 규수를 현모양처로 맞이하여 부인의 내조로 그 광명이 더욱 더 빛날 것이니 이보다 더 좋은 기쁨과 행복이 어디에 있겠는가?

※ 木 火 金

명석한 두뇌와 강력한 리더쉽을 갖고 있고, 소년 시절에는 부유한 집안에서 호의 호식하며 자라지만 청년 시절 이후에는 부모의 유산도 재물에 대한 욕심으로 모두 탕진하게 되고, 사회 생활에 잘 적응 할 수 없으며, 자기 자신의 오만과 고집 때문에 사교성이 결여되어 주위에서 도와 줄 수 있는 협조자를 스스로 외면하게 되니 독불장군으로써 고독하고 외로운 처지가 된다.

외면적으로는 화려하고 실속이 있어 보이지만 속 빈 강정 모양 속은 텅텅 비어 있고, 열심히 노력해도 노력한 만큼의 대가가 없다.

경제 사정으로 인하여 부부간에도 풍파가 예상되며, 세월이 흐르면 흐를수록 고난의 골짜기는 점점 더 깊어만 가는 운으로 유도 하게 된다.

※ 木 火 水

겉으로는 인자스럽고 화끈한 것 같지만 내면적으로는 깐깐하고 자기 주장이 엄청나게 강한 사람으로 대인 관계나 처세술이 원만하지 못하고 타인과의 언쟁이나 우격다짐으로 인하여 손해 볼 일이 많다.

부모의 도움으로 일시적인 성공은 있으나 순식간에 무너지게 되고, 주위에 많은 적과 경쟁자들이 도사리고 있으니 잠시 허튼 생각만 하여도 곧바로 치고 들어오니 주위가 산만하고, 정신적으로 불안정하여 하는 일마다 실패가 거듭되니 건강도 악화되고, 가정생활도 파탄 직전까지 이르게 된다.

중년 이후에는 끝없는 방황으로 한가지 직종에 종사하지 못하고, 이곳 저곳을 옮겨 다니게 되고, 말년에는 고독과 씨름하며 살아가야 하는 운으로 유도된다.

※ 木 土 木

엄격한 부모 밑에서 자라서, 성격은 차분하고 믿음직하나 신체가 허약하여 어린 시절부터 질병에 시달리게 되며, 사소한

일에도 짜증을 잘 낸다.

 추진력과 지구력이 부족하고 과감성이 부족하여 실행에 옮기는 일보다, 계획하는 일이 더 많으며, 실행에 옮겼다 하더라도, 장애물에 부딪치면 곧바로 포기해 버리는 우유부단한 성격으로 오랫동안 이끌어 갈려는 긍지와 자부심은 없고, 우선 심신의 편안만을 추구하게 되니 많은 변화와 변동으로 인하여 오히려, 심신은 지칠대로 지쳐 삶 자체를 포기하게 되는 자포자기의 운으로 유도하게 되고, 신체상 불구가 되거나 위장병에 시달리게 된다.

 천격, 인격, 지격, 외격, 총격의 획수가 아무리 좋아도, 아무런 도움이 되지 않는다.

 ※ 木 土 火

 법과 질서를 중요시하는 모범 시민과 같은 착하고 온순하고 남들에게 호감을 받는 매너를 지녔으나 부모 형제의 덕이라곤 없어 소년 시절에는 어렵고 고독하게 자랐지만 중년 이후에는 많은 협조자의 도움으로 승승장구하게 되고 어렵던 사업이 순순히 풀려 나가 일시에 성공하게 되며 그 성공이 자손 만대에까지 이어질 것이며 그 동안의 고생과 외로움을 잊고 부귀와 영화를 오래도록 누릴수 있는 운으로 유도하게 된다.

 ※ 木 土 土

 신의와 믿음이 있으며 입이 무겁고 무슨 일 이든지 묵묵히 하는 타입인데 때로는 그 우직함 속에 날카로움이 있어 한번 성

질 났다 하면 그 누구도 말릴수 없는 성격이다. 부모 형제의
덕은 없으나 중년 이후에는 친구나 동료들의 도움으로 크게
성공하게 되고 그 권세와 영광이 온 누리에 비치게 되는 운으
로 유도 하게된다. 그러나 자칫 자만하게 되면 온갖 부귀 영
화도 하루아침에 물거품이 될 수도 있다. 천격, 인격, 지격,
외격 총격의 획수가 좋은 수리이면 더욱 더 성공은 오래 가게
된다.

※ 木 土 金

과감성과 결단력이 부족하고 끈기도 부족하며 자기가 챙기고
보살펴야 할 가정은 나 몰라라 하고 주위의 사람들에게는 아
주 친절하게 잘 대해주는 바보 같은 성격이다.

사업은 부모의 도움도 전연 없고 객지에 일찍 나와 자수성가
해야 될 운인데, 내 가정은 돌보지 않고 남들과 어울려 다니며
흥청망청 되니 성공하기는 힘이 들고 일시적으로 성공한다하
여도 오랫동안 지키지 못하고, 바늘구멍으로 물 새어나가듯이
자기도 모르는 사이에 모두 흩어져 버리고 만다.

말년에는 처자식과 가정도 외면한 체 혼자 외로이 병든 몸을
이끌고 쓸쓸한 거리를 방황하게 되는 운으로 유도한다.

건강관리에 특히 힘을 써야 하고 위장병, 간질환, 신경성 히
스테리 등에 유의해야 한다.

※ 木 土 水

성격은 온순하고 얌전하고 소박하지만 결단력과 의지력이 없

으며 대인관계가 여의치 못하고 열심히 노력하여 성공 직전까지 간다 해도 뜻하지 않는 재난으로 실패하게 된다.

하는 일마다 실패와 좌절을 겪게 되나 마음은 점점 더 나약해지고 하여 신경성 위장염에 시달리게 되고 부부 인연도 원만치 않아 갈등과 회의를 느끼게 되고 일생을 허송세월 속에 허약 단명할 수도 있다. 그리고 가정의 불화로 인하여 음독 자살을 기도할 수 있으며, 끝없는 욕심 때문에 하는 일 마다 실패하게 되고 특히 여성은 부부 인연이 박하여 스스로가 생활 전선에 뛰어들지 않으면 안되는 데 자기 자신은 사회에 봉사하는 일은 전혀 하지도 않으면서 남이 도와주기 만을 기다리며 살아가게 된다.

※ 木 金 木

얼굴은 미끈하게 생겼지만 자기 우월 주의에 빠진 사람으로, 자만과 아집으로 똘똘 뭉쳐져 있으며 그런데로 추진력이 있어 실행에 옮기고자 하나 기초 공사가 부실하여 시작하기도 전에 포기해야 만 하는 운세로써 매사가 불안정하고 막힘이 많으며 한탕 주의의 기질이 농후하여 세월만 축내고 말년에는 고독과 질병으로 고통받게 된다.

성격 자체가 원만하지 못하고 처세술 또한 현명하지 못해 사회적으로 고립되고 금전운도 원만치 못하니 부부사이에 냉기가 흐르고 불화가 계속되며 타인과의 다툼으로 인하여 구설수에 오를 수도 있으며 특히 간질환 및 호흡기 질환의 병을 조심해야 하며 교통 사고도 조심해야 한다.

※ 木 金 火

성격이 괴팍하고 신경질 적이며 누구와도 대화가 잘 되지 않으며 대인관계나 처세술은 제로이며 오직 재물만을 탐하며 살아가게 된다.

부모의 유산을 물려받아도 유흥비로 다 날려 버리고 뒤늦게 사업이라고 시작해 봐도 자금 능력 부족으로 시작할 수도 없다. 병든 환자가 절벽 뒤에 있는 보물이 탐이 나서 마치 절벽을 기어오르는 것과 같은 운으로써 일신이 고달프고, 노력은 하여도 그 결실은 미약하니 경제적으로 아주 궁핍하게 된다. 경제 사정이 어려우니까 가정의 풍파도 심하고 부부 인연도 박하여 만나는 배우자마다 떠날 준비를 먼저 하고 있으니 이 얼마나 고독한 인생의 길인가. 한평생을 두고 이곳 저곳을 기웃거리고 객지로 떠돌아다니게 되나 말년에는 혼자 쓸쓸하게 살아가게 되는 운으로 유도하게 된다.

건강운도 별로 좋지 않아 호흡기 질환, 간질환 등을 조심해야 하고 특히 화상을 입지 않도록 주의해야 한다.

※ 木 金 土

자기 과시욕이 강한 타입으로써 손윗사람들과 의견 대립이 자주 일어나며 자신의 주장이 타당성이 없더라도 끝까지 우기는 타입이다.

사업은 계획 초기부터 흩어지기 시작하여 그 흉함은 말로 표현할 수 없다. 매사에 시작은 있으나 성공운이 따르지 않아 실패만 거듭하게 되니 금전적으로 어려움을 겪게 되고 아집과 교만 때문에 인덕도 없으며 부부운도 좋지 않아 가정적으로 불화가 잦으며 심신의 피로로 인한 질병에 유의해야 한다. 그러나 말년에는 조금은 경제적으로 어려움은 면하게 되나 생활고에 지친 상태로 조금 윤택해 진다고 무슨 도움이 있겠는가. 그러나 천격 인격 지격 외격, 총격 등의 획수가 좋으면 성취욕이 강하므로 초년에 일찍 성공하게 되고 매사에 협조자가 나타나서 도와주게 되므로 별 어려움 없이 부귀 영화를 누리게 되고 가정도 웃음꽃이 피고 부부 금실도 좋아 한평생 행복하고 즐거운 삶을 살아 갈 수 있게 된다.

※ 木 金 金

성격이 냉정하고 차가운 반면에 지략과 수단이 뛰어나 일찍이 사업으로 성공하게 된다. 그러는 반면 항상 구설수와 시비에 시달리게 되며 남을 도와 주어도 좋은 소리 듣지 못하고, 뜻밖의 재앙으로 금전적으로 큰 손해를 보게 되며 가정불화와 액란이 겹쳐 자칫 방심하면 하루아침에 몰락하여 빈깡통을 차게 되기도 한다. 특히 여성은 이성 관계가 복잡하게 되고 부부운도 좋지 않아 직접 생활전선에 뛰어 들어 남자 못지 않게 활동을 해야 하는 등 일신이 고달픈 삶을 살게 되고 남녀 공히 교통사고와 관재구설수를 조심해야 하고 건강운은 간질환과 낙상수를 조심해야 한다.

※ 木 金 水

성격은 이웃과 남을 생각할 줄 아는 의리파이고 심성은 착하지만 추진력에 미치지 못하는 의지력 부족으로 항상 생각뿐이며 생각을 실행에 옮겨도 의지력 부족으로 중도에서 그만두게되며 특히 사업을 할 수 있는 여건 조성이 부족하여 매사에 실패가 뒤따르게 된다. 노력은 열심히 해 보지만 성공운이 따르지 않으니 일의 성과도 없고 결과도 미진하여 경제적으로 어려움이 많다. 남녀 공히 이성문제가 복잡하고 시끄러우니 부부 사이에 불화가 잦고 가정이 편안할 날이 드물다. 겉으로 보기에는 실속이 있어 보이지만 내면적으로는 궁색하며 여성은 한때 유흥업에 종사 할 수도 있는 운으로써 천격 인격 지격 외격 총격의 획수가 모두 좋으면 하는 일마다 협조자의 도움으로 어렵지 않게 성공하게 되고 그 부귀 영화가 오래도록 지속되며 어려운 이웃과 고통받는 많은 사람들에게 복을 나눠 주므로써 그 영광과 명예가 자손 대대로 빛나게 될 운으로 유도하게 된다.

※ 木 水 木

온순하고 정직하며 무엇이든지 남에게 주고 싶어하는 호인으로써 주위 사람들의 신망을 얻게 되고 하는 일마다 순조롭게 이루어지는 운으로 유도하게 되며 나보다도 남을 더 생각하다 보니 재물과 명예는 저절로 이루어지게 되고 부부운도 좋아 가정은 화목하고 자식들도 별 어려움 없이 잘 자라주어 일평생을 힘든 일 한 번 없이 부귀 영화를 누리게 된다. 특히 명석한 두뇌와 빠른 판단력이 있어 리더쉽이 강하기 때문에 정치가나 외교관 또는 법률계에서 두각을 나타내게 되는 재질이 있다. 그러나 천격, 인격, 지격, 외격 총격의 획수가 조금 안 좋으면 만사가 호사다마로 끝나기 쉬우며 쉽게 이루어졌다가 쉽게 무너지는 운으로 유도하게 된다.

※ 木 水 火

부모 형제의 덕은 없으나 부모 형제 때문에 재물이 흩어지고 걱정을 해야 하며 성격은 조금은 깐깐해 보여도 끈기가 부족하여 매사에 기초가 부족하여 하고자 하는 마음은 있으나 생각으로 그치며 재물은 들어 왔다 하면 바로 흩어지며 주거나 직업등의 변동으로 안정된 생활은 기대 하기 어렵다.

가정적으로는 부부간의 갈등과 자식간의 불화가 있어 고독과 수심속에 파란곡절이 많으며 일시적으로 성공하였다 해도 뜻밖의 재난으로 하루아침에 몰락하게 되는 운으로 유도하게 된다. 건강운으로는 심장성질환에 유의해야 하며 여성은 부인병에 유의해야 한다. 그러나 천격 인격 지격 외격 총격등의 획수가 좋으면 중년이후에는 급성장하게 되어 명예와 부귀를 한 손에 쥐게 되고 자신의 곁을 떠났던 많은 사람들이 다시 곁으로 돌아와 남은 여생 편안하고 행복된 삶을 살아가게 되는 운으로 유도하게 된다.

※ 木 水 土

추진력과 사교술은 뛰어 나나 성격이 조급하고 인내심이 부족하여 만사에 장애가 많이 생겨 원대한 계획을 펴 보기도 전에 실패와 좌절의 수렁에서 벗어 날수가 없으며 일생을 통해 기초적인 기반도 잡지 못하고 언제나 불안정한 상태에서 생활하다 보니 생활고에 시달려 막심한 고생을 하게 된다. 부모 형제나 친구들의 덕은 없고 혼자서 일어서려 하지만 마음과 뜻대로 되지를 않으니 이 세상을 비관적인 시야로 바라보게 되니 가정 생활도 원만할 수가 없고, 중년에 부부 생사 이별수가 있으며, 자식으로 인하여 엄청난 고통을 받게 된다. 특히 여성은 배우자 덕이 없어 생활고에 시달리다 못해 직업 전선에 뛰어들어야 하며 평생을 남의 심부름이나 하면서 살아가야 하는 운으로 유도하게 된다.

건강운도 어릴때부터 연약한 상태이며 방광염이나 신장 질환에 유의 해야 한다.

※ 木 水 金

신의와 믿음성이 있고 대인 관계가 매우 좋으며 특히 부모형제로부터 인정을 받게 되며 일생을 통해 막히는 일이 없으며 하는일마다 이룰 수가 있는 오행의 배합이다.

긍정적인 사고와 현명한 판단으로 실패가 없으며 만약에 조금 어렵더라도 귀인이 나타나서 도와주어 쉽게 해결이 된다.

건강도 아주 좋아서 장수를 하게 되며 만인의 존경과 신망속에 부귀영화하게 된다.

※ 木 水 水

이것도 아니고 저것도 아닌 우유 부단한 사람으로써 일시적인 성공은 있어도 멀지않아 몰락하게 되고 실패와 좌절에 의욕을 상실하게 되고 철저하게 계획을 세워 새로운 도전을 해 보지만 뜻밖의 재난으로 인하여 실패와 좌절을 다시 겪게 되니 인생길 백리에 가시밭길 천리이다.

경제적으로 궁핍과 가난으로부터 헤어나지 못하고 항상 고달프고 외로우며 부부운도 좋지 않아 불화가 계속되며 근심 걱정이 잠시도 떠날 날이 없으며 고단한 몸을 눕힐 장소마저 마땅치 않다.

중년 이후에는 자신의 성격대로 모든 희망은 버리고 그냥 되는대로 살아가는 가련한 인생으로 전락하게 되며 말년에는 고독과 외로움으로 고통받는 삶으로 유도하는 운이다. 건강은 좋은 편이나 위장 질환에 주의하여야 겠다.

※ 火 木 木

용모가 수려하고 명석한 두뇌와 뛰어난 수단을 갖고 있고 활동성이 강하여 조상과 손윗사람을 잘모시는 반면, 한번 화가 났다 하면 스스로도 감당할 수 없을 정도로 흥분하고 날뛰기 때문에 그로 인한 재물의 손실도 막대하다.

사업운은 차곡차곡 쌓아 가는 타입이며 한눈 팔지 않고 꾸준한 노력 끝에 성공에 이르게 되고 주위의 선망과 존경의 대상으로서 그 권위와 부귀가 오래도록 번창되게 하는 운으로 유도 하게 된다.

하는 일 마다 마음먹은 대로 이루어지며 인간관계나 친척 관계에 있어서 처세술은 뛰어나고 ,특히 여성은 명랑하고 예의

바른 현모양처로서 안으로는 가정 생활에 충실하고 밖으로는 어려운 이웃에게 봉사하는 마음으로 살아가게 된다. 그러나 천격, 인격, 지격, 외격 총격등의 획수가 나쁘면 그 작용력은 오히려 길이 흉으로 변하여 매사에 실패 뿐으로 인생살이가 고달프고 부부운도 박하여 중년 이전에 생사 이별수가 있으며, 특히 여성은 남편덕이 없어 스스로 생활의 책임을 져야 하며 고달픈 인생 역정으로 고통과 눈물의 세월을 보내는 운으로 유도하게 된다.

건강운으로는 호흡기 질환이나 대장질환, 비뇨기 계통질환에 유의 하여야 한다.

※ 火 木 火

명석한 두뇌와 출중한 처세술을 겸비한 예절바르고 명랑한 성격의 소유자로써 성공에 이르는 길이 순조로우며 노력한 것보다 많은 결실을 얻게 되니 기쁨이 배가된다.

그러나 좋은 운 속에서도 나쁜 운이 뒤따르니 방심으로 인한 재난으로 일시에 몰락할 수도 있다.

방심은 절대 금물이며 특히 물불을 가리지 않는 성격 때문에 재물과 명예에 대한 손실을 보는 경우가 있을 수 있다.

부모 형제와 이웃간에 화기 애애하며 부부의 금슬도 매우 만족스러우며 천격 인격 지격 외격 총격의 획수가 좋으면 정치가 법률가 사업가 교육자 등으로 크게 두각을 나타내고 그 부귀와 명성이 천하에 드높을 것이다.

건강은 간질환, 심장질환, 호흡기 질환, 폐질환등에 유의하여야 한다.

※ 火 木 土

지모와 처세술이 원만하고 추진력과 활동성은 있으나, 재물과 명예욕에 너무 집착하게 되므로 해서 오히려 주위 사람들로부터 외면을 당하게 된다.

자신은 남들에게 배풀지만 그 공은 적고 열심히 노력을 하여도 그 결실도 적다. 한평생을 내가 노력으로 먹고살아야 하고 자신이 부양해야 할 사람들은 많으며 부부간에도 마찰이 잦아 중년에는 생사 이별수가 있으며 일시적인 성공은 할 수는 있지만 그것을 지킬 수 없는 운으로 유도하게 된다.

비바람이 불어와 꽃잎이 떨어지는 형상으로 하는 일마다 장애가 따르며 부부운도 불길하여 일찍이 생사이별을 겪게 되고 슬픔과 탄식속의 세월을 보내게 된다.

천격 인격 지격 외격 총격의 획수가 좋으면 조금은 좋은 운으로 유도되겠지만 크게 호전되지는 않으며 건강운은 간질환, 위장 질환에 유의해야 한다.

※ 火 木 金

세심하고 예민한 성격의 소유자로 추진 하고자 하는 의욕은 있으나 현실이 따라 주지 않고 여건을 갖추어 시작하여도, 남들보다 한 발 늦은 시작으로 중도에 그만두어야 되며, 매사가 시작은 있어도 끝은 흐지부지 되어버리고 마는 운으로 유도하게 된다.

일시적으로 성공했다고 생각해도 크게 성공할 수는 없고, 또 오랫동안 그 성공을 유지 할 수 없을뿐더러 그 성공으로 인하여 오히려 건강이 악화될 우려가 있다.

친척이나 가족에게는 헌신적으로 봉사하지만 주위 사람들이나 이웃간에는 화목하지 못하며 남녀 공히 자식과의 불화로 인한 정신적인 고통을 갖게 되고 중년 이후에는 경제적으로 조금은 안정을 찾을 수 있으나 크게 잘 살거나 호의호식하기는 힘이 든다.

건강운은 간질환에 많은 신경을 써야 한다.

※ 火 木 水

훌륭한 처세술과 수완이 뛰어난 정열적인 활동가로써 불굴의 투지와 의지력으로 일찍이 타향객지에서 크게 성공하게 되며 주위의 존경과 선망을 한 몸에 받게 된다. 대인 관계가 원만하고 성실한 노력가로써 많은 협조자들의 도움으로 매사가 성공으로 이어지며 그 부귀영화와 덕망이 크게 빛나게 될 운으로 유도된다. 부부운도 최고의 운으로써 이름 있는 가문의 규수를 현모양처로 맞이하니 그 후손과 복록을 누리게 되니 한평생을 편안하게 살아가게 된다.

특히 명예운과 관운이 좋아 정치인, 외교관, 법률과 교육자로써 크게 명성을 얻게 되고 건강운도 매우 좋아 무병 장수 하는 운으로 유도한다.

※ 火 火 木

화끈하고 확실한 정열적인 타입으로써 많은 사람들의 인기와 신용을 바탕으로 하는 일 마다 순조롭게 이루어지며 성공하게 는 되지만, 노력한 만큼의 결실은 적은 편이다.

성공의 반은 주위 사람들의 몫으로 돌릴 줄도 아는 넓은 마음 도 있으며 남에게 도움을 받는 것 이상으로 주위에 고마움을 돌려 줄줄 아는 미덕도 있다.

노력보다 결실이 적어도 겸손하게 받아들일 줄도 알며 많은 사람들을 포용하는 기량도 있다.

부부운도 대제로 좋아서 가정생활이 화목하여 이웃간에도 다 정하게 지내게 되며 말년에는 자식들의 효도 속에 편안하게 살아가게 된다.

건강운은 간질환과 심장 질환에 유의해야 한다.

그러나 천격 인격 지격 외격 총격의 획수가 나쁘면 호사다마 로 하는 일 마다 장애가 생기고 실패하게 되며 부부운도 좋지 않아 가정의 불화가 잦으며 자식들도 애를 먹이게 되며 신경 성 질환으로 발작을 일으킬 수도 있다.

* 火 火 火

성격이 불과 같이 급하고 정열적으로 열심히 노력하지만 인내 력의 부족과 자만과 아집 때문에 대인 관계가 원만하지 못해 중도에서 스스로 포기하게 되고 실패와 좌절 속에서도 원래의 성격을 고칠 생각은 않고 반성도 하지 않은 채, 또 다른 일을 급히 서두르므로 어려움이 따르게 되고 정신적으로 소외감을 느끼다 보니 자연히 부부 사이에 불운이 감돌고 가정은 삭막 해 지는 운으로 유도하게 된다.

매사에 되는 일이 없으니 정신적인 갈등 속에 비참한 일생을 보내게 된다.

건강운은 심장 질환이나 간질환에 유의 하여야 한다.

* 火 火 土

예의 바르고 신의 있는 믿음직한 성품으로 대인 관계와 처세술이 대단히 좋고 타고난 재복이 좋아 기반이 튼튼하여 하는 일 마다 순조롭게 진행되어 아무런 걱정 없이 살아가게 되고 일찍이 성공하여 크게 발전하게 되므로 다른 사람들의 귀감이 되며 특히 사회적으로 크게 명성을 떨쳐 유명인사로써 그 명예와 영광이 길이 남게 되는 운으로 유도된다.

조상으로부터 물려 받은 가업을 더욱 번창하게 만들고 이웃에 많은 사랑을 베풀고 가정운도 매우 좋아 튼튼한 경제적 기반으로 가정이 화목하고 부부간의 사랑도 돈독하니 자식들 또한 훌륭하게 자라서 부모들의 뒤를 이어 가게 된다.

건강운은 간질환에 유의 해야겠다.

* 火 火 金

부모 형제의 덕으로 초년에는 별 어려움 없이 살아가지만 화급한 성격과 하고 싶은 일을 어떻게든 하고 마는 성격으로 재물에 대한 과욕으로 인하여 하는 일마다 장애가 따르고 실패하게 되며 중년 이후에는 가까운 사람들이 외면하게 되고 인덕도 없어지니 경제적 고충과 갈등으로 인하여 부부간에도 초년에 좋았던 애정도 식고 부부 불화가 잦아지니 자칫 잘못하면 생사이별수도 있을 수 있으며, 자식들 마저 외면하고 돌아서니 말년에는 질병과 고독으로 살아가게 된다.

건강운은 호흡기 질환, 대장질환, 간질환에 유의해야 된다.

그러나 천격, 인격, 지격, 외격, 총격 등의 획수가 좋으면 조금은 나쁜 운을 피해 갈 수 있으나, 크게 성공해서 출세하지는 못하고 평범하게 살아 가게 된다.

* 火 火 水

명석한 두뇌와 지략은 겸비해도 신경질적이며 속이 좁은 성격이다.

기회가 와도 잡지를 못하고 운이 좋아서 기회를 잡아도 그놈의 성격 때문에 성공의 문턱에서 포기하고 만다. 일시적인 성공은 있으나, 자만으로 인하여 하루아침에 몰락하게 되고, 실패와 좌절 속에서 헤어나기가 힘이 들며 가정운도 박하여 불화와 이별수로 심신이 고달프다.

건강운은 심장질환, 고혈압등에 유의해야 한다. 그러나 천격, 인격, 지격, 외격, 총격등의 획수가 좋으면 평범하게는 살아가지지만 가정운은 피해 가기가 어려운 운으로 유도된다.

* 火 土 木

예의가 바르고 마음이 넓고 명랑해 보이지만 속마음은 음흉하고 난폭하기 그지없는 성격이다. 초년에는 부모 형제의 도움으로 생활 하지만 청년기 이후에는 운이 따르지 않아 주거 불안 직업 변동 등으로 경제적 정신적으로 많은 고통과 갈등을 겪게 된다. 시작은 있으나 끝이 없고 노력은 하지 않고 성과만 크게 기다리니 이는 마치 감나무 밑에서 감 떨어지는 것을 기다리는 것보다도 더 미련하다.

어릴 때부터 부모에게서 애지중지 자라다 보니 받는 것만 알고 주는 것은 전연 모르니 사회 생활에 잘 적응 할 수가 없고 처세술 또한 좋지 않으니 중년 이후에는 가난과 질병 속에서 외롭게 지내야 하는 운으로 유도된다.

부부운이나 가정운도 따르지 않아 일평생을 고독하게 살아가게 된다.

건강운은 간질환, 위장 질환에 유의해야 한다.

* 火 土 火

예의 바르고 믿음직한 성격으로 지혜와 덕망이 겸비된 중후한 성격으로 원만한 처세술로 대인 관계가 매우 좋고 내외적으로 협조자들이 많아 기반이 튼튼하여 초년에 일찍이 성공의 길을 가게 된다.

부부운도 매우 좋아 가정에 웃음이 떠날 날이 없으며, 자손들도 모두 훌륭하게들 자라게 되며 주위의 사람들로부터 존경을 한몸에 받게 되는 운으로 유도하게 된다.

특히 여성은 현모양처로써 남편을 보필하고 친척간에 화목하게 지내게 되니 칭찬이 자자하여 노후에는 자식들의 효도 속에 행복한 삶을 살아가게 된다.

건강운은 위장 질환과 간질환에 유의해야 한다.

*火土土

　믿음직하고 덕망이 있는 인품으로 지혜와 사고력이 출중하고 인내심이 많으며, 매사에 묵묵히 일만을 열심히 하는 타입으로서 주위의 여건에 흔들리지 않고 초지일관하여 한가지 목표를 정해놓고 정진해 나간다.

　운세의 흐름도 크게 변화와 굴곡이 없이 안정된 사회생활 속에 안으로는 가정적으로 화목하고 부부 백년 해로 하게 되며, 밖으로는 원만한 처세술로 지위와 명예를 얻어 남들로부터 존경과 선망의 대상으로 부귀 영화를 누리게 된다.

　매사에 하는 일마다 막힘이 없이 순조롭게 성공을 하게 되며 그 성공이 오랫동안 유지된다.

　건강운은 심장질환과 간질환에 유의해야 한다. 그러나 천격, 인격, 지격, 외격 총격 등의 획수가 나쁜 작용을 하게 되면 평범한 운세로 흘러가게 되고 일시적인 성공은 있으나 오래 지킬 수 없고 한 순간에 무너져 내린다. 그래도 오행 상생이 매우 좋아 가난과 고통 속에서 살아가지는 않는다.

*火土金

　신의와 믿음을 바탕으로 명석한 두뇌와 뛰어난 재치로 크게 발전 할 수가 있으며 상하좌우로 처세술이 뛰어나고 지도력 또한 겸비하여 많은 사람들을 수하에 두고 살아가는 재능을 갖게 된다.

　사업가, 법률가, 정치가 등으로 크게 두각을 나타내고 성공하게 되며 수많은 재물과 명예가 일생을 두고 따라 다니게 된다.

부부운도 최고로 좋아 훌륭한 가문의 규수를 현모양처로 맞이하고 백년해로하게 되고 자식들도 훌륭하게 자라 사회에 이바지 하게 된다. 그러나 좋은 일 중에서도 나쁜 일이 있듯이 매사가 순조롭게 이루어진다고 해서 자칫 잘못하여 자만하게 되면 한번 정도는 실패의 시련을 겪게 될 것이다. 그러하니 성공했다고 해서 자만에 빠지면 안된다.

그러나 천격, 인격, 지격, 외격 총격 등의 획수가 나쁘면 평범한 운으로 돌아서 버리고 만다.

* 火 土 水

명석한 두뇌와 지모의 소유자로 조상의 은덕은 있으나 운이 여의치 않아 하는 일마다 막힘이 많고 노력보다는 그 공이 적다.

인덕은 거의 없으며 일시에 몰락하게 되며 처세술도 원만하지 못해 구설시비에 잘 휘말리게 된다.

중년 이후에는 무리한 투자나 확장으로 실패하게 되며, 재물에 대한 끊임없는 욕구로 인하여 정신적 경제적 고통을 겪게 되고 부부운도 자신의 강한 성격으로 인하여 중년에 이별수가 있으며 언제나 근심걱정이 떠날 날이 없다. 건강운은 심장질환, 위장질환, 고혈압 당뇨 등에 유의하여야 하며, 말년에는 가난과 질병에 시달리게 되는 운으로 유도하게 된다.

* 火 金 木

예절바르고 감정도 풍부하여 의리도 있으나 신경이 너무 날카로워서 신경질적이며 소극적이며 인내와 의지력이 부족하다. 부모 형제의 덕이 없고 어린 시절에 일찍 객지로 나가게 되며 나름대로 노력은 해보지만 장애가 많아 성사되는 일이라고는 전혀 없고 고생만 많이 하게 된다.

시작은 해보지만 오래 가지 못하고 중도에 그만두게 되고 또 다른 일을 해보지만 역시 용두사미로 끝나 버린다.

성격이 날카롭고 까다로워 주위 사람들과 다툼이 많이 일어나고 처세술도 원만하지 못하니 협조자는 없고 방해자들만이 주위에서 서성대고 있으니 되는 일이라고는 전혀 없다.

운이 한 때 좋아서 일시적으로 성공한다 해도 오래지 않아 몰락하게 되고, 부부운도 희박하여 갈등과 이별수가 있으며 가정이 편안할 날이 없다. 건강운은 신체가 허약하기 때문에 전체적으로 건강에 유의해야 한다.

천격 인격 지격 외격 총격의 획수가 아무리 좋아도 좋은 운으로 돌아서지는 않는 오행으로 이름 중에서 가장 나쁜 오행의 구성으로 되어 있다.

* 火 金 火

얼굴은 잘 생기고 호감가는 인상이지만 성격이 너무 불같고 또 예민하고 날카로워서 자칫 잘못하면 살상도 저지를 수 있는 그런 운으로 유도하게 된다.

검찰, 경찰, 군인 등으로 가게 되면 그런데로 평범한 이름은 되겠으나 그 외에 다른 직업을 선택하게 되면 되는 일이라고는 없다.

계획도 없고 기본적인 자본도 없으면서 독불 장군 같이 생활하며 하는 일없이 왔다 갔다 하는 백수와 다를 바 없다.

부모 형제 덕이나 인덕은 전혀 없고 일찍이 고향을 떠나 객지에서 생활하게 되며 대인 관계나 처세술의 부족으로 직업과 주거가 안정되지 못하고 돈을 벌어도 나가기가 바빠 경제적 곤란을 항상 겪게 되며 부부간의 불화, 자식과의 불화 등으로 언제나 정신적으로 고통을 겪게 되는 운으로 유도된다. 건강운은 호흡기 질환, 대장 질환 및 화상에 유의하여야 한다.

*火 金 土

예의 바르고 깔끔하며 신의와 믿음성이 있는 성격으로써 총명하고 지혜로우나 부모 형제의 덕은 크게 없다. 그러나 원만한 처세술로 대인 관계는 좋아 주위에 협조자가 많음으로 하여 매사에 큰 어려움 없이 많은 것을 이룰 수가 있으며, 운세에 막힘이 없어서 시작했다 하면 성공하게 된다.

그러나 그 성공은 크지는 않고 중류층 정도로써 경제적으로 큰 불편 없이 편안하게 살아가게 되는 운으로 유도하게 된다.

부부사이도 원만하여 가정 생활도 안정이 되며 자식들도 속 썩이지 않고 잘 자라게 된다.

그러나 좀 더 많은 재물을 탐하게 되면 순간적으로 실패하게 되고 다시 회복하려면 많은 세월이 요구된다.

그러하니 큰 욕심 부리지 말고 살아가면 그런데로 좋은 오행의 배합이다.

* 火 金 金

판단력과 결단력이 강하여 생각하거나 계획하면 곧바로 실천에 옮기는 적극적인 성격의 소유자로 두뇌도 명석하고 재치도 있으나, 운세가 따르지 않아 장애로 인한 실패와 좌절이 많다.

계획을 철저하게 세우고 일을 추진하여도 뜻밖의 재난과 장애로 인하여 뜻대로 되는 일이 없고 직업과 주거의 불안으로 경제적인 어려움이 따른다.

특히 교통사고나 구설 시비로 인하여 고생을 하게 된다.

부부간에도 서로 주장이 강하여 냉기류가 흐르고 끊임없는 불화로 인하여 부부 이별수도 있을 수 있다.

건강운은 심장질환 낙상수 등에 유의해야 한다.

* 火 金 水

화려한 미모와 뛰어난 용모의 소유자로 융통성 있고 신의도 중히 여기는 성격이지만 신경이 예민하고 까다로와서 내부에 있는 사람들이 피곤하다. 조상의 음덕이 부족하여 일찍이 고향을 떠나 살게 되며 이것 저것 하는 일은 많아도 노력만큼의 소득은 없다.

자신은 주위의 사람들에게 친절하게 하고 또 베풀기도 하지만 내가 도움이 필요 할 때는 모두 외면해 버리는 현상이 생긴다.

성공운이 부족하여 중도에 실패와 좌절을 여러 번 맛보게 되며 말년에는 조금 운세가 좋아져 적은 돈이라도 만지게 되는 운세로 유도한다.

가정도 파란만장하여 중년에 이별수가 없으면, 백년해로는 할 수 있다.

건강운은 심장질환에 유의하면 되겠다.

* 火 水 木

육친의 덕은 없어 부모와의 불화로 객지로 흘러가게 되며 성격은 추진력도 있고 처세도 원만하지만 화급한 다혈질의 소유자로 스스로 화를 참지 못하는 결점이 있다.

다재 다능한 능력을 지녔어도 운세가 따르지 않아 남에게 베풀기 만하고 진작 자신의 일에는 조금 무관심한 면도 있다. 시작은 있되 계획이 철저하지 못해 장애에 부딪치고 실패와 좌절을 겪게 된다.

스스로가 나쁜 운을 초래하여 고통을 겪게 되며 가정에도 소홀하여 부부간 불화가 잦으며 중년에는 이별수도 있다.

주거의 불안, 직업의 변동 등으로 경제적 궁핍 속에 심신도 허약해진다.

건강운은 당뇨병, 심장질환에 유의하여야 한다.

천격 인격 지격 외격 총격의 획수가 좋으면 조금은 운세가 좋은 운으로 유도되지만 완전하게 좋은 운으로 돌아 설 수는 없는 오행의 구성이다.

* 火 水 火

활동성도 있고 융통성도 있지만 직선적이며 신경질 적이다. 처세술은 그런데로 원만하다 싶으나, 성격 때문에 충돌이 잦으며 운세는 따라 주지 않으니 하는 일마다 장애가 많고 실패만 연속되니 실망과 좌절 속에 이루어 지는게 없다.

초년부터 부모의 뜻을 따르지 않고 객지로 떠나 살게 되며 자만과 고집으로 성공할 수 없으며 부부운도 박약하여 갈등과 불화로 인하여 잠시도 편할 날이 없으니 피곤한 한 몸 누울 곳이 없는 신세로 전락하게 되는 운으로 유도한다.

건강운은 비뇨기 계통질환, 당뇨병등에 유의하여야 한다.

천격 인격 지격 외격 총격의 획수가 제 아무리 좋아도 운세는 피할 수가 없다.

* 火 水 土

명석한 두뇌와 추진력이 있고 처세술도 원만하지만 행동 반경이 좁고 소심하고 소극적인 면이 많다.

부모 형제에게 피해만 주게 되는 형상이고 운세도 여의치 못해 스스로가 모든 일을 개척해 나가야 하는 어려움이 따르고 매사에 장애가 생기고 실패와 좌절 속에 한 번쯤은 성공을 하게 되지만 일시적인 운일 뿐이고 곧 몰락하게 된다.

남들에게 베풀어도 그 공덕은 하나도 없고 노력한 만큼의 댓가도 없다.

경제적 어려움 속에 인생의 쓴맛 단맛은 다 보게 되며 가정적으로도 회의와 불화의 연속 속에 이별수도 있으며, 다행히도 중년에 접어들면 그 동안의 노력의 결과가 조금씩 돌아오기 시작하여 말년에는 조금은 여유 있는 생활 속에 노후를 보내게 되는 운으로 유도하게 된다.

그러나 천격 인격 지격 외격 총격의 획수가 좋지 않으면 그 흉은 더욱 더 심하게 되므로 해서 시궁창 인생이 되고 만다.
건강운은 신장질환, 심장질환에 유의하여야 한다.

* 火 水 金

겉으로 보기에는 신의도 있고 어질어 보이지만 무모한 일을 잘 벌리는 사술이 많은 타입이다.

총명한 머리와 지혜를 재물을 모으는 것에만 활용하는 파렴치한 사람이다.

자기 자신밖에 모르며 상대방이나 다른 사람들의 고통이나 눈물을 개의치 않으며 오히려 즐기는 편이다.

부모에게는 불효 자식이고 형제에게는 해만 끼치는 사람으로 돈이라면 부모 형제 처자식까지도 외면 할 수 있는 사람이다.

그러나 운세가 여의치 않아 남에게 고통만 안겨 주고 진작 자신은 얻는 게 아무 것도 없으며 만약에 재물을 얻게 된다 해도 순식간에 흩어져 버리며 주위의 사람들이 모두 떠나가게 되고, 말년에는 고통과 질병 속에 고통스럽게 살아가게 된다.

부부간에도 불화의 연속이고 중년에 생사 이별수가 있으며 자식들도 빗나가게 되는 엉망진창의 인생으로 전락되는 운으로 유도하게 된다.

* 火 水 水

두뇌 회전이 빠르고 계략을 꾸미는 데 있어서는 타인의 추종을 불허한다.

마음속에는 언제나 비밀 계획을 갖고 있고 언제든지 기회가 포착되면 곧 바로 실행에 옮기게 된다.

부모 형제의 덕은 없으나 운세는 그런 대로 괜찮은 편 이어서 하는 일이 순조롭게 이루어지고 얻는 것은 많지만은, 흩어지는 것도 얻는 것 못지 않으니 노력의 공과 보람은 순간의 물거품으로 사라져 버리는 허무한 인생의 운으로 유도하게 된다.

부부운도 불화의 연속으로 인하여 중년에 생사 이별수가 있으며 자식 덕도 없어 말년에는 고독 속에서 외롭게 지내게 된다.

건강운은 심장질환, 위장질환등에 유의해야 한다.

* 土 木 木

추진력 있고 자존심이 매우 강하며 적극적인 사고와 두뇌회전이 매우 빠르다.

어질고 순한 마음을 갖고 있지만 생존경쟁에서는 절대로 양보하지 않으며 자신이 이겨야 만이 온정을 베풀지, 경쟁상태에서는 상대방의 입장은 전혀 고려하지 않는 독보적인 타입이다. 그러나 운세가 따르지 않아 생각과 뜻대로 되는 일이 없고 이 것저것 손만 대고 제대로 되는 것이라곤 없는 만사 불성의 운으로 유도하게 된다.

부모 형제에게 의지해 보려 하지만 그 덕은 적고 재물은 들어오면 바로 흩어지니 주거와 직업의 불안정으로 가정도 깨어지고 처자식도 뿔뿔이 흩어지게 되니 말년에는 술타령 인생 타령으로 살아가게 되는 운으로 유도하게 된다.

건강운은 위장 질환, 호흡기 질환, 대장 질환에 유의해야 한다.

* 土 木 火

두뇌가 명석하고 의지력이 강하며 표현력도 좋아 처세술은 좋으나 기반이 튼튼하지 못해 고생을 하게 되고 부모 형제의 덕과 인덕도 없으며 운세마저도 나쁘게 흐르고 있으니, 성공해 보지도 못하고 중도에서 실패와 좌절을 반복해서 하게 된다.

겉으로는 믿음직스럽고 참을성도 있어 보이지만 조급한 성격으로 인하여 실패의 원인을 분석 연구해 보지도 않고 계속해서 일을 추진하게 되니 실패하게 되는 건 강 건너 불 보듯이 뻔한 이치이다.

그리고 실패의 원인이 자신에게 있는데도 다른 곳으로 돌리고 원망을 하게 되며 부부간에 대화가 단절되고 불화와 반목 속에 이별수가 있게 되며 자식 인연도 박하여 말년에는 혼자서 가난과 질병속에 시달리게 되는 운으로 유도하게 된다.

* 土 木 土

인자하고 신의 있고 믿음직하며 묵묵히 일을 하는 타입이지만 인내력이 부족하고 신체가 허약하여 업무나 일을 감당해 내기가 힘이 든다.

더구나 재물의 욕심으로 인하여 하는 일마다 실패하게 되며 운까지도 따라 주지 않으며, 설상가상으로 실패와 좌절만 반복하게 된다. 금전적으로 매우 인색하여 처세 또한 좋지 않아 주위에 협조자가 없다.

하는 일마다 장애가 생기고 시비와 구설이 항상 따르고 인덕이라고는 없어서 외롭고 고독하며 가정운도 빈약하여 부부간에 다툼이 심하니 쉴 곳도 없는 가련하고 허기에 지친 나그네의 운으로 유도하게 된다.

건강운은 간질환, 위장질환에 유의해야 한다. 천격, 인격, 지격, 외격, 총격등의 획수가 제아무리 좋아도 운이 바뀌지 않는다.

* 土 木 金

뛰어난 지혜와 능력을 가졌으나 경제적으로나 정신적으로나 안정이 되지 않고 마음이 허공에 뜬것과 같이 이리저리 헤메이다 한 세상 다 지나간다.

일시적인 성공을 한다 해도 찰나적인 것이고 되는 일이라고는 없으니 가정도 지킬 수가 없고 가족들이 동서남북으로 흩어져 외롭고 고독한 인생이다.

부모 형제의 덕은 물론이고 인덕이라고는 하나도 없으며 만나는 사람마다 의견 충돌과 대립만이 생기나 어느 누구와도 화합이 되지 않는다.

특히 여자는 일생을 통하여 고난과 눈물의 연속이며 궂은 일은 혼자서 도맡아 해야 하는 운으로 유도된다.

건강운은 위장질환, 간질환 등에 유의해야 한다.

천격 인격 지격 외격 총격등이 제 아무리 좋아도 운은 조금도 변하지 않는다.

* 土 木 水

지덕을 겸비한 사람으로 두뇌 회전이 빠르고 수완과 기량이 뛰어나나, 부모 형제의 덕이 없고 마음이 안정되지 못하고 기반도 튼튼하지 못하여 계획대로 일이 잘 되지 않으며 일시적인 성공의 운이 따른다 해도 운세의 하락으로 겉은 화려하나 속이 비어 있는 외화내빈격이며 노력해도 그 결과가 미약하여 남에게 베풀 줄은 모르면서 은근히 도움을 기다리기도 한다.

계획이 아무리 훌륭하다 하여도 시작도 해 볼 수 없으니 직업이나 주거의 불안정 속에 곤궁하며 가정도 여의치 못하고 불화와 갈등 속에 이별수도 있게 된다.

건강운은 위장질환, 중풍 등에 유의해야 한다.

천격, 인격, 지격, 외격, 총격등의 수리 획수에 10, 20, 30, 40, 50, 60 등이 있으면 그 흉함은 더욱 더 해진다.

＊土火木

예의 바르고 명랑하여 믿음직스럽고 신용도 있으며 판단력과 추진력이 매우 좋아 하는 일 마다 주위의 협조자들의 도움으로 성공하게 되고, 많은 사람들로부터 존경과 신망을 한 몸에 받게 된다.

노력한 만큼의 댓가가 항상 있으며, 여러 분야에서 능력을 인정 받고 순조롭게 성공에 이르게 되고, 그 여파로 재물이 모이고 명예와 부귀 영화가 뒤따르게 된다.

특히 여성은 귀한 가문에 출가하여 훌륭한 배우자를 만나서 행복한 가정을 이루게 된다.

직업으로는 법률가, 정치인, 행정 관료, 사업가 등으로 크게 명성을 얻게 되며 그 영광이 오래 갈 것이다.

가정적으로는 부모에게 효도하고 사회에 봉사하여 그 후손들도 훌륭하게 자라게 되어 그 부귀와 명예가 자손대대로 이어질 것이다.

건강운도 매우 좋아 무병장수 할 것이다.

* 土 火 火

온화하고 중후한 성품에 활발하고 명랑한 처세술로 대인 관계가 원만하여 기반이 튼튼하고 하는 일마다 성공으로 발전하게 된다.

매사가 순조롭고 여유 있는 진행 속에 노력한 만큼 재물이 들어오고 쌓이게 되며 성공의 기반도 튼튼하여 자신의 분야에서 크게 두각을 나타내며 많은 사람들의 협조 속에 부귀와 명예를 거머쥐게 된다.

그러나 불같이 급한 성격으로 인한 구설수와 실패수가 있으니 조심하여야 하며 가정적으로는 일가친척이나 부모형제에게 따뜻한 마음으로 도와주며 부부의 화합 속에 가정도 화목하여 보람찬 삶을 살아가는 운으로 유도한다.

건강운은 피부질환, 비뇨기 계통 질환 등에 유의해야 한다.

* 土 火 土

직감력과 판단력이 빠르며 매사에 적극적이고 노력형이다.

상하좌우 주변 사람들의 신망을 얻어 성공운에 도움을 주며 하는 일마다 순조롭고 노력보다 결실이 더 많은 운세로써 크게 성공하게 된다.

인덕이 많으며 주위에 사람이 많아 서로가 협조가 잘 이루어져 많은 도움을 받을 수 있으며, 아무런 고생 없이 편안하게 살아가게 된다.

특히 대인 관계에 있어서 사교술이 뛰어나 사업가로써 크게 성공하게 되고 명성과 부귀 영화를 한 몸에 받게 된다.

가정운도 매우 좋아 훌륭한 가문의 규수를 아내로 맞이하여 행복하고 단란한 가정을 꾸며 가게 되고 후손들도 별 탈없이 잘 자라주어 멋지고 즐거운 일생을 살아가게 되는 운으로 유도하게 된다.

건강운은 피부질환, 위장질환에만 조금 조심하면 무병 장수할 수 있다.

그러나 천격 인격 지격 외격 총격등의 수리획수가 둘 이상 좋지 않으면, 평범한 운세로써 한 세상을 살아가게 된다.

* 土 火 金

예의 바르고 성실한 노력형이나 신경질적이고 성급하면서 재물에 대한 욕심이 많은 타입이다.

매사에 큰 장애가 없이 순조롭게 성공으로 이어 질 수 있으며, 성급함과 인내력의 부족으로 실패와 좌절을 겪게 되며 부모 형제나 인덕이 없어 평생을 혼자서 모든 일을 추진하고 감당해 가야 하는 외롭고 고독한 운세이다.

생활의 변화가 급변하므로 주거나 직업에 있어서 안정감이 결여 되어 급변하는 상황에 적극적으로 대치하기가 힘이 들며 일시적인 운으로 성공한다 하여도 오랫동안 지탱하기가 어려운 운으로 유도된다.

부부운도 성급함으로 인하여 불화와 반목이 계속되고 자칫 잘못하면 중년에 이별수도 있으며 자식들과도 의견 충돌로 인하여 사이가 멀어지며 말년에는 고독한 외톨이가 되기 쉽다.

건강운은 호흡기 질환, 대장 질환에 유의하는 게 좋다.

* 土 火 水

겉으로 보기에는 명랑하고 믿음직스러워 보이지만 내면으로는 거칠고 신경이 예민하여 자기 주장과 고집이 강한 반면에 의지력이 약하여 중도에서 만사를 포기하는 용두사미격의 타입이다.

언제나 시작은 순조롭게 이루어지지만 중도에 장애가 생겨 포기하지 않으면 안되는 상태가 되며 금전적 손실과 정신적으로 많은 고통에 시달리게 된다.

주위의 여건이 호전된다 해도 인내력 부족으로 성공 직전에서 만사가 흐지부지 되버리고 목적 달성은 멀어져 버린다.

부부운도 의견이 분분하여 충돌과 불화가 많고 중년에 생사이별수가 있을 수도 있으며, 평생을 통해 파란 만장한 삶을 살게되는 운으로 유도된다.

건강운은 심장질환, 위장 질환, 당뇨병등에 유의하여야 한다.

* 土 土 木

융통성이 전혀 없는 꽉 막힌 전형적인 양반 기질의 보수적 타입으로서 운세마저도 따르지 않아 만사에 되는 일이라고는 없고 일시적인 성공을 하여도 시대의 변화에 따라 적응이 늦기 때문에 실패하게 된다.

보수적인 생각이 옹고집으로 변하여 한 두 번 실패를 하고도, 미련을 떨구지 못한 채 다시 재도전하는 바보 같은 일을 저지르기도 한다.

하는 일은 많고, 노력을 하여도 돌아오는 공과 소득은 적고 남에게 베풀어도 공은커녕 오히려 싫은 소리만 듣게 되는 운으로 유도된다.

가정운도 화목하지 못하고 갈등과 불화 속에 고통만 수반되며 중년에는 생사 이별수도 있을 수 있다.

건강운은 간질환, 위장질환에 유의하여야 한다.

* 土 土 火

성실하고 부지런하여 신용있고 믿음직스러운 사람으로, 시작하였다 하면 수단과 방법을 가리지 않고 끝까지 밀어 부쳐서 결국은 성공하고야 마는 끈기와 인내가 있다.

대인관계나 처세술이 매우 좋아서 많은 사람들로부터 존경과 신망을 받게 되며 덕망이 높아 사회적으로 지식층의 사람으로써 남들에게도 많이 베풀고 그 공덕은 남에게도 돌리는 온후한 성격이다.

많은 일은 벌리지 않지만 하는 일마다 순조롭게 성공하게 되고 노력한 것보다 더 많은 재물이 들어오게 되고 부귀 영화도 함께 얻게 된다.

부부운도 매우 좋아 훌륭한 배우자를 만나서 행복하고 단란한 가정을 이루게 되며 자손도 훌륭하게 자라게 되어 그 명예와 영광이 자손대대에 까지 미치게 되는 운으로 유도된다.

건강운은 피부질환, 심장질환에 유의해야 한다.

* 土 土 土

신용있고 중후한 성격으로서 명석한 두뇌와 뛰어난 수완의 소유자로 운세도 그런데로 괜찮은 편으로써 하는 일 마다 성공은 하게 되지만, 노력한 만큼의 재물은 들어오지 않고 만약에 재물이 많이 들어와도 저축하기가 힘이 들고 들어오자 말자 흩어지게 된다.

이러한 이름의 소유자는 자기의 개성이 뚜렷한 대신 재물복이 조금 희박하니 사회사업가나 금융계에 종사하게 되면 크게 두각을 나타내고, 성공하게도 된다. 가정운은 그런데로 평탄하여 행복하게 생활 할 수 있으며 부부간에 다정 다감한 낭만과 멋은 없어도 불화나 다툼은 없다.

건강운은 비뇨기 계통 질환, 간질환, 심장 질환에 유의하여야 한다.

* 土 土 金

인정있고 투박한 시골 사람 같은 사람이며 자기의 개성이 뚜렷하고 생각하는 관념이 분명하여 처세술과 수완이 능수 능란하여 매사에 막힘이 없고 적극적으로 업무를 추진하여 성공하게 된다.

정확한 판단력과 추진력도 겸비하고 있어 한군데라도 모난 곳이 없이 하는 일마다 성공하게 되어 명예와 부귀를 얻게 된다.

특히 사회적으로 명예와 권위를 갖게 되고 많은 사람들을 통솔하게 됨으로써 더욱더 가문에 영광이 있고, 부부운도 건강운도 매우 좋아 한 세상을 풍요롭게 살아가게 된다.

* 土 土 水

완고하고 고집이 센 성격에 욕심까지 겹쳐 무슨 일이든지 시작하면 손해를 보더라도 뒤로 물러 설 줄을 모른다.

대인관계나 처세술이 원만하지 않아 항상 혼자이며 독단적인 성격 때문에 평생을 두고 이루는 일이 하나도 없다.

그나마 운세마저도 따라 주지 않으니 매사에 장애가 심하고 불의의 재난과 손재로 인하여 성공 직전에 실패하게 된다.

경제적으로 어려우니 주거와 직업의 불안이 항상 뒤따르고 부부운도 서로 자기 고집으로 인하여 화합하지 못하여 중년에 생사 이별수가 있어 말년에는 외롭고 고독하게 되는 운으로 유도된다.

건강운은 비뇨기 계통 질환, 심장 질환, 혈액병등에 유의하여야 한다.

그러나 천격 인격 지격 외격 총격의 획수가 좋으면 나쁜 운은 조금 감소되고 평범한 운세로써 살아 갈 수 있도록 유도된다.

* 土 金 木

예의바르고 인정 있고 결단력과 판단력이 좋으나 신경이 예민하고 날카로워서 대인관계에 문제가 있고 자기 주장이나 의견을 굽힐줄 모르는 성격 때문에 타인과의 다툼이 많다. 그로 인하여 사회생활을 하는데 장애와 어려움이 많고 매사에 실패와 좌절을 겪게 된다.

하고자 하는 마음과 여건이 융화가 되지 않고 처세술도 원만하지 못해 주거와 직업의 불안정으로 경제적으로 궁핍하게 되고 부부운도 박약하여 중년에 생사 이별수가 있으며 자식들과도 다툼이 많아 말년에는 고독 속에서 가난히게 살아가는 운으로 유도하게 된다.

건강운은 간질환, 심장질환에 유의하여야 한다.

* 土 金 火

예민하고 날카로운 판단력과 온후한 성격을 지녔으나 운세가 따르지 않아 자신의 두뇌와 능력을 제대로 활용하지 못하게 된다.

초년에는 부유한 집안에서 태어나 행복한 시절을 보내게 되지만은 세월이 흘러 갈수록 하는 일마다 장애가 생겨 어려움을 겪게 되고 일시적인 운세로 성공을 하게 된다 해도 그 성공을 지키지 못하고 곧 몰락하게 되어 실패와 좌절 속에 허송세월만 보내게 된다.

가정도 갈등과 반목의 연속끝에 이별수가 있게 되며 특히 남성은 아내의 내 주장과 과도한 소비 때문에 갈등을 겪게 되고 여성은 남편으로 인한 정신적 고통 때문에 많은 고생을 하게 된다.

건강운은 호흡기 질환, 대장질환, 심장질환에 유의 해야 한다.

그러나 이러한 오행을 갖춘 이름은 법률계, 공무원, 교육자 등의 직업을 갖게 되면 오히려 명예와 권위가 높아지고 가정 운도 평탄해지고 큰 변화 없이 일생을 살아가게 된다. 단 천격 인격 지격 외격 총격등의 수리 획수가 좋아야만 한다.

* 土 金 土

신의 있고 믿음직스러우며 결단력과 판단력이 빠른 타입으로 써 다재 다능하며 상하 동서남북으로 많은 사람들로부터 존경 과 신망을 받게 되며 매사에 시작만 하면 협조자들의 도움으로 성공하게 된다.

부모형제와 이웃의 덕이 많으며 노력보다 결실이 더 많으며 초년부터 말년까지 고생을 모르고 일생을 부귀영화 속에 살아 가게 되며 배우자도 명문가의 사람을 맞이하여 많은 사람들의 부러움 속에 다정다감하고 행복한 가정을 꾸며 나가게 된다.

그러나 일생을 두고 받는일만 많기 때문에 자칫 잘못하여 자 만심에 빠지게 되면 모든 부귀와 영화가 물거품이 될 수도 있 으니 사회에 봉사하고 이웃에 따뜻한 정을 베풀어야만이 될 것이다.

건강운은 심장질환에 유의해야 한다.

천격 인격 지격 외격 총격의 획수가 좋지 않으면 평범한 운으로 그치게 된다.

* 土 金 金

온유하고 지덕이 겸비된 인품으로 의지력과 결단력이 강한 타입으로써 하는 일마다 순조롭게 성공으로 이어져 크게 성공하게 되며 그 덕망과 후광이 널리 알려지게 된다.

대인관계나 처세술에 있어서도 원만하지만 경쟁자와의 경쟁이 너무 치열하여 서로가 손해 보는 수가 있으니 과도한 경쟁은 금물이다.

초년에는 훌륭한 부모 밑에서 유복하게 자라게 되고 인덕이 많아 큰 어려움 없이 많은 것을 얻을 수가 있으며 노력한 것 이상으로 재물이 들어오게 되니 경제적으로 풍족하게 되고 가정도 웃음 속에 화합하게 된다.

건강운은 위장질환, 심장질환에 유의해야 한다.

* 土 金 水

중후하고 융통성 있고 과감한 결단성을 가진 타입으로서 부모형제의 따뜻한 보살핌 속에 초년을 보내게 되고, 튼튼한 기반을 바탕으로 사업을 하게 되니 매사에 막힘이 없고 순조롭게 성공하게 된다.

대인관계가 원만하고 사업수단이 뛰어나서 대지대업(大志大業)을 달성하게 되고 사회에 그 은혜를 다시 베풀게 되어 많은 사람들에게 희망과 용기를 심어 주게 되니 그 덕망과 명예가 온 천지에 널리 퍼지게 되고 많은 사람들로부터 존경과 선망의 대상이 된다.

부모의 은공으로 많은 것을 얻고 베풀게 되니 가정운도 크게 발복하여 부부의 따뜻한 사랑속에 자손들도 훌륭하게 자라게 되니 일생을 두고 부귀 영화가 함께 하는 운으로 유도된다.

건강운도 매우 좋아 무병 장수하게 된다.

* 土 水 木

엄격한 부모 밑에서 성장해서인지 융통성이 없고 소극적이며 봉건적이다.

두뇌는 총명하고 추진력도 좋으나, 대인 관계나 처세술에 문제가 많게 되어 하는 일 마다 장애가 따르고, 꽉 막힌 성품 때문에 남과 타협이 잘 되지 않고, 남에게 이용만 당하고 돌아서서 후회하고 남과 세상을 원망하게 된다.

금전적 고통 속에 실패와 좌절이 많아 시련을 겪으며 인덕이 없어 남에게 베풀기는 해도 그 은공은 없으며 오히려 사람들로부터 피해를 보게 된다.

가정적으로는 아버지에게 일찍 벗어나고 싶은 마음에 일찍 고향을 떠나 객지에서 이 일 저 일 안해 본 것이 없으나, 실패만 거듭하게 되고 부부운도 화합치 못해 불화와 갈등 속에서 중년에 이별수가 있으며 언제나 마음이 안정되지 못하고 허공에 떠 있으며 말년으로 갈수록 경제적으로는 조금 안정세가 있는 운으로 유도 된다.

건강운은 비뇨기 계통, 위장 질환에 유의해야 한다.

* 土 水 火

겉으로 보기에는 예의 바르고 신의 있는 것처럼 보이지만, 내면적으로는 옹졸하고 속이 좁으며 성급한 타입이다.

운세 또한 따르지 않아 매사가 중도에 좌절되고 뜻밖의 재난으로 인하여 하는 일마다 실패하게 된다.

실패와 좌절 속에 자포자기 하기 쉬우며 일시적인 성공을 하여도 재물은 곧 바로 흩어져 버리고 또 다시 금전적인 고통에 시달리게 된다.

가정적으로는 부모의 덕이 없어 어렵고 가난하게 살아가게 되며 부부운도 좋지 못하여 가정이 하루도 조용할 날이 없으며 중년에 생사 이별수가 있고 자식들마저도 일찍 부모 곁을 떠나 버리고 말년에는 고통과 눈물속에 살아가게 되는 운으로 유도된다.

건강운은 비뇨기 계통 질환, 심장질환 등에 유의해야 된다.

* 土 水 土

자기의 생각이나 주체성은 없고 옹졸하고 나약한 타입으로써 바람이 불면 부는 대로 물결이 치면 치는 대로 떠돌아다니는 우유부단한 성격으로 지혜와 재능은 있으나 활동력의 결핍으로 기회를 잡지 못하고 되는대로 살아가게 된다.

일시적인 운세로 기회를 잡고 일을 시작하여도 중도에서 흐지부지 되 버리고 끝내 마무리를 짖지 못하게 된다.

주거와 직업의 불안정 속에 금전적으로 고통을 겪게 되고 부부간에도 의견과 주장이 엇갈려 불화와 갈등속에 끝내는 이별하게 되고 언제나 수심속에 고독하게 살아가게 되는 운으로 유도하게 된다.

건강운은 비뇨기 계통 질환, 위장 질환에 유의해야 한다.

* 土 水 金

명석한 두뇌와 판단력이 뛰어나고 대인관계나 처세술이 뛰어나지만 하는 일마다 장애와 막힘이 많고 운세마저도 불리하니 실패와 좌절의 연속 에 경제적으로 궁핍하게 되니 번민과 고통속에 생활하게 된다.

가정적으로는 부모의 덕이 없고 인덕 또한 없어 어린시절 부터 유복하지 못하고 부부사이도 불화와 반목 속에 중년에 이별수가 있으며 평생을 통해 아무리 노력해도 결과가 없는 운으로 유도 하게 된다.

건강운은 위장질환, 비뇨기 계통 질환에 유의 해야 된다.

* 土 水 水

명석한 두뇌와 지혜가 있으나 하는일마다 장애와 막힘이 많고 뜻밖의 재난으로 인하여 중도에 실패하게 된다.

운세 마저도 뒤따르지 않으니 실패와 좌절만이 있을 뿐이며 일시적인 성공을 하게 된다 하여도 오래 가지 않으며, 고통과 번민속에 평생을 보내게 된다.

가정적으로도 부모 형제의 덕이 없고 오히려 부모 형제들로 인하여 정신적, 물질적으로 고통을 받게 되며 부부운도 화합치 못하여 불화 속에 부부사이에 냉기가 흐르고 종내에는 이별하게 되는 운으로 유도하게 된다.

건강운은 위장질환, 대장질환에 유의하여야 된다.

천격, 인격, 지격, 외격, 총격등의 수리 획수가 좋으면 중년 이후 말년에는 성공하여 편안한 여생을 보내게 되는 운으로 바뀌게 된다.

* 金 木 木

추진력과 판단력이 빠르고 인자한 성품이나, 신경이 예민하여 조금은 신경질적으로 처세하기도 한다.

열심히 일하는 노력형이지만 운세가 따르지 않아 매사에 장애가 많고 관재 구설수가 따르게 되며 성공과는 거리가 멀다. 평생을 두고 목적 달성을 위해 최선을 다해보지만 목적 달성을 이루지 못해 심신만 지쳐 말년에는 노력도 희망도 없게 된다.

가정적으로는 엄격한 부모 밑에서 지식도 충분히 습득하지만 부모 형제나 인덕은 전혀 없고 가정도 불화와 갈등만이 계속되어 중년에는 이별을 하게 되는 운으로 유도하게 된다.

건강운은 대장질환, 간질환에 유의해야 하며 교통사고나 낙상수에 특히 유의해야 된다.

* 金 木 火

신의 있고 예의도 바른 성품으로 대인관계나 처세술도 원만하지만 빛 좋은 개살구로서 외면상으로는 화려하고 속이 꽉 찬 것 같지만 내면상으로는 실속 없고 보잘것없는 연약하고 나약한 타입이다.

운세마저도 여의치 않아 내일을 기대 할 수 없으며, 기반도 튼튼하지 못하고 인덕도 없으니, 매사에 장애가 따르거나 뜻밖의 재난으로 큰 손해를 보게 되며 중도에 포기하지 않으면 안 되는 일들이 속출한다.

일시적인 운세로 성공을 한다 하여도 뜻밖의 재난으로 한 순간에 풍지 박살나 버리고 좌절과 실패의 연속 속에 주거의 불안정과 경제적 곤란으로 평생을 두고 고생하게 된다.

부부운도 서로의 주장이 강하여 의견이 일치되지 않고 성생활에도 문제가 발생하여 중년 이전에 생사 이별수가 있는 운으로 유도 하게 된다.

건강운은 간질환, 호흡기질환, 대장질환에 유의해야 된다.

천격, 인격, 지격, 외격, 총격 등의 수리 획수가 아무리 좋아도 운세는 바뀌지 않는다.

* 金 木 土

개성이 강하고 총명하며 자존심이 매우 강하며 자신은 가진것이 없어도 언제나 크게 행세하며 재물의 욕심이 많아 이상과 꿈속에서 살아가며 현실과는 담을 쌓고 살아가게 된다. 이러한 음양오행의 구성을 이루면 되는 일이라고는 없고 시작은 있어도 끝이 없으며 노력과 공은 들이지 않고 소득만을 기다리고 있으니 낭만과 유흥주색으로 패가 망신하게 된다.

부부운도 박약하고 인덕도 없어 결혼을 하기가 어려우며 결혼을 하였다 하여도 실패의 연속으로 남는 것이라고는 자식밖에 없는 고통스럽고 비참한 일생으로 유도하게된다.

건강운은 간질환, 대장질환, 위장질환등에 유의해야 된다.

* 金 木 金

정의감이 투철하고 책임감도 강하여 명석한 두뇌와 지혜는 겸비했으나, 대인관계나 처세술이 원만하지 않아 만나는 사람마다 시비와 다툼, 투쟁이 있게 된다.

부모형제의 덕이나 인덕은 전혀 기대 할 수 없고 기초 기반마저도 없으니 매사에 시작조차 하기도 힘이 든다. 일시적으로 기회를 포착하여 시작하여도 장애와 시련으로 인하여 중도에서 그만두게 된다.

직업과 주거의 불안으로 인하여 고생하게 되고 부부간에도 화합지 못하고 갈등과 번민속에서 집안에는 냉기류가 흐르게 되고 중년 이전에 생사 이별하게 되는 운으로 유도하게 된다.

건강운은 간질환, 위장질환에 유의해야 되며 특히 교통사고와 낙상수를 조심해야 된다.

* 金 木 水

지혜와 재능이 풍부하고 감정도 풍부하며 추진력과 인내력이 강하여 하고자 하는 일은 끝까지 최선을 다하여 노력은 하지만 운세가 따르지 않아 중도에서 포기를 해야 함에도 불구하고 계속하여 추진하여 감에도 그 노력과 공과의 결실은 초년에는 어렵고, 중년이후에는 성공하여 경제적으로 안정을 갖게 되지만 심신이 지칠대로 지친 상태여서 자칫 방심하면 그 성공도 오래 지탱할 수 없게 된다.

부부운도 박약하여 중년 이전에 불화와 갈등으로 인하여 생사

이별수가 있으며 자식들과도 잘 타협이 되지 않는 운으로 유도하게 된다.

건강운은 대장질환, 간질환에 유의해야 된다.

＊金火木

불같이 성급하고 참을성이 없으며 예의도 모르며 오직 자신의 이익만을 위하여 살아가는 철면피 같은 인생으로 살아가게 된다.

어린 시절부터 개구쟁이로 자라나서 부모의 충고나 말은 전혀 듣지 않고 자기의 기분대로 행동하며 패륜아 적인 기질과 불량기 섞인 행동으로 주위 사람들에게 피해만 입히게 된다.

매사에 독단적으로 행동하다 보니 구설과 시비가 따르게 되고, 재물에 눈이 어두워 여러 가지 일을 추진하여 보지만 중도에 장애로 인하여 그만 두게 되며 노력은 있어도 그 결과는 없다.

가정적으로는 부유한 가정에서 출생은 하지만 조실부모하기가 쉽고, 성격으로 인하여 부부간에도 다툼이 그치지 않으니 결혼을 여러번 하게 되고, 자식들마저도 가출하여 집을 떠나게 되어 말년에는 비참하게 살아가게 되는 운으로 유도하게 된다.

건강운은 호흡기질환, 대장질환, 간질환에 유의 해야 되며 천격 인격 지격 외격 총격의 획수가 좋아도 운세는 변함 없다.

＊金火火

자기 주장과 고집이 매우 강하고 급한 성격으로 화가 나면 자신 스스로 성격을 자제 할 수 없으며 대인 관계나 처세술도 원만하지 못하다.

말이라면 타의 추종을 불허하는 달변가이며 자기는 가진 것도 없으면서 허세와 고집으로 일관하며, 매사에 시비와 구설이 따르고 하는 일마다 막힘이 많아 중도에서 포기하게 된다.

싫증도 잘 내기 때문에 한가지 일에 몰두하기가 어렵고 이것저것 손 대 보지만 그 결과는 실패와 좌절뿐이다.

부부운도 박약하여 불화와 갈등으로 인하여 중년 이후에 생사 이별수가 있는 운으로 유도하게 된다.

건강운은 호흡기 질환,폐질환, 대장 질환에 유의해야 된다.

천격 인격 지격 외격 총격등의 수리 획수가 제아무리 좋아도 운세는 바뀌지 않는다.

* 金 火 土

예의 바르고 온후한 성품으로 고집이 세고 우둔하여 자신이 하고 있는 일이 잘못인줄 알면서도 미련하게도 버티게 된다.

운세도 여의치 않고 대인 관계나 처세술 마저 좋지 않아 매사에 장애와 막힘이 많아 성공을 손에 거머쥐게 되기까지는 많은 시간이 요구된다.

초년에는 자만심과 아집으로 실패와 좌절을 거듭하게 되고, 중년 이후에는 운세가 조금 좋아져서 크게는 성공하진 못해도 경제적으로 윤택해지고, 생활의 안정도 찾게 된다.

가정적으로는 부모 형제의 덕이 없고, 부부간에도 애정 결핍으로 인하여 불화와 반목이 계속되고 중년이 되기 전에 이별수가 있게 되는 운으로 유도하게 된다.

건강운은 호흡기질환, 대장질환, 폐질환, 심장질환 등에 유의
해야 된다.

* 金 火 金

지혜와 재능이 있고 무엇이든지 하면 된다는 자신감으로 꽉
차있으며 자기의 이익을 위해서는 수단과 방법을 가리지 않는
다.

그러나 능력과 야망이 있어도 좀처럼 기회를 잡을 수가 없으
며, 운이 좋아 기회를 잡아서 일을 추진하여도 장애와 뜻밖의
재난으로 인하여 실패하게된다.

노력은 있어도 그 공은 적고 평생을 통해 기회 포착만 찾아
헤메이다가 허송세월만 보내게 된다.

직업과 주거의 불안정으로 생활이 안정되지 못하고 항상 근심
걱정으로 살아 가게된다.

가정적으로는 유복한 집안에서 태어나 초년을 보내게 되고,
부모의 유산이나 유업을 물려받아도 모두 탕진하게 되며, 부부
간에 갈등과 번민으로 인하여 중년에 생사이별을 하게 되는
운으로 유도하게 된다.

건강운은 심장질환, 대장질환, 위장질환 등에 유의해야 된다.

천격 인격 지격 외격 총격등의 수리 획수가 아무리 좋아도 운
세는 변하지 않는다.

* 金 火 水

명랑하고 온순하며 명석한 두뇌를 가졌지만 항상 욕심이 뒤따르므로 하여 그로 인한 구설시비가 있게된다.

운세는 좋지 않고 욕심은 많으니 잠시라도 쉬지 않고 열심히 일을 추진해 보지만 장애와 구설 시비로 중도에서 그만두게 된다.

운이 따르지 않고 욕심 때문에 실패하게 된 것을 자신의 잘못으로 생각하지 않고 무엇이든지 잘못되고 실패하게 되는 것을 남의 탓이고 사회 탓으로 돌리며, 만사에 불평불만이 많다.

헌신적인 정신은 희박하고 욕심으로 움직이기 때문에 실패 후에 정신적 고통은 말로써 표현 할 수 없을 정도이다. 부부간에도 다툼이 많아 집안이 조용할 날이 없으며 중년에는 생사이별수로 고독하게 되며 말년을 쓸쓸하게 보내게 된다.

건강운은 대장질환, 심장질환 등에 유의해야 된다.

＊金 土 木

인품이 온후하고 판단력과 결단력이 있으나 대인관계에 있어서 원만하지 못하고 운세가 따르지 않아 매사에 장애와 재난으로 실패하게 된다.

남에게 베풀어도 돌아오는 것은 적고 열심히 노력하여도 기회를 포착하기가 어렵고 막상 기회를 포착하여 사업을 추진하여도 장애와 인내력 부족으로 중도에서 그만두게 된다.

하는일 마다 불안정하여 발전이 퇴보되고 노력만큼의 결과는 없으니 경제적 고통에 시달리고, 순조롭지 못한 삶으로 뜬구름과 같은 세월을 보내기 쉽다.

대내외적으로 불화와 갈등이 심하여 부부간에도 화목치 못하고 중년에 생사이별하기 쉬우며 자식들과도 다툼으로 인하여 흩어지게 되어 말년에는 고독한 삶을 살아가게 되는 운으로 유도하게 된다.

건강운은 위장질환, 간질환 등에 유의해야 된다.

* 金 土 火

인자하고 온후하여 판단력과 결단력도 좋으며, 인내심과 포용력도 매우 좋아 대인관계나 처세술이 대단히 좋아서 하는 일마다 순조롭게 성공으로 이어 진다.

목적달성으로 부귀와 영화를 누리게 되며 사회발전에 많은 기여와 공헌을 하고 이웃에게도 따뜻한 온정을 베풀어 많은 사람들로부터 존경과 신망의 대상이 된다.

가정적으로도 부유한 집안에서 출생하여 유복한 어린 시절을 보내고 걱정과 어려움을 모르고 살아가게 되며 배우자도 명문의 배필을 맞이하여 행복한 가정을 이루게 되고 그 영광과 부귀가 태평성대를 이루어 말년에는 훌륭한 자손들의 효도 속에 편안하게 살아가게 되는 운으로 유도하게 된다.

행정가, 정치가, 교육자 등으로 크게 두각을 나타내고 건강운도 좋아 무병 장수 하게 된다.

* 金 土 土

인정있고 온후하며 겸손하고 성실한 타입으로 매사에 침착하여 서두르는 일없이 차근차근이 업적을 쌓아 성공하게 돈다.

대인관계나 처세술도 뛰어나 사회적으로도 두각을 나타내고 명예도 얻게 된다.

순풍에 돛단 듯이 매사가 순조롭게 진행되고 큰 어려움 없이 성공하게 되어 그 공과 덕을 사회에 공헌하게 되고 그 후광으로 부귀와 영화는 더욱 더 빛나게 되고, 특히 법률가, 정치가로써 그 명성을 드높히게 될 것이다.

가정운도 부부사이에 사랑이 깊고 화목한 가운데 자식들도 훌륭하게 자라서 말년에는 자식들의 효도 속에 편안한 삶을 살아가게 되는 운으로 유도하게 된다.

건강운도 매우 좋아 크게 염려 할 일은 없으나 간질환에 조금 유의하여야 겠다.

천격, 인격, 지격, 외격, 총격등의 수리 획수가 좋지 못하면 평범한 운으로 하락하게 된다.

＊金 土 金

정직과 성실을 생활 신조로 갖고 있으며 판단력과 결단력도 좋으며, 인내심도 강하여 매사에 적극적이다.

기반이 튼튼하고 주위 여건이 나를 위해 도와주며 하는 일 마다 큰 어려움 없이 순조롭게 성공하게 된다.

특히 두뇌가 명석하고 투철한 경쟁의식이 좋아 스포츠계, 정치계, 군인, 경찰, 검찰계통 등으로 진출하면 크게 성공하게 된다.

가정적으로 유복한 가정에서 큰 어려움 없이 자라게 되고 무슨 일이든지 뜻 한대로 이루어 지게 되어 경제적으로 풍족하고 명예 또한 높아지니 그 영광이 오래도록 유지되고 부부사이에 사랑이 넘쳐흐르고 웃음꽃이 활짝 피어 평생을 태평성대하게 살아가게 되는 운으로 유도하게 된다.

건강운도 좋으나 위장 질환에 조금 유의해야 겠다.

* 金 土 水

인정있고 온후하며 판단력이 빠르고 인내력도 있으나 재물에 대한 욕심과 운세가 여의치 않아 매사에 장애가 따르고 뜻하지 않는 재난으로 인하여 크게 손해를 보고, 실패하게 된다.

실패와 좌절의 연속으로 경제적 기반이 무너지고 십년 공부 도로아미타불이 되고 마니 직업과 주거의 불안정으로 변화가 빈번하고 곤궁하게 살아가게 된다.

배우자를 극하는 운이 있어 부부간에 냉기류가 흘러 다정다감한 보금자리를 만들 수가 없으며 자칫 잘못하면 중년에 생사 이별수가 있는 운으로 유도하게 된다.

건강운은 비뇨기 계통, 신장질환, 위장질환에 유의해야 된다.

* 金 金 木

신의 있고 추진력도 좋으나, 자기 주장이 강하고 고집에 세며 자기가 하고자 하는 일은 하고야 마는 옹고집이다.

대인관계나 처세술이 원만하지 못하고 자기 주장으로 인하여 다툼과 시비가 많이 따르고 애써 모은 재물도 자만심 때문에 모두 날려보내게 된다.

매사에 막힘이 많고 하는 일 마다 장애와 구설 때문에 중도에서 포기하게 되고 재물에 대한 집착 때문에 더 많은 고통을 겪게 된다.

금전적 고통속에 가정 생활도 불화와 갈등 속에 중년에 이별 수가 있게 되는 운으로 유도하게 된다.

건강운은 간장질환, 위장질환에 유의해야 된다.

* 金 金 火

냉정하고 독단적이며 투기성이 상한 일면도 있다.

과감성과 결단성은 있으나 인덕이 없고 운세가 따르지 않아 만사가 시작은 있어도 끝이 없는 용두사미 격이다.

독단적인 성격 때문에 남과는 타협이 되지 않고 처세술도 원만치 못하여 만사에 장애와 구설수가 따르게 된다.

시작과 포기의 연속으로 금전 적으로 고통이 많고 부모 형제 와는 인연이 박하여 객지에서 자수 성가해야 함에도 불구하고 실패와 좌절뿐이니 근심과 번민으로 평생을 살아가게 된다.

부부운도 박하여 결혼 생활에 찬 기운이 감돌고 이성문제로 인한 시기와 질투 갈등 등으로 중년에는 이별수가 있게 되는 운으로 유도된다.

건강운은 위장질환, 비뇨기 계통 질환에 유의해야 된다.

천격 인격 지격 외격 총격의 획수가 좋으면 평범한 운으로 유도 될 수도 있다.

* 金 金 土

두뇌 회전이 빠르고 인내심이 강하며 의지력이 있어 강인한 백전불굴의 정신으로 큰 어려움 없이 순조롭게 모든 일이 진행된다.

기회 포착이 빨라 매사에 성공하게 되고, 잡은 기회를 수단과 방법을 가리지 않고 성공으로 이어 가게 된다.

특히 리더쉽과 투철한 정신력이 강하여 지도자로써 자질이 높아 군인, 경찰, 정치인등으로 크게 출세 할 수 있다.

부모의 덕은 크게 없으나 인덕이 있어 많은 사람들로부터 도움을 받게 되고, 배우자도 명문 가정에서 맞이하여 부부 화합 속에 행복한 가정을 꾸미는 운으로 유도하게 된다.

건강운은 위장 질환, 간장질환에 유의해야 된다.

* 金 金 金

지혜와 재능은 있으나, 보수적이고 완고하며 자기 주장이 강하고 이해심과 참을성이 없다.

외면으로는 결단력 있고 신의도 있어 보이지만, 내면적으로는 아주 비굴하고 야비한 일면도 있다.

기초와 기반이 튼튼하지 않은 상태에서 운세마저도 따라 주지 않아 매사에 실패와 좌절의 연속뿐이다.

경제적 빈곤으로 수심과 탄식 속에 살아가게 되고, 일시적으로 성공한다 해도 끝에는 실패로 끝나는 비참한 일생이 되고 만다.

가정적으로도 부모 형제나 가족들과도 불화와 갈등 속에 냉전을 거듭하게 되고, 중년에는 부부간에 생사 이별수가 있는 운으로 유도하게 된다.

건강운은 대장질환, 위장질환, 간질환에 유의해야 된다.

* 金 金 水

강직하고 결단력이 있으며 하고자 하는 일이 있으며 끝까지 밀어 붙이는 타입이다.

두뇌도 명석하고 재능도 뛰어나고, 대인관계나 처세술에 있어서 뛰어난 수완을 발휘한다.

매사에 적극적이고 융통성이 있으니 매사가 순조롭게 진행되고 많은 사람들의 협조 속에 크게 성공을 하고 부귀와 영화를 한 몸에 지니게 된다.

순조로운 발전 속에 대지 대업을 이루고 사회적으로 출세를 하며 가정적으로도 부부화합 속에 백년해로하며 영특한 자손을 두게되는 만사 형통의 운으로 유도하게 된다.

특히 사회 분야에서 크게 두각을 나타내고 만인의 존경과 신망을 받게 되며 정치가, 종교지도자, 군인, 경찰 등의 직업에 임하게 되면 최고의 위치에까지 오를 수가 있다.

건강운은 위장질환에 조금 유의해야 된다.

천격 인격 지격 외격 총격등의 수리 획수가 나쁘게 형성되면, 평범한 운으로 바뀌게 된다.

* 金 水 木

온화하고 인자하며 지혜와 지모가 뛰어나며 대인관계가 좋아서 여러 방면의 사람들과의 협조가 잘 이루어지고, 튼튼한 기반속에서 하는 일 마다 승승장구하여 크게 발전하고 성공하며 명예와 부귀를 누릴 수 있게 된다.

가정적으로는 만복대길한 운세 속에 초년에는 유복한 가정에서 자라게 되고, 현명하고 훌륭한 배우자를 만나 부부백년해로하고, 자손들도 훌륭하게 자라게 되는 운으로 유도하게 된다.

건강운은 대장질환, 간질환, 위장질환에 유의해야 되며, 천격 인격 지격 외격 총격의 획수가 좋지 않으면 평범한 운으로 바뀌게 된다.

* 金 水 火

지혜와 재능이 출중하고 판단력과 끈기가 있으나, 재물에 대한 집착 때문에 뜻밖의 재난과 구설이 따르게 되어 절름발이 일생이 되기 쉽다.

외면적으로는 화려하고 실속 있어 보이지만 내면적으로는 속 빈 강정이며, 매사에 막힘이 많고 중도에 포기하게 되어 실패와 좌절을 많이 겪게 된다.

최선을 다하여 노력을 하여도 그 결과는 보잘것없으니, 주거와 직업의 불안정과 금전적 어려움으로 근심과 번민으로 살아가게 된다.

부부간에도 의견이 일치되지 않고, 불화와 반목으로 중년에 이별수가 있게 되는 운으로 유도된다.

건강운은 심장질환, 비뇨기계 질환, 대장 질환 등에 유의해야 된다.

* 金 水 土

믿음성 있고 중후한 성품에 결단력과 끈기는 있으나 자기 주장과 고집이 강하고 대인관계나 처세술에 있어서 융통성이 전혀 없어 서로 간에 협조가 잘 이루어지지 않아 매사에 막힘과 어려움이 따르게 되고, 성공 직전에 포기하게 되고, 좌절을 겪게 된다.

모든일이 불안정하여 재난이 많고, 평생을 두고 목적 달성을 이루지 못해 마음에 근심과 번민만 가득하게 되고, 가정적으로는 부모 형제의 도움이 있으나, 운세가 따르지 않아 실패를 거듭하게 되고, 부부간에는 의견 대립으로 냉기가 흐르는 등 대내외적으로 풍전 등화와 같은 불길한 운으로 유도하게 된다.

여성은 남편이 있어도 무능력하여 생활 전선에 나서야 되며, 일생을 두고 남편으로 인하여 고통을 겪게 된다.

건강운은 비뇨기계 질환, 위장 질환에 유의해야 된다.

* 金 水 金

지혜와 재능이 뛰어나고 재치와 수완이 있으며, 강인한 인내력과 집중력으로 업무를 추진하게 되니 매사가 마음먹은 대로 순조롭게 진행발전 되고, 대인관계나 처세술이 원만하여 많은 사람들의 협조 속에 크게 성공하게 된다.

다방면에 걸쳐서 다재 다능하여 능력을 발휘하게 되며 특히 외교 수단이 뛰어나서 연예계 매니저, 정치가, 외교관, 사업가 등으로 두각을 나타내어 크게 명성과 재물을 얻게 된다.

가정적으로도 부유한 집안에서 태어나 초년에는 유복한 생활을 하게 되며 부모 형제의 도움으로 기반이 튼튼하고 배우자도 훌륭한 사람을 맞이하여 부부 화합 속에 백년 해로 하게 되며 말년에는 자손들의 효도 속에 편안하게 살아가게 되는 운으로 유도하게 된다.

건강운도 좋아서 큰 걱정은 없으나, 위장 질환에 조금유의 해야 된다.

천격 인격 지격 외격 총격 등의 수리 획수가 2개 이상 나쁘면 평범한 운으로 돌아서게 된다.

* 金 水 水

명석한 두뇌와 지략이 뛰어나고 대인관계와 처세술이 뛰어나다.

매사에 침착하게 일을 추진하다 보니 실수가 적고 하는 일 마다 큰 장애 없이 순조롭게 진행되어 성공하게 된다.

경제적으로나 사회적으로나 안정되어 출세의 운이 좋아져 다방면에서 두각을 나타내고 부귀와 명예를 얻게 되어 만인의 존경과 선망의 대상이 된다.

가정적으로도 편안하며 훌륭한 배우자를 만나 화목한 가정을 이루게 되고, 자손들도 훌륭하게 자라게 되는 운으로 유도하게 된다.

건강운도 좋으나, 대장질환, 호흡기 질환에 조금 유의해야 된다.

* 水 木 木

지혜가 충만하고 인정 있으며, 추진력과 발전성이 매우 좋고,

운세도 따라 주어 매사에 별 어려움 없이 진행되며, 특히 대인 관계가 좋아서 많은 협조자들의 도움도 받게 된다.

기백이 넘쳐흘러 활동성이 강하여 자신감 있게 하고자 하는 일을 끝까지 밀고 나가게 되니 순조롭게 성공하게 되고 부귀와 영화를 누리게 된다.

그러나 자칫 잘못하여 자만심에 빠지게 되면 하루아침에 몰락할 수도 있으니 자만심은 금물이다.

가정적으로도 부부 화합 속에 즐겁게 살아가게 되고, 말년에는 자손들의 효도 속에 안락한 생활을 하게 되는 운으로 유도하게 된다. 건강운은 비뇨기 계통 질환, 위장 질환에 유의해야 된다.

천격, 인격, 지격, 외격, 총격 등의 수리 획수가 2개 이상 나쁘게 되면 복이 오히려 화가 되어 원 많고 한 많은 일생을 보낼 수도 있는 운으로 유도하게 된다.

* 水 木 火

인정 있고 예의 바르고 지혜와 재능을 겸비한 인격자로써 대인관계와 처세술이 좋아서 상하 좌우로 화합이 잘 되며 매사에 막힘이 없이 만사 형통하여 성공하게 되며 후덕한 인심과 덕망 있는 인품으로 사회적으로도 선망과 존경의 대상이 된다.

직업으로는 언론계, 교육계, 정치계, 관공직으로 나가면 크게 두각을 나타내고, 그 명예와 영광이 길이 빛나게 된다.

가정적으로도 남부러울 것 없이 풍족하게 살아가게 되고 부부 사이에 화기 애애한 분위기가 감돌고 항상 웃음이 떠나지 않는 행복한 가정으로 자손들도 훌륭하게 자라게 되는 운으로 유도하게 된다.

건강운도 매우 좋아 무병 장수하게 된다.

* 水 木 土

두뇌가 총명하고, 재능이 뛰어나며, 온화하고 인자한 성품과 강한 추진력을 겸비하고 있으나 운세가 따라주지 않아 많은 실패와 좌절을 겪게 되고 경제적 어려움과 시련 속에 방황하게 된다.

기초가 튼튼하여 시작은 좋지만 장애와 뜻밖의 재난으로 실패하게 되며 일시적으로 성공한다 하여도 재물에 대한 욕심 때문에 더 많은 것을 추구하다가 일시에 몰락하게 된다.

가정운은 평범한 중에서도 갈등과 불화가 있게 되고 중년에 이별하게 되는 운으로 유도하게 된다. 건강운은 심장질환, 위장질환, 간질환에 유의해야 된다.

* 水 木 金

강직함과 온화함이 겸비된 성품에 박력과 업무추진력이 강하지만 운세가 따라주지 않아 매사에 뜻밖의 재난으로 인하여 시련과 고통을 겪게 된다.

하는 일마다 실패가 거듭되고 손해만 보게 되니, 금전적 궁핍과 주거불안, 직업불안으로 생활이 안정되지 못하고 일시적인 운으로 성공한다 하여도 뜻밖의 재난으로 일시에 몰락하게 된다.

부부간에도 주장이 서로 엇갈려 다툼이 있게 되고, 자식들과도 의견이 맞지 않아 말년에는 쓸쓸하게 보내게 되는 운으로 유도하게 된다.

건강운은 간질환, 대장질환, 호흡기 질환등에 유의해야 된다.

* 水 木 水

온화하고 생각이 깊으며 두뇌가 명석하고 대인관계와 처세술이 원만하여 상하좌우로 화합이 잘되어 뜻과 포부를 펼쳐 나가는데 많은 도움을 받게 되고, 매사에 발전을 거듭하게 되고, 운세가 상승하여 명예 또한 향상되는 운으로 유도하게 된다.

하는 일 마다 순조롭게 진행되어 성공하게 되고, 목적을 달성하게 되어 부귀와 영화를 누리게 된다.

가정도 부부가 화목한 가운데 협동 단결이 잘 되어 가세가 크게 번창하고 자손들도 영화롭게 되어 말년에는 풍족한 생활을 영위하게 된다. 그러나 이상과 꿈이 현실적이지 못하고 많은 것을 갖고자 하면 뜬구름 인생이 되어 평생을 허송세월로 보내게 된다.

건강운은 간질환에 유의해야 된다.

* 水 火 木

자기 주장이나 고집이 강하고 신경질적이며, 깐깐한 성품이다.

하는 일마다 장애와 시비 구설이 따르게 되고, 실패와 좌절의 연속으로 한가지 일도 제대로 성취되는 일이 없고, 이 세상에 외톨이로 경제적 고충, 주거와 직업의 불안정 등의 파란곡절 속에 부평초 같은 일생을 살아가게 된다. 가정적으로도 부부사이에 냉기류가 흐르고 서로간에 불신이 쌓여 중년에 생사이별수가 있는 운으로 유도하게 된다.

건강운은 심장질환, 간질환에 유의해야 된다.

* 水 火 火

비상한 머리에 지혜는 출중하나, 신경이 예민하고 날카로우며 신경질적이다. 대인관계나 처세술에 문제가 있고, 하는 일 마다 순조롭지 못하며 항상 기회포착을 잘 못하여 시행 착오를 일으키며 성공직전에 포기하게 된다.

일시적인 성공은 있으나 불의의 재난으로 몰락하게 되고, 항상 일신이 고달프며 경제적인 궁핍 속에 주거와 직업이 불안정하여 일생을 떠돌아 다니게된다.

가정운도 박약하여 집안에 우환이 항상 있게 되고, 부부사이에도 불화와 갈등으로 화목치 못하고 중년에 생사이별수가 있는 운으로 유도하게 된다.

건강운은 간질환, 심장질환에 유의해야 된다.

* 水 火 土

두뇌 회전이 빠르고 재능이 있고, 강한 신념과 실천력은 있으나 신경이 예민하고, 날카로워서 타인과 화합이 잘 이루어지지 않아서 자기 자신만 믿고 일을 추진해 나가다가 실패하고 만다.

매사에 시작은 있어도 끝은 없고 하는 일 마다 용두사미격이니 되는 일이라고는 하나도 없다. 불의의 재난과 상황 판단의 실수로 실패와 좌절을 겪게 되고, 지나친 신경과민으로 인하여 부부간에도 갈등과 번민 뿐이고, 삭막한 가정에서 찬바람만 몰아치게 되니, 중년에 생사이별수가 있는 운으로 유도하게 된다.

건강운은 심장질환, 비뇨기 계통의 질병에 유의해야 한다.

＊水 火 金

감정은 풍부하나 지나치게 신경이 예민하고 날카로우며 주위 사람들과 부딪치면 구설과 시비가 생기게 되니, 대인관계나 처세술은 엉망이니 외롭게 혼자서 업무를 추진하게 되는데, 운세마저도 따라 주지 않아 평생을 두고 근심과 번민 속에 살아가게 된다.

운세가 좋아 일시적인 성공을 해도, 오래 지속해 나갈 수 없으며, 금전적 고충 속에 불평 불만만 늘어가게 된다.

가정운도 여의치 못하여 행복하게 살아가지 못하며 불화와 갈등 끝에 이별을 하게 되는 운으로 유도하게 된다.

건강운은 심장질환, 대장 질환에 유의해야 된다.

천격, 인격, 지격, 외격, 총격 등의 수리 획수가 제 아무리 좋아도 좋은 운으로 유도되지 않는다.

＊水 火 水

융통성이 있고, 대범해 보이지만, 신경이 날카롭고 조급하며 자기의 주장이 강하고 옹고집이다.

매사에 동분서주 하나 실속이 없고, 무슨일이든 처음은 잘 되어 나가나 장애와 구설에 휘말려 끝을 맺지 못하고 포기하게 된다.

만나는 사람마다 다툼이 생기게 되니 사회적으로 고립되고, 금전적 손실 속에 주거 환경과 직업 이동이 잦아 대외적으로 안정이 결핍되어 어느 것 하나 마음 먹은 대로 유지되고 진행되는 일 이라고는 없다.

가정적으로는 부모 형제와 화합이 되지 않을 뿐 아니라 부부 간에도 이상과 뜻이 맞지 않아 불화가 많고 중년에 이별수까지 있게 되며, 항상 수심과 번민 속에 앞뒤가 막힌 운으로 유도하게 된다.

건강운은 심장질환, 위장질환에 유의 해야 된다.

* 水 土 木

인정있고 추진력이 있으나 융통성이 부족하고 끈기와 인내력도 부족하다.

기반이 튼튼하지 못하고 인내력도 부족하여 기회를 포착하기 어려우며 운이 좋아 기회를 잡아도 중도에서 포기하게 되니, 금전적 고충속에 시련을 겪으며 특히 인덕이 없어 인간으로 인한 피해나 사기를 많이 당하게 되고, 가정적으로도 부모 형제 곁을 떠나 객지에서 고생을 하게 되고, 부부사이에도 냉기류가 흘러 불화가 많게 되며 항상 마음이 허공에 뜬것 같이 안정이 결여 되고, 만사가 불안한 운으로 유도하게 된다.

건강운은 비뇨기 계통 질환, 위장질환등에 유의해야 된다.

* 水 土 火

신의와 믿음이 있고, 자존심과 자신감이 있으나 자신의 능력을 과대 평가하고 무모한 일에 도전하여 실패 하게 된다.

운세도 따라 주지 않으니, 작은 일에서 보람을 느껴야지 조금이라도 요행이나 투기 하는 마음으로 매사에 임하게 되면, 백전백패를 당하고 만다.

대인관계나 처세술은 원만하여 사회적으로 인정을 받고 명예도 따르지만 금전운만큼은 실패와 좌절 끝에 근심으로 생활하게 된다.

부부운은 평범한 가정을 꾸려 나가지만 결코 행복하다고는 느낄수 없는 운으로 유도하게 된다.

건강운은 신장질환, 방광염 등에 유의해야 된다.

* 水 土 土

위엄 있고 품위가 있으나 완고한 성격에 고집과 자존심이 강하고 융통성이 부족하다.

인덕이 없어 노력한 만큼의 댓가가 없고 하는 일 마다 장애와 구설때문에 고생하게 되고, 성공하기 힘이 든다.

기반이 튼튼하지 못하고 매사가 실패와 좌절의 연속 이다 보니, 금전적 곤란이 가중되어 안정적인 생활을 할 수가 없고, 근심과 번민으로 보내게 된다.

대내외적으로 부모 형제와 뜻이 맞지 않아, 일찍이 타향에서 고생하게 되며, 부부사이에도 불화와 반목으로 이별수가 있게 되는 운으로 유도하게 된다.

건강운은 비뇨기 계통 질환, 간질환에 유의 해야 된다.

* 水 土 金

활발한 성격에 믿음성과 신의가 있으나, 융통성이 없고 매사에 조급한 면이 많으며, 항상 초조함과 불안함을 느끼는 성질이 있다.

대인관계나 처세술도 원만하지 못하고, 운세 마저도 따라 주지 않고 하는 일 마다 실패와 좌절 뿐이다.

일시적인 운으로 성공을 하여 발전은 있으나 점차 뜻하지 않는 재난으로 실패를 반복하게 되고, 직업과 주거 환경이 자주 바뀌게 되며, 금전적 갈등과 하는 일 마다 구설과 풍파가 많게 되고, 특히 인덕이 없다.

가정적으로는 부모 형제의 덕이 없고, 부부간에 성격 차이로 불화가 많아 침실이 적막하고 말년에 고독하게 살아 가게 될 운으로 유도하게 된다.

건강운은 위장질환, 비뇨기 계통 질환에 유의해야 된다.

천격 인격 지격 외격 총격의 획수가 좋으면 평범하게 살아 갈 수 있는 운으로 유도하게 된다.

* 水 土 水

지혜와 재능은 출중하나 융통성과, 활동력이 결핍되어, 챤스를 놓치기 쉽고, 매사에 동분서주하나 실속이 없고, 무슨 일이든지 장애와 막힘으로 목적을 이루기 힘이 들고, 일시적인 운으로 성공한다 하여도 곧 몰락하여, 망하게 되어, 금전적 손실 속에 주거 환경과 직업 이동이 잦아 마음 먹은 대로 되는 일이라고는 없다.

가정적으로 부모 형제의 덕이 없고, 가정운도 부진하여 갈수록 생활이 어려워지고 불의의 재화로 자손에게까지 우환이 따르며 부부사이에도 의견대립과 갈등이 많은 쇠약한 운으로 유도하게 된다.

특히 여성은 독선적인 배우자를 만나 한평생 수심이 많은 생활을 해야 하고, 중년에 생사 이별수가 있게 된다.

건강운은 위장질환, 심장질환등에 유의해야 된다.

* 水 金 木

지혜와 지략이 출중하고 결단력과 판단력이 빠르며, 의협심도 있으나, 인내력과 추진력이 부족하여 매사에 생각뿐이고 실천에 옮기기가 힘이 든다.

일시적으로 일을 추진한다 하여도 장애와 뜻밖의 재난으로 실패와 좌절을 겪게 된다.

노력보다 성과가 없고, 이상과 허무만이 가득찬 생활속에 경제적으로 궁핍하게 살아가게 된다.

가정적으로 부모 배우자, 자식간에 알력과 갈등으로 애로가 많고 중년에 부부이별수가 있는 운으로 유도하게 된다.

특히 남성은 배우자의 고집과, 낭비 때문에 더욱 더 많은 고통을 겪게 된다.

건강운은 간질환, 폐질환, 대장질환등에 유의해야 된다.

* 水 金 火

용모가 화려하고 재치가 있으며, 신경이 예민하고 까다로운 면이 많다.

매사에 기회가 있어 시작하여도 중도에서 뜻밖의 재난으로 실패와 좌절을 겪게 되고, 실패와 좌절의 연속속에 실의에 빠져 자포자기 하게 된다.

운세가 여의치 못하여 파란과 재앙이 많이 따르고 경제적 고충속에 수심과 번민속에 비참하게 살아 가는 운으로 유도하게 된다.

가정적으로도 부부지간에 정이 박약하여 배우자가 곁에 있어도 고독하게 되고, 전연 도움이 되지 못한다.

특히 여성은 불같이 성미 급한 배우자를 만나 심한 구타와 질시 속에 눈물로 한 세상을 보내게 된다.

건강운은 대장질환, 폐질환, 심장 질환등에 유의해야 된다.

* 水 金 土

의지가 굳고 기백이 넘쳐 자존심과 활동력이 강하고, 자신감에 꽉 차 있으며, 한번 생각을 굳히면 끝까지 밀고 나가는 강한 추진력 속에 순조롭게 대지 대업을 이루며, 크게 발전하고 성공함으로써 사회적으로 명성을 얻게 되고, 많은 사람들로부터 존경과 선망의 대상이 된다.

가정적으로도 부모의 은덕 속에 다정한 부부애로 사랑이 충만

되어 백년해로 하며, 건강하고 능력 있는 자손을 두어 말년에
는 자손의 효도속에 행복한 삶을 살아가는 운으로 유도하게
된다.

건강운은 말년에 심장질환만 조금 조심하면, 무병장수 할 수
있으며, 정치계, 교육계, 관공직 등으로 진출하면 더욱 더 명
성을 얻을 수 있고, 출세 길이 빠르게 된다.

* 水 金 金

의지력이 강하고 판단력과 결단력이 좋으며, 기백과 욕망이
충만하고, 인자하며 후덕하다.

대인관계나 처세술이 원만하고 좋아 주위의 협력으로 발전운
과 성공운이 순조롭게 진행되어 목적한 바를 달성하여 큰 업
적을 성취하며 명예, 권세, 재물을 얻을 수 있고, 그 부귀와
영광이 오래도록 가게 된다.

가정적으로도 좋은 인연을 만나 부부자식 지간에 화목하고 태
평성대하여 행복한 삶을 창출해 다복한 운을 유도하게 된다.

건강운도 몸과 마음이 건전하고 안정되어 있어 무병장수 할
수 있으나, 위장 질환에 조금 유의해야 된다.

* 水 金 水

온화하고 지혜로운 성품에 재능이 탁월하고 의지력이 강하여
매사에 적극적으로 대치하여 발전하고 성공하게 되어, 부귀와
명예를 크게 떨치게 되고 사회적으로도 크게 출세하여 많은
사람들로부터 존경을 받게 된다.

특히 대인 관계에 있어서 특출하여 종교계, 정치계, 사업가 등으로 크게 두각을 나타내고 출세를 할 수 있다.

가정적으로는 부모 형제와 화합하고 부부 사이도 금실이 좋아 행복한 가정을 이루게 되고, 특히 여성은 융화력과 친화력이 뛰어나 인간관계나 친척 관계에 처세가 원만하고, 효성이 지극하여 남편 봉양을 잘하는 현모양처의 운으로 유도하게 된다.

건강운은 대장질환, 폐질환등만 조심하면 무병장수 할 수 있다.

* 水 水 木

정직하고 온순하며 지혜와 재능이 출중하며 대인관계나 처세술이 특출하여, 상하좌우 주변 사람의 협조로 하는 일 마다 큰 어려움없이 순조롭게 진행되어 목적한 바를 이루어 크게 발전하고 성공하게 된다.

특히 사회적으로 두각을 나타내어 한 손에는 부귀와 영화를 다른 한 손에는 권력을 쥐게 되어 만인의 존경과 부러움을 사게 되고, 그 명예와 영광이 후손에게까지 미치게 된다.

가정적으로는 부모 형제와 다정하고 부부사이에는 애정이 깊어 다정다감하며 행복한 생활속에 자손들도 건강하고 훌륭하게 자라 주어, 말년에는 자손들의 효도속에 안락한 생활을 영위하는 운으로 유도하게 된다.

그러나 천격 인격 지격 외격 총격의 획수가 좋지 않으며 평범한 운으로 유도 하게 된다.

건강운은 간질환, 심장질환에 유의하면 무병장수 할 수 있다.

* 水 水 火

두뇌 회전이 명석하고 재능이 출중하나, 신경이 날카롭고 예민하여 다소 신경질 적인 면이 있다.

의지력은 굳세나 지나치게 자신을 과신한 나머지 무리한 계획을 세워서 일을 추진하다가 실패하거나 무모한 일에 도전하여 실패하는 경우가 허다하다.

대인관계가 원만하지 못하여 많은 어려움이 따르게 되고, 매사에 장애와 막힘이 많아 중도에서 실패와 좌절을 겪게 된다.

일시적인 운으로 성공한다 하여도 불의의 재난과 상황 판단의 실수로 성공을 지속적으로 발전시키지 못하고 몰락하게 되고, 경제적 갈등과 유명무실한 환경 여건으로 수심과 근심으로 살아 가는 운으로 유도하게 된다.

부부운도 여의치 못하여 불협 화음이 많은 부부관계로 서로 화합치 못하며 자손들과도 불화가 끊이지 않는다.

건강운은 심장질환, 위장질환에 유의해야 된다.

* 水 水 土

재능과 능력은 출중하나 자기의 주장과 자만심이 너무 강하고 서둘러 일을 처리 하려는 조급한 면도 있다.

대인관계가 원만하지 않은데다 운세 마저 따라 주지 않아, 하는일 마다 장애와 뜻밖의 재난으로 실패와 좌절을 겪게 되고, 기반도 튼튼하지 못하여 경제적 고충 속에 갈등과 회의와 번민 으로 생활하게 되는 운으로 유도하게 된다.

가정운도 박약하여 부부간 갈등과 반목 속에 중년에 이별수가 있게 되며, 자손들과도 화합이 되지 않는다.

특히 여성은 남편이 있어도 있으나 마나 하니 자신이 직접 생활고를 해결해야 하는 고통을 겪게 된다.

건강운은 위장 질환, 심장질환에 유의해야 된다.

* 水 水 金

명석한 두뇌와 재능을 겸비하였으며, 사교술이 능수능란 하고 인내력과 결단심이 있으며 노력가이다.

상하좌우와의 밀접한 관계로 많은 도움을 받게 되며, 기반이 튼튼하여 하는 일 마다 순조롭게 발전되어 성공으로 이어지고 부귀와 영화를 얻게 된다.

특히 외교 수완이 뛰어나 외교관, 정치가, 사업가, 사회사업가로 진출하면 크게 두각을 나타내고 부귀와 명예를 얻게 되고 덕망 있는 사람으로써 많은 사람들의 존경과 선망의 대상이 된다.

가정적으로 부모 형제와 화목하고 부부간에도 다정 다감하여 애정이 깊고 말년에는 자손들의 효도 속에 안락하게 지내게 된다.

그러나 천격 인격 지격 외격 총격등의 수리 획수가 나쁘면 길이 흉으로 변하여 수심과 번민으로 살아가는 운으로 유도하게 된다.

건강운은 대장질환, 폐질환에 조금 유의하면 무병장수할 수 있다.

* 水 水 水

지혜와 지모가 아주 뛰어나고 활동적이며, 자만심과 고집이 강하다.

하는 일마다 순조롭게 진행되고, 발전되어 성공하게 되지만은 자만심과 고집으로 인하여 그 성공을 지킬 수가 없으며, 평생을 두고 같은 일을 반복하게 되고 보니 금전적 고통 속에 시련이 많다.

부부운도 박약하여 파란 곡절이 많으며, 말년에는 고독하게 살아가는 운으로 유도 하게 된다.

건강운은 심장질환, 간질환, 위장질환등에 유의해야 된다.

특히 수액이 따라 익사하기가 쉬우니 물가를 조심하여야 한다.

5. 수리 성명학으로 이름 짓는 방법

(1) 사주와 조화를 이루어야 한다.

이름을 지을때 우선적으로 정하여야 하는 것이 음오행과 수리 오행이다. 음오행이나 수리 오행이 서로 상극이 없고, 상생 으로만 이루어지면 좋은 이름이 된다고 하여 아무렇게나 배열 시켜서 이름을 지으면 나쁜 운을 부르는 이름이 되기 쉽다. 그 이유는 사주와 연관성 없이 이름을 지었기 대문에 사주와 이 름의 조화가 잘 이루어지지 않기 때문이다.

이름을 지으려면 우선 그 사람의 사주를 찾아 분석 판단하여 사주에 필요한 음양 오행을 찾아 이름에 넣어 주어야 사주와 이름이 조화가 이루어지고 선천적으로 정해진 사주에 후천운 인 이름으로 다듬고 가꾸어 주니 이름을 부를 때마다 좋은 운 만을 불러 모으게 되니 아름답고 멋진 이름이 되는 것이다.

예를 들어 보면 자기가 태어난 날이 金(金日柱)일이면 자기의 몸이 金이 되는데, 사주 내에 土(흙)가 많으면 金(나)은 흙속 에 묻히게 되는데, 이때에는 土(흙)를 파헤치고 金(나)을 구해 줄 木(나무)에 해당되는 한자나 음 오행 또는 수리 오행을 선 택하여 이름에 넣어서 짓게 되면 사주내 土(흙) 속에 묻혀 있 는 金(나)을 木(나무)으로 土(흙)를 파헤치고 구출해 주게 되 니, 金인 나는 기회를 잡을 수가 있고, 나의 능력을 최대한으로 발휘하게 되니, 금상첨화의 이름이 되는 것이다.

그러나 이와는 반대로 사주 내에 土(흙)에 묻혀서 숨도 제대로 쉬지 못하는 金(나)을 木(나무)으로 구출해서 숨도 쉬고 능력도 발휘 할 수 있도록 해 주지 않고 오히려 土(흙)를 도와주는 火(불)나 같은 土(흙)에 해당되는 한자나 음 오행 또는 수리 오행을 선택하여 이름을 짓게 되면 金인 나는 土(흙) 속에 더욱 더 깊이 파묻히게 되니, 이것은 숨도 제대로 쉬지 못하는 金(나)의 목을 더욱 더 조이는 형상이니 재능과 능력은 있어도 영원히 기회가 오지 않는 나쁜 운만을 불러 모으는 이름이 되고 만다.

이러한 이름은 부르면 부를 수록 흉한 운만을 부르게 되니, 평생을 두고 되는 일이라고는 없고 수심과 번민 속에 사주팔자 타령만 하게 된다.

이러하니 이름을 지을 때는 우선 정확한 사주 판단이 있어야 하는데, 만약에 사주 판단을 잘못하게 되면, 좋은 이름이라고 지은 이름이 오히려 나쁜 이름이 되고 만다는 것을 작명하는 사람은 명심하고 또 명심하여야 한다.

대부분의 역술인이나 작명가들은 용신과 희신을 찾아서 이름에 넣어 작명을 하고 있는데, 이것은 위험 천만한 일이다.

왜냐하면 전자에서 설명했었지만, 용신론은 봉건 시대 때의 어거지 이론으로 그 적중률의 최고 수치는 70% 밖에 되지 않는다.

이 수치는 용신론자들의 입에서 나온 것이니 정확하다고 보아야 할 것이다.

그리고 용신은 틀에 짜여 있듯이 공식에 의해서 산출해 내는데, 이것은 매우 잘못된 것이다.

사람의 운명이 변화 무쌍하고, 사주 팔자 또한 수많은 조화와 변화로 이루어져 있는데, 어떻게 공식대로 사주에 필요한 오행을 산출해 낼 수 있는가 하는 것이다.

이 이론에 반기를 들거나 결사 반대를 하는 용신론자들이 많을 것이다. 그러면 필자는 그들에게 묻고 싶다.

소위 자칭 도사이고 역학의 대가인 사람 열 명이 사주 하나를 놓고 각자가 용신을 잡아 보면 틀림없이 용신은 셋 이상 나오게 되어 있다.

그 이유는 간단하다.

시대의 변화에 적응하지 못한 사주풀이고, 틀에 박힌 용신 생각만 하다보니 그러한 현상이 있게 된다.

사주를 풀이하는 사람마다 용신이 제 각각 이니 어떻게 용신론자들의 말을 믿을 수가 있을 것인가

답답하고 안타까운 현실이지만 뾰족한 묘안은 없다.

그러나 언젠가는 용신의 무거운 짐을 벗고 음양 오행 자체의 변화에 의한 분석과 판단을 하게 될 날이 오리라 필자는 믿는다.

이 책을 접하고 작명을 하시는 분들은 용신에 미혹되지 마시고 사주에 꼭 필요한 오행을 찾아 좋은 이름을 지으시기 바란다.

(2) 수리 획수 오행이 좋아야 한다.

예 1) 身弱四柱(신약사주)

時	日	月	年	
				木 1
				火 1
戊	壬	己	己	土 4
				金 1
申	戌	巳	卯	水 1

　壬水(임수)　日干(일간)이 火가 旺(왕) 할 때 출생하고 比劫이 없고 時支(시지)에 申金(신금) 偏印(편인) 만이 하나 있어 身弱(신약)한데 官殺(관살)이 4개나 되고, 月支(월지) 巳火(사화)의 도움을 받아 강하게 日干인 壬水를 剋(극)하고 있는데, 이럴때는 身弱한 壬水를 도와주는 比劫과 印星(인성)이 필요하게 된다.

　특히 印星은 旺盛(왕성)한 官殺(관살)의 氣(기)를 洩氣(설기)하여 日干 壬水를 生(생)하여 주니, 殺印相生(살인상생)이 되어 매우 좋다.

　金과 水를 이름에 사용해서 지으면 된다.

　그외의 오행을 사용해서는 안된다.

예 2) 身弱四柱(신약사주)

時	日	月	年	木 3
				火 1
己	甲	己	庚	土 3
				金 1
巳	寅	卯	戌	水 0

  日干(일간) 甲木(갑목)이 2月에 출생하여 羊刃(양인)을 만나 太旺(태왕) 해 졌는데, 羊刃 卯(묘)가 年支(년지) 戌土(술토) 와 六合(육합)이 되어 火로 변해 버린데다 印星(인성)은 보이 지 않고, 日支에 寅木(인목)하나만 덩그러니 있어 身弱(신약) 해 지고 말았다.

  身弱에는 比劫과 印星이 필요하니 水와 木을 이름에 사용하여 지으면 된다.그외의 오행은 절대로 사용해서는 안된다.

예 3) 身强四柱(신강사주)

時	日	月	年		
				木	0
				火	0
庚	庚	辛	戊	土	2
				金	6
辰	申	酉	申	水	0

合化水 2

 日干 庚金이 8月에 출생하고 比劫(비겁)이 많고 年上(년상)과 時支(시지)에 偏印(편인)이 있어 從革格(종혁격)같지만 時支 (시지)辰土(진토)가 日支(일지),年支(년지)의 두 申金(신금)과 三合水局(삼합수국)을 이루고 있어 食傷(식상)이 旺(왕)한 身 强四柱(신강사주)가 되었다.
 이러한 四柱(사주)에는 食傷(식상)이나 財星(재성)을 이름에 넣어도 좋고, 財星(재성)과 강한 庚金(경금)을 다스려 주는 官 星(관성)인 火(화)를 이름에 사용하여 지으면 된다.

예 4) 從 財 格(종재격)

時	日	月	年	
				木 0
				火 1
庚	丙	庚	戊	土 2
				金 5
戌	申	申	申	水 0

　日干 丙火(병화)가 7月에 출생하여 의지 할 곳이라고는 없는
데, 설상가상으로 年干(년간) 戊土와 時支 戌土가 洩氣(설기)
까지 하여 金인 財星을 도와주고 있으니 매우 身弱하여 本身
(본신)인 나를 버리고 金인 財星(재성)에게 따라가서 의지하게
되니, 從財格(종재격)이다.
　從財格은 財星과 食傷과 官星이 좋으니 財星인 金과 食傷인
土와 官星인 水를 이름에 사용하여 지으면 된다.
　그외의 오행은 절대로 사용해서는 안된다.

예 5) 從旺格(종왕격)

時	日	月	年	
				木 0
				火 0
癸	庚	辛	辛	土 3
				金 4
未	戌	丑	酉	水 1

合化金 1

　日干 庚金이 12月 丑土(축토)가 旺한 달에 출생하고 四柱(사주)내에 金土가 많으므로, 從旺格(종왕격)이 되었다.
　從旺格(종왕격)은 印星(인성)과 比劫(비겁)과 食傷(식상)이 필요하니 印星(인성)인 土와 比劫(비겁)인 金과 食傷(식상)인 水를 이름에 사용하여 지으면 된다.
　그외의 오행은 절대로 사용해서는 안된다.

예 6) 從官格(종관격)

時	日	月	年	
				木 0
				火 1
壬	丙	壬	壬	土 1
				金 0
辰	子	子	子	水 6

合化水 3

　日干 丙火(병화)가 11月水가 旺(왕) 할 때에 출생하고 사주
전체가 水 뿐인데 時支辰土(시지진토)와 年支子水(년지자수),
月支子水(월지자수), 日支子水(일지자수)와 三合水局(삼합수
국)이 되어 완전히 물 바다를 이루었고, 日干 丙火는 통근할
곳도 없고 의지 할 곳도 없으니, 本身(본신)인 나를 버리고 從
殺官(종살관)하게 된다.

　從官格(종관격)은 財星(재성)과 官星(관성)과 印星(인성)이
좋으니 이름에 財星(재성)인 金과 官星(관성)인 水와 印星(인
성)인 木을 넣어서 지으면 된다.

　그외의 오행은 절대로 사용해서는 안된다.

예 7) 從兒格 (종아격)

時	日	月	年	木 0
				火 1
戊	丁	辛	己	土 5
				金 2
申	丑	未	未	水 0

日干 丁火(정화)가 火가 旺(왕)한 6月에 출생하여 月支未土(월지미토)에 뿌리를 내리려 하나 日支丑(일지축)이 沖(충)하여 뿌리를 내릴 수가 없고 年支(년지) 未土(미토)도 역시 뿌리를 내릴 수가 없어 丁火는 의지 할 곳이라고는 없고 食傷(식상)인 土가 旺盛(왕성)하니 本身(본신)인 나를 버리고 食傷(식상)을 따라 가는 수 밖에 없다.

從兒格(종아격)은 食傷(식상)과 財星(재성)이 필요하니 食傷(식상)인 土와 財星인 金을 사용하여 이름을 지으면 된다.

그외의 오행은 절대로 사용해서는 안된다.

예 8) 從强格(종강격)

時	日	月	年	木 5
				火 2
壬	丁	丁	甲	土 0
				金 0
寅	卯	卯	寅	水 1

 日干 丁火(정화)가 2月에 출생하여 身弱(신약)한데,年支 時支 (시지)에 뿌리를 내리고, 月干에 丁火가 있어도 時干의 壬水가 剋(극)을 하고 있어 身弱(신약)하다.
 여기에 印星(인성)이 太旺(태왕) 하니 從强格이 되었다.
 從强格은 官星과 印星과 比劫이 필요하니 이름에 官星인 水와 印星인 木과 比劫인 火를 사용하여 지으면 된다.
 그외의 오행은 절대로 사용해서는 안된다.

예 9) 용신이 맞지 않는 사주.

(乾)

時	日	月	年	
				木 2
				火 0
甲	乙	己	壬	土 2
				金 2
申	丑	酉	子	水 2

合化金 1 水 1

① 용신으로 보는 법

日干乙木(일간을목)이 金이 旺한 酉月(유월)에 출생하고 日支
丑土(일지축토)와 月支酉金(월지유금)이 三合(삼합)되어 金局
(금국)을 이루고 時支(시지)에 申金(신금)까지 있어 金이 너무
太旺(태왕)하다.

여기에 己土(기토)까지 土生金(토생금)하고 있는데, 다행히도
年千支에 水가 있고, 年支子水와 時支申金이 三合되어 水局을
이루어 旺盛(왕성)한 金의 氣運(기운)을 洩氣(설기)시켜 주어
좋지 만은 酉月(유월)은 白露(백로)가 지나 찬 기운이 강하기
대문에 金水가 太旺(태왕)하여 냉기가 흘러 乙木이 추워 죽을
지경이다.

이때에는 丙丁火로 따뜻하게 보살펴 주고, 太旺(태왕)한 金의 氣運(기운)을 제압하여 주므로써 추위에 떨던 乙木은 생기를 찾고 재능을 발휘하게 된다.

그래서 이 사주의 용신은 丙丁火(병정화)가 되고, 희신은 용신을 도와주는 木이 되는 것이다.

더구나 사주 내에 火가 없기 때문에, 火를 용신으로 잡게 되는 것이다.

② 오행으로만 보는 법

日干乙木(일간을목)이 金이 旺한 酉月에 출생하여 身弱(신약)하여 도움이 필요한 형제 木을 찾아 보니, 時干(시간)에 甲木(갑목)이 있는데 이 甲木(갑목)은 殺地(살지)에 앉아 있어 힘을 쓰지 못하고 印星(인성)을 찾아 보니 年干支에 水가 旺(왕)하고 時支申金(시지신금)과 年支子水(년지자수)가 三合(삼합)하여 水局(수국)까지 이루었는데, 月支酉金(월지유금)과 時支申金(시지신금)이 金生水(금생수)하여 도와주고 日支丑土(일지축토)와 月支酉金(월지유금)이 三合金局(삼합금국)이 되어 또 金生水(금생수)하여 주니 印星(인성)인 水가 太旺(태왕) 해 졌다.

乙木(을목)이 本身(본신)을 버리고 太旺(태왕)한 印星(인성)에 從(종)하려 하나, 時支(시지)의 甲木(갑목)이 殺地(살지)에 앉아 쓸모가 없어도 乙木(을목)을 잡으니 從(종) 할 수도 없다.

水가 太旺(태왕)하고 金도 旺盛한데 水를 중심으로 볼 것이냐 金을 중심으로 볼 것이냐 하는 문제가 대두된다.

그러나 金이 旺盛(왕성)하다 하여도 金生水로 水를 도와주게 되니, 이사주의 중심은 水가 되고 필요한 오행은 金과 水가 된다.

③ 두가지 방법의 비교

大運

53	43	33	23	13	3
乙	甲	癸	壬	辛	庚
卯	寅	丑	子	亥	戌

용신으로 보면 대운이 金水로 흐르게 되면 용신인 火와 剋(극)이 되어 가난한 집안의 출신으로 고생하여야 하는데, 실제로 이 사람은 부유한 집안의 출신으로 지금까지 고생이나 어려움을 모르고 살아 왔으며, 현재 水(23才~32才)대운에는 사업이 몰락하던지, 하는일이 모두 막혀야 되는데도 불구하고 하고 있는 사업이 날로 번창해 가고 있으니 火가 용신이 아니라는 것이 증명이 된다.

앞으로의 운세도 水운으로 흐르니 크게 번창해 질 것이고, 木대운에서도 크게 나쁘지 않으니 평생을 두고 편안하게 살아가게 될 것이다.

이렇게 용신이란 틀에 박혀 있기 때문에 자칫 잘못하면 남의 인생을 쑥대밭으로 만들게 되니, 용신이나 격국에 너무 치우치지 말고 음양 오행의 철저한 분석을 연구해야 할 것이다.

(3) 음오행이 좋아야 한다.

음오행이란 한글을 소리내어 읽을 때 발생하는 오행으로써 역시 사주에 필요한 오행의 음 오행을 넣어서 이름을 지어야 좋은 이름이 된다.

예 1)

성	삼	문
金	金	水

⊙ 성의 ㅅ은 金 오행에 해당되는 ㅅ,ㅈ,ㅊ 중에 있으니 金오행이다.

⊙ 삼의 ㅅ은 金 오행에 해당되는 ㅅ,ㅈ,ㅊ 중에 있으니 金오행이다.

⊙ 문의 ㅁ은 水 오행에 해당되는 ㅁ,ㅂ,ㅍ 중에 있으니 水오행이다.

예 2)

박	헌	영
水	土	土

⊙ 박의 ㅂ은 水 오행에 해당되는 ㅁ,ㅂ,ㅍ 중에 있으니 水 오행이다.

⊙ 헌의 ㅎ은 土 오행에 해당되는 ㅇ,ㅎ 중에 있으니 土오행 이다.

⊙ 영의 ㅇ은 土 오행에 해당되는 ㅇ,ㅎ 중에 있으니 土오행 이다.

예 3)

남	궁	선
火	木	金

한글 음 오행은 소리에서 발생하기 때문에 성氏가 두 자 이더 라도 각각의 음오행이 발생되어 작용하게 된다.

⊙ 남의 ㄴ은 火 오행에 해당되는 ㄴ,ㄷ,ㄹ,ㅌ 중에 있으니 火오행이다.

⊙ 궁의 ㄱ은 木 오행에 해당되는 ㄱ,ㅋ 중에 있으니 木오행 이다.

⊙ 선의 ㅅ은 金 오행에 해당되는 ㅅ,ㅈ,ㅊ, 중에 있으니 金 오행이다.

예 4)

남	궁	민	철
火	木	水	金

 이름이 네 글자인 경우에도 각 글자마다 오행이 발생되고, 작
용한다.

예 5) 황   희

 이름이 외자인 경우에는 세 글자의 이름보다 성 氏를 길게
발음하게 되기 때문에 성과 같은 오행을 하나 더 추가시키면
된다.

황		희
土	土	土

예 6) 순수한 한글 이름

 한글 이름을 부르더라도 음 오행은 발생되고, 그 음 오행은
각각의 소리마다 발생하게 되므로 각 글자 마다 한 개씩 발생
하게 되고, 음오행의 구성에 따라 그 작용력도 있게 된다.
 한글 이름을 지을 때도 음 오행의 구성에 중점을 두고 이름을

지어야 한다.

김	아	람			
木	土	火			

성	솔	이			
金	金	土			

정	나	드	리		
金	火	火	火		

민	들	레	한	아	름
水	火	火	土	土	火

(4) 자원(字源) 오행에 대한 이해

자원오행이란 한자 글자 자체의 모양이나 뜻이 내포하고 있는
오행을 말하는데, 학자들간에도 각각 주장이 다르다.

예 1)
　金 → 金 은 ㄱ으로 음 오행은 木오행에 해당된다.
쇠 금(金)은 내포되어 있는 뜻이 쇠(金)이기 때문에 자원오행
은 金오행에 해당된다.

예 2)

　林　→　수풀 林 은 ㄹ으로 火오행에 해당된다.

수풀 림(林)은 木(나무)이 두개로 이루어져 있기 때문에 자원오행 은 木오행에 해당된다.

예 3)

　煥　→　환의 음 오행은 土오행에 해당된다.

빛날 환(煥)은 불 火변이 들어 있기 때문에 자원오행은 火오행에 해당된다.

예 4)

　淑　→　숙의 음 오행은 金 오행에 해당된다.

착할 숙(淑)은 물수(水)변이 들어가 있기 때문에 자원오행은 水 오행에 해당된다.

예 5)

　基　→　기의 음 오행은 木오행에 해당된다.

터 기(基)는 흙토(土)가 들어가 있으므로 자원오행은 土오행에 해당된다.

이렇게 분류하게 되면 혼돈만 오게 되는데, 필자의 견해로는 이름이란 부를때만 이름의 작용력이 있는 것이지 기록해 놓은 것만으로는 이름의 적용력은 없다고 본다.

그러한 맥락에서 보게 되면 자원오행보다는 음오행이 작용력이 크다고 볼 수가 있으니 음 오행을 우선으로 사용하고 자원오행은 그 보조 역할로써 참고만 하면 된다고 생각한다.

(5) 수리 획수가 좋아야 한다.

* 한국의 성씨에 좋은 수리획수와 수리오행

2획성	성 이 름	성 이 름
├(복) 丁(정) 乃(내) 又(우) 力(력)	(火 - 木 - 木) 2 - 9 - 13	2 - 9 - 22
	(火 - 土 - 土) 2 - 13 - 3 2 - 14 - 1 2 - 14 - 22	2 - 13 - 22 2 - 14 - 21 2 - 4 - 11 2 - 3 - 13
	(火 - 土 - 火) 2 - 13 - 10 2 - 14 - 9 2 - 4 - 9 2 - 4 - 19	2 - 13 - 20 2 - 3 - 10 2 - 14 - 19
	(火 - 土 - 金) 2 - 14 - 23	
	(火 - 火 - 土) 2 - 1 - 4 2 - 1 - 14 2 - 11 - 4 2 - 21 - 24	2 - 1 - 5 2 - 1 - 15 2 - 11 - 5 2 - 21 - 14
	(火 - 火 - 木)	2 - 11 - 10

3획성	성 이 름	성 이 름
千(천) 大(대) 干(간) 子(자) 凡(범) 弓(궁) 山(산) 也(야)	(火 － 木 － 木) 3 － 8 － 24	3 － 8 － 13
	(火 － 木 － 水) 3 － 8 － 21	3 － 18 － 21
	(火 － 土 － 土) 3 － 2 － 3 3 － 12 － 3 3 － 3 － 2 3 － 13 － 22	3 － 2 － 13 3 － 12 － 23 3 － 3 － 12
	(火 － 土 － 金) 3 － 2 － 6 3 － 3 － 5 3 － 12 － 6 3 － 13 － 5	3 － 2 － 16 3 － 3 － 15 3 － 12 － 16 3 － 13 － 15
	(火 － 土 － 火) 3 － 2 － 21 3 － 3 － 10	3 － 2 － 22 3 － 12 － 1
	(火 － 火 － 土) 3 － 10 － 6 3 － 20 － 15	3 － 10 － 15
	(火 － 火 － 木) 3 － 10 － 22 3 － 20 － 22	3 － 20 － 12

4획성	성 이 름	성 이 름
	(土 - 土 - 金) 4 - 12 - 25	
孔(공) 元(원) 尹(윤) 王(왕) 文(문) 方(방) 卞(변) 夫(부) 公(공) 天(천) 太(태) 毛(모) 介(개) 水(수) 斤(근) 化(화) 片(편) 午(오) 仁(인) 木(목) 斗(두) 牛(우)	(土 - 土 - 火) 4 - 1 - 12 4 - 11 - 2 4 - 12 - 1 4 - 21 - 12	4 - 2 - 11 4 - 11 - 22 4 - 12 - 21
	(土 - 金 - 金) 4 - 3 - 4 4 - 4 - 3 4 - 13 - 4 4 - 13 - 24 4 - 14 - 23	4 - 3 - 14 4 - 4 - 13 4 - 14 - 3
	(土 - 金 - 水) 4 - 13 - 16	4 - 14 - 15
	(土 - 金 - 土) 4 - 13 - 12 4 - 14 - 11	4 - 13 - 22 4 - 14 - 21
	(土 - 火 - 火) 4 - 9 - 4 4 - 19 - 14 4 - 20 - 13	4 - 9 - 24 4 - 19 - 24
	(土 - 火 - 土) 4 - 19 - 6 4 - 20 - 5	4 - 19 - 16 4 - 20 - 15
	(土 - 火 - 木) 4 - 9 - 2 4 - 19 - 12	4 - 9 - 12 4 - 19 - 12 4 - 20 - 11 4 - 20 - 21

5획성	성 이 름	성 이 름
甘(감) 玉(옥) 玄(현) 申(신) 白(백) 石(석) 田(전) 平(평) 丘(구) 占(점) 史(사) 左(좌) 皮(피) 泳(영) 北(북) 央(앙) 戊(무)	(土 - 土 - 金) 5 - 1 - 7 5 - 11 - 7	5 - 10 - 8
	(土 - 土 - 火) 5 - 1 - 2 5 - 1 - 23 5 - 10 - 14 5 - 20 - 4 5 - 20 - 14	5 - 1 - 12 5 - 10 - 3 5 - 10 - 23 5 - 20 - 13
	(土 - 金 - 金) 5 - 2 - 6 5 - 12 - 6	5 - 2 - 16
	(土 - 金 - 土) 5 - 3 - 3 5 - 13 - 3	5 - 3 - 13
	(土 - 火 - 火) 5 - 8 - 16 5 - 18 - 15	5 - 18 - 6
	(土 - 火 - 土) 5 - 8 - 8	
	(土 - 火 - 木) 5 - 8 - 3	5 - 8 - 24

6획성	성 이 름	성 이 름
安(안) 印(인) 任(임) 全(전) 朱(주) 吉(길) 朴(박) 西(서) 米(미) 牟(모) 后(후) 伊(이) 在(재) 先(선) 羽(우) 宅(댁)	(金 - 金 - 土) 6 - 12 - 13 6 - 12 - 23	6 - 2 - 23
	(金 - 金 - 水) 6 - 11 - 18	6 - 12 - 17
	(金 - 水 - 木) 6 - 23 - 9	
	(金 - 土 - 土) 6 - 9 - 6 6 - 10 - 5 6 - 19 - 6	6 - 10 - 15
	(金 - 土 - 金) 6 - 9 - 9	
	(金 - 土 - 火) 6 - 10 - 13	6 - 10 - 23

7획성	성 이 름	성 이 름
車(차) 余(여) 宋(송) 君(군) 池(지) 杜(두) 汝(여) 判(판) 何(하) 成(성) 呂(여) 甫(보) 利(이) 吳(오) 江(강) 辛(신) 李(이)	(金 - 金 - 土) 7 - 10 - 6	7 - 11 - 5
	(金 - 土 - 土) 7 - 8 - 8 7 - 18 - 7	7 - 9 - 16
	(金 - 土 - 金) 7 - 8 - 9 7 - 9 - 8	7 - 18 - 20
	(金 - 土 - 火) 7 - 8 - 16	7 - 8 - 6

8획성	성 이 름	성 이 름
明(명)	(水 － 水 － 木) 8 － 21 － 10	
金(김) 卓(탁)	(水 － 水 － 金) 8 － 21 － 16	
舍(사) 采(채) 昌(창)	(水 － 金 － 金) 8 － 9 － 8 8 － 20 － 17	8 － 10 － 7
京(경) 房(방) 宗(종) 沈(심)	(水 － 金 － 水) 8 － 9 － 20 8 － 19 － 10 8 － 20 － 9	8 － 10 － 19 8 － 19 － 20 8 － 20 － 19
奇(기) 於(어) 周(주) 松(송)	(水 － 金 － 土) 8 － 9 － 7 8 － 10 － 15	8 － 10 － 5 8 － 20 － 5
夜(야) 昔(석) 孟(맹)	(水 － 木 － 木) 8 － 3 － 18 8 － 13 － 18	8 － 13 － 8
表(표) 林(임) 具(구)	(水 － 木 － 火) 8 － 3 － 10 8 － 13 － 10	8 － 3 － 20 8 － 13 － 11
門(문) 昇(승)	(水 － 木 － 水) 8 － 13 － 16	

9획성	성 이 름	성 이 름
南(남) 咸(함) 姜(강) 韋(위) 宣(선) 兪(유) 泗(사) 泰(태) 柳(류) 紀(기) 河(하) 星(성) 禹(우)	(水 - 水 - 木) 9 - 20 - 9	
	(水 - 水 - 金) 9 - 20 - 8	9 - 20 - 18
	(水 - 金 - 金) 9 - 9 - 9	
	(水 - 金 - 水) 9 - 8 - 21	9 - 9 - 20
	(水 - 金 - 土) 9 - 8 - 7 9 - 9 - 6	9 - 8 - 8 9 - 9 - 7
	(水 - 木 - 火) 9 - 2 - 22	9 - 22 - 2

10획성	성 이 름	성 이 름
馬(마) 晋(진) 洪(홍)	(木 - 木 - 水) 10 - 11 - 18	10 - 21 - 8
宰(재) 高(고) 曺(조) 徐(서) 殷(은)	(木 - 水 - 木) 10 - 19 - 2	
哥(가) 孫(손) 桂(계) 秦(진)	(木 - 水 - 金) 10 - 19 - 19	
芮(예) 宮(궁) 班(반) 唐(당) 起(기) 眞(진) 原(원) 剛(강)	(木 - 火 - 木) 10 - 3 - 8 10 - 13 - 8 10 - 23 - 8	10 - 3 - 18 10 - 13 - 18
	(木 - 火 - 土) 10 - 3 - 3	

11획성	성 이 름	성 이 름
康(강) 張(장) 梁(량) 許(허) 崔(최) 章(장) 麻(마) 庚(경) 門(문) 堅(견) 梅(매) 異(이) 魚(어)	(木 - 火 - 火) 11 - 2 - 22 11 - 12 - 12	11 - 22 - 2
	(木 - 火 - 木) 11 - 23 - 18	
	(木 - 火 - 土) 11 - 2 - 4	11 - 12 - 13
	(火 - 火 - 木) 11 - 12 - 9	

12획성	성 이 름	성 이 름
	(火 - 火 - 木) 12 - 12 - 9	
黃(황) 閔(민) 森(삼) 朝(조) 强(강) 智(지)	(火 - 火 - 土) 12 - 1 - 5 12 - 12 - 13 12 - 21 - 4 12 - 22 - 3 12 - 22 - 23	12 - 1 - 5 12 - 12 - 23 12 - 21 - 24 12 - 22 - 13
弼(필) 會(회)	(火 - 木 - 木) 12 - 9 - 12	
宥(유) 邱(구)	(火 - 木 - 火) 12 - 9 - 4	12 - 19 - 4
賈(가) 程(정) 舜(순) 博(박) 淳(순)	(火 - 土 - 土) 12 - 4 - 21 12 - 14 - 11 12 - 23 - 12 12 - 24 - 11	12 - 13 - 12 12 - 14 - 21 12 - 23 - 22 12 - 24 - 21
景(경) 邵(소) 順(순)	(火 - 土 - 金) 12 - 4 - 13 12 - 14 - 3	12 - 13 - 4 12 - 24 - 3
雲(운) 單(단)	(火 - 土 - 火) 12 - 4 - 9 12 - 13 - 20 12 - 14 - 19	12 - 4 - 19 23 - 25 - 9 23 - 35 - 9

13획성	성 이 름	성 이 름
芩(금) 溫(온) 陸(육) 康(강) 慈(자) 楊(양) 敬(경) 鳳(봉) 雷(뇌) 路(로) 楚(초) 莊(장) 雍(옹)	(火 - 火 - 木) 13 - 22 - 10	
	(火 - 土 - 土) 13 - 2 - 3 13 - 3 - 22	13 - 3 - 2 13 - 22 - 3
	(火 - 土 - 金) 13 - 2 - 16	13 - 3 - 5
	(火 - 土 - 火) 13 - 2 - 22	13 - 12 - 12 13 - 22 - 2
		13 - 8 - 24
	(火 - 木 - 水) 13 - 19 - 20	
	(火 - 木 - 火) 13 - 8 - 16	13 - 19 - 5

14획성	성 이 름	성 이 름
裵(배) 趙(조) 愼(신) 碩(석) 賓(빈) 箕(기) 連(연) 菊(국) 菜(채) 端(단)	(土 - 土 - 金) 14 - 1 - 17 14 - 11 - 7	14 - 2 - 15 14 - 21 - 17
	(土 - 土 - 火) 14 - 1 - 23 14 - 21 - 2	14 - 2 - 21 14 - 21 - 3
	(土 - 火 - 火) 14 - 9 - 15 14 - 10 - 23	14 - 9 - 24 14 - 19 - 4
	(土 - 火- 土) 14 - 10 - 15	
	(土 - 火 - 木) 14 - 9 - 2 14 - 10 - 11 14 - 19 - 2	14 - 10 - 1 14 - 10 - 21
	(土 - 金 - 金) 14 - 3 - 4 14 - 4 - 3 14 - 23 - 24	14 - 3 - 15 14 - 23 - 15 14 - 24 - 23

15획성	성 이 름	성 이 름
魯(노) 慶(경) 劉(유) 郭(곽) 葛(갈) 諸(제) 萬(만) 漢(한) 葉(엽) 墨(묵)	(土 − 土 − 金) 15 − 1 − 16 15 − 10 − 8 15 − 20 − 18	15 − 1 − 17 15 − 20 − 17
	(土 − 土 − 火) 15 − 1 − 2 15 − 1 − 23 15 − 10 − 23	15 − 1 − 22 15 − 10 − 14
	(土 − 火 − 火) 15 − 8 − 16 15 − 9 − 24	15 − 9 − 14 15 − 18 − 6
	(土 − 火 − 土) 15 − 8 − 8	
	(土 − 火 − 木) 15 − 8 − 24 15 − 18 − 14	15 − 9 − 23 15 − 18 − 24
	(土 − 金 − 金) 15 − 3 − 14	

16획성	성 이 름	성 이 름
龍(용) 道(도) 陳(진) 都(도) 鮑(포) 盧(노) 陸(육) 燕(연) 陰(음) 陶(도) 錢(전) 藿(곽)	(金 - 金 - 土) 16 - 1 - 15 16 - 2 - 23 16 - 22 - 23	16 - 2 - 13 16 - 22 - 13
	(金 - 土 - 土) 16 - 9 - 7 16 - 19 - 16	16 - 9 - 16
	(金 - 金 - 水) 16 - 21 - 8	
	(金 - 土 - 金) 16 - 9 - 8	
	(金 - 水 - 木) 16 - 13 - 8 16 - 13 - 19 16 - 23 - 9	16 - 13 - 18 16 - 23 - 8
	(金 - 水 - 水) 16 - 13 - 16	

17 획성	성 이 름	성 이 름
韓(한) **蔡**(채) **莊**(장) **鞠**(국) **種**(종) **謝**(사) **濂**(염)	(金 - 金 - 土) 17 - 1 - 14 17 - 20 - 15	17 - 1 - 15
	(金 - 水 - 木) 17 - 12 - 20	
	(金 - 水 - 金 17 - 12 - 6	
	(金 - 土 - 火) 17 - 18 - 6	

18 획성	성 이 름	성 이 름
魏(위) **簡**(간) **顔**(안)	(水 - 水 - 金) 18 - 11 - 6	18 - 21 - 6
	(水 - 木 - 木) 18 - 14 - 7	
	(水 - 木 - 火) 18 - 3 - 20	
	(水 - 木 - 水) 18 - 14 - 15 18 - 24 - 5	18 - 23 - 6 18 - 24 - 15
	(水 - 金 - 水) 18 - 20 - 19	

19 획성	성 이 름	성 이 름
鄭(정) 薛(설)	(水 - 水 - 金) 19 - 20 - 18	
	(水 - 金 - 金) 19 - 18 - 20	19 - 19 - 19
	(水 - 金 - 水) 19 - 19 - 10	
	(水 - 木 - 水) 19 - 13 - 16	
	(水 - 木 - 火) 19 - 13 - 20	

20 획성	성 이 름	성 이 름
羅(라) 嚴(엄) 釋(석)	(木 - 木 - 火) 20 - 1 - 12 20 - 12 - 1	
	(木 - 水 - 木) 20 - 9 - 12 20 - 19 - 13	20 - 19 - 12
	(木 - 水 - 金) 20 - 9 - 9	20 - 19 - 18
	(木 - 火 - 火) 20 - 4 - 9	
	(木 - 火 - 土) 20 - 3 - 12 20 - 4 - 11 20 - 13 - 12	20 - 4 - 1 20 - 4 - 21
	(木 - 火 - 木) 20 - 3 - 18 20 - 13 - 19	20 - 4 - 17 20 - 23 - 9

21 획성	성 이 름	성 이 름
顧(고) 矑(소)	(木 - 水 - 金) 21 - 8 - 10	
	(木 - 水 - 木) 21 - 8 - 3	
	(木 - 火 - 火)	21 - 12 - 12
	(木 - 火 - 土)	21 - 12 - 4
	(木 - 火 - 木) 21 - 3 - 8	

22 획성	성 이 름	성 이 름
權(권) 薛(선) 邊(변)	(火 - 火 - 土) 22 - 1 - 15	22 - 2 - 13 22 - 11 - 14
	(火 - 火 - 木) 22 - 1 - 10	22 - 2 - 9
	(火 - 土 - 土) 22 - 3 - 13	22 - 13 - 3

* 두자 성씨의 수리획수와 수리오행

25 획성	성 이 름	성 이 름
獨孤 (독고)	(土 - 土 - 火) 25 - 10 - 13	
	(土 - 火 - 火) 25 - 9 - 4	25 - 9 - 14
	(土 - 火 - 土) 25 - 8 - 8	25 - 9 - 7
	(土 - 火 - 木) 25 - 9 - 23	25 - 19 - 13
	(土 - 金 - 土) 25 - 2 - 4 25 - 12 - 3	25 - 2 - 14

30 획성	성 이 름	성 이 름
諸葛 (제갈)	(木 - 木 - 火) 30 - 2 - 11	30 - 11 - 22
	(木 - 水 - 木) 30 - 9 - 2	30 - 9 - 22
	(木 - 水 - 金) 30 - 9 - 8	30 - 9 - 9
	(木 - 火 - 木) 30 - 3 - 8	30 - 13 - 18

司空(사공)	5 + 6 = 11	11획성씨와 동일하다.
東方(동방)	8 + 4 = 12	12획성씨와 동일하다.
西門(서문)	6 + 8 = 14	14획성씨와 동일하다.
皇甫(황보)	9 + 7 = 16	16획성씨와 동일하다.
南宮(남궁)	9 + 10 = 19	19획성씨와 동일하다.
鮮于(선우)	17 + 3 = 20 –	20획성씨와 동일하다.

예 1)

李 - 7 + 1 = 8 → 金 - 辛 金 (음) - 천격
    7획

美 - 7 + 9 = 16 → 土 - 己 土 (음) - 인격
    9획

子 - 9 + 3 = 12 → 木 - 乙 木 (음) - 지격
    3획

수리오행이란 한자의 획수에 음양오행을 대비한 것으로써, 성의 획수에다 더하기 1(7+1=8)을 한것이 첫 음양오행이 되고, 성의 획수에다 이름의 첫글자 획수를 합한(7+9=16)것이 두번째 음양오행이고, 이름의 첫글자 획수에다 이름의 끝글자 획수를 합한(9+3=12)것이 세번째 음양오행이다.

상기 '이미자'란 이름의 수리오행은 성氏 '李'의 7획수에다

더하기 1을 하게 되면, 8획이 되는데, 8획은 '金'에 해당되고, '金' 중에서도 辛金에 해당되니 음金이고, 성 '李'의 7획수에다 이름의 첫글자 9획수를 합하니 16획이 되는데, 16획은 土에 해당되고, 土중에서도 己土에 해당되어 음土이고 이름 첫글자 '美'의 9획에다 이름 끝글자 '子'의 3획수를 합하면 12획이 되니, 12획은 木에 해당되고 木중에서도 乙木에 해당되어 음木이 된다.

이것을 음양 오행으로 표시해 보면 다음과 같다.

李	美	子
金(음)	土(음)	木(음)
천격	인격	지격

예 2)

張 - 11 + 1 = 12 → 木 - 乙木 (음) - 천격
11획

 - 11 + 14 = 25 → 土 - 戊土 (양) - 인격

赫 - 14   = 14 → 火 - 丁火 (음) - 지격
14획

장혁이란 이름의 수리 오행은 성氏 張의 11획수에다 더하기 1
을 하게되면, 12획이 되는데 12획은 木에 해당되고 木중에서도
乙木에 해당되니 음 木이고, 성氏 張의 11획수에 이름의 첫글
자를 사용해야 되는데 이름이 한자 밖에 되지 않으니 그 한자
인 赫의 14획수를 합하면 25획이 되는데 25획은 土에 해당되고
土중에서도 戊土에 해당되니 양 土이고 마지막 음양오행은 이
름 두자의 획수를 합한 것인데 이름이 한자뿐이기 때문에 그
한 글자의 획수만 사용하게 된다.

즉 赫의 14획수를 쓰게 되는데 14획은 火이고 火중에서도 丁
火에 해당되니 음 火이다.

이것을 표시해보면 다음과 같다.

張		赫
木(음)	土(음)	火(음)
천격	인격	지격

예 3)

南 - 9 + 10 + 1 = 20 → 水 - 癸 水 (음) - 천격
　　9획

宮 - 9 + 10 + 9 = 28 → 金 - 辛 金 (음) - 인격
　　10획

相 - 9 = 9 → 水 - 壬 水 (양) - 지격
　　9획

남궁상의 이름을 수리오행으로 표시하면

南	宮	相
水(음)	金(음)	水(음)
천격	인격	지격

예 4)

皇 - 9 + 7 + 1 = 17 → 金 - 庚金 (양) - 천격
9획

甫 - 9 + 7 + 3 = 19 → 水 - 壬水 (양) - 인격
7획

大 **3획**
　　　　　3 + 6 = 9 → 水 - 壬水 (양) - 지격
成 **6획**

황보 대성의 이름을 수리 오행으로 표시해보면

皇甫	大	成
金(양)	水(양)	水(양)
천격	인격	지격

* 천격에 있어서 성 氏에다가 1을 더해 주는 것은 일본식으로
써 일본 이름에 맞게 하느라고 1을 더해주고 있는데, 중국이나

우리나라에서도 보편적으로 일본식의 방법을 채택하여 오늘날
까지도 사용하고 있다.

(6) 한자의 뜻이 좋아야 한다.

 이름에는 좋은 뜻이 들어 있는 한자를 사용하여야 품위도 있
어 보이고 아름다워 보인다.

 예 1)

         김   영   식
         金   榮(영화로울 영)   植(심을 식)

 한자 풀이를 해 보면 부귀 영화를 심는다는 뜻이니 평생을 두
고 편안하게 살아가게 된다는 의미를 갖고 있다.

         金   盈(찰 영)   食(먹을 식)

 한자 풀이를 해 보면 먹는 음식이 꽉 차 있다는 뜻인데, 음식
이 꽉 차 있으니 먹고 싶은 생각도 없을 것 이고, 노력을 하고
자 하는 마음도 없다. 왜냐하면 이미 음식이 꽉 차 있으니까.

         金   影(그림자 영)   植(심을 식)

한자 풀이를 해 보면 그림자를 심는 다는 뜻인데, 그림자는 밝은 곳의 반대쪽에 생겨나게 되는데 그림자는 항상 어두운 그늘을 형성하고 있다.

그래서 어두운 그늘을 만들고 심고 있으니, 만사가 순조롭게 진행되지 않고 장애만 생기게 되고 이름의 주인공은 생각관념이 자꾸만 어두운 곳으로만 향해 가게 되니, 비관적인 성격으로 흐르기 쉽다.

이러한 예는 극단적이기는 하지만 실제로 이러한 이름들이 우리의 주위에는 많다.

될 수 있으면 좋은 느낌이 와 닿는 한자를 사용하여야 한다.

(7) 음양의 배치가 좋아야 한다.

음양의 구별은 한글 음령오행과 수리 획수에서 하게 되는데, 한글 음령오행과 이름 각 글자의 획수 오행의 음양의 배치도 좋아야 하고 수리오행의 음양의 배치도 좋아야 한다.

그러나 한글 음령오행과 각 글자의 수리획수의 오행도 좋고 수리오행의 오행도 좋게 이름을 지으려면 쉬운 일이 아니다.

그래서 여러가지 방법 중 한 가지만을 선택 하여야 하는데, 근래에 와서는 한글 음령오행을 가장 많이 사용하고 있다.

다음은 각 글자의 획수에 의한 음양오행배치법이다.

예 1)

黃　　　12획　→　　木 오행으로써 음이다.

少　　　4획　→　　火 오행으로써 음이다.

妍　　　9획　→　　水 오행으로써 양이다.

　음양의 배치는 음　음　양 으로써 음양이 섞여 있어 매우 좋으나, 수리 오행이 木 生 火는 좋으나, 이름의 첫 글자 少가 4획으로써 火에 해당되는데, 妍의 9획이 水가 되어 水 剋 火 작용이 일어나 물이 불을 끄게 되니 좋은 오행이 되지 못하고 이름도 나쁘다고 보게 된다.

　黃 12획 ━　 12 + 　1 = 13　→　　火로써 양이다.

　少 4획 ━　 12 + 　4 = 16　 →　　土로써 음이다.

　妍 9획 ━　　4 + 　9 = 13　 →　　火로써 양이다.

음양의 배치도 양 음 양으로써 매우 좋고, 수리획수의 오행도

火 生 土로써 중앙(少)에 있는 土를 양쪽에서 생조해 주고 있
어 매우 좋다.

(이 방법이 전장에서 도표로 되어 있는 수리오행이다)

음양 오행의 배치는 수리획수에 의한 방법을 가장 많이 사용
하고 있으니, 많은 것에 따르는 것이 순리요 도리이니, 수리
오행에 의한 방법을 택하여야 할 것이다.

그 다음으로 한글 소리에 의한 음양 오행이 좋아야 한다.

그래서 한글소리에 의한 음양 오행과 수리 획수에 의한 음양
오행의 배열이 좋아야 좋은 이름이라 할 수 있다.

예 2)

木 姜 9획 — 9 + 1 = 10 → 水 로써 음이다.

水 美 9획 — 9 + 9 = 18 → 金 으로써 음이다.

金 旨 6획 — 9 + 6 = 15 → 土 로써 양이다.

예 3)

火　**羅** 20획 ——　　20 + 1 = 21 → 木 로써 양이다.

土　**鉉** 13획 ——　　20 + 13 = 33 → 火 로써 양이다.

金　**轍** 19획 ——　　13 + 19 = 32 → 木 로써 음이다.

예 4) 두자리 성의 외자 이름

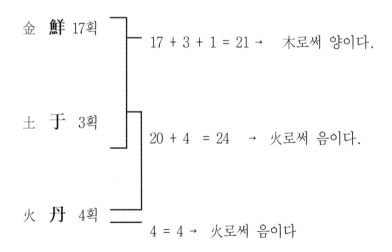

金　**鮮** 17획

　　　　　　　17 + 3 + 1 = 21 → 木로써 양이다.

土　于 3획

　　　　　　　20 + 4 = 24 → 火로써 음이다.

火　**丹** 4획

　　　　　　　4 = 4 → 火로써 음이다

예 5) 두자리 성을 단자리 성의 수리 획수에 맞추어 본이름

土 皇 9획

9 + 7 + 1 = 17 → 金(양)

水 甫 7획

9 + 7 + 8 = 26 → 土(음)

木 其 8획

8 + 5 = 13 → 火(양)

火 輪 15획

* 두 자리 성에 있어서 오행은 매우 까다롭다.

상생(相生)이 서로 되는 성은 다음과 같이 오행을 배치하면 매우 좋다

南 - 火   宮 - 木

남은 火이고 궁은 木이니 궁인 木이 남인 火를 생조해 주어 木 生 火가 된다.

이때의 오행배치방법은 火 - 木 - 水 - 金 또는 火 - 木 - 水 - 水 등이 매우 좋다.

鮮 - 金   于 - 土

선은 金이고 우는 土이니 우인 土가 선인 金을 생조해 주어 土 生 金이 된다.

이때의 오행배치방법은 金 - 土 - 火 - 木 또는 金 - 土 - 土 - 火 등이 매우 좋다.

西 - 金   門 - 水

서는 金이고 문은 水이니 서의 金이 문의 水를 생조해 주어 金 生 水가 된다.

이때의 오행배치방법은 金 - 水 - 木 - 火 또는 金 - 水 - 水 - 木 등이 매우 좋다.

* 상극(相剋)이 되는 성의 오행 배치법

皇 - 土   甫 - 水

황은 土이고 보는 水인데 황인 土가 보의 水를 土剋水하여, 水가 剋을 당하고 있는데, 이럴때는 水를 도와서 土를 제압하는 것이 일반적이나, 이름에 있어서는 서로 싸우는 것은 좋지가 않으니 될 수 있으면 싸움을 피하여야 좋은 오행의 배치가 된다.

이러한 때에는 오히려 水의 생각을 다른 곳으로 돌려야 하기 때문에 다음과 같은 오행 배치법이 매우 좋다.

土 - 水 - 木 - 火 또는 土 - 水 - 木 - 木

諸 - 金 　　　　 葛 - 木

제가 金이고 갈이 木인데, 金인 제가 木인 갈을 金 剋 木으로 剋하고 있다.

이때에도 역시 木의 생각을 다른 곳으로 돌릴 수 있는 오행 배치법이 매우 좋다.

金 - 木 - 火 - 土 또는 金 - 木 - 火 - 火

東 - 火 　　　　 方 - 水

동의 火가 방의 水에 水 剋 火 당하고 있다.

이때에는 水의 힘을 다른 곳으로 빼돌리는 오행배치법이 매우 좋다.

火 - 水 - 木 - 火 또는 火 - 水 - 木 - 木

(8) 실제 작명의 예

① 사주에서 필요한 오행을 찾는다.
② 수리 획수를 결정한다.
③ 음오행을 결정한다.
④ 옥편이나 대법원에서 정해놓은 인명용 한자 중에서 좋은 뜻의 한자를 찾아 결정한다.

예 1) 乾(남) 1976年 음력 2月27日 오후 8시 12분 출생 朴氏

時	日	月	年	木 2
				火 1
壬	戊	辛	丙	土 3
				金 1
戌	寅	卯	辰	水 1

合化 火1 水1

① 日干 戊土(무토)가 木 왕절에 출생하여 身弱한데 偏印인 年干 丙火는 月刊 辛金과 合水되어 쓸모가 없으나, 日支 寅木과 時支 戌土가 三合火局이 되어 日干 戊土를 생조해 주고 있고, 年支 辰土 比肩이 있어 身弱을 면하고, 조금은 강해 졌다.
그러나 身強해지지는 못하여 火土가 필요하다.

이름에 火土를 넣어서 지으면 된다.

② 朴氏성을 가졌으니 朴은 6획인데, 6획에 고유숫자 1을 더하면 수리 획수가 7획이 되고 7획은 金에 해당되고 음양은 양에 해당된다.

朴 6획 ── 6 + 1 = 7 → 金 (양)

├─ 6 + 1 = ㉮ = 土 (㉯) (양 또는 음)

(㉮)

├─ ㉮ + ㉯ = 土 火(㉰) (양 또는 음)

(㉯)

먼저 ㉮의 획수를 찾아야 되는데 ㉯ 의 土는 5와 6이기 때문에 그 공식은 다음과 같다.

6 + ㉮ = 15   6 + ㉮ = 16
15 - 6 = 9 (㉮)   16 - 6 = 10 (㉮)

이렇게 하여 ㉮는 9와 10 또는 19와 20이 된다.

음양을 다르게 배치하려면 ㉮ 의 획수는 10이 되어야 한다.

다음 ㉯ 의 획수를 찾는 방법은 ㉰의 오행을 土로 하게 되면, 5와 6이기 때문에 그 공식은 다음과 같다.

㉮ 10 + ㉯ = 15   ㉮ 10 + ㉯ = 16

  15 - 10 = 5 이니 5 또는 15

  16 - 10 = 6 이니 6 또는 16

수리 획수 도표에서 찾아 보면 다음과 같이 수리획수가 된다.

朴 6획 ── 6 + 1 = 7 → 金(양)

├─ 6 + 10 = 16 (㉯) → 土(음)

(㉮)

├─ 10 + 15 = 25 (㉰) → 土(양)

(㉯)

③ 음오행을 결정해야 되는데 박 氏의 박은 ㅁ,ㅂ,ㅍ에 해당
되어 水가 되니 다음과 같은 오행을 만들 수 있다.

성	이	름		성	이	름
水	金	土		水	金	金
水	水	金		水	水	木
水	木	水		水	木	火

위의 오행배치에서 水 金 土, 水 金 金, 水 水 金등은 水가
최고의 힘을 발휘하게 되니 이름에 사용해서는 안되고, 水 水
木, 水 木 水는 水와 木이 왕성(旺盛)하니 사용할 수가 없고,
나머지 水 木 火만이 火가 가장 왕성하니 음오행은 水 木 火
로 정하면 된다.

水	朴	6획
木	(㉮)	10획
火	(㉯)	15획

④ 木오행은 ㄱ 과 ㅋ 이니 ㄱ 과 ㅋ 에 해당되는 글자 중에
서 10획에 해당되고 성과도 연결이 부드러워야 하며 한자의 뜻
도 좋은 글자를 선택하여야 한다.

ㄱ에 해당되는 10획인 글자는 다음과 같다.

個 (낱 개)	虔 (정성 건)	格 (품위 격)
缺 (모자랄 결)	兼 (겸할 겸)	倞 (멀 경)
徑 (곧을 경)	高 (높을 고)	骨 (뼈 골)
恭 (공경할 공)	桄 (나무이름 광)	校 (학교 교)
俱 (함께 구)	矩 (법 구)	郡 (고을 군)
宮 (집 궁)	拳 (주먹 권)	珪 (서옥 규)
根 (뿌리 근)	給 (넉넉할 급)	氣 (기운 기)
記 (기록할 기)	桔 (도라지 길)	

위 글자 중에서 한글자를 선택해야 되는데, 성과의 연결을 고려하면 徑(경), 桄(광), 氣(기), 珪(규) 중에서 이름 끝글자와 연결시켜 선택하면 되겠다.

火오행은 ㄴ,ㄷ,ㄹ,ㅌ 이니 ㄴ,ㄷ,ㄹ,ㅌ의 글자 중에서 15획에 해당되는 글자는 다음과 같다.

潭 (깊을 담)	踏 (밟을 답)	德 (큰 덕)
稻 (벼 도)	潼 (물이름 동)	樂 (즐거울 락)
梁 (들보 양)	諒 (믿을 양)	練 (익힐 련)
魯 (나라 노)	劉 (이길 류)	輪 (바퀴 륜)
隣 (이웃 린)	歎 (감탄할 탄)	

위의 글자 중에서 성과 첫번째 이름 글자를 연결지어 불러 보고 그 중에서 가장 부르기 쉽고 기억에 오래 남고 한자의 뜻이 좋은 글자를 선택해야 한다.

15획의 글자 중에서 사용할만한 글자는 德(덕), 稻(도), 潼(동), 樂(낙)등이 된다.

박	경	덕
	경	도
	경	동
	경	낙

박	광	덕
	광	도
	광	동
	광	낙

박	기	덕
	기	도
	기	동
	기	낙

박	규	덕
	규	도
	규	동
	규	낙

상기의 이름중에서 씨름 선수 박 광 덕 과 같은 이름이 나오
니 박 광 덕으로 이름을 결정하고 이름을 정리하면 다음과 같
이 된다.

乾 (남) 朴 氏

1976년 음력 2월 27일 오후 8시 12분 출생

① 사주

時	日	月	年	木	2
壬	戊	辛	丙	火	1
戌	寅	卯	辰	土	3
				金	1
				水	1

合化 火 2 水 1

② 필요한 오행은 土, 火이고,

③ 사용할 수리 획수 → 성(6), 이름(10, 15) 이고

④ 수리 오행은 성(金) 이름(土 土) 이고

⑤ 음 오행은 성(水) 이름(木 火) 이고

⑥ 이름에 사용하는 글자는 珖(광) 德(덕) 이니, 전체적으로
표시하면 다음과 같다.

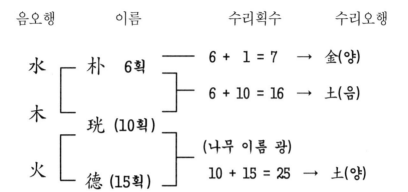

음오행	이름	수리획수	수리오행
水 ┌ 朴 6획		6 + 1 = 7 →	金(양)
木 └		6 + 10 = 16 →	土(음)
珖 (10획)		(나무 이름 광)	
火 └ 德 (15획)		10 + 15 = 25 →	土(양)

天格(천격) →　7획 →　獨立格(독립격)

人格(인격) →　16획 →　溫厚格(온후격)

地格(지격) →　25획 →　安全格(안전격)

外格(외격) →　21획 →　頭領格(두령격)

總格(총격) →　31획 →　隆成格(융성격)

수리오행 = 金　土　土

음　오행 = 水　木　火

예 2) 乾(남) 1976년 음력 2월 27일 오후 8시20분 출생 朴氏

時	日	月	年	
				木 2
				火 1
壬	戊	辛	丙	土 3
				金 1
戊	寅	卯	辰	水 1

合化 火 2 水 1

예1에서와 같은 朴氏에 똑같은 사주를 가진 사람의 이름을 수리 오행을 바꾸어서 이름을 지어 보기로 한다.

① 사주에서 필요한 오행은 火와 土이다.
② 朴氏성을 가졌으니 그 공식은 다음과 같다.

朴 6획
──── 6 + 1 = 7   → 金(양)

6 + ㉮ = 土(㉯) (양 또는 음)

(㉮)

㉮+㉯ = 土, 火(㉰) (양 또는 음)

(㉯)

먼저 ㉮의 획수를 찾아야 되는데 ㉰의 土는 5와 6이기 때문에
그 공식은 다음과 같다.

$$6 + ㉮ = 15 \qquad 6 + ㉮ = 16$$
$$15 - 6 = 9(㉮) \qquad 16 - 6 = 10 \ (㉮)$$

이렇게 하여 ㉮는 9와 16 또는 19와 20이 되는데 앞서 예1에
서는 10을 사용해 지었는데, 이번에는 9를 갖고 지어 보기로
한다.

다음 ㉯의 획수를 찾는 방법은 ㉭의 오행을 土로 하게 되면
土는 5와 6이기 때문에 그 공식은 다음과 같다.

$$㉮ 9 + ㉯ = 15 \qquad ㉮ 9 + ㉯ = 16$$
15-9=6 이니 6 또는 16   16-9=7 이니 7 또는 17

㉰가 양이므로 ㉭를 음으로 만들려면 7또는 17이 되어야한다.
7을 쓰면 총격이 22획수로 대흉한 수리획수가 되기 때문에 17
을 선택하여야한다.

朴 6획 ── 6 + 1 = 7   → 金(양)

(㉮) 9획 ── 6 + 9 = 15 (㉲) → 土(양)

(㉯) 17획 ── 9 + 17 = 26 (㉳) → 土(음)

음오행을 결정해야 하는데, 필요한 오행이 역시 火 土이기때문에 예 1과 같이 다음의 것을 사용하는 것이 가장 좋다.

성	이	름
水	木	火

그러나 이번에는 오행을 바꾸어서 다음의 오행으로 지어보기로 한다.

성	이	름
水	金	土

정리하여 보면,

水	朴	6획
金	(㉮)	9획
土	(㉯)	17획

④ 金오행은 ㅅ,ㅈ,ㅊ에 해당되니 ㅅ,ㅈ,ㅊ에 해당되는 글자를 9획중에서 찾아보면 아래와 같다.

思 (생각할 사)	査 (조사할 사)	削 (깍을 삭)
庠 (학교 상)	相 (서로 상)	宣 (베풀 선)
省 (살필 성)	洗 (씻을 세)	昭 (밝을 소)

俗 (풍속 속)　　首 (우두머리 수)　　洵 (물 순)

盾 (방패 순)　　述 (기록 술)　　拾 (젖을 습)

施 (베풀 시)　　是 (옳을 시)　　柴 (섶 시)

食 (먹을 식)　　信 (믿을 신)　　室 (방 실)

甚 (심할 심)　　姿 (맵시 자)　　者 (사람 자)

昨 (어제 작)　　酌 (술따를 작)　　哉 (비롯할재)

迪 (나아갈 적)　　前 (앞 전)　　点 (점 점)

亭 (정자 정)　　貞 (곧을 정)　　帝 (임금 제)

柱 (기둥 주)　　重 (무거울 중)　　烝 (불기운중)

持 (가질 지)　　泉 (샘 천)　　春 (봄 춘)

土오행은 ㅇ,ㅎ에 해당되니 ㅇ,ㅎ 에 해당되는 글자를 17획에서 찾아 보면 다음과 같다.

嶽 (메 악)　　襄 (도울 양)　　與 (수레 여)

鍈 (방울소리 영)　　謠 (노래 요)　　轅 (수레 원)

霞 (안개 하)　　韓 (나라 한)　　濠 (물이름 호)

環 (둥글 환)　　還 (돌릴 환)　　闊 (너그러울 활)

檜 (노송나무 회)　　燻 (풍류 훈)　　徽 (아름다울 휘)

禧 (길할 희)

위의 글자 중에서 성과의 연결이 부드러우면서 듣기 좋고 품위 있고 오래 기억될 수 있는 글자를 선택하여야 한다.

金오행 9획 중에서 성과 연결지어 사용할만한 글자는 相(상), 洗(세), 首(수), 帝(제), 柱(주) 등이고 土오행 17획 중에서 성과 첫번째 이름 글자를 연결 지어 불러 보면 다음의 글자가 좋아 보인다.

鍈(영), 濠(호), 燻(훈), 禧(희) 등이 되는데 성과 연결 시켜보면 다음과 같다.

박	상	영
	상	호
	상	훈
	상	희

박	세	영
	세	호
	세	훈
	세	희

박	수	영
	수	호
	수	훈
	수	희

박	제	영
	제	호
	제	훈
	제	희

박	주	영
	주	호
	주	훈
	주	희

중에서 마음에 드는 이름을 선택하면 된다.

박 세 영 이란 이름을 선택하여 정리하여 보면 다음과 같다.

乾 (남) 朴氏
1976년 음력 2월 27일 오후 8시 12분 출생

① 사주

時	日	月	年		
				木	2
				火	1
壬	戊	辛	丙	土	3
				金	1
戊	寅	卯	辰	水	1

② 필요한 오행은 土, 火이고
③ 사용할 수리 획수는 성(6), 이름(9,17) 이고
④ 수리오행은 성(金), 이름(土, 土) 이고
⑤ 음 오행은 성(水), 이름(金, 土) 이다.
⑥ 이름에 사용하는 글자는 洗(세), 鍈(영)이니 전체적으로 표시하면 다음과 같다.

음오행	이름	수리획수	수리오행

水 朴(6획) ── 6 + 1 = 7 → 金(양)

17 + 6

金 洗(9획) ── 6 + 9 = 15 → 土(양)

土 鍱(17획) ── 9 + 17 = 26 → 土(음)

天格(천격) → 7획 → 獨立格(독립격)
人格(인격) → 15획 → 天福格(천복격)
地格(지격) → 26획 → 風破格(풍파격)
外格(외격) → 23획 → 功名格(공명격)
總格(총격) → 32획 → 繁榮格(번영격)

수리오행 = 金 土 土
음 오행 = 水 金 土

박세영 이란 이름에 보면 地格(지격)이 風波格(풍파격)으로 나쁜 수리 획수에 해당된다.

그렇지만 다른 수리 획수가 모두 좋기 때문에 풍파격은 그 흉함이 없다고 본다.

수리 획수 작명법에서 가장 어려운 부분이 수리 획수와 한글

오행의 배합이다.

 수리 획수의 격이 다섯 가지 인데 그것을 모두 좋은 획수로
맞추고 수리 오행도 좋게 배합하려면 이름을 짓기가 어렵고,
성氏나 사주에 따라서 총격만을 절대적으로 좋은 획수로 하여
야 하고, 다른 것은 한 두개 정도의 수리 획수는 나쁜 획수가
되어도 수리 오행이나 음오행의 배합만 사주와 잘 맞다면 무
관하다고 본다.

 이름을 짓는 다는 것은 많은 시간과 노력이 필요한 일로써 결
코 쉬운 일은 아닐 것이다.
 그러나 많은 연습 과정을 거치다 보면 여러가지 방법을 터득
하게 될 것이니 많은 노력을 하시기 바란다.

6. 수리 성명학의 실증 인물

(1) 유괴 살해 당한 이름

음오행

			8 + 1 = 9	水(양)
	木	金		
			8 + 10 = 18	金 (음)
8 + 10	木	根		
			10 + 10 = 20	水 (음)
	土	夏		

天格(천격)	→	9획	→	凶惡格(흉악격)
人格(인격)	→	18획	→	進取格(진취격)
地格(지격)	→	20획	→	虛無格(허무격)
外激(외격)	→	18획	→	進取格(진취격)
總格(총격)	→	28획	→	破難格(파란격)

수리 오행	=	水	金	水
음 오 행	=	木	木	土

인격과 외격이 진취격 으로써 좋고, 나머지는 모두 흉격이다.

인격과 외격이 좋으니, 중년과 중년 이후는 사회적으로 명성을 얻게 되고, 부귀와 영화를 누릴 수가 있는데, 천격이 흉악격으로 단명, 재해, 비통, 폐질 등을 유도 하게 되고, 초년운인 지격도 허무격으로 만사허무, 단명비운, 파멸등을 유도 하게 되고, 평생을 주도하는 총격마저도 파란격으로, 만사가 흩어지고 고통뿐이다.

음오행도 이름의 첫 글자 '근' 자의 오행 木이 이름의 끝 글자 '하' 자의 土를 강하게 魁(극)하고 있어 더욱 더 흉하다.

천격과 지격에서 단명운이 겹쳐 들어오고, 총격에서도 좋은 운을 유도 하지 못하여 초등학교 5학년때인 11세 때 유괴 살해 당하였다. (1967년 10월 17일)

이렇게 단명운이 겹쳐 오고, 다른 격에서도 좋은 운을 유도 하지 못하면, 비명횡사 또는 평생을 두고 되는 일이라고는 없거나, 폐질 등으로 고생하게 된다.

김근하 군의 살해범은 당시에 체포하지 못하였고, 용의자 金모군(당시 19세, 과외교사)을 진범으로 단정, 무리한 자백을 강요하다 결국은 무혐의로 풀어 주었고, 그 다음해인 68년 5월 부산지검에서 김근하군의 외삼촌 최모씨등 4명을 김군의 살해범으로 구속 기소하였으나, 증거가 없다는 이유로 전원 무죄를 선고 받고 풀려 났다.

김군하 군은 사건당시 학생 차림을 한 20세 가량의 괴한에게 납치되어 나일론 끈으로 목을 졸리고 20㎝ 가량의 과도로 가슴을 찔린 채 링게르 병 상자속에 넣어진 채 골목길에 버려진 끔찍한 사건이었다.

 우연이라고 보기 어려운 이름의 작용력이다.

(2) 22획수 때문에 유괴 살해 당한 이름

음오행	이름	수리획수	수리오행
土	李	7 + 1 = 8	金(음)
		7 + 15 = 22	木(음)
土	潤		
土	相	15 + 9 = 24	火(음)

天格(천격)	→	8획	→	堅志格(견지격)
人格(인격)	→	22획	→	秋草格(추초격)
地格(지격)	→	24획	→	立身格(입신격)
外激(외격)	→	16획	→	溫厚格(온후격)
總格(총격)	→	31획	→	隆成格(융성격)

수리오행	=	金	木	火
음 오행	=	土	土	金

인격 22 획수를 제외한 모든 격들이 좋은 수리 획수로 구성되어 좋은 운을 유도 하게 되는데, '이윤상' 군은 자기가 다니던 학교의 체육 교사인 주영형에게 유괴 살해 되었을까.

그것은 수리 성명학에서 가장 흉한 수리인 22획수가 이름에 들어가 있기 때문이다. 이 22획수가 이름 어디에 들어있더라도 그 흉함은 말로 다 할 수 없다. 이 22획수의 흉함은 다른 어떠한 수리 획수도 막을 수가 없다. 그래서 수리 성명학에서는 절대로 22획수를 사용하여서는 안된다. 이 악마의 22획수는 성명학에서 영원히 추방 시켜야만 할 것이다. 22획수의 흉운으로 인하여 '이윤상'군은 명주실 노끈에 손발이 묶이고, 반창고로 입을 틀어 막힌 후 중학교 1학년인 어린 나이로 이불 속에서 쓸쓸하게 죽어 갔던 것이다.

(3) 범인 주영형

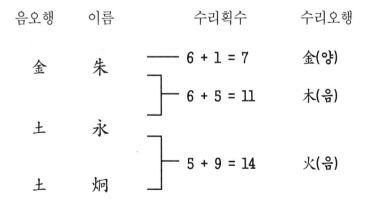

음오행	이름	수리획수	수리오행
金	朱	6 + 1 = 7	金(양)
土	永	6 + 5 = 11	木(음)
土	炯	5 + 9 = 14	火(음)

天格(천격)	→	7획	→	獨立格(독립격)
人格(인격)	→	11획	→	挽回格(만회격)
地格(지격)	→	14획	→	離散格(이신격)
外激(외격)	→	15획	→	天福格(천복격)
總格(총격)	→	20획	→	虛無格(허무격)

수리오행	=	金	木	火
음 오행	=	金	土	土

음오행과 천격, 인격, 외격이 모두 좋은 수리 획수 인데, 수리 오행의 성氏와 이름 첫 글자가 상충(相沖) 하고 있고 초년, 청년 운세인 지격이 이산격으로 흉하고, 이름의 총 운세를 맡고 있는 총격이 허무격이 되어, 전체적인 운이 나쁜 운으로 유도 하게 된다.

'주영형'은 어쩌면 이름의 운세대로 정확하게 살아 왔는지도 모른다.

이름의 운세대로 풀이를 해보면 다음과 같다.

천격은 조상의 운인데, 천격대로 어린 시절에는 그렇게 부유한 가정은 아니지만 큰 어려움 없이 자라서 독립을 하게 되는데, 외격이 천복격으로써, 사회운을 보는데, 사회운은 좋아서 중학교 체육 교사로써, 오래동안 재직하게 되는데, 화를 불러오는 지격이 이산격으로써 만사가 흩어지게 되면서 '주영형'은 평소에 즐기던 도박으로 많은 부채를 안게되었다.

부채에 대한 채권자들의 독촉에 시달리다가 그 다음 운세인

인격이 만회하는 운으로 유도되어 금전에 대한 것을 만회하려
고 생각하다가 유괴범으로 전락하게 되었다.

 처음에는 제자이며 애인인 이숙경을 시켜 이윤상군의 큰 누나
인 연수양을 유괴 하려다 실패하고, 윤상군을 유괴 하여 살인
을 하게 된다.

 그후 총격의 허무운에 의하여 최후는 인생의 허무함을 느끼면
서, 사형장의 이슬로 사라지게 된 것이다.

(4) 공범 이숙경

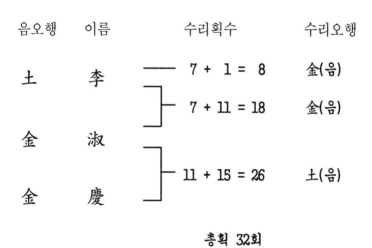

음오행	이름	수리획수	수리오행
土	李	── 7 + 1 = 8	金(음)
		┬ 7 + 11 = 18	金(음)
金	淑		
金	慶	┴ 11 + 15 = 26	土(음)

총획 32회

天格(천격) → 8획 → 堅志格(견지격)

人格(인격) → 18획 → 進取格(진취격)

地格(지격) → 26획 → 風波格(풍파격)

外激(외격) → 22획 → 秋草格(추초격)

總格(총격) → 32획 → 繁榮格(번영격)

수리오행	=	金	金	土
음 오행	=	土	金	金

공범 '이숙경'은 범인 '주영형'의 제자로써 처음에는 강제적으로 육체관계를 가졌지만 횟수가 거듭함에 따라 애인관계로 발전되었다. '이숙경'은 '주영형'이 '윤상'군을 유괴 살해한 범인인줄 알면서도 '주영형'이 시키는 대로 '윤상'군의 집에 협박 편지도 쓰고 협박 전화도 하였다. 이름을 보면 수리 오행이 모두 음으로만 되어 있어 어두운 생각과 음탕한 생각을 많이 하게 되고, 특히 지격과 외격이 나쁜 운을 부르는 격인데 사회운을 보는 외격이 최고 흉수인 22획에 해당되어 주영형의 꾀임에 빠져 돌이킬 수 없는 일을 저지르게 된 것이다.

수리 성명학에서의 최고 흉수인 22획만 없었더라도 유괴 살해 사건에 휘말리지는 않았을 것이다.

(5) 공범 고진미

음오행	이름		수리획수	수리오행
木	高	——	10 + 11 = 21	木(양)
			10 + 18 = 28	金 (음)
金	鎭			
			18 + 9 = 27	金 (양)
水	美			

天格(천격)	→	11획	→	挽回格(만회격)
人格(인격)	→	28획	→	破難格(파란격)
地格(지격)	→	27획	→	中折格(중절격)
外激(외격)	→	19획	→	苦難格(고난격)
總格(총격)	→	37획	→	權威格(권위격)

수리오행	=	木	金	金
음 오행	=	木	金	水

공범 '고진미'도 '이숙경'과 마찬가지로 범인 '주영형'의 제 자로써 강제로 추행을 당한뒤 애인관계로 발전하여 범인 '주영 형'의 지시대로 협박 편지도 쓰고 협박 전화도 하였다.

이름을 보면 수리 오행이 상충(相沖)하고 있는데 음오행마저 상충하고 있다. 이러한 이름은 평생을 두고 되는 일이 없으며, 관재 구설수에 휘말리게 된다.

수리 획수도 세 개나 좋지 않으며, 초년 운세인 지격이 중절격으로써 쟁론불화, 형벌, 상해지운, 말년노고등의 운세를 유도 하게 되는데 오행의 작용력과 함께 작용하게 되니 '윤상'군 유괴 살해 사건에 연루되어 공범으로써 한 역할을 하게 된 것이다.

(6) 부인에게 독살당한 이름

1983년 4월 26일 새벽 서울 을지 병원에서 교통사고(동년 3월 12일)로 입원한 廉弼洙(염필수 37세) 씨가 독살되어, 세상을 떠들석하게 했다.

그러나 사건의 범인이 바로 피살자의 부인이었다는 사실에 시민들은 한결같이 "그럴수가....."하면서 또 한번 놀랐다.

'염필수'씨가 독살당한 것은 스스로 부인에게 범행을 모의 지시 해서 일어나게 된것이다.

'염필수'씨는 부인 김씨와 79년도에 화장품 가게를 내느라 4,500 여만원의 빚을 지게 됐고, 사업이 여의치 않아 계속 빚이 늘어 가고 있던 중에 염씨가 교통사고를 당하게 되고, 병원에 입원하게 된 것이다.

염씨가 교통사고로 장기 입원하자 채권자들이 몰려와 빚독촉과 행패가 심해지자 고통에 시달리던 염씨는 김씨 부인에게 "나를 죽이고 생명 보험금을 타서 빚을 갚으라"며 범행 모의를 하게 되었다.

염씨는 이때 "청산가리를 우유에 주입해 적당한 곳에 놓아두라" 며 구체적인 범행 계획을 부인에게 지시 하였고 부인은 그의 지시대로 청산가리를 우유에 타서 염씨에게 마시게 함으로써 염씨는 불귀의 몸이 되고, 부인 김씨는 남편을 독살한 죄로 유치장으로 가게 되었다.

'염필주'씨의 이름을 풀이해 보면 다음과 같다.

음오행	이름	수리획수	수리오행
土	廉	—— 13 + 1 = 14	火(음)
		├ 13 + 12 = 25	土(양)
水	弼		
		└ 12 + 9 = 21	木(양)
金	洙		

총획 34획

天格(천격)	→	14획	→	離散格(이산격)
人格(인격)	→	25획	→	安全格(안전격)
地格(지격)	→	21획	→	頭領格(두령격)
外激(외격)	→	22획	→	秋草格(추초격)
總格(총격)	→	34획	→	破滅格(파멸격)

수리오행	=	火	土	木
음 오행	=	土	水	金

지격과 인격은 좋은 획수로써 남에게 지기 싫어 하는 승부욕이 있으면서 매사에 신중하게 대처해 나가는 운세인데 수리오행이 필(土)과 수(木)가 木剋(극)土로 상극이 되어 있고, 음오행도 황(土)과 필(水)이 土剋水로 상극이 되어 있으면, 천격이 이산격으로써 부모나 조상으로부터 물려 받은 재물이 있어

도 흩어지게 되고, 사회운인 외격이 최고 흉수인 22획에 해당
되니 되는 일 이라고는 없는데, 중년이후 운과 전체의 운을 관
장하는 총격 마저 파멸운을 유도 하게 되니, 엄청난 시련과 고
통 속에서 시달리다가 결국은 부인의 손에 독살 당하는 운명
으로 전락하고 말았다.

(7) 오대양 집단 변사 사건과 이름

 1987년 8월 29일에 평소에 "축복받은 땅", "지상천국"으로 자
칭해오던 오대양 주식회사 경기도 용인공장 구내 식당 천장에
서 이 회사 대표 박순자(48세)씨와 그의 자녀 및 직원 32명이
집단시체로 발견되어 온 국민을 충격과 경악속에 몰아 넣었다.
 매스컴의 보도에 의하면 이 사건의 발단은 사채상환 시비에서
일어났다.
 민속 공예품 제조 업체인 오대양 주식회사 대표 박순자씨는
300여명으로 부터 170억원 이상의 사채를 빌어 쓴 것으로 추정
되는데, 원금 상환은 일체 않고 이자 지급만 철저히 한 것으로
알려져 있다.
 그런데 같은해 8월 16일 채권자 이모씨가 5억원의 사채 원금
상환을 요구하자, 오대양 직원 13명이 이모씨에게 집단 폭행을
가했고, 경찰은 이들을 구속하였고, 박순자씨는 이 사건과 관
련 경찰에 자진출두 했다가 사진 기자들의 플래쉬 세례를 받
고 졸도 하여 아들 이 영고군에 의해 병원으로 옮겨 졌다가,
행방을 감춘지 5일만에 경기도 용인 공장 식당천장에서 집단

시체로 발견된 것이다.

경찰의 발표에 의하면 국립 과학수사 연구소의 부검결과 독극물은 전혀 검출되지 않았기 때문에 극약을 먹고 자살을 하거나 극약을 복용시킨후 가사상태에서 누군가가 차례로 교살한 후 자살한 것은 아니고, 사장인 박순자등 29명을 공장장 이강수씨와 박씨의 아들 이영고, 이재고 등 3명이 목졸라 살해한 후 자신들은 스스로 목을 메어 자살한 것으로 추정한다고 검찰은 결론을 내렸다.

오대양 사건의 핵심 인물들의 이름

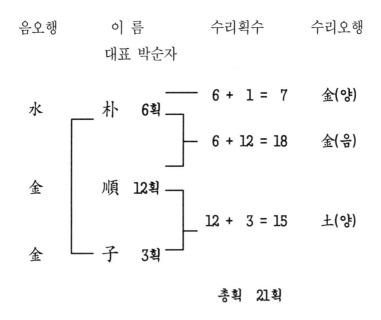

음오행   이 름   수리획수   수리오행
               대표 박순자

水   朴   6획 ┬── 6 + 1 = 7   金(양)
                  │
                  └── 6 + 12 = 18   金(음)

金   順   12획
                  ┌── 12 + 3 = 15   土(양)
金   子   3획 ─┘

총획   21획

天格(천격)	→	7획	→	獨立格(독립격)
人格(인격)	→	18획	→	進取格(진취격)
地格(지격)	→	15획	→	天福格(천복격)
外激(외격)	→	9획	→	凶惡格(흉악격)
總格(총격)	→	21획	→	頭領格(두령격)

수리오행	=	金	金	土
음 오행	=	水	金	金

　수리 획수가 5개중 외격만 흉수이고 나머지는 모두 길수 이고 오행도 서로 상생하여 이름이 그런대로 괜찮은 것 같은데, 오행에 있어서 金이 너무 태과 한데, 金이 태과 하게 되면, 판단력과 결단력은 좋으나 남보다 위에서 군림하려 하고 남을 무시하며 포악하여 잔인하기 쉽다.

　金이 태과하여 생기는 욕심과 잔인성이 외격의 단명, 빈곤, 비통, 재해, 고독등과 합세 하여 잔혹한 집단 살인극을 벌렸다고 생각된다.

　그리고 박순자씨의 사주 구성은 알수 없지만 분명하게 단언할 수 있는 것은 이름의 金오행이 사주에서 아주 흉한 운을 불러오는 나쁜 오행임이 틀림없다.

　이름에 있어서 오행의 사용에 있어서 한쪽에만 치우친다든지, 아니면 같은 오행을 편중헤서 사용해도 흉한 운으로 유도하는 나쁜이름이 되고만다는 것이다.

공장장 이강수

음오행	이름	수리획수	수리오행
土	李 7획	7 + 1 = 8	金(음)
		7 + 11 = 18	金(음)
金	康 11획	11 + 7 = 18	金(음)
金	秀 7획		

총획 25획

天格(천격)	→	8획	→	進取格(진취격)
人格(인격)	→	18획	→	進取格(진취격)
地格(지격)	→	18획	→	進取格(진취격)
外激(외격)	→	14획	→	離散格(이산격)
總格(총격)	→	25획	→	安全格(안전격)

수리오행	=	金	金	金
음 오행	=	土	金	金

이 이름도 수리 획수 5개중 4개가 길수 이고, 외격 하나만 흉수이다.수리 오행은 陰金(음금)으로 이루어 져 있고, 음오행도 土오행이 한개 있으나, 土生金(토생금) 하여 주니, 金이 더욱 더 강하여 졌다.

金이 많으면 야비하고 잔인한데, 수리 오행이 음만으로 이루어져 있기 때문에 더욱 더 잔인해 지는데, 그 이유는 음은 어두운 곳에서 움직이는 것이기 때문에, 그 작용력은 더 강하다.

잔인할대로 잔인해진 金이 외격의 파재, 망친, 망자, 형제자매이산, 고독, 위난 등과 합세하여 친구, 형제, 자식과 같은 동료 신도들을 무참하게 살해하게 된 것이다.

박순자씨의 큰아들 이영고

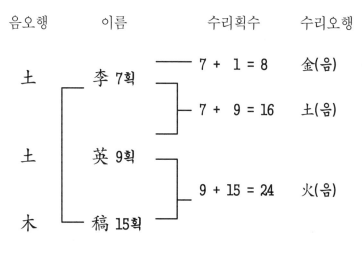

음오행	이름	수리획수	수리오행
土	李 7획	7 + 1 = 8	金(음)
		7 + 9 = 16	土(음)
土	英 9획		
木	稿 15획	9 + 15 = 24	火(음)

총획 31획

天格(천격)	→	8획	→	堅志格(견지격)
人格(인격)	→	16획	→	溫厚格(온후격)
地格(지격)	→	24획	→	立身格(입신격)
外激(외격)	→	22획	→	秋草格(추초격)
總格(총격)	→	31획	→	隆成格(융성격)

수리오행	=	金	土	火
음 오행	=	土	土	木

이 이름도 최고 흉수인 22획이 사회운인 외격에 있고, 수리오행이 모두 음으로 되어 있고, 음오행인 영(土)과 고(木)가 木剋(극)土로 상극하고 있어 사회 생활에 적응이 잘 되지 않고, 비밀이 많으며, 결국은 어머니의 사슬에 얽매여 살인극을 벌이게 되었다

박순자씨의 둘째 아들 이재고

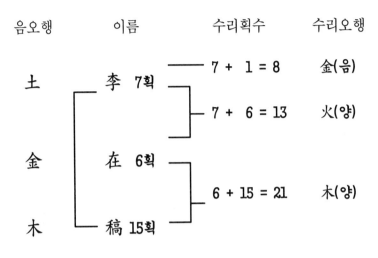

음오행	이름	수리획수	수리오행
土	李 7획	7 + 1 = 8	金(음)
		7 + 6 = 13	火(양)
金	在 6획		
木	稿 15획	6 + 15 = 21	木(양)

총획 28획

天格(천격)	→	8획	→	堅志格(견지격)
人格(인격)	→	13획	→	智謀格(지모격)
地格(지격)	→	21획	→	頭領格(두령격)
外激(외격)	→	22획	→	秋草格(추초격)
總格(총격)	→	28획	→	破難格(파란격)

수리오행	=	金	火	木
음 오행	=	土	金	木

형과 같이 최고 흉수인 22획수가 역시 들어 있고, 전체적인
운세인 총격이 파란격으로써 매우 흉한 수리 이며, 수리 오행

과 음 오행도 상극을 형성하고 있으니, 형보다도 이름이 더 좋지 않으며, 형보다 앞장서서 일을 저지르는 이름이다.

어머니의 지시대로 이름 흉수의 작용력에 의하여, 살인극을 벌이게 되었다.

(8) 보험금을 노린 최초의 살인과 이름

생명 보험금을 타기 위해 시집간 언니와 형부, 조카를 불태워 살해하고, 이어서 시동생까지 극약을 먹여 독살한 희대의 살인 사건이 1975년도에 부산 광역시에서 일어났다.

범인은 당시 43세인 박분례로 부산광역시 부산진구 학장동에 살고 있었으며, 28년전에 결혼하였으나, 1년도 안돼 마을 청년과 정을 통했다가, 이혼한 후 부산등지 술집에서 접대부로 떠돌다가 20여년전 동거중인 엄씨를 만나 살아 왔다.

박분례의 고교 동창생 중에 보험회사 외무 사원으로 근무하는 여자가 있어 그녀를 통해 보험에 가입하여, 조금씩만 돈을 내면 화재와 교통사고를 당했을 때 불입금의 5 ~ 10배를 탈수 있다는 이야기를 듣고 범행을 저지르기로 계획하고, 친언니인 박분선(54세 경남 남해군)씨 모르게 언니 명의로 3개 보험회사에 4구좌 1천9백만원의 생명보험을 들어 자신이 매월 보험료를 불입해 오다가 4개월뒤인 1975년 1월 30일 제사가 든 언니 집에서 함께 잠을 자다 31일 새벽 1시경 살그머니 일어나 언니와 형부 김봉삼씨(67세) 조카딸 김복이(19)가 잠든방에 석유를 뿌리고 불을 질러 언니와 조카는 그 자리에서 숨지고, 형부 김씨는 중화상을 입고 다음날 숨지게 했다.

 박은 범행 직후 300m 가량 떨어진 4촌 오빠 집에서 아무일 없었던 것 처럼 잠을 잤으며, 화인 조사를 나온 경찰관에게 중풍으로 말을 제대로 못하는 형부의 말을 대신 옮겨 주면서 형부가 잘못하여 석유 난로를 넘어뜨려 불이 난 것이라고 허위 진술하여 경찰은 이 사건을 단순 실화로 처리했었다.

 첫번재 범행에 성공한 박은 또다시 내연의 남편 엄씨와 시동생 령웅씨(35세)명의로 75년 10월 11일 , 10월 28일 등 4차례에 걸쳐 본인들 모르게 보험회사 4곳에 보험에 또 가입하여 보험료를 불입해 오던중 다음해 5월 11일 오후 4시쯤에 부산진구 전포동에 위치하고 있는 모다방으로 불러 낸 뒤 우유에 극약을 넣어 독살했다.

살인자와 살해 당한 사람이 이름

살인자 박분례

음오행	이름		수리획수	수리오행
水	朴	6획	6 + 1 = 7	金(양)
			6 + 10 = 16	土(음)
水	粉	10획		
			10 + 18 = 28	金(음)
火	禮	18획		

총획 34획

天格(천격)	→	7획	→	獨立格(독립격)
人格(인격)	→	16획	→	溫厚格(온후격)
地格(지격)	→	28획	→	破難格(파란격)
外激(외격)	→	24획	→	立身格(입신격)
總格(총격)	→	34획	→	破滅格(파멸격)

수리오행	=	金	土	金
음 오행	=	水	水	火

초년 운세인 지격이 파란격으로써 살아오는 과정이 순조롭지 못하였고, 운세를 총괄하는 총격이 파멸격으로써, 완전하게 인생을 망치게 된다.

 수리 오행은 상생이 되어 좋은데, 음오행이 水水火로 불을 꺼버리게 되니 불은 생명이요 정신인데, 정신이 온전하지 않은 상태에서 범행을 저지르고 형장의 이슬로 생명을 단축하게 된 이름이다.

언니 박분선

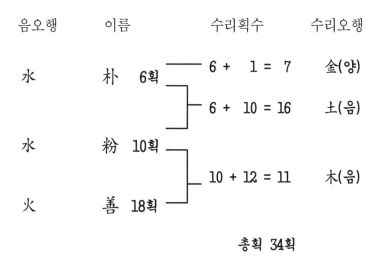

음오행	이름		수리획수	수리오행
水	朴 6획	6 + 1 = 7	金(양)
		6 + 10 = 16	土(음)
水	粉 10획		
		10 + 12 = 11	木(음)
火	善 18획		

총획 34획

天格(천격)	→	7획	→	獨立格(독립격)
人格(인격)	→	16획	→	溫厚格(온후격)

地格(지격)	→	28획	→	秋草格(추초격)
外激(외격)	→	24획	→	進取格(진취격)
總格(총격)	→	34획	→	破難格(파란격)

수리오행	=	金	土	木
음 오행	=	水	水	金

최고 흉수인 22획이 지격에 들어 있고, 총격이 파란격으로써 흉수인데다 수리 오행의 분(土)과 선(木)이 木剋土로 상극되어 있어 동생에게 죽임을 당하게 되었다.

조카 김복이

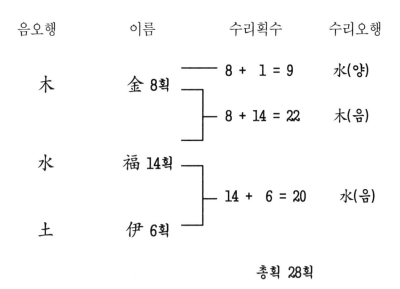

음오행	이름	수리획수	수리오행
木	金 8획	8 + 1 = 9	水(양)
		8 + 14 = 22	木(음)
水	福 14획		
土	伊 6획	14 + 6 = 20	水(음)

총획 28획

天格(천격)	→	9획	→	凶惡格(흉악격)
人格(인격)	→	22획	→	秋草格(추초격)
地格(지격)	→	20획	→	虛無格(허무격)
外激(외격)	→	14획	→	離散格(이산격)
總格(총격)	→	28획	→	破難格(파란격)

수리오행	=	水	木	水
음 오행	=	木	水	土

수리 오행 하나만 상생되고 있지 그 나머지는 좋은 수리가 하나도 없다. 전문가가 작명을 해도 이렇게 짓기는 힘이 든다. 태어나면서 부터 죽을 때까지 고생만 따르게 되고, 결국은 이모의 손에 의해 불에 타 죽게 되었다.

형부 김봉이

음오행	이름	수리획수	수리오행
木	金 8획	8 + 1 = 9	水(양)
		8 + 14 = 22	木(음)
水	鳳 14획		
		14 + 6 = 20	水(음)
土	伊 6획		

총획 28획

天格(천격)	→	9획	→	凶惡格(흉악격)
人格(인격)	→	22획	→	秋草格(추초격)
地格(지격)	→	20획	→	虛無格(허무격)
外激(외격)	→	14획	→	離散格(이산격)
總格(총격)	→	28획	→	破難格(파란격)

수리오행	=	水	木	金
음 오행	=	木	水	金

수리 성명학의 최고 흉수인 22획이 인격에 있고, 천격도 흉수이고, 수리 오행도 이(土)가 봉(水)를 土剋水으로 상극하고 있어서 매우 흉한 이름이 되었다.

이렇게 생각없이 아무렇게나 이름을 짓게되면 거의 100%가 나쁜 이름이 되고 만다.

시동생 염령웅

음오행	이름	수리획수	수리오행
土	廉 20획	20 + 1 = 21	木(양)
		20 + 14 = 34	火(음)
火	領 14획	14 + 12 = 26	土(음)
土	雄 12획		

총획 46획

天格(천격)	→	21획	→	頭領格(두령격)
人格(인격)	→	34획	→	破滅格(파멸격)
地格(지격)	→	26획	→	風波格(풍파격)
外激(외격)	→	32획	→	繁榮格(번영격)
總格(총격)	→	46획	→	難破格(난파격)

수리오행	=	木	火	土
음 오행	=	土	火	土

수리 오행과 음오행의 구성은 좋으나, 인격, 지격, 총격이 흉
수에 해당되어 흉한 운으로 유도 하게 되는데, 특히 총격은 난

파격으로서 배가 심한 파도에 부서지고 침몰하는 것과 같은 운이다.

이름에 흉한 수리가 많음으로 해서 형수의 손에 의해 독살되고 만 이름이다.

죄를 지은 자나 그 죄지은 자에 의해 죽임을 당한 사람들의 이름을 가지고 좋다 나쁘다 하려하니 죄없이 죽어간 사람들에게 다시 한 번 욕되게 하는 것 같아서, 마음이 찹찹하다.

지금쯤 좋은 세상에 다시 태어나 좋은 이름을 갖고 잘살아 주기를 바라는 마음 간절하다.

각설하고, 범인의 이름이나 피해자의 이름이나 공통점이 있다는 것을 여러분들은 느꼈을 것이다.

이름이 좋아서 나쁠 것은 없는데, 아직도 많은 사람들은 이름에 대한 관심은 있어도 실제로는 고정관념에 젖어 있고, 이름과 운명의 연관성에 대해서는 많은 비중을 두지 않고 있다.

이것은 참으로 안타까운 일이 아닐 수 없다.

평생을 쓰고도 자손대대로 남을 이름을 순간의 기분으로 지을 수 있단 말인가.

이름을 짓는데 자신이 없으면, 전문가에 맡겨서라도 좋은 이름을 지어야 한다.

나쁜 운을 불러 모으는 이름을 사용하다가 어느날 어느때에 흉한 일을 당할지 아무도 모른다.

필자는 사주 팔자에 대한 두려움 보다 이름의 작용력에 대한 두려움에 더욱 더 놀라워 하고 있다.

그것은 바로 사주팔자가 아무리 좋아도 이름이 나쁘면 그 사주팔자가 무용지물이 되기 때문이다.

 지금까지 예를 든 이름들은 전문가의 도움 없이 마구잡이식으로 지은 이름이기 때문에 수리 획수에 의한 천격, 인격,지격, 외격, 총격 등에서 나쁜 수리에 많이 해당될 수 밖에 없다.

 그렇다고 많은 성명학자들이 사용하고 있는 수리 성명학을 전혀 부인할 수도 없다.

 그러나 분명한 것은 수리 성명학은 머지 않아 사장되고 말 것이고 음파 메세지(氣) 성명학의 시대가 빈듯이 올 것이다.

 그 이유는 그들은 수리 성명학을 가지고 이름을 좋다 나쁘다고 하기 때문에 아무리 좋은 이름이라 할 지라도 누군가가 이름이 나쁘다고 하면 이름에 대한 확신을 갖기 힘들기 때문이다.

 수리 성명학의 모순에서 그 이유를 알게 될 것이다.

제 2 편 사주 작명법

1. 사주 작명

사주 팔자를 갖고 운명을 감정할때 가장 중요한 핵심은 바로 나 자신이다.

나 자신을 사주에서는 日干(일간)이라고 하는데, 日干이란 자기가 태어난 날의 日辰(일진)중 天干(천간)에 해당되는 음양오행인데, 이 日干을 중심으로 하여 나머지 음양오행의 변화가 그 사람의 운명을 결정하게 되는 것이다.

필자는 이점에 착안하여 이름을 日干에 대비하여 운명을 검증해 본 결과 너무나도 정확하게 그 사람의 운명과 일치한다는 점에 놀라지 않을 수 없었다.

필자는 오랜 세월동안 사회적으로 출세하여 부귀영화를 누리는 사람의 이름, 평생을 통해 가난하거나 질병에 시달리는 사람의 이름, 각종 사고및 관재구설수에 시달리는 사람의 이름, 단명하거나 불운한 사람의 이름등을 사주의 日干에 대비하여 연구 검증해 본 결과, 선천운인 사주와 후천운인 이름이 상호 작용하여 그 사람의 운명을 이끌어 가고 있다는 것을 알 수가 있었다.

이렇게 실존 인물들의 이름이 그 사람의 日干에 작용한다는 것을 반대로 생각해 보면 日干에 맞추어서 그 사람의 이름을 좋게 지으면, 그 사람에게 좋은 운으로 유도 하게 된다는 결론이 나온다.

필자는 이 점에 착안하여 새로운 작명법을 창안하게 되었고, 이 작명법을 많은 사람들이 활용해 주어 보다 많은 사람들이 밝고 고운 좋은 이름을 지어서 부르고 좋은 운을 받아서 보람되고 즐거운 인생이 되길 바라는 마음에서 이 글을 쓰게 되었으며, 이 학문을 만천하에 공개한다.

이 사주 작명법과 다음 제 3편에서 설명하는 음파 메세지(氣) 성명학을 병용하여 이름을 지어야 최고 좋은 이름을 지을 수 있다.

2. 음오행과 수리오행을 사용하여야 한다.

 이름이 그 사람의 운명에 작용하고 있다는 것은 이름을 부르
게 되면 그 이름에서 음양오행의 氣(기)가 발생하고 있다는 사
실이다.

 음양오행이 발생하는 것은 두가지 종류가 있는데, 수리오행과
음오행이다.

 수리오행보다는 음오행의 비중이 높지만은 원칙적으로 두가지
모두 적용하여 작명하여야 한다.

 그러나, 사주 작명법에서는 음오행을 우선 으로하여 적용하고
수리오행은 수리획수작명법과 동일시하여 적용하여야 한다.

 그 이유는 수리오행보다는 음오행의 발생근거가 더 확실하고
또 두가지 오행을 모두 적용할 수 없기 때문이다.

 그래서 사주 작명법에서는 음오행을 근거로 적용하고 수리오
행은 사주 작명법과는 별개로 따로 수리 획수 작명법에 적용
하게 되는 것이다

3. 음오행이 서로 **相生**(상생) 되어야 한다.

수리 성명학에서와 마찬가지로 오행의 음양도 맞아야 하고, 또 相生되어야만 좋은 운을 유도 하는 이름이 된다.

사주 작명법에서는 조금 특이한 相生관계가 형성된다.

그것은 다른 성명학과는 달리 나(日干)란 존재가 하나 더 있기 때문이다.

(1) 이름의 분류

홍	길	동
↓	↓	↓
조상	나(身)	사회
부모	가슴	자식
머리	배	다리
상관		직업
선배		직장
		후배

성씨는 조상으로 물려 받은 것이므로 조상 또는 부모로 보아야 하고, 처음이고 앞 부분에 있기 때문에 머리로 보아야 하고, 사람으로 생각하면 손윗 사람이니 상관 또는 선배로서 보아야 한다.

이름의 첫글자는 성씨 다음글자로 성씨로 부터 나왔다고 볼 수가 있으니 성씨는 조상이요, 부모이니, 부모에게서 태어났으니 나(身) 일수 밖에 없으며, 이름 세 글자 중에 중앙에 해당되니, 신체의 중앙부분인 가슴, 배 등에 해당되고, 이름의 마지막 글자는 내가 출생 시켰으니 나의 자식이요 또 내가 활동할 수 있는 장소에 해당되니 내가 먹고 자고 생활하는 사회요, 직업이요, 직장이다.

그리고 이름의 맨 끝에 위치하고 있으니, 하체 부분인 다리에 해당되고, 성씨를 제외하고 이름만 불렀을 때는 거의 동시에 소리가 나게 되니, 후배에 해당된다고 볼 수 있다.

(2) 日干과 이름의 상생관계

예1)

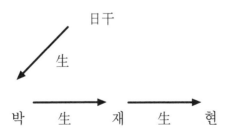

※ 日刊을 시작으로 하여 성 氏로부터 이름의 순서대로 相生(상생)하게 하는 작명법

예2)

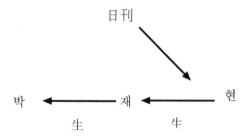

* 日刊을 시작으로 하여 이름의 끝 글자부터 성 氏 방향으로 순서대로 相生(상생)하게 하는 작명법

예3)

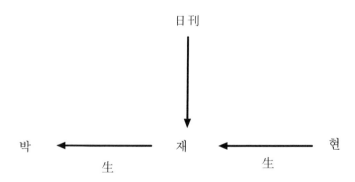

※ 日刊을 시작으로 하여 이름 중간자(재)인 나(身성)를 중심

으로 하여 성 氏도 끝글자도 相生(상생)하게 하는 작명법

예4)

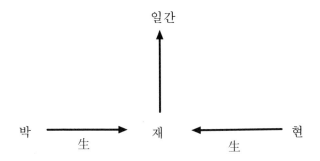

　※ 성 氏와 이름 끝글자가 중앙에 있는 글자(재)인 나(身)을
相生해 주고 나(身)는 日刊을 相生해 주는 작명법

예5)

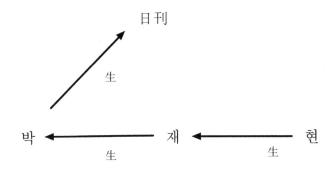

　※ 이름 끝 글자에서부터 시작하여 성 氏 방향으로 相生해 주

고 성 氏가 日刊을 相生해 주는 작명법
예   6   )

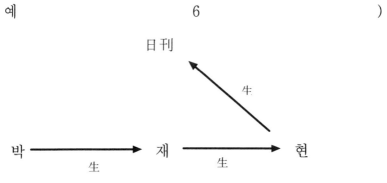

※ 성 氏부터 시작하여 이름 끝 글자까지 相生해주고 이름 끝 글자가 日刊을 相生해 주는 작명법

예7)

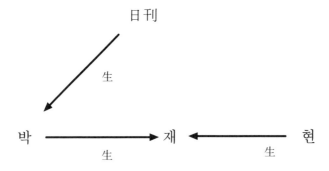

예8)

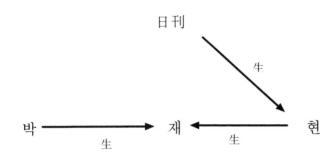

예9)

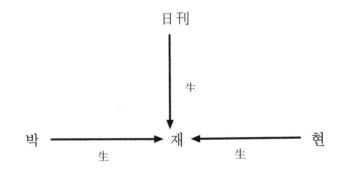

예10)

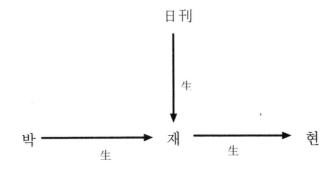

예11)

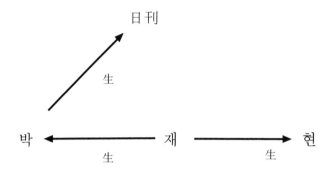

예12)

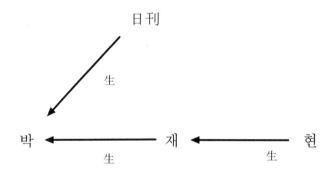

예13)

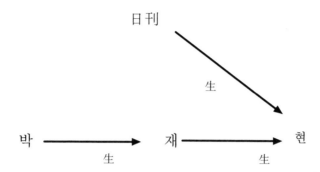

예14)

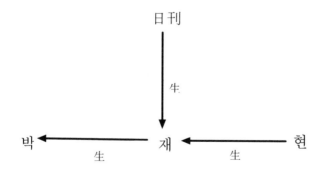

예15)

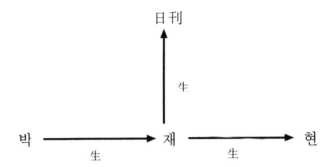

예16)

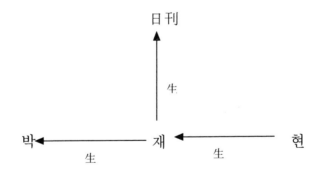

身强四柱(신강사주)는 예 1,2,3의 방법을 사용한 이름을 지어야 사주와 조화도 잘 맞고, 좋은 운을 불러 모으게 되고, 身弱四柱(신약사주)는 예 4,5,6의 방법을 사용하여 이름을 지어야 身弱(신약)한 日干을 도와주어 사주의 조화가 이루어져 좋은 이름이 된다. (그 나머지 예들은 독자 여러분들의 몫입니다.)

여기에서 혼돈이 오는 부분이 日干과 이름의 중간글자인 나(身)의 관계이다.

이름을 사주작명법의 공식에 의해서 지으면, 이름의 나(身)는 좌우의 글자와 상생관계가 가장 좋기 때문에 日干위주로만 풀이를 하면 되는데, 일반적으로 이러한 공식을 외면하고, 지은 이름에 있어서는 이름 중간 글자인 나(身)를 중심으로 이름 풀이를 하여야 하는 것이다.

왜냐하면, 이름 주인공의 日干을 알수가 없을 경우에는 그렇게 풀이 할 수 밖에 없다.

만약에 日干을 알수가 있다면, 일간 위주로 풀이를 하고 이름 중간자인 나(身)는 참고로 보고 이름을 풀이하면, 가장 정확하다.

사주의 구성에 따라 필요한 오행이 달라지는데 가장 무난하고 쉬운 방법은 身强(신강) 身弱(신약)에 의한 洩氣(설기)와 相生(상생)이다.

이 방법은 그다지 어렵지도 않고 쉽다. 다만 사주에 필요한 오행을 산출해 내는 방법이 좀 까다롭다.

기초편에 설명된 부분을 집중 분석하여 보면 사주에 필요한 오행도 쉽게 보일 것이라 생각된다.

4. 음양의 배치가 좋아야 한다.

(1) 획수로 분류한 음과양

한글에 있어서 음과 양을 글자의 획수로 분류하여 사용하는 일부 학자들이 있다.

필자의 견해로는 이러한 분류법은 모순이 있다고 생각된다.

왜냐하면 비슷한 발음의 글자라면 음양이 동일하여야 함에도 획수가 하나 틀리므로 하여 음과 양으로 갈라서게 된다.

이러한 분류방법은 확실하게 분류할 수 있는 방법을 찾지 못했기 때문에 수리획수작명법을 활용하여 사용하지 않았나 생각된다. 이름은 쓰는것이 아니고 부르는 것이다.

써야만이 이름의 작용력이 나타난다면 이름의 획수도 한몫을 차지하게 될 것이다. 그러나 이름이란 부르는 것이지 써서 사용하는 것이 아니라는 사실이다.

상대방을 부를 때 발음 기관을 통하여 입으로 "길동아" 라고 부르지 펜으로 종이에 써서 이름의 주인공에게 보여주지는 않는다.

물론 종이에 문자로 써서 보여 주는 사람들도 있다.

그들은 어떤 이유에서든지 말을 할 수가 없는 경우이다.

그외는 모두들 이름을 소리내어 불러야만 상대방이 듣고 대답하게 되는 것이다.

이에 비추어 볼때 이름에 있어서 쓰는 획수는 그다지 중요하지도 않고 획수에 의한 음양의 분류는 어불성설에 불과하고, 아무런 의미가 없다고 생각한다.

(2) 母音(모음) 에 의한 분류법

어떤 글자를 읽든지 소리가 되어 나온다.

밝고 가볍게 들리는 음은 양이요, 어둡거나 무겁게 들리는 음은 음이다.

순수한 우리의 글이나 한자나 외국어 등 우리가 읽을 때는 모두 소리가 되어 나오기 때문에 음양오행이 발생되는 것이다.

한글 오행에 있어서 子音(자음)은 木, 火, 土, 金, 水의 오행으로 발음되고 母音으로는 음양의 구분이 따르게 되는 것이다.

모음에 있어서 ㅏ, ㅑ, ㅗ, ㅛ는 밝고 가벼운 느낌을 주므로 양으로 분류하고, ㅓ, ㅕ, ㅜ, ㅠ, ㅡ, ㅣ는 어둡고 무거운 느낌을 주므로 음으로 분류한다.

이 방법이 모음에 의한 음양의 분류방법인데, 이론상으로는 타당성이 있는데, 실제로 작명해서 사용해보면 조금 어색한 부분도 더러 보인다.

예1)　　　　장　　　민　　　선
　　　　　　양　　　음　　　음

음양의 배치가 양 - 음 - 음 으로 좋은데, 막상 불러보면 무거운 느낌만 주게된다.

예2)　　　사　　　미　　　자
　　　　　양　　　음　　　양

음양의 배치가 양 - 음 - 양 으로 좋은데, 막상 불러보면 가
벼운 느낌으로 다가온다.

(3) 받침에 의한 분류

음은 정(靜)과 질(質)이며 숨겨진것, 고요한것, 어두운것, 소
극적이며 움직이지 않는 것이다.
양은 동(動)과 기(氣)며 보이는것, 밝은것, 적극적이며 움직
이는 것이다.
음기는 무거워 밑으로 내려가는 것이며, 양기는 가벼워 위로
올라가게 되는 것이다.
이에 비추어 보면 받침이 없는 글자는 보기에도 가벼워 보이
고, 발음하여도 받침이 없기 때문에 가볍게 발음하게 되고, 가
벼운 느낌을 받게 된다.
이와 반대로 받침이 있는 글자는 보기에도 무거워 보이고, 발
음을 하여도 받침이 있으니 입모양을 닫거나 오므리게 되며
무겁게 느껴진다.
이것은 몇 번만 발음을 반복해서 하여보면 누구든지 쉽게 느
껴지게 된다.

예1)   장   민   선 을

                  장   미   선

으로 고쳐 불러 보면 금방 분위기가 달라짐을 느끼게 된다.

예2)   사   미   자 를

                  사   민   자

로 고쳐 불러 보면 이름을 부를 때도 힘이 들어가고 무게도 있어 보인다.

그래서 필자는 한글의 음양 오행의 분류를 아래와 같이 하는 것이 가장 이론적이고 타당성이 있다고 생각하고 사주 작명법에서 사용하기로 한다.

* 받침 있는 글자 → 음 → ① 숨겨진 느낌을 준다.

                         ② 고요한 느낌을 준다.

                         ③ 어두운 느낌을 준다.

                         ④ 소극적인 느낌을 준다.

                         ⑤ 움직이지 않는 느낌을 준다.

                         ⑥ 무거운 느낌을 준다.

* 받침 없는 글자 → 양 →   ① 밝고 깨끗한 느낌을 준다.

② 적극적인 느낌을 준다.

③ 보이는 느낌을 준다.

④ 움직이는 느낌을 준다.

⑤ 가벼운 느낌을 준다.

이러한 분류법을 사용하여 이름을 짓게 되면 이름이 짜임새가 있고, 부르는데도 무리가 따르지 않고 부드럽게 불러진다.

예1)　김　　추　　자
　　　　음　　양　　양

예2)　서　　성　　미
　　　　양　　음　　양

예3)　김　　미　　영
　　　　음　　양　　음

5. 육신법을 음양 오행에 대비한다.

(1) 육신법

사주에서 중심은 바로 나(身)이고, 나는 일간(日干)이다.

일간인 나를 중심으로 가족관계, 대인관계, 사회적 위치, 직업, 재물, 질병, 건강, 능력, 등을 세밀하게 분석할 수 있도록 역학의 기본 원칙인 음양오행을 상생과 상극으로 분류한 것이 육신법이다.

이 육신법이 없으면 운이 좋다 나쁘다는 정도의 막연한 운세만을 알 수가 있을 뿐이며, 운명을 세밀하게 판단할 수 없다.

사주를 세밀하게 분석 판단할 수 있는 방법은 육신법 뿐이다.

일간인 나를 중심으로 이 세상에 나를 태어날 수 있도록 해준 부모가 있고, 나와 동등한 형제와 친구가 있고 내가 보살피고 키워야 할 자식이 있고, 나를 지배하고 다스리는 법과 질서가 있고, 내가 먹고 살아야 할 재물이 있다.

이러한 모든것을 음양오행에 대비한것이 바로 육신분류법이다.

이름에도 이와 마찬가지로 육신법을 대비시켜 그 사람의 이름에 대한 길흉을 세밀하게 분석해야 하며 이름을 지을때도 육신법을 참작하여 좋은 운을 유도하는 이름을 지어야 하는 것이다.

육신에는 비견과 겁재, 식신과 상관, 편재와 정재, 편관과 정관, 편인과 인수등 10가지가 있다.

(2) 육신을 표출하는 방법

* 비견 → 일간과 오행이 같고 음양도 같은 오행
* 겁재 → 일간과 오행이 같고 음양이 다른 오행
* 식신 → 일간이 생하고 음양이 같은 오행
* 상관 → 일간이 생하고 음양이 다른 오행
* 편재 → 일간이 극하고 음양이 같은 오행
* 정재 → 일간이 극하고 음양이 다른 오행
* 편인 → 일간을 생하고 음양이 같은 오행
* 인수 → 일간을 생하고 음양이 다른 오행

가장 혼돈하기 쉬운 부분은 일간이 생하고 생을 받고 극하고 극을 당하는 부분으로 초보자들만 혼동이 있는 것이 아니고, 전문 역술인들도 흔히 착각을 하기도 한다.

다음과 같이 정리해 두면 혼동이나 착각을 잘 일으키지 않게 된다.

* 나와 같은 오행은 비견 겁재요
* 내가 도와주면 식신 상관이요
* 내가 극하는 상대방은 편재 정재요

* 나를 도와주는 오행은 편인 인수요
* 나를 다스리면(剋) 편관 정관이다.

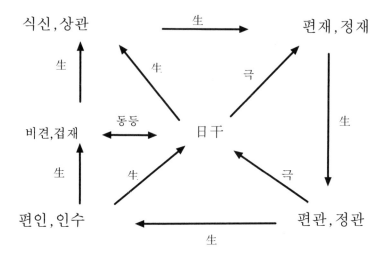

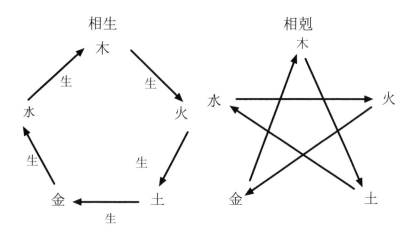

* 육신조견표

일간 육신	甲 日	乙 日	丙 日	丁 日	戊 日	己 日	庚 日	辛 日	壬 日	癸 日
비견	木 양	木 음	火 양	火 음	土 양	土 음	金 양	金 음	水 양	水 음
겁재	木 음	木 양	火 음	火 양	土 음	土 양	金 음	金 양	水 음	水 양
식신	火 양	火 음	土 양	土 음	金 양	金 음	水 양	水 음	木 양	木 음
상관	火 음	火 양	土 음	土 양	金 음	金 양	水 음	水 양	木 음	木 양
편재	土 양	土 음	金 양	金 음	水 양	水 음	木 양	木 음	火 양	火 음
정재	土 음	土 양	金 음	金 양	水 음	水 양	木 음	木 양	火 음	火 양
편관	金 양	金 음	水 양	水 음	木 양	木 음	火 양	火 음	土 양	土 음
정관	金 음	金 양	水 음	水 양	木 음	木 양	火 음	火 양	土 음	土 양
편인	水 양	水 음	木 양	木 음	火 양	火 음	土 양	土 음	金 양	金 음
인수	水 음	水 양	木 음	木 양	火 음	火 양	土 음	土 양	金 음	金 양

* 이름에서 육신을 찾아 보는 법

예1)

     일간 → 甲

   김   민   수

 木(음) 水(음) 金(양)

 일간이 甲이니 육신조견표에서 성씨인 김(金)은 木이면서 음에 해당되므로, 甲日에 해당되는 칸에서 아래로 내려오다가 木이면서 음에 해당되는 부분에서 좌측으로 같은 줄에 있는 육신을 보면 겁재라고 되어 있다. 그래서 '김'은 겁재이다.

 역시 육신조견표에서 '민'은 水이면서 음에 해당되므로, 甲日에 해당되는 칸에서 아래로 내려오다가 水이면서 음에 해당되는 부분에서 좌측으로 같은 줄에 있는 육신을 보면 인수라고 되어 있다.

 그래서 이름의 '민'자는 인수이다.
 역시 조견표에서 '수'는 金이면서 양에 해당되므로 甲日에 해당되는 칸에서 아래로 내려오다가 金이면서 양에 해당되는 부분에서 좌측으로 같은 줄에 있는 육신을 보면 편관 이라고 되어있다.
 그래서 수는 편관이다.

다음에 표시해 보면

日干 → 甲木

이 름	김	민	수
음오행	木(음)	水(음)	金(양)
육 신	겁재	인수	편관

예2)

日干 → 丁火

최	혜	민
金(양)	土(양)	水(음)

일간이 丁日이니, 丁日에 해당되는 칸에서 '최'는 金이면서 양에 해당되므로, 아래로 쭉 내려오다 보면 金이면서 양에 해당되는 곳이 있다.

그곳에서 같은 줄 좌측의 육신을 보면, 정재라고 되어 있으니 '최'는 정재이다.

'혜'도 역시 같은 칸에서 아래로 내려오다가 土로써 양에 해당되는 곳에서 같은 줄 좌측에 있는 육신을 보면 상관이라고 되어 있다. 그래서 '혜'는 상관이다.

'민'도 역시 같은 칸에서 아래로 내려 오다가 水로써 음에 해당되는 곳에서 같은 줄 좌측에 있는 육신을 보면 편관이라고 되어 있다.

그래서 '민'은 편관이다.

다음에 표시해 보면

日干 → 丁火

이 름	최	혜	민
음오행	金(양)	土(양)	水(음)
육 신	정재	상관	편관

이러한 방법으로 육신을 찾으면 된다.

(3) 육신의 작용과 나쁜 운을 부르는 오행

이름에 아래의 육신이 들어 있으면 각각의 육신의 특성에 따라 그 사람의 후천운도 작용하게 된다.

나쁜운을 불러 모으는 이름은 음오행이 서로 상극하고 있거나 음오행의 배치는 좋아도 음양의 배합이 나쁘거나 사주에 필요한 음양오행이 아니고, 오히려 사주에 병이 되는 오행이다.

이러한 이름은 좋은 운으로 유도 하는 이름으로 하루 속히 개명하여 불러 주어야만 만사가 순조롭게 잘 풀려 나가게 될 것이다.

육신의 작용력을 참고 삼아 좋은 이름을 지으시기 바란다.

* 비견

비견이 많으면 다음과 같은 특성을 갖게 된다.

비견은 같은 생각과 의견을 갖고 있으며 뜻을 함께 하는 형제, 친구 이다.

나(身)는 형제, 친구의 힘을 믿고 기고 만장하므로 자존심과 고집이 강하고 실천력과 독립성도 강하다.

자기의 주장이나 주관이 뚜렷하기 때문에 남에게 굴복하기 싫어하고, 남의 말이나 의견도 잘 받아 들이지 않기 때문에 직업으로는 주식회사, 동업등은 불리하고 개인사업이나 개성있는 독립적인 사업이 적성에 맞다.

사회 생활에 있어서 대인관계가 원만하지 못하고 고집과 아집으로 손해가 많이 따르며 저축이 잘 이루어 지지 않고 소비성이 매우 짙다.

남자에게 비견이 많으면 조실부모나 상처하기가 쉽고, 부부간에 함께 살아간다 해도 불화와 대립이 많아 가정파탄을 가져올 수도 있다.

여자에게 비견이 많으면 여성다운 면보다 남성적인 기질이 강하며 자기 주장이 너무 강하여 남편과의 갈등이 많고 직업을 갖기 쉬우며, 조실 부모 하기가 쉽다.

* 겁재

겁재가 많으면 다음과 같은 특성을 갖게 된다.

겁재의 특성은 강한 투쟁심이다.

겁재는 비견과 특성이 비슷하지만 비견보다 강하다고 생각하면 된다.

투정심이 강하여 계획의 초기단계에서도 과감하게 실행에 옮기게 되고, 때로는 성공도 하지만 실패하여 손해 보는 수가 더 많다.

과감한 행동과 투쟁심으로 인한 속성 속패가 따르게 되고, 대로는 행동이 과격하여 폭력을 휘두르기도 한다.

투기와 야망이 강하여 직업으로는 투기업, 증권업, 유통업, 검찰, 군인, 경찰, 경마, 유흥업 등에 적합하고, 직장생활이나 동업등은 불리하다.

남자에게 겁재가 많으면, 조실부모하게 되고, 재산도 축적하기 힘이 들고 처를 극하기 때문에, 중년에 생사 이별수가 있을 수도 있다.

여자에게 겁재가 많으면, 자기 주장이 강하고, 고집이 세어서 시부모나 남편의 말이나 의견을 무시하는 경향이 많아, 가정이 편안 할 날이 없으며 집안에서 남편이 벌어주는 돈으로 먹고 살 팔자는 되지 못하고 직업을 갖게 되거나, 사회 활동을 하여야 한다.

비견이나 겁재가 사주에 없는 사람은 우유 부단한 성격으로 맥아리가 없어 남이 하자는대로 이끌려 다니게되고 재능이나 능력을 발휘 할 기회가 있어도 유유자적하다가, 놓치는 경우가 많다.

비견이나 겁재가 많으면 그렇게 좋지는 않지만, 적당하게 있어 주어야 과감성과 실천력이 있어 자기의 재능이나 능력을 발휘 할 수가 있다.

그리고 신약 사주에는 필히 비견이나 겁재가 필요하다.

* 비견, 겁재 찾는 도표

육신　日干	甲	乙	丙	丁	戊	己	庚	辛	壬	癸
비견	木양	木음	火양	火음	土양	土음	金양	金음	水양	水음
겁재	木음	木양	火음	火양	土음	土양	金음	金양	水음	水양

*식신

식신은 돈을 벌수 있는 연결 고리로써, 직장, 직업이며, 옷과 밥그릇이다.　식신이 사주에 많으면, 게을러서 일하기 싫어 하는 우유 부단한 성격으로 세밀한 부분도 있으나, 때로는 의심증도 있으며 먹고 사는데 많은 신경을 쓴다.　마음은 좋은 편이나, 소심하여 은근히 외로움을 타며, 낭만을 즐기고, 음악도 좋아하며 예술성이 뛰어나다.

음식은 잡식성으로서 이것 저것 가리지 않고 잘 먹으며, 마음의 여유가 있으며 대부분 미식가로써 신체가 건강하고 살이 찐 사람이 많다.

직업으로써는 음식 장사가 가장 잘 맞는 직업이고, 유흥업이나 서비스업종에도 잘 맞다.

남자에게 식신이 많으면, 소심하고 패기와 맥아리가 없어 큰 사업이나 과감한 행동을 하지 못하며, 특히 술을 먹는 사람은 자제 하기가 힘들어 대부분 폭주를 하는 경향이 있다.

여자에게 식신이 많으면, 은근히 '나 외로워' 하면서 남자를 그리워 하게 되고, 자칫 잘못하면 분위기와 낭만에 빠져 일생을 망치는 일을 저지르기도 한다.

* 상관

상관은 자신을 과대 평가하고 자신이 최고인양 남을 우습게 여기며 남을 무시하고 누르며 남의 위에서 군림하려는 기질이 있다.

그러나 자기의 이익을 위해서는 상대방에게 간이라도 내줄것 같은 애교와 비굴함을 보이기도 한다.

또 순할 때는 한없이 순하지만 포악해지기 시작하면 그 잔인함은 무서우리 만큼 강하다.

머리는 영리하고 두뇌 회전은 빠르며, 언변은 청산유수이며, 예술 방면에 소질이 있으므로, 직업으로는 예술가, 검찰, 안기부, 연예인, 방송인, 언론인, 변호사, 대변인, 평론가 등에 적합하다.

남자에게 상관이 많으면, 자식을 해 하고 자식들이 잘 되지 않는다.

특히 술을 먹으면 술 주정이 심하며, 때로는 처에게 폭행을 하기도 한다. 여자에게 상관이 많으면, 남편을 극하기 때문에 일부종사 하기 힘이 들며 직업 전선에 뛰어 들게 된다.

식신과 상관은 사주에서 꼭 필요한 육신이지만 많아서도 안되고, 없어서도 안된다. 만약에 식신이나 상관이 없으면, 직업의 변동이 많고, 재물이 들어올 때는 왕창 들어 왔다가, 운세가 나빠 재물이 나가기 시작하면 하나도 남기지 않고 한꺼번에 다 나가 버린다. 특히 신강 사주에 있어서는 식신과 상관이 필히 있어야 한다.

* 식신, 상관 찾는 도표

日干 육신	甲	乙	丙	丁	戊	己	庚	辛	壬	癸
식신	火 양	火 음	土 양	土 음	金 양	金 음	水 양	水 음	木 양	木 음
상관	火 음	火 양	土 음	土 양	金 음	金 양	水 음	水 양	木 음	木 양

* 편재

편재는 투기, 밀수, 도박, 고리대금 등의 유동 재물이며 일확천금이 들어 오기도 하지만 한순간에 파산하기도 한다.

편재가 있으며 재물에 대한 욕심이 많아지게 되므로 욕심으로 인한 손재가 발생하게 된다.

직업으로는 금융업이 가장 좋고 그 다음이 사업이다.

사업중에서도 무역업, 유통업, 부동산업등이 좋다.

남자에게 편재가 하나만 있으면, 처보다도 첩을 더 좋아하게 되고, 낭만과 풍류 기질이 있어 때로는 주색 잡기에 빠지기도 한다.

재물을 가볍게 여기기도 하지만, 순진하고 소박한 면도 있다. 그리고 편재가 많으면, 배움이 적어지고 모친을 극하게 된다. 여자에게 편재가 많으면, 역시 공부를 많이 하기 힘들고 모친을 극하게 되고, 돈 벌어서 남편에게 주기 바쁘고, 잘못한 것도 없으면서 남편으로 부터 폭행을 당하기도 한다.

* 정재

정재는 안정된 생활속의 재물로 고정적으로 들어오는 정당성이 있는 재물이다.

정재는 착하고 성실한 타입이며 사물에 대해 정직하고 재물관리에 탁월한 능력을 가지고 있으며 양심 있고 일 잘하는 가정적인 사람이다. 세밀한 일에 관심이 많아서 상식이나 권위를 중요시 하고 복잡하고 스케일이 큰 것은 싫어한다.

일반적으로 정재만 있는 사람은 직장 생활이 적격이며 둘 이상 있을 때는 사업도 가능하다.

구체적으로 직업을 논해 보면 관직, 공직, 회사 생활등에 적합하다.

남자에게 정재 하나만 있으면 아내 밖에 모르며 아내와 직장을 많이 생각하고 가정과 직장만을 개미 채바퀴 돌듯이 왔다 갔다 하는 타입으로 다른 곳에 눈길 한번 주지 않는다. 그러나 정재가 둘이 넘으면 여자로 인하여 패가망신할 수도 있다.

여자에게 정재만 있으면 가정과 남편 밖에 모르는 현모양처로써 알뜰하고 살림을 잘한다. 그러나 정재가 둘이 넘으면 재물에 대한 욕심으로 인한 손재수가 뒤따르기도 한다.

 남자에게 있어서 편재와 정재는 여자에 해당 되기 때문에 편
재 정재가 혼잡하게 되면, 여자 문제가 복잡해지고, 주색 잡기
로 방탕할 수도 있으며, 여자에게 편재와 정재가 혼합되면, 남
편으로 인하여 재물의 손재가 많아 지며 자신도 이성 문제로
망신당할 일이 생기기도 한다.

* 편재 정재 찾는 도표

日干 육신	甲	乙	丙	丁	戊	己	庚	辛	壬	癸
편재	土 양	土 음	金 양	金 음	水 양	水 음	木 양	木 음	火 양	火 음
정재	土 음	土 양	金 음	金 양	水 음	水 양	木 음	木 양	火 음	火 양

* 편관

 인정과 의리가 있고 눈물이 많으며, 근본적으로 인간적인 따
뜻함을 마음에 간직하고 인정에 약하여 약한자나 가난한 자를
보면 가만 있지 못하며, 남의 어려움을 아는 사람이다.

 그러나 야성적이고 무리한 면도 갖고 있으며 의지와 투쟁심이
강하여 모험에도 나설 수가 있고 두뇌 회전도 매우 빨라 크게
성공 할 수도 있다.

직업으로는 강한 직업인 법조계, 군인, 운동선수, 경찰등에 적합하다.

남자는 강하고 늠름하지만 인정과 눈물이 많은 타입이며, 횡폭하여 여자를 폭행 하는 수도 있다.

여자는 남에게 지기 싫어 하며 남자 문제로 망신을 당하는 수도 있다. 신강 사주는 남자에게 맞기도 한다.

* 정관

정직하고 고지식한 정의파의 기질을 갖고 있으며, 불의를 용납하지 않는다.

착실하고 온순하며 세심하여 작은일에도 정성을 다하며, 때로는 답답한 면도 없지 않다.

남자에게 정관이 하나만 있으면 크게 두각을 나타내고 명예도 얻게 되지만 정관이 둘 이상 되면 편관의 작용력으로 바뀌어, 여자 문제가 복잡하여 질 수도 있으며 신약 사주는 관재 구설이나 질병에 시달리기도 한다.

여자에게 정관이 하나만 있으면 자기 남편 밖에 모르는 사람으로 남편을 끔찍히도 좋아 하게 된다.

그러나 정관이 둘이 넘으면 남자 문제로 인해 고통 받을 일이 생기기도 한다.

편관과 정관은 법과 질서인데 적당하게 있어야 하며 여자 사주에 편관과 정관이 혼잡을 이루게 되면, 남자 때문에 고통을 받게 되고, 결혼도 여러 번 할 수도 있다.

그러나 사주내에 편관이나 정관이 없으며 법과 질서가 없는 것과 같으니, 자기 고집이 너무 강하여 실패와 좌절을 많이 겪게 된다.

* 편관 정관 찾는 도표

日干 육신	甲	乙	丙	丁	戊	己	庚	辛	壬	癸
편관	金 양	金 음	水 양	水 음	木 양	木 음	火 양	火 음	土 양	土 음
정관	金 음	金 양	水 음	水 양	木 음	木 양	火 음	火 양	土 음	土 양

* 편인

편인은 게으르고 싫증을 잘 내며 매사가 시작은 있어도 끝이 없는 용두사미 격이다.

편인이 많은 사람은 예술성이 강하여 먹고 노는 데는 일인자이며 편인은 파재, 실권, 질병, 이별, 고독, 색난 등을 의미하므로 어떤 식으로든지 반드시 불행이 찾아온다.

그 이유는 편인은 옷과 밥그릇인 식신을 극하기 때문에 생기는 현상이다.

또 편인은 두뇌 회전이 빨라서 재능은 있어도, 빨리 권태를 느끼며 여러가지를 하고 싶은데, 사물을 끝까지 규명해 보려고 하는 자세가 부족하여 무엇을 해도 끝까지 해낼수가 없다.

직업으로는 연예인, 교육자, 비서, 사회사업가, 배우, 발레리나, 무용수, 기능공에 적합하다.

남자에게 편인이 많은데, 편관이나 정관이 없으면 먹고 노는 데에만 신경쓴다.

여자에게 편인이 많으면 음난하며 색정으로 인하여 패가 망신하기가 쉬우며 남자복도 없으며 일부종사 하기도 어렵다.

* 인수

생각이 깊고 온화한 기질이며 명예를 소중하게 생각하는 지식인 타입이다.

총명하고 어질며 행동이 겸손하며 많은 사람들로 부터 신뢰를 받게 된다.

그러나 개성이 뚜렷하지 않아 물에 물탄듯 하다.

직업으로는 교육자, 언론인, 발명가, 예술가, 작가 등에 적합하다.남자나 여자나 인수가 적당하게 있으면, 학자나 사회저명인사로써 명예가 있고, 특히 여자는 남편 덕이 있어 남편에게 사랑 받으면서 살아 가게 된다.

편인과 인수가 많게 되면 남을 위해 봉사하는 사람이 되지 않으면 오히려 남에게 피해를 주는 사람이 된다.

* 편인 인수 찾는 도표

日干 육신	甲	乙	丙	丁	戊	己	庚	辛	壬	癸
편인	水 양	水 음	木 양	木 음	火 양	火 음	土 양	土 음	金 양	金 음
인수	水 음	水 양	木 음	木 양	火 음	火 양	土 음	土 양	金 음	金 양

* 한글 음오행을 중심으로 하여 육신을 찾을수가 있어야 한다.

그래야 이름을 지을때 찾아 보기가 쉬우며, 음양의 구별도 쉽다.

* 음오행으로 육신찾는 조견표

음오행	日干	甲	乙	丙	丁	戊	己	庚	辛	壬	癸
ㄱ,ㅋ (木)	음	겁재	비견	인수	편인	정관	편관	정재	편재	상관	식신
	양	비견	겁재	편인	인수	편관	정관	편재	정재	식신	상관
ㄴ,ㄷ 르,ㅌ (火)	음	상관	식신	겁재	비견	인수	편인	정관	편관	정재	편재
	양	식신	상관	비견	겁재	편인	인수	편관	정관	편재	정재
ㅇ,ㅎ (土)	음	정재	편재	상관	식신	겁재	비견	인수	편인	정관	편관
	양	편재	정재	식신	상관	비견	겁재	편인	인수	편관	정관
ㅅ,ㅈ,ㅊ (金)	음	정관	편관	정재	편재	상관	식신	겁재	비견	인수	편인
	양	편관	정관	편재	정재	식신	상관	비견	겁재	편인	인수
ㅁ,ㅂ,ㅍ (水)	음	인수	편인	정관	편관	정재	편재	상관	식신	겁재	비견
	양	편인	인수	편관	정관	편재	정재	식신	상관	비견	겁재

* 외국이도 한글음오행이 발생 되지만 외국인들의 이름은 그들의 몫이다.

* 찾아 보는 법

예1)　　　　日干　　己土
　　　정　　　　인　　　　대
　　　金(음)　　土(음)　　火(양)

'정'은 金으로써 음에 해당되는데, 먼저 金오행에 해당되는 ㅅ,ㅈ,ㅊ 음 부분에서 오는 오른쪽으로 가다가 日干 己土의 칸과 교차 되는 곳의 육신이 식신이다.
　그래서 '정'은 식신이다.

'인'은 土로써 음에 해당되는데, 土오행에 해당되는 ㅇ,ㅎ 의 음 부분에서 오른쪽으로 가다가 日干 己土와 교차되는 곳의 육신이 비견이다.
　그래서 '인'은 비견이다.

'대'는 火로써 양에 해당되는데, 火오행에 해당되는 ㄴ,ㄷ,ㄹ,ㅌ의 양 부분에서 오른쪽으로 가다가 日干 己土와 교차되는 곳의 육신이 인수이다.
　그래서 '대'는 인수이다.
　이것을 표시해 보면

	日干	己土	
	정	인	대
	金(음)	土(음)	火(양)
	식신	비견	인수

예2)　　　日干　　　壬水

	팽	경	희
	水(음)	木(음)	土(양)

팽은 음 水(ㅁ,ㅂ,ㅍ)에 해당되는 부분과 日干 壬水가 교차되는 곳이 겁재이다.

경은 음 木(ㄱ,ㅋ) 에 해당되는 부분과 日干 壬水가 교차되는 곳이 상관이다.

희는 양 土(ㅇ,ㅎ)에 해당되는 부분과 日干 壬水가 교차되는 곳이 편관이다

이것을 표시해보면

	壬水	
팽	경	희
水(음)	木(음)	土(양)
겁재	상관	편관

이름은 자기의 생일에 맞추어 지어야한다

이름은 사주팔자에 맞추어 지어야만 한다.

그렇게 이름을 지으려면 일반인들은 감히 엄두도 낼 수 없다.

그러나 간단한 방법으로 나(身)를 찾을 수 있고, 거기에 맞추어서 이름을 지으면 그것이 바로 사주팔자에 맞추어 짓는 이름이 된다.

이름에 관심이 조금이라도 있는 사람은 만세력을 알 것이라 믿고 만세력 보는 방법을 간단하게 기술하기로 한다. 만세력에서 우선 자기의 태어난 년도를 찾는다.

그 다음에는 월을 찾아야 되는데, 월은 만세력마다 음력과 양력이 구분되어 있으니, 음력은 음력에 맞는 달을 찾고, 양력은 양력에 맞는 달을 찾은 그 다음에, 자기의 생일을 찾아 보면 그 생일 밑에 글자가 있는데 위의 글자가 바로 나이다.

예) 1964년 7월 6일생(음력)

먼저 1964년도가 있는 페이지를 찾고 생일이 음력인지, 양력인지 확인하고, 음력이면 음력 7월 6일을 찾으면, 그 밑에 갑오(甲午)라고 써 있는데, 위의 글자인 갑(甲)이 내가 되니까 甲에 맞추어 이름을 지으면 되는 것이다. 만세력은 서점에서 구입 할 수 있으며, 만세력만 있으면 자기의 글자, 즉 자기가 무슨 글자에 해당되는지 아주 쉽게 찾을 수 가 있다.

 자기의 글자(日干)만 찾을 수 있으면 거기에 맞는 이름을 지으면 되니 자기의 생일(日干)에 맞추어 짓는 이름이다.

 물론 사주 전체에서 필요한 오행을 찾아서 이름에 넣어 주어야만 되는 것이다.

* 우리나라 성씨의 오행 분류표

음오행	성 씨
ㄱ,ㅋ (木)	賈氏(가씨) 簡氏(간씨) 葛氏(갈씨) 甘씨(감씨) 姜氏(강씨) 堅씨(견씨) 慶씨(경씨) 桂씨(계씨) 高氏(고씨) 曲氏(곡씨) 孔氏(공씨) 郭氏(곽씨) 具氏(구씨) 國씨(국씨) 弓氏(궁씨) 權氏(권씨) 琴氏(금씨) 奇氏(기씨) 金氏(김씨)
ㄴ,ㄷ ㄹ,ㅌ (火)	羅氏(라씨) 南氏(남씨) 南宮氏(남궁씨) 盧氏(노씨) 段氏(단씨) 大氏(대씨) 都氏(도씨) 獨孤氏(독고씨) 董氏(동씨) 東方氏(동방씨) 杜氏(두씨) 梁時(량씨) 柳氏(류씨) 太氏(태씨) 卓時(탁씨)
ㅇ,ㅎ (土)	安時(안씨) 楊時(양씨) 魚氏(어씨) 嚴氏(엄씨) 呂氏(여씨) 延時(연씨) 廉氏(염씨) 吳時(오씨) 玉時(옥씨) 溫氏(온씨) 王氏(왕씨) 龍時(용씨) 禹氏(우씨) 元氏(원씨) 魏氏(위씨) 俞氏(유씨) 陸氏(육씨) 尹氏(윤씨) 殷時(은씨) 陰時(음씨) 李時(이씨) 印氏(인씨) 任氏(임씨) 夏氏(하씨) 韓氏(한씨) 咸時(함씨) 許氏(허씨) 玄氏(현씨) 邢氏(형씨) 胡氏(호씨) 洪氏(홍씨) 黃氏(황씨)

人,ㅈ,ㅊ (金)	史時(사씨) 司空氏(사공씨) 尙時(상씨) 徐氏(서씨) 石氏(석씨) 宣氏(선씨) 鮮于氏(선우씨) 成氏(성씨) 邵氏(소씨) 孫氏(손씨) 宋氏(송씨) 昇氏(승씨) 申氏(신씨) 沈氏(심씨) 慈氏(자씨) 張氏(장씨) 全氏(전씨) 占氏(점씨) 鄭氏(정씨) 諸氏(제씨) 諸葛氏(제갈씨) 趙氏(조씨) 宗氏(종씨) 左時(좌씨) 周氏(주씨) 池氏(지씨) 陳氏(진씨) 車氏(차씨) 蔡氏(채씨) 天氏(천씨) 崔氏(천씨)
ㅁ,ㅂ,ㅍ (水)	馬氏(마씨) 萬時(만씨) 孟氏(맹씨) 明氏(명씨) 毛氏(모씨) 睦氏(목씨) 文氏(문씨) 閔氏(민씨) 朴氏(박씨) 潘氏(반씨) 方時(방씨) 裵氏(배씨) 白氏(백씨) 范氏(범씨) 卞氏(변씨) 卜氏(복씨) 奉氏(봉씨) 彬氏(빈씨) 氷時(빙씨) 彭時(팽씨) 片氏(편씨) 表氏(표씨) 馮時(풍씨) 皮時(피씨) 弼時(필씨)

6. 정해진 日干(身)의 특성

(1) 갑(甲)

참을성과 인내심이 있어 잘 참고 견디며 한 자리에 오래 머무는 경향이 있다. 자주 바꾸는 것을 싫어하고 변동하는 것을 원하지 않으며 자기가 택한 일은 꾸준히 노력하는 타입이다.

생활력은 매우 강하고 인정과 의리가 있으며, 계획보다는 실천력이 더 강하고 무슨 일이든지 잘 풀어 나가는 특성도 있다.

그러나 때로는 꿈과 계획만 가득하고 실행에 옮기지 못하는 단점도 있다. 그리고 타인과 이권 문제가 대두되면 상대를 어떻게 하든지 제압하고 이익을 얻는 냉정함과 비굴함도 있다.

(2) 을(乙)

을목은 잠시도 가만히 있지 못하고 활동을 하는 특성을 가지고 있으며, 혼자 잘 다니지 않고 항상 누군가가 옆에 있어야만 마음이 편안하다. 순진하고 어질어 보이지만 때로는 냉정하고 야비하며 자기의 필요에 의해서 상대방에게 선심과 호감을 보이고 이용 값어치가 없어지면, 미련 없이 떠나 버린다.

그 이유는 을목 스스로가 부(富)를 얻을 수가 없기 때문이다.

순진하고 연약해 보이지만, 그 속에 가시가 있고, 남에게 간섭이나 지배 받기를 싫어하며 한 곳에 오래 머무르지 못하고 여기 저기 잘 돌아 다닌다.

* 갑, 을 목 에 배합이 좋은 오행

성 씨	음 오 행	음 오 행
ㄱ,ㅋ (木)	木 火 土 木 水 木	木 木 火 木 木 水 木 水 金
ㄴ,ㄷ,ㄹ,ㅌ (火)	火 木 水 火 木 火	火 木 木
ㅇ,ㅎ (土)	土 金 水	土 火 木
ㅅ,ㅈ,ㅊ (金)	金 金 水 金 水 木	金 水 金 金 水 水
ㅁ,ㅂ,ㅍ (水)	水 水 木 水 木 木 水 金 水 水 金 金	水 水 金 水 木 水 水 金 土 水 木 火

(3) 병(丙)

정열과 힘이 넘쳐 흐르고 한번 계획하고 실행에 옮기면 지칠 줄 모르고 앞으로 나아가는 특성이 있다.

화려한 것을 좋아하고 남에게 아첨할 줄 모르고 자기가 하고 싶은 말은 다 하고야 마는 직선적이고 밝고 명랑하여 아무 말 없이 남에게 도움을 주고자 노력하기도 한다.

그러나 때로는 남을 도우고자 하는 마음이 상대방의 오해로 자신에게 해가 되어 돌아오기도 하는데, 이것은 무조건적인 도움이 아니고 반대급부적인 기대감을 갖고 상대방에게 베풀었을 때 생길수 있는 일이다.

(4) 정(丁)

화려하고 아름다우나 마음속에는 언제나 고독과 그리움이 도사리고 있으며, 성공을 위하여 열심히 노력은 하지만 성공하는 데에는 장애가 따르고 구설수에 잘 휘말릴수도 있으며 혼자서 모든 것을 얻기는 힘이 드니 누군가의 도움을 청하여 바라는 것을 얻는 것이 좋다.

남에게 의지하려는 속성이 강하고 마음 속의 정열을 주체하지 못해 이성문제가 발생 할 수도 있다.

* 병 정 화 에 배합이 좋은 오행

성 씨	음 오 행	음 오 행
ㄱ,ㅋ (木)	木 火 土 木 火 木 木 木 水	木 木 火 木 水 金 木 水 木
ㄴ,ㄷ,ㄹ,ㅌ (火)	火 木 火 火 火 土 火 土 火	火 木 水 火 土 金 火 土 土
ㅇ,ㅎ (土)	土 土 火 土 火 土 土 金 水 土 火 木	土 土 金 土 金 金 土 火 火 土 金 土
ㅅ,ㅈ,ㅊ (金)	金 土 土 金 土 火	金 土 金 金 水 木
ㅁ,ㅂ,ㅍ (水)	水 木 木 水 金 土	水 木 火 水 木 水

(5) 무(戊)

신의가 있으면서 믿음직스러운 성격이며 말의 수가 적고 움직이기를 싫어 하며 게으른 편이다.

그러한 반면 화려해 보이기도 하고, 아름다운 것을 좋아하는 면도 있지만 내면은 거칠고 사려가 깊지 못한 점도 있다.

그러나 타 오행에 비해 일생을 별 어려움 없이 무난하게 살아 간다.

(6) 기(己)

농사를 짓는 농부의 마음처럼 순진하고 소박한 마음을 갖고 있으며 방황을 하거나 허공에 들뜨거나 하는 마음도 있다.

특히 일반 사람들과는 생각하는 관점이 다르고 자신의 주장을 내세우기도 하는 엉뚱한 논리를 갖고 있다.

여성은 가정과 남편 생각을 많이 하여 정에 얽매여 울어 보는 일도 있다.

* 무토와 기토에 배합이 좋은 오행

성 씨	음 오 행	음 오 행
ㄱ,ㅋ (木)	木 火 土 木 水 金	木 火 木
ㄴ,ㄷ,ㄹ,ㅌ (火)	火 土 火 火 火 土	火 土 土 火 土 金
ㅇ,ㅎ (土)	土 土 火 土 金 水 土 金 土 土 火 火	土 土 金 土 金 金 土 火 土
ㅅ,ㅈ,ㅊ (金)	金 金 水 金 土 土 金 金 土 金 水 木	金 土 金 金 土 火 金 水 水 金 水 金
ㅁ,ㅂ,ㅍ (水)	水 水 金 水 木 火	水 金 土 水 金 金

(7) 경(庚)

 스스로의 결점을 보완하려고 노력을 하지만 혼자서는 이루기
가 어려우며 도움의 손길을 기다리는데, 그 기다림속의 불안감
으로 안절 부절 못하고 의리와 신의를 중히 여기는 반면, 속으
로는 겁이 많으며 냉정하기가 그지 없다.
 어디에서나 내가 최고다 하는 기질과 남에게 지지 않으려는
강한 면도 있다.

(8) 신(辛)

 겉으로는 아름다워 보이지만 고집이 매우 강하고 까다로우며
날카롭기가 마치 비수와 같다.
 스스로가 마음의 문을 열지 않으면 타인들이 감히 접근하기
힘이들며 스스로가 마음을 다스려야 하고 마음의 덕을 쌓아야
만 사회 생활에 잘 적응 할 수가 있다.
 남에게 베풀려고 하는 마음도 있으나, 마음뿐이고 실천에 옮
기기에는 내 마음이 너무 차가우니 내 마음부터 따뜻한 마음
으로 녹여 주어야만 남에게 베풀수 있는 마음의 여유가 생기
게 된다.

* 경 신 금에 배합이 좋은 오행

성 씨	음 오 행	음 오 행
ㄱ,ㅋ (木)	木 水 金 木 水 水	木 水 水 木 火 土
ㄴ,ㄷ,ㄹ,ㅌ (火)	火 土 土 火 木 水	火 土 金 火 土 火
ㅇ,ㅎ (土)	土 土 金 土 金 土 土 火 土 土 土 火	土 金 金 土 金 水 土 火 火
ㅅ,ㅈ,ㅊ (金)	金 金 水 金 水 木 金 土 土 金 金 土	金 水 金 金 土 金 金 土 火
ㅁ,ㅂ,ㅍ (水)	水 水 金 水 金 土 水 水 木 水 木 火	水 金 水 水 金 金 水 木 水 水 木 木

(9) 임(壬)

부드럽고 유약하여 보이지만 권모 술수가 능하고 사교적이며, 능수능란한 말수단으로 상대방을 제압하기도 한다.

추진력은 조금 약해 보이지만 어떠한 역경과 고난도 스스로 풀어 헤쳐 나갈수 있는 능력을 갖고 있으며 자신이 하는일에 방해자가 나타나면 수단과 방법을 가리지 않고 상대방을 밀어 내고 거침없이 이 세상을 헤쳐 나가는 용기와 배짱이 있다.

그러나 주위의 여건이 따르지 않으면 스스로가 만사를 포기하는 단점도 내포되어 있다.

직업으로는 외교관, 무역업, 비즈니스맨, 사업가 등이 좋다.

(10) 계(癸)

온화하고 유순하여 만사에 꾸준하게 노력을 하며 남에게 베풀려고 하는 마음 가짐으로 생활한다.

두뇌는 천재에 가깝고 거짓이 없으며 사교성에도 능숙하나 정에 약한 면도 있다.

자신의 마음을 깨끗하게 만들려고 노력을 아끼지 않는 성격이며, 단지 단점은 진실을 말하여도 상대방이 잘 믿지 않는다.

* 임계수에 배합이 좋은 오행

성 씨	음 오 행	음 오 행
ㄱ,ㅋ (木)	木　木　火 木　水　木 木　水　金	木　木　水 木　火　土 木　火　木
ㄴ,ㄷ,ㄹ,ㅌ (火)	火　木　木 火　土　金	火　木　水 火　木　火
ㅇ,ㅎ (土)	土　金　水 土　土　金	土　金　金 土　火　木
ㅅ,ㅈ,ㅊ (金)	金　水　木 金　金　水 金　水　金	金　水　水 金　土　火 金　土　金
ㅁ,ㅂ,ㅍ (水)	水　水　木 水　金　土 水　木　木 水　木　火	水　金　水 水　金　金 水　木　水

7. 사주 작명법에 의한 작용력 및 작명법

(1) 육신 상호간의 관계

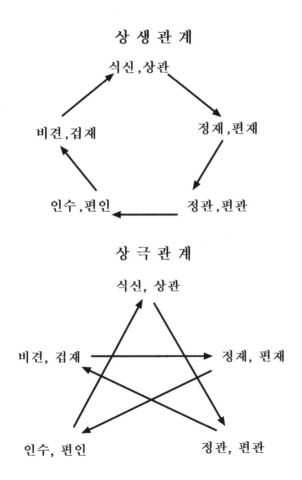

적용편 · 383

	오행		음오행		신체부위		색상		맛
①	木	→	ㄱ.ㅋ	→	간장	→	청색	→	신맛
②	火	→	ㄴ.ㄷ.ㄹ.ㅌ	→	심장	→	적색	→	쓴맛
③	土	→	ㅇ.ㅎ	→	위장	→	황색	→	단맛
④	金	→	ㅅ.ㅈ.ㅊ	→	폐,위장	→	백색	→	매운맛
⑤	水	→	ㅁ.ㅂ.ㅍ	→	신장,방광	→	흑색	→	짠맛

일반적으로 木오행이 사주에서 필요한 사람은 간장이 약하게 태어나고, 청색을 좋아하며 신맛의 음식을 좋아 하거나 즐기게 된다.

사주에 필요한 오행을 판별하기 어려울 때는 상기와 같은 방법을 참고로 하기도 한다.

⑥ 육신의 분류를 앞서 설명하였지만 간단하게 다시 알아 보기로 한다.

▶ 비견, 겹재 → 형제, 친구, 동료, 선배, 후배
▶ 식신, 상관 → 직장, 밥그릇, 수명, 여자에게는 자식
▶ 편재, 정재 → 아버지, 재물
▶ 편관, 정관 → 명예, 권위, 질서와 법, 여자에게는 남편 또는 남자친구, 남자에게는 자식
▶ 편인, 인수 → 어머니, 학문, 문서

(2) 감정하는 방법

① 사주를 알수 있으면 사주와 이름을 대비 수리 획수와 각 오행을 분석

② 사주를 모르고 일간만 알때는 일간과 이름, 수리획수와 각 오행을 분석

③ 사주와 일간을 모를 때는 이름자체와 수리획수와 각 오행을 분석

④ 이름은 성씨가 내가 아니고 이름의 첫글자가 나(身) 이다. 그래서 이름을 감정할 때는 일간(생일)과 나를(이름 첫글자) 중심으로 하여 감정하여야 한다.

(3) 생일(일간)에 따른 작용력과 작명법

1. 甲,乙이 생일에 해당되면

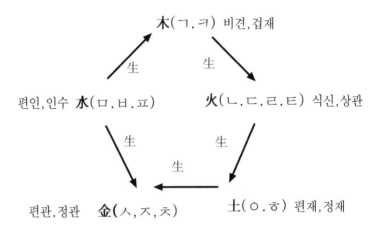

⑴ 木 오행이 생성되는 ㄱ,ㅋ이 생일(일간)에 해당되고 육신으로는 비견, 겁재 이고 火 오행이 생성되는 ㄴ,ㄷ,ㄹ,ㅌ 이 식신, 상관이되고, 土오행이 생성되는 ㅇ,ㅎ 이 편재, 정재가 되고 金 오행이 생성되는 ㅅ,ㅈ,ㅊ이 편관, 정관이 되고 水 오행이 생성되는 ㅁ,ㅂ,ㅍ이 편인, 인수가 된다.

⑵ 상기 도표를 분석해 보면

① 비견, 겁재 → ㄱ,ㅋ (木)
② 식신, 상관 → ㄴ,ㄷ,ㄹ,ㅌ (火)
③ 편재, 정재 → ㅇ,ㅎ (土)
④ 편관, 정관 → ㅅ,ㅈ,ㅊ (金)
⑤ 편인, 인수 → ㅁ,ㅂ,ㅍ (水)

① 甲乙일이 생일인 사람에게 비견, 겁재가 많으면

자신감이 강하고 자수성가 하는 타입으로, 협동심은 없고 남의 의견을 잘 받아 들이지 않는 옹고집이 있다.

재물이 들어올때나 나갈때나 번개처럼 들어 왔다 나가며, 재물을 모으기는 매우 힘이 들고, 남과의 대립과 충돌이 많이 일어나게 되고 때로는 일확천금을 노리다가 실패를 하기도 한다.

이러한 이름에는 식신, 상관을 넣어 주거나 편재 정재, 식신 상관, 편재 정재로 지어 주면 재물운이 저절로 열리고 주위 사람들과 잘 화합되어 원만해 지며, 하는 일 마다 결과가 좋아지며 언제나 가정에는 웃음꽃이 함박 피게된다.

② 甲乙 일이 생일인 사람에게 식신, 상관이 많으면

내 몸과 마음은 흩어지고 정신이 산만해지고, 몸과 마음이 허약하여 진다.

계획은 세우나 실천하려 하니 체력이 따르지 못하고, 만사가 나른해지고 주위의 모든 것이 귀찮기만 하다.

그래도 재물에는 욕심이 많아서 가질려고 노력은 하여 보지만 노력은 노력으로써 끝날뿐이고, 그 결실은 직다.

이러한 이름은 비견 겁재, 편인 인수로 힘을 보충하여 주어야 하며 비견 겁재, 편인 인수로 지어주면 주위의 많은 도움으로 모든 것을 얻을 수 있으며 순조로운 생활을 하게 된다.

③ 甲乙 일이 생일인 사람에게 편재 정재가 많으면

이런 이름의 사람은 노력은 하지 않고 오직 뜬구름만 잡는 운으로 흐르게 된다.

재물에 대한 욕심으로 가득 차 한탕주의자로 전락하기 쉬우며, 심하면 남에게 해를 끼치는 사람이 되기도 한다.

이러한 이름은 식신 상관이나 비견 겁재를 넣어 줌으로써 만사 형통이 되며 욕심 또한 없어지고 스스로 노력하여 재물을 얻게 된다.

④ 甲乙 일이 생일인 사람에게 편관,정관이 많으면

 정신적인갈등, 신경질, 두통 등이 생기게 되며 특히 여자는
남자 문제로 정신적 고초가 뒤따르며 관재구설수를 동반하기
도 한다.
 재물이 생기면 내 몸에 질병이 생기고, 정신적으로 피로하게
되니 세상 만사가 귀찮고 짜증만 나게 된다.
 이러한 이름은 편인 인수 나 비견 겁재를 넣어 줌으로써 정신
적인 갈등은 해소되고, 주위의 도움으로 만사가 잘 풀려가고
재물도 모으게 된다.

⑤ 甲乙 일이 생일인 사람에게 편인,인수가 많으면

 부평초 처럼 이곳 저곳을 떠돌아 다니게 되고 직업도 일정하
지 못하고 생활도 안정을 찾지 못하고 방황하게 된다.
 이곳 저곳을 돌아 다니다 보면, 재물도 모으기 힘이 들고 마
음은 갈팡질팡 허공에 떠 있으며 자기가 걸어가야 할 방향을
잡을 수가 없다.
 이러한 이름에는 편관 정관, 편재 정재로 넣어 주면 주거도
안정이 되고 직장도 움직이지 않아도 되고 가정도 화목해 질
것이니 재물도 모을 수가 있으니 편안하고 안정된 생활로 하
루하루를 지내게 된다.

⑥ 甲 일이 생일인 남자

日干   甲(木)- 나(身)

최   정   재

↓   ↓   ↓

金(양)   金(음)   金(양)

↓   ↓   ↓

편관   정관   편관

 음양의 배열은 좋으나 편관이 둘이고 정관이 하나인데 편관과 정관이 힘을 합세하여 나를 해치고 있으니 내 몸은 갈갈이 찢기고 나는 정신적인 고통속에서 헤어나기 힘이 들고 성격은 난폭하여 남들과 잘 타협이 되지 않으니 항상 구설수가 떠나지 않으며 누구든지 만나기만 해도 다툴려고 대들고, 재물은 아무리 노력해도 모아지지 않으며 처로 인한 재물의 파산이 있으며, 부모와도 화합이 되지 않고 자식들과도 거리가 멀다

⑦ 乙 일이 생일인 여자

日干 乙(木)- 나(身)

민   정   주

↓   ↓   ↓

水(음)   金(음)   金(양)

↓   ↓   ↓

편인   편관   정관

음양의 배열은 좋으나 편관 정관이 있어 나를 헤치고, 편인인 부모의 도움을 받으려 하며 편관 정관이 방해를 하게 되니 부모의 도움을 받을 수가 없고 편관은 나에게 호랑이와 같은 존재로 언제 호랑이에게 물려 죽을지 모르는 운으로 언제나 불안하고 초초하며 특히 남자들로 인한 구설수가 많으며 남자로 인한 재물의 손실이 많으며 남자로 인한 정신적 갈등 때문에 심하면 정신병원 신세를 질 수도 있다.

⑧ 甲 일이 생일인 남자

```
        日干    甲(木)- 나(身)
    남          덕           기

    ↓           ↓           ↓

  火(음)      火(음)       木(양)

    ↓           ↓           ↓

  상관         상관        비견
```

음양의 배열은 좋으나 나의 몸은 연기 되어 사라지고 재만 남는 형상이니 몸도 마음도 유약하여 무슨 일을 하든지 간에 시작은 있어도 끝이 없다.

왜냐하면 신체가 허약하니 추진할 능력이 없는 것이다. 특히 이러한 이름은 자식을 헤치는 운으로 유도하게 되니 자식이 불구가 되든지 그렇지 않으면 패륜아가 되어 거리를 방황하게 될 것이다.

그 작용력이 매우 강하기 때문에 하루 속히 개명을 하여야만 본인의 일도 잘 풀리고 자식에게도 해로운 작용력이 빨리 사라지게 될 것이다.

2. 丙,丁 일이 생일에 해당되면

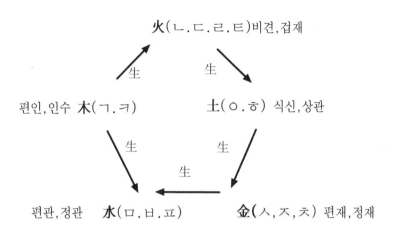

(1) 火 오행이 생성되는 ㄴ.ㄷ.ㄹ.ㅌ 이 육신으로 비견, 겁재이고, 土 오행이 생성되는 ㅇ.ㅎ 이 식신, 상관이고 金 오행이 생성되는 ㅅ.ㅈ.ㅊ 이 편재 정재이고, 水 오행이 생성되는 ㅁ.ㅂ.ㅍ이 편관, 정관이고, 木 오행이 생성되는 ㄱ.ㅋ이 편인, 인수 이다.

(2) 상기 도표를 분석해 보면

① 비견, 겁재 → ㄴ. ㄷ. ㄹ. ㅌ (火)
② 식신, 상관 → ㅇ. ㅎ (土)
③ 편재, 정재 → ㅅ. ㅈ. ㅊ (金)

④ 편관, 정관 → ㅁ. ㅂ. ㅍ (水)
⑤ 편인, 인수 → ㄱ. ㅋ (木)

① 丙丁일이 생일인 사람에게 비견, 겁재가 많으면

화려하고 아름다워 보이지만 그 성격은 불 같고, 흥분하면 물불을 가리지 않고 대어 들며 만사가 성급함으로 인하여 실패가 많다. 고집도 옹고집으로 주위의 사람들과 융화가 잘되지 않으며 독단적인 고집과 아집이 강하므로 모든 일을 혼자서 처리하려 들고 남의 충고나 도움은 바라지 않으며 오직 내가 최고라는 생각을 갖고 있어서 만사가 불성이다.
 이러한 이름은 식신, 상관 또는 식신 상관, 편재 정재를 넣어줌으로써 활동 할 수 있는 무대와 기회가 주어지고 성급함은 사그라 들어 하는일이 잘 풀려 가게 된다.

② 丙丁 일이 생일인 사람에게 식신, 상관이 많으면

나의 힘이 무력해지고 불이 꺼지게 되니 어두운 암흑속을 헤메이는 것과 같아서 만사가 잘 이루어 지지 않고 방해자가 나타나서 방해를 놓으니 한가지를 이루더라도 많은 정열과 힘이 소모된다.
 이러한 이름은 편인 인수, 비견 겁재를 넣어 주면 허약한 내가 주위의 지원을 받게 되니 힘이 절로 솟아나서 힘차게 일을 추진해 나가니 하는 일 마다 쉽게 이루어 진다.

③ 丙丁일이 생일인 사람에게 편재, 정재가 많으면

 병든 사람이 무거운 짐을 지고 가는 형상이니 어떻게 만사가
이루어 질 수 있겠는가? 무거운 짐을 내려놓고 가면 되는데 재
물에 대한 욕심 때문에 내려 놓지 않으니 한걸음 한걸음 옮길
때마다 그 고통은 말로 다 표현 할 수 없다. 이러한 이름은 식
신 상관이나 비견 겁재를 넣어주면 신체 허약한 사람이 주위
에서 짐을 나누어 짊어져 날라다 주니 모든 일이 순조롭게 진
행되고 건강도 회복되니 이보다 더 좋은 일이 어디 있겠는가?

④ 丙丁일이 생일인 사람에게 편관, 정관이 많으면

 세상 살아 가는데 엄청난 풍파와 재난이 닥치며 자칫 잘못되
면 생명까지도 위험하다.
 남성은 여자로 인하여 파산하기도하고, 여성은 남자로 인하여
정신적 갈등이 떠나지 않는다.
 몸에 질병과 관재 구설수가 떠날날이 없으며 직장인들은 윗사
람들의 등살에 옷을 벗게 되기도 한다.
 이러한 이름은 편인 인수나 식신 상관, 편재 정재를 넣어 주
면 모든 고민이 해소되고 만사가 순조로우며 건강은 회복되고

정신은 맑아지며, 특히 가정운이 좋아 처자식들의 내조가 좋고 가정에 들어가면 마음이 편안하여 바깥에서 쌓인 피로가 금방 풀린다.

⑤ 丙丁일이 생일인 사람에게 편인, 인수가 많으면

 타고 있는 불에 기름을 끼 없는 모양으로 모든 것이 순식간에 타 없어지는 것과 같이 재물이 들어와도 하루아침에 다 날려 버리고 빈털털이가 된다.
 성격은 흥분을 잘하여 참을성이 없고 무슨 일이든지 시작해놓고 후회하는 타입이다.
 그리고 타인에게 베풀어 주고도 욕을 얻어 먹으면서도 그래도 남을 도우려고 애를 쓴다.
 이러한 이름은 식신 상관이나, 편재 정재를 넣어 주면 만사 형통이 잘 되어 하는 일마다 순조롭게 된다.

⑥ 丁일이 생일인 여자

日干　丁(火)- 나(身)

안　　　　회　　　　령

↓　　　　↓　　　　↓

土(음)　　土(양)　　火(음)

↓　　　　↓　　　　↓

식신　　　상관　　　비견

음양의 배열은 좋으나 오행이 식신 상관 비견으로 식신 상관으로만 편중되어, 나는 힘이 없어지고 허약해지고 하는 일 마다 시작은 있어도 끝을 맺기가 무척이나 힘이 든다.

여성은 남편과 생사이별수가 있으며, 생사이별이 없다해도 남편은 무위도식하기 쉬우며, 남편이 하는 일이 잘 되지 않는다.

남성이 이러한 이름 구성을 갖게 되면 자식에게 매우 흉한 이름으로 자식이 비명횡사하거나 그렇지 않으면 건달 또는 깡패로 살아가게 된다.

자신의 생활도 매우 궁핍하고 자식으로 인한 고통과, 자식 걱정으로 매일 매일 밤을 지새게 된다.

하루 바삐 개명을 하여 좋은 운을 맞이 해야 할 것이다.

⑦ 丙일이 생일인 남자

<pre>
        日干   丙(火)- 나(身)
    강   남   구

    ↓   ↓   ↓

  木(음)   火(음)   木(양)

    ↓   ↓   ↓

  인수   겁재   편인
</pre>

음양의 배열은 좋으나 나를 도와 주는 숫자가 많게되니 남에게 의지 하려고 하는 의타심이 많고, 머리는 총명하여 학문은 많이 하였는데 먹고 노는 것을 매우 잘하며 직장을 여기 저기 옮겨 다니게 되고 수명 또한 좋지 않다.

싫증을 잘 내는 타입이며 게으른 사람이다. 오늘 일을 내일로 미루게 되며 끝에 가서는 고민하는 일이 많다.

그리고 하고 싶은 것은 많은데 실행에 이르기 까지는 시간이 걸린다.

⑧ 丁일이 생일인 여자

日干　丁(火)- 나(身)

　　　강　　　　　종　　　　　금

　　　↓　　　　　↓　　　　　↓

　　木(음)　　　金(음)　　　木(음)

　　　↓　　　　　↓　　　　　↓

　　편인　　　　편재　　　　편인

　음양의 배열도 음으로만 되어 있어 이름 자체가 어둡고 무거
웁게 느껴지고, 편재가 편인을 해하고 있으니 머리가 총명하여
박학다식하여도, 공부를 할 기회를 놓치기 쉽고 재물은 그런대
로 모이겠지만 큰 재물은 들어오지 않는다.
　만약에 큰 재물이 들어오게 되면 반드시 나가게끔 되어 있으
니 그것 또한 이름 탓이다.
　편재가 편인을 해한다는 것은 전문용어로 극(剋)이라고 하는
데, 그것은 상생(相生)하는 관계를 한 계단 뛰어 넘어 자연의
이치를 무시하게 되는 것을 말한다.

　아래 그림을 참고 하기 바란다.

相 剋

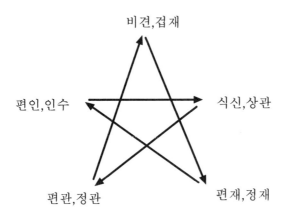

가. 비견, 겁재는 편재, 정재를 극한다.
나. 식신, 상관은 편관, 정관을 극한다.
다. 편재, 정재는 편인, 인수를 극한다.
라. 편관, 정관은 비견, 겁재를 극한다.
마. 편인, 인수는 식신, 상관을 극한다.

이러한 배합은 가장 좋지 않으며 이름에 쓰지 않아야 한다.
서로 가까이 있는 것은 사이가 좋지만 서로 떨어져 있는 숫자
는 그 사이가 원만하지 못함을 알 수 있다.

가. 비견과 겁재는 편재와 정재를 극한다.

 비견과 겁재는 나 자신이고, 편재와 정재는 재물과 아버지가
되는데, 내가 재물과 아버지를 극(剋)하게 되니 재물에 대한
집착성이 매우 강하고, 노력은 하지 않으면서 일확천금을 바라
는 허황된 마음을 갖게 된다.
 요행만 바라고 노력은 없으니 재물이 잘 들어오지 않게 되고
설사 재물이 들어 온다 해도 썰물이 밀려 나가듯 순식간에 재
물이 빠져 나가게 된다.
 그러하니 일생평안 재물의 풍파가 많게 되고, 애는 쓰나 그
공은 적다. 그리고 또 아버지를 극(剋)하게 되니 부모의 말에
순종하지 않고 반항을 하게 되는데 그 화는 나에게도 미치지
만 아버지에게는 치명적이되고 자칫 잘못하면 아버지를 일찍
여의게 된다.

나. 식신과 상관은 편관과 정관을 극한다.

 식신과 상관은 직장수명이고, 편관과 정관은 명예이며, 남자
에게는 자식에 해당되고, 여자에게는 남편에 해당된다.
 편관과 정관이 당하는 입장이니 명예는 얻기가 힘이 들고 비
록 실력은 있고 노력은 하여도 명예를 얻기는 매우 어렵다.
 특히 남자에게는 자식에 해당되니 자식에게 불행한 일이 일어
나게되고 자식은 아버지가 무서워 밖으로 나돌게 되니 불량학

생이나 거리의 방탕아가 되게 된다.

아버지의 이름으로 인하여 자식에게 해가 되는 아주 나쁜 작용을 하는 이름이다. 그리고 여자도 마찬가지이다.

여자에게는 남편에 해당되니 남편이 하는 일이 만사불성이 되고 남편이 밖으로 나돌게 되니 자칫 잘못되면 독수공방신세를 면치 못하게 되는 흉운을 불러 주는 나쁜 이름이다. 그리고 식신과 상관도 기진맥진하여 힘이 약해지니 수명도 단축된다.

다. 편재와 정재는 편인과 인수를 극한다.

편재와 정재는 재물과 아버지에 해당되고, 편인과 인수는 어머니와 학문에 해당된다.

편인과 인수는 당하는 입장이니 아버지와 어머니가 싸우는 형상이 되어서 집안이 조용할 날이 없을 것이니 가정의 화목은 깨어지고 찬 바람만 불어대니, 공부도 되지 않아 학문의 길은 멀어지고 그야 말로 배우고 싶어도 배울 수 없는 운으로 유도하게 하는 이름이다.

배움이 없으면 기회가 주어져도 능력이 부족하니 주어진 기회를 활용할 수 없으며, 재물은 모이지 않고 재물에 대한 고통이 따르게 되는 것이다.

라. 편관과 정관은 비견과 겁재를 극 한다.

편관과 정관은 나 자신이고 편관과 정관은 남자에게는 자식에 해당되고 여자에게는 남편에 해당되니, 남자는 자식으로 인하여 근심걱정 떠날 날이 없게 되고 자식을 멀리 하게 되니 자식은 공부하지 않고 나쁜 길로 걸어가게 된다.

여자는 남편이 있는데 또 다른 남편이 들어오게 되니 바람을 피우기 쉽게 되고 바람을 피우다 보면 남편에게 소박 맞게 되니 독수공방하는 운을 유도하게 된다.

그리고 남녀 막론하고 신체가 허약하거나 아니면 그 반대로 비만이 있을 수도 있으며 주위의 사람들과 항상 구설수가 떠나지 않으며 심신이 불안하고 안절 부절 하지 못한다.

마. 편인과 인수는 식신과 상관을 극한다.

식신과 상관은 여자에게는 자식에 해당되고, 직장과 수명이며 편인과 인수는 어머니와 학문에 해당된다.

식신과 상관이 당하는 입장이니 직장이 안정되지 못하고 여기 저기 방황하게 되며, 취직이 된다 하여도 마음이 불안정하고 정신이 산만해지고하여 결국은 오래 가지 못하고 퇴직하게 된다.

수명에도 영향을 미치게 되니 건강에 유의 하여야 하고, 여자는 부인병을 조심하여야 하며, 특히 자식들이 엄마의 말을 듣지 않고 반항하게 되고 자식들이 공부를 게을리 하게 된다.
특히 여자는 자식때문에 평생을 눈물로 보내기 쉽다.

3. 戊,己일이 생일에 해당되면

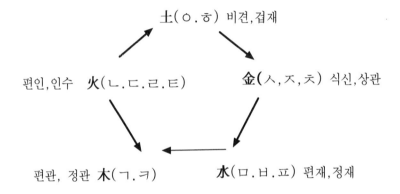

⑴ 土오행이 생성되는 ㅇ,ㅎ이 비견, 겁재이고 金오행이 생성
되는 ㅅ,ㅈ,ㅊ이 식신, 상관이고 水오행이 생성되는 ㅁ,ㅂ,ㅍ
이 편재, 정재이고 木오행이 생성되는 ㄱ,ㅋ이 편관, 정관이고
火오행이 생성되는 ㄴ,ㄷ,ㄹ,ㅌ이 편인, 인수이다.

(2) 상기 도표를 분석해 보면

① 비견, 겁재 → ㅇ. ㅎ (土)
② 식신, 상관 → ㅅ. ㅈ. ㅊ (金)
③ 편재, 정재 → ㅁ. ㅂ. ㅍ (水)
④ 편관, 정관 → ㄱ. ㅋ (木)
⑤ 편인, 인수 → ㄴ. ㄷ. ㄹ. ㅌ (火)

① 戊己일이 생일인 사람에게 비견, 겁재가 많으면

 겉은 화려하고 아름다워 보여도 내면적으로는 사려가 깊지 못하며 농부와 같은 소박함과 믿음직스러운면도 있다.
 재물이 들어 올 때는 왕창 들어오고 나갈때도 순식간에 나가버린다. 계획과 실천에 있어서는 묵묵히 일을 추진해 나가며 남의 충고나 간섭을 싫어 하며 만사를 독단적으로 해결하려는 단점이 있다.
 이러한 이름은 식신 상관, 편재 정재로 지어주면 된다.

② 戊己일이 생일인 사람에게 식신, 상관이 많으면

 남에게 베풀어야 함에도 불구하고 더 베풀고자 하니 나의 힘이 빠져 나가서 오히려 인색한 면이 더 많다.

평생을 식복을 타고 났다고 볼 수가 있으며 웅변술은 뛰어나서 누구에게라도 대화로써는 지는 법이 없다.

여성은 남편 하는 일이 잘 되지 않고, 남편이 죽거나 무위도식하게 되고, 남성은 자식을 해하는 운으로 유도되기 때문에, 불구 자식을 두게 되거나 불효자식을 두게 된다.

이러한 이름은 편인, 인수나 비견 겁재, 편재 정재를 넣어 주면 만사가 해결된다.

③ 戊己일이 생일인 사람에게 편재, 정재가 많으면

무슨 일이든지 돈과 연결하여 생각하고 무슨 일이든지 벌려 놓기만 하면 돈이 저절로 굴러들어 올 것 같은 생각으로 사업을 시작하지만 그 결과는 소득이 없고 오직 손실 뿐이다.

재물에 대한 욕망과 욕심 뿐으로 하늘에서 황금이 떨어지기를 기다리는 사람 같이 오직 한탕만을 추구하게 된다.

그래서 재물이 들어 와도 금방 나가게 되니 욕심만으로 세상일 이 될 수는 없다.

이러한 이름은 식신, 상관이나 비견 겁재, 식신 상관을 넣어 주면 모든 문제들이 순조롭게 풀리게 된다.

④ 戊己일이 생일인 사람에게 편관, 정관이 많으면

 온 몸과 정신이 흩어지고 산만하여 마음에 갈피를 잡지 못하고 방황하게 된다. 심하면 몸에 질병이 발생하거나 교통 사고 등을 당하여, 신체 불구가 되기도 한다.
 특히 남성은 여자 문제로 인한 재난이 많이 발생하게 되고, 처로 인하여 재물의 손실을 보기도 한다. 항상 구설수로 인하여 근심걱정이 떠날 날이 없고 여성은 남자 문제가 복잡하여지고 자칫하면 유흥업 계통으로 나가게 되기도 한다.
 이러한 이름으로 편인, 인수나 식신 상관을 넣어 주면 정신도 맑아지고 계획도 제대로 세워지고 실천도 제대로 이루어지니 모든 문제가 저절로 풀어 질 것이다.

⑤ 戊己일이 생일인 사람에게 편인, 인수가 많으면

 하는 일마다 방해자가 나타나고 만사가 불성이다.
 누가 나를 도와 줄 것 같은 기다림의 세월을 보내게 되고 결코 남이 나를 도와 주어도 나에게는 아무런 도움도 되지 않고, 오히려 손해만 보게 된다. 남에게 베풀려고 하는 아량은 전혀 없고 오직 나만을 생각하는 이기주의자로, 먹고 노는 것만을 좋아하고 스스로 일 하는 것을 싫어 하니 일생을 무위도식하게 된다. 그러나 자신을 버리고 노력하면 예술계통으로 성공하기도 한다.

이러한 이름은 편재, 정재나 식신 상관, 편재 정재를 넣어 주면 모든 문제가 해결된다.

⑥ 戊일이 생일인 남자

日干　戊(土)- 나(身)

현	윤	대
↓	↓	↓
土(음)	土(음)	火(양)
↓	↓	↓
겁재	겁재	편인

음양의 배열은 좋으나 나와 같은 형제 친구가 둘이 되고, 나를 도와 주는 편인이 있으므로 하여 나는 그 힘을 믿고 기고 만장하여 내가 하고 싶은 일이 있으면 꼭 하고야 마는 성격이다.

남의 말을 전혀 듣지 않는 옹고집으로 실패를 많이 보게 되고 재물이 들어와도 순식간에 사라지고, 처와 자식을 해치며 특히 자식과의 불화로 서로가 힘들게 된다.

인정이라고는 전혀 없으며 재물 복도 없게 되니 일생을 곤고하게 된다.

그러나 나를 버리고 열심히 노력하면 군인이나 경찰계통으로 성공 할 수도 있다.

⑦ 己일이 생일인 여자

$$日干 \quad 己(土) - 나(身)$$

김	희	금
↓	↓	↓
木(음)	土(양)	木(음)
↓	↓	↓
편관	겁재	편관

음양의 배열은 좋으나 일간인 나와 겁재인 친구, 형제로 나와 함께 힘을 모으고 있는데, 성씨의 편관과 이름 끝 글자의 편관이 힘을 합세하여 일간인 나와 친구인 겁재를 극(剋)하여 못살

게 구니 일간인 나와 겁재인 친구도 편관 둘에 대항하여 버티다 보면, 온 몸에 상처뿐인 인생이 되고 만다.

여자이기 때문에 남자 문제가 복잡하고 남자로 인한 구설수가 항상 따르게 되며 남편 또한 바람둥이 남편을 만나게 된다.

여자 팔자 남편 잘 만나야 일생이 편안할진데 바람둥이 남편을 만나게 되니 인생살이 바람 잘 날 없게 된다.

그리고 이름이 전해 주는 메세지(氣)는 김(金)은 金이고 돈을 의미하고, '호'는 좋아한다는 이미지가 강하게 풍기고 마지막 이름 글자도 금을 뜻하니 금은 황금이요 돈이니, 양 옆에 있는 돈만 좋아하는 사람이니 돈이라면 부모 형제도 안면 몰수하는 돈 밖에 모르는 여자이다.

바람둥이 남편에다가 돈 돈 돈 하고 외쳐대니 가난 속에서 벗어 날 길이 없다.

때로는 교통사고로 불구가 되는 수도 있다.

4. 庚,辛일이 생일에 해당되면

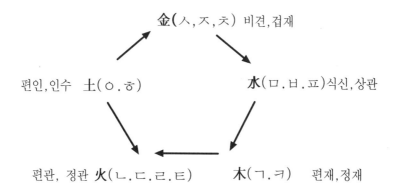

⑴ 金 오행이 생성되는 ㅅ.ㅈ.ㅊ이 비견, 겁재이고 水 오행이 생성되는 ㅁ.ㅂ.ㅍ이 식신 상관에 해당되고, 木 오행이 생성되는 ㄱ.ㅋ이 편재, 정재이고, 火 오행이 생성되는 ㄴ.ㄷ.ㄹ.ㅌ이 편관,정관이고, 土오행이 생성되는 ㅇ.ㅎ이 편인,인수이다.

⑵ 상기 도표를 분석하여 보면

  ① 비견, 겁재 → ㅅ. ㅈ. ㅊ (金)
  ② 식신, 상관 → ㅁ. ㅂ. ㅍ (水)
  ③ 편재, 정재 → ㄱ. ㅋ (木)

④ 편관, 정관 → ㄴ. ㄷ. ㄹ. ㅌ (火)

⑤ 편인, 인수 → ㅇ. ㅎ (土)

① 庚辛일이 생일인 사람에게 비견, 겁재가 많으면

의리와 신의는 있으나 남을 무시하는 경향이 많고 신체에 수술자국이 있거나 수술을 하게 되기 쉬우며 어디에 부딪쳐도 잘 다친다.

특히 교통 사고에 유의하여야 하며 스스로 마음의 덕을 쌓아야만 나쁜운에서 조금이나마 벗어 날 수 있다.

새로운 것에 도전을 하는 마음으로 모든 일에 임하며, 재물은 많이 버는 만큼 많이 쓰인다.

이러한 이름의 소유자는 군인, 경찰 계통에서 크게 명성을 얻을 수도 있다.

남성이나 여성이나 막론하고 배우자를 해치는 운으로 유도되기 때문에 스스로 자신의 마음을 다스려야 한다.

② 庚辛일이 생일인 사람에게 식신, 상관이많으면

재물을 찾아서 열심히 노력하는 노력파이나, 도중에서 포기하고 만다.

겉으로는 강하여 보이나 내면적으로는 유약하고 겁이 많은 편이다.

남에게 베풀려고 하는 마음은 가득한데 생각으로만 그치고 주위 사람들의 도움과 은덕은 기대하기 어렵다.

타향에서 자수 성가 하여야 하며, 한번 들어온 재물은 잘 나가지 않고 차곡 차곡 쌓이게 되지만, 모으는 과정이 엄청나게 힘이 드는 것이 단점이다.

이러한 이름은 비견, 겁재나 비견 겁재, 식신 상관을 넣어 주면 모든 것이 해결된다.

③ 庚辛일이 생일인 사람에게 편재, 정재가 많으면

금전의 출입이 번번하고 교통 사고가 일어나게 되니, 교통 사고를 조심 하여야 한다.

남성은 처가 순종하지 않고 대항하여 대드니 가정이 편안 할 날이 없고, 여자로 인하여 재물의 손실을 보게 된다.

재물도 하늘에서 황금이 떨어지듯이 순식간에 들어오지만 나갈때는 번개 치듯 금방 나가 버린다.

이러한 이름은 식신, 상관이나 비견 겁재, 식신 상관을 넣어 주면 돈이 차곡 차곡 창고에 쌓이게 되고 처도 고분 고분하게 순종하게 된다.

④ 庚辛일이 생일인 사람에게 편관, 정관이 많으면

 기관지가 약하여 기침이 잘 나고 감기에 잘 걸리며, 웅변술과
사교성이 부족하여 대인 관계가 원만하게 이루어지지 않는다.
 특히 남성은 자식으로 인하여 평생동안 고생이 심하며 자나깨
나 자식 때문에 재물도 나가고 정신도 혼란 스러워지니 하루
빨리 개명하여야 한다. 이런 사람들은 군인, 경찰로 가게 되면
크게 명예와 부를 얻을 수도 있다.
 만약에 그 길로 가지 못하는 사람은 일생을 정신적 갈등과 고
뇌 속에 시달리게 된다.
 이러한 이름은 편인, 인수나 편인 인수, 식신 상관을 넣어 주
면 그 화가 오히려 복이 되어 돌아오게 된다.

⑤ 庚辛일이 생일인 사람에게 편인, 인수가 많으면

 가슴이 답답하고 능력과 학식이 풍부해도 재능을 발휘 할 기
회를 잡기가 힘이 드니 하는 일마다 실패와 좌절이 있게 되고
마음이 심약하여 우울증에 시달리기도 한다.
 주위에서 도움을 주는 사람은 많으나 스스로가 거절하게 되고
대인 관계가 서투르니 사회 생활 하는데 어려움이 많다.
 거기에다가 고집은 세어서 내가 하고 싶은 대로 다 하려고 하
니 주위의 사람들이 하나둘씩 멀어져 가니 외롭고 고독하기가
그지 없다.

이러한 이름은 식신, 상관이나 편관 정관, 식신 상관을 넣어 주면 모든 문제가 실타래 풀리듯이 잘 풀려 나가게 된다.

⑥ 辛일이 생일인 남자

日干   辛(金)- 나(身)

김   성   복

↓   ↓   ↓

木(음)   金(음)   水(음)

↓   ↓   ↓

편재   비견   식신

음양의 배열에서 음만 있으니 성격이 내성적이고 울컥하는 성질이 있으며, 辛(金)과 日干인 나와 이름의 중간자인 비견이 합세하여 식신을 도와주니(生) 식신의 성격이 더욱 강하여 지고 나와 똑같은 비견이 있으니, 이런 형태는 재물을 보면 재물 싸움이 일어나게 되는데, 성씨가 편재로 재물이 되니(또 조상이고 아버지에 해당) 나와 비견인 친구형제간에 재물싸움이 일어 나게 된다.

어차피 이름에서 작용하는 모든것은 전부 나의 것이니 나의 성격은 식신이 강하여 지므로 허영에 들뜨게 되고, 성격은 더욱 더 횡폭하여지고, 남을 멸시하거나 무시하게 되며 허영을 충족시키기 위해서는 재물이 필요한데 재물은 조상의 자리, 즉 아버지에게 있으니 아버지로부터 재물을 얻을려고 해도 아버지가 아들의 허영심 때문에 돈을 주지 않으니까, 강도로 위장하고 아버지를 살해 하였다.

장남이기 때문에 상속권자로씨 1순위가 되고 상속되는 유산을 받아 자신의 허영심을 채우기 위한 방법으로 천륜을 저버린 패륜아가 되어 버린 이름이다.

⑦ 辛일이 생일인 여자

日干　辛(金)- 나(身)

전　　　　　현　　　　　주

↓　　　　　↓　　　　　↓

金(음)　　土(음)　　金(양)

↓　　　　　↓　　　　　↓

비견　　　편인　　　겁재

음양의 배합은 좋으나 나인 辛(金)은 편인의 도움과 비견, 겁재의 도움을 받고 있는데, 이런 이름은 남에게 도움을 받기 만을 좋아하고 베풀 줄은 모른다.

나와 같은 비견과 겁재가 있어 돈을 보면 나누어 써야 하는데 돈은 보이지 않아 다행이지만, 겁재가 있음으로 하여 재물을 파(破)하게 되니 옹고집과 자존심으로 꽉 차 있고 이중적인 면모도 있으니 선과 악이 함께 공존하고 있다고 생각되기도 한다. 비견이 둘이고, 겁재가 하나가 되니 나와 같은 숫자가 셋이나 되니 재물에 대한 욕심은 끝이 없으니 돈 때문에 겁재에 있는 악이 작용하여 범죄를 저지르게 되었다.

박 초롱 초롱 빛 나리 양을 유괴 살인한 죄로 감옥에 들어 가 있는데, 단독 범행이라고 주장하지만 이름에서도 나타났지만, 분명한 것은 단독 범행이 아니라는 것이다.

어린아이를 유괴하게 된 것은 내가 재능을 발휘 할 수 있는 장소요 기회가 바로 어린아이와 같은 식신에 해당되기 때문에 돈을 벌 수 있는 장소와 기회로 어린아이를 유괴하여 공갈 협박하게 된 것이다.

참고로 박 초롱 초롱 빛 나리 양의 이름을 한글오행으로만 풀이해 보기로 하자. (부모님께는 죄송하지만)

박	초	롱	초	롱	빛	나	리
水	金	火	金	火	水	火	火

'박'에 해당되는 水를 제하고, 나머지 '초롱 초롱'은 金이 火에 녹아 버렸고, '빛나리'는 '나리'의 火가 빛의 水에 의해서 불이 꺼져 버렸다. 金은 녹아 버리고 火는 꺼져 버렸으니 어떻게 생명을 부지 할 수가 있겠는가.

그리고 '초롱초롱빛나리'는 여러 사람들에게 알려져서 이름을 드높히라는 뜻인데, 어린 나이에 여러 사람들에게서 빛나게 알리기는 어려웠는데 죽음 뒤에 사람들에게 많이 알려져서 빛나게 되었으니 안타까운 마음 금 할 길이 없다.이러할진데 이름이 아름답다거나 뜻의 의미가 좋다고 함부로 이름을 지어 서는 안 된다는 것을 다시 생각 하게끔 한다.

5. 壬,癸일이 생일에 해당되면

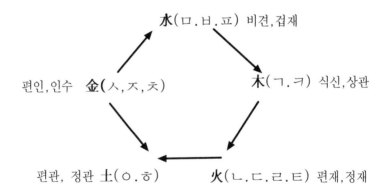

(1) 水 오행이 생성되는 ㅁ,ㅂ,ㅍ이 비견, 겁재이고 木오행이 생성되는 ㄱ,ㅋ 이 식신 상관이고 火오행이 생성되는 ㄴ,ㄷ, ㄹ,ㅌ이 편재, 정재 이고, 土오행이 생성되는 ㅇ,ㅎ이 편관, 정관이고 金오행이 생성되는 ㅅ,ㅈ,ㅊ이 편인, 인수이다.

⑵ 상기 도표를 분석하여 보면

　① 비견, 겁재 → ㅁ. ㅂ. ㅍ (水)
　② 식신, 상관 → ㄱ. ㅋ (木)
　③ 편재, 정재 → ㄴ. ㄷ. ㄹ. ㅌ (火)
　④ 편관, 정관 → ㅇ. ㅎ (土)
　⑤ 편인, 인수 → ㅅ. ㅈ. ㅊ (金)

① 壬癸일이 생일인 사람에게 비견, 겁재가 많으면

　비견, 겁재가 많으면 일생을 타향에서 왔다 갔다 하는 떠돌이로써 직장도 자주 옮기게 되고, 재물의 풍파도 많다.
　그러나 마음은 낙천적으로 세상 만사 흘러가는 물결에 떠 있는 돛단배처럼 흘러가면 된다는 식이다.
　외면으로는 부드럽고 유약해 보이지만 내면은 거칠고 횡폭하여 남들과 잘 어울리며 사기성도 내포되어 있다.
　남녀 공히 배우자 덕이 없으며, 자칫 잘못하면 일생을 독수공방으로 지낼 수도 있다.
　이러한 이름에는 식신 상관, 편재 정재를 넣어 주면 숨통이 확 트이고 가는 길이 편안해 진다.

② 壬癸일이 생일인 사람에게 식신 상관이 많으면

 직장을 여기저기 옮겨 다니며 모든 일에 계획과 실행은 잘 이루어 지지만 끝맺음이 희미하다.
 남성은 자식걱정으로 근심이고, 여성은 부부 이별수가 있으며 남편 덕이 없다.
 남편과 이별하지 않으면 남편은 틀림없이 무위도식하는 사람이다.
 성격은 부드러워 남들에게서 많은 호감을 받게 되는데도 전혀 도움은 없다.
 이러한 이름은 비견 겁재나, 편인 인수, 비견 겁재, 편재 정재를 넣어주면 만사형통이다.

③ 壬癸일이 생일인 사람에게 편재, 정재가 많으면

 꽃 따라 물이가고, 물 따라 꽃이 가니 이른 봄날에 춘정이 솟아나듯 남녀간에 이성간에 교제가 많은 중에 이성 문제로 망신을 당하기도 한다.
 재물을 보면 흩어지고 마음은 꽃밭에만 가 있으니 되는 일이라고는 없다.

여성은 남자로 인해 재물의 손실이 많고, 내 돈 주고 뺨 맞는 형상이니 누구를 원망하랴.

이름 지어 주신 부모님을 원망해도 소용 없는 일이고, 이름 잘 짓는 작명가에 부탁하여 하루 속히 개명하는 수 밖에 없다.

이렇게 이성의 교제가 많으면 좋을 것 같지만 좋은 중에 나쁜 운이 함께 하고 있어 이성으로 인한 구설수가 있게 되니, 이러한 이름은 식신 상관이나, 비견 겁재, 식신 상관을 넣어 주면 오히려 배우자 궁이 좋아져 배우자의 은덕이 많다.

④ 壬癸일이 생일인 사람에게 편관, 정관이 많으면

성격은 거칠고 난폭하여 아무에게나 시비를 걸고 하여 스스로 구설수를 만들게 된다. 사교성은 좋으나 웃음 속에 비수가 숨겨져 있으니 손윗사람을 조심하여야 하며 자칫 방심하면 돈은 돈대로 나가고 망신은 망신대로 당하게 된다.

여성은 남자가 많으니 남자로 인한 재난이 있을 수 있고, 잘못하면 유흥업 계통으로 빠지기 쉬우니 조심하여야 한다.

이러한 이름은 식신 상관이나, 편재 정재나 편인 인수를 넣어 주면 만사가 순조로웁게 진행된다.

⑤ 壬癸일이 생일인 사람에게 편인, 인수가 많으면

　머리가 총명하고 재주가 있어 지식은 많아도, 그 재능을 발휘
할 기회를 얻기가 힘이 든다. 계획은 치밀하게 잘 세우지만 실
천하기가 힘들며, 시작하여도 도중에서 그만 두는 일이 더 많
다.
　고향을 등지고 삼천리 방방곡곡을 떠돌아 다니게 되고 어디를
가도 먹을 복은 많지만 그 마음은 편하지 않으니 마음에 근심
과 괴로움이 따른다.
　재물을 모으고 싶어도 기회를 잡지 못하니 그 고통과 고난을
말로 표현 할 수 없으며 그 고통이 심하면 수도승이 되기도
한다.
　이러한 이름은 편관 정관이나 식신 상관, 편재 정재를 넣어
주면 재능을 발휘 할 수 있는 기회를 잡을 수가 있고 방랑 생
활도 끝을 맺게 된다.

⑥ 壬일이 생일인 남자

日干　壬(水)- 나(身)

차	기	준
↓	↓	↓
金(양)	木(양)	金(음)
↓	↓	↓
편인	식신	인수

음양의 배열은 좋으나 직장이요 옷과 밥그릇에 해당되는 식
신을 편인과 인수가 양 옆에서 협공을 하고 있으니, 재능이 있
어도 능력을 발휘할 기회를 잡을 기회가 없고, 매사가 방해만
생기게 되니 가슴만 답답하다.

그리고 식신은 재물의 근원인데 재물의 근원을 극하고 있으
니, 재물도 날아가 버리고 직장, 직업의 변동도 많게 되니 세
상 만사가 귀찮고 허무하게만 느껴진다.

⑦ 癸일이 생일인 여자

日干　癸(水)- 나(身)

　　김　　　　덕　　　　순

　　↓　　　　↓　　　　↓

　木(음)　　火(음)　　金(음)

　　↓　　　　↓　　　　↓

　식신　　　편재　　　편인

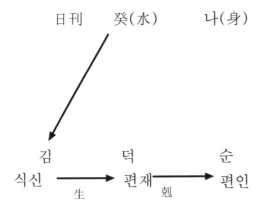

日刊　　癸(水)　　　나(身)

　　김　　　덕　　　순
　식신　　편재　　편인
　　　　生　　　剋

편인이 日干인 나를 생해주고 일간은 식신을 생해주고, 식신
은 편재를 생해 주어 좋은데, 왕성한 편재가 편인을 극하고 잇
으니 재물로 인한 문서 사고가 터지게 된다.

그리고 이름 전체가 음으로만 구성되어 있어 내성적인 성격으
로써 음흉한 생각이 마음 한구석에 도사리고 있기도 하다.

이러한 이름은 재물에 대한 욕심을 부리게 되는데, 재물로 인
하여 오히려 파산하게 된다.

실제로 이 사람은 보험 설계사 였는데, 보험사고를 내고는 어
디론가 잠적해 버렸다.

8. 사주 작명법에 의한 작명법

(1) 이름을 짓는 순서

① 만세력에서 사주를 찾아낸다.
② 사주를 분석하여 사주에 필요한 음양 오행을 찾아낸다.
③ 필요한 음양오행을 육신법으로 분석하여 적절한가를 본다.
④ 일간에 배합이 좋은 오행 조견표에서 음양을 선별한다.
　(이때에는 두가지 정도의 오행을 찾아 둔다)

⑤ 수리오행과 음 오행을 결정한다.

⑥ 음 오행에 맞추어서 성과 이름이 잘 어울리는 글자를 선택한다.

⑦ 수리 획수 도표에서 사주에 필요한 수리획수와 수리오행을 찾아낸다.

⑧ ⑥에서 선택한 글자의 한자 중에서 뜻도 의미도 좋고 수리획수에도 맞는 한자를 선택한다.

⑨ 이렇게 작명하게 되면 사주 작명법과 수리획수에 의한 작명법을 병행하여 짓게 되는 것이다.

조금은 복잡해 보이지만 연습을 몇 번 해 보면 쉽게 터득이 될 것이다.

(2) 실제 작명하는 법

예1) 남자, 성은 이씨
　　1964년 음력 7월 13일 오전 11시 50분 출생

① 　時　　　　日　　　　月　　　　年
　　　壬　　　　庚　　　　癸　　　　甲
　　　午　　　　午　　　　酉　　　　辰

　　　　　木　1
　　　　　火　2
　　　　　土　1
　　　　　金　2
　　　　　水　2

　　　　　合化 金　1

② 일간 庚金이 金왕절에 출생하여 신왕한데 년지 월지가 합이 되어 또 금을 생성하고 년지 辰土가 있어 신왕해 졌으나, 편인인 辰土가 갑목에 극을 당하고 있어 편인으로써 역할이 힘들고 월간 상관(癸水)과 시간 식신(壬水)이 강하게 설기 시키고 있고, 일지 시지의 정관 午火가 극을 하고 있어 신약으로 돌아서게 되었다.

이러한 때는 식신 상관을 제압해 주고 정관의 힘을 받아 일간을 도와 줄 수 있는 인성인 土가 가장 좋고, 그 다음이 金이다.

그래서 土와 金을 사용하여 이름을 지어야 하는데, 단일 오행만 갖고 이름을 지으면, 아무래도 발음상 듣기가 거북하다던지 강한 느낌이 든다던지, 하기때문에 될 수 있으면, 오행을 골고루 사용하여 이름을 짓는것이 좋기 때문에 土金을 사용하여 이름을 지어 보기로 한다.

③ 庚日干에서 土와 金의 육신은 다음과 같다.

생		日 刊		동 류
土	——>	庚(양)	<——>	金
(양)	——>	편 인	(양) ——>	비 견
(음)	——>	인 수	(음) ——>	겁 재

식신과 상관이 왕성하므로 인수로써 제압하기는 힘이 드니 편인을 사용하여야 하고 庚金이 신약하여 도와주는 데는 비견보다는 겁재가 나으니 겁재를 사용하여야 한다.

그래서

土 → 양   金 → 음

④ 일간에 배합이 좋은 오행

▶ 경신금에 배합이 좋은 오행 조견표에서
▶ 성씨가 이씨이니 "ㅇ"은 ㅇ,ㅎ의 土에 해당되니, ㅇ,ㅎ칸에서 찾으면 된다.
▶ 제 1 오행 → 土 - 土 - 金
  제 2 오행 → 土 - 金 - 土

⑤ 제1오행과 제2오행을 모두 사용하여 이름을 짓는 방법도 있지만, 한가지만 선택하여 짓는 것이 덜 복잡하고 이름도 짓기가 편리하다.
  여기서는 제2오행인 土 - 金 - 土를 선택하기로 한다.

⑥ 성과 이름에 잘 어울리는 글자 선택

      土   →   성   →   이씨

金(ㅅ,ㅈ,ㅊ) →   산, 삼, 상, 새, 생, 서, 석, 선, 섭, 세,
↓   소 등

음   자, 장, 재, 저, 점, 정, 제, 조, 종, 좌,
               주, 준등

               차, 찬, 창, 채, 천, 철, 청, 춘, 치 등

金은 음의 글자를 선택하여야 하므로 받침이 있는 글자를 사용하여야 한다.

土(ㅇ,ㅎ) → 안, 암, 양, 억, 언, 업, 여, 엽, 영, 완,
↓   우, 웅, 원 등

양   하, 학, 한, 환, 헌, 현, 호, 확, 훈, 휘, 희
                 등

土는 양의 글자를 선택하여야 하므로 받침이 없는 글자를 사용하여야 한다.

⑦ 수리 획수와 수리 오행

수리 오행도 사주에 필요한 오행을 사용하여야 하므로 다음의
수리 오행을 선택하기로 한다.

제 1 의 방 법

성　　李　7획 ── 7 + 1 = 8 획(金) → 양
　　　　　　　　├ 7 + 8 = 15 획(土) → 양
이　（　）8획 ┤
　　　　　　　　└ 8 + 8 = 16 획(土) → 음
름　（　）8획 ┘
　　총획　23획

제 2 의 방 법

성　　李　7획 ── 7 + 1 = 8 획(金) → 음
　　　　　　　　├ 7 + 8 = 15 획(土) → 양
이　（　）8획 ┤
　　　　　　　　└ 8 + 17 = 25 획(土) → 양
름　（　）17획 ┘

제 3 의 방 법

```
성    李    7획  ┌── 7 + 1 = 8 획(金) → 음
                │
                ├── 7 + 9 = 16 획(土) → 음
이   (   )  9획  │
                │
름   (   ) 16획  └── 8 + 16 = 25 획(土) → 양
```

⑧ ⑥에서 선택한 글자 중에서 ⑦에서 선택한 수리 획수에도 맞고 한자의 뜻이나 의미가 좋고 성과 함께 불러 주어서 좋고 아름답고 기억에 오래 남는 글자와 한자를 선택하면 된다.

상기의 세가지 방법으로 선택된 이름 중에서 마음에 드는 하나를 선택하여 사용하여 부르게 되면, 최고의 좋은 운으로 유도하는 이름으로써 후천운을 좋게 만든다.

사주 작명법은 까다롭고 복잡해 보이지만 그렇게 복잡하고 까다롭지가 않다.

지금까지의 성명학과는 다른 차원의 성명학으로서 사주에 가장 잘 맞추어 이름을 짓는다는 것이다.

다른 성명학 책에서 미비된 수리획수를 정확하고, 간편하게 볼 수 있도록 정리해 두었으며 일간에 따른 오행 배치 조견표도 손쉽게 볼 수 있도록 배치해 두었으므로 누구든지 쉽게 이름을 지을 수가 있을 것이다.

다만 여기에서 문제가 되고, 어려운 부분이 사주에 있어서의

필요한 오행을 찾아 내는 것이다.

전문 역술인들도 실수를 범하는 이 사주 감정법은 전문가에게 맡기는 방법이 가장 좋긴 한데 그 또한 맡기기가 어렵다.

왜냐하면 그 사람도 실수를 할 수가 있기 때문이다.

더구나 격국과 용신을 논하고 있는 많은 역술인들이 있기 때문에 그 믿음은 점점 더 희박해진다.

여기까지의 작명법이 최고의 작명법이고, 더 이상의 작명법은 있을 수 없다고 필자는 말하고 싶다.

왜냐하면 이름하면 그 사람의 운명과 직결되고 그 사람의 운명하면 바로 사주팔자와 직결되니 사주에 맞추어서 지은 이름이 최고의 이름이요, 최고의 작명법이다.

다만 뒷편에 설명하는 음파 메세지(氣) 성명학을 첨가했을 때의 말이다.

물론 음파 메세지(氣) 성명학이 없다고 보면, 사주 작명법에 의한 작명이 최고의 학문이며 최상의 작명법이다.

다시 한번 강조 하지만 더이상의 성명학은 나올래야 나올수가 없다.

이 사주 작명법이 발전되므로 해서 많은 사람들의 운명이 바뀌게 될 것이라 확신한다.

그리고 음파 메세지(氣) 성명학은 성명학이라기 보다 한자와 한글이 함께 담고 있는 메세지(氣)를 말하는 것이다.

이것은 사회 생활 하는데 있어서 흔히들 사용하는 일상 용어들 사이에서도 많은 작용을 하고 있고, 실제로 사람들은 무의식 속에서 사용하고 있지만, 느끼지 못하고 있는 것이다.

아무튼 이 음파 메세지(氣)의 작용력을 성명학에 대비하면 엄청난 작용력이 생기고 있다는 것을 체험 할 수가 있다.

　자세한 설명은 뒤편으로 미루고 음파 메세지(氣) 성명학은 사주 작명법과 함께 성명학에 있어서 최고의 학문이며 더 이상의 성명학은 없다고 과감히 말하고 싶다.

제 3 편 음파 메세지(氣) 성명학

1. 개요

이름에도 기(氣)가 흐르고 있다. 기(氣)가 언제 흐르느냐구
요?

그 기(氣)는 바로 당신의 이름을 부를 때마다 힘차게 당신에
게로 흘러서 좋은 이름은 좋은 운만을 불러 주고 나쁜 이름은
나쁜 운만을 불러 주게 된다.

지금까지의 모든 성명학은 모순의 극치를 이루고 있으며, 다
만 참고할 수 있는 것은 극히 일부분뿐이다.

이제 성명학은 음파 메세지(氣) 성명학을 떠나서는 생각할 수
도 없으며, 더 이상의 성명학은 없다.

이름은 불러야만 이름이지 부르지 않고 수 만번을 기록해 놓
아도 이름이 아니다. 물론 이름은 이름이지만 이름의 주인공의
귀를 통하여 들리지 않으니 이름의 주인공이 자신의 이름을
부르는지 부르지 않는지 알 수가 없으니, 이름의 주인공이 대
답하지 않기 때문에 이름이 아니라는 것이다.

대답하지도 않는 이름을 어떻게 이름이라고 말할 수 있다는
말인가?

이름은 부를 때만이 이름이듯이 이름은 부를 때마다 이름의

주인공이나 이름을 부르는 당사자나 제각각 느껴지는 감정이 있다.

이것이 바로 이름이 담고 있는 메세지(氣)이며 음파 메세지(氣) 성명학의 모체인 것이다.

이 메세지(氣)가 바로 사람의 운명을 좌우하는 가장 중요한 것이다.

이 메세지(氣)가 그 사람에게 영향을 주어 그 사람의 운명을 좌우 한다는 것이다.

이것을 학문적으로 음파 메세지(氣) 성명학이라 이름 지었다.

예를 들면 바보에 있어서 '바'란 글자와 '보'란 글자를 따로따로 분리 시켜 버리면 아무런 의미를 나타내지도 않고 느낌도 주지 않는다.

'바'란 글자와 '보'란 글자를 함께 붙여 놓고 보거나 소리내어 불렀을 때 아..........!!! 하고 고개를 끄덕이게 될 것이다.

그것은 바로 '바보'란 두 글자만이 바보라는 뜻을 가지고 있기 때문이다.

이러한 예는 수도 없이 많지만 바보란 단어 하나만 보아도 음파 메세지(氣) 성명학을 이해할 수 있을 것이고, 이름에 실려 다니는 음파 메세지(氣)가 이름의 주인공에게 얼마나 많은 영향을 미치게 되는가를 알 수가 있을 것이다.

이름에 담고 있는 어떤 의미가 이름을 소리내어 부를 때 그 이름의 의미를 지닌채 그 이름의 주인공에게 전달해 주기 때문이다.

그 전달해 주는 과정이 메세지(氣)이고 그 메세지를 바탕으로 한 성명학이기 때문에 음파 메세지(氣) 성명학인 것이다.

여기에 사주에 필요한 오행이 들어가야 하고 음령 오행이 추가 되어야 하며 수리 획수가 맞아야 하고, 좋은 의미의 한자를 선택하여 이름을 지어야 밝고 좋은 이름이라고 할 수가 있으며, 일생을 살아가면서 즐겁고 행복된 삶을 살아가게 될 것이다.

전문가가 아니면 이름짓기가 물론 어렵겠지만 이 책으로 열심히 공부하시면 언젠가는 전문가 못지 않은 밝고 좋은 이름을 지을 수가 있을 것이다.

음파 메세지(氣)에 의한 이름 짓기를 무시하고 이름을 지을 수는 있겠지만 그 사람의 이름이 좋은 이름이라고는 어느 누구도 장담하기는 어렵다.

여러분들도 곰곰히 생각해 보면 그 이유를 알 수가 있을 것이다.

우리의 글은 두 글자만 만나도 어떠한 의미를 갖게 된다는 사실을 우리들은 알면서도 진작 이름에는 아직까지 적용한 예는 없지만, 이제 음파 메세지(氣) 성명학이 탄생하므로 하여 이름에도 그 작용력이 미치게 된다는 것을 알았으니 절대적으로 이름에 담고 있는 의미를 모르고는 함부로 이름을 지어서는 안 될 것이다.

이름에 담긴 음파 메세지(氣) 작용력을 알아 볼 수 있는 간단한 예를 들어 보고 좀더 자세한 예는 뒷장으로 미룬다.

먼저 고인이 된 사람들의 명복을 우선 빌며 이 장을 열어 볼까 한다.

아무래도 고인들의 이름을 공개하고 거론하려니 양심이 허락하지 않는다만 살아 있는 사람을 우선적으로 생각하지 않을 수 없는 마음으로 고인들의 명예를 더럽히지 않는 범위내에서 간단하게 그 내용만 알아볼 수 밖에 없는 고충을 헤아려주시길 바라면서 이 글을 써 내려 가려 한다.

우리들에게 주옥같은 노래를 불러 주던 사람들 중에 요절한 가수들이 많이 있다.

그들의 공통점은 젊다는 것이고, 마지막 노래라 할 수 있는 노래는 한결같이 슬픈 노래였다는 것이다.

그들은 죽어야 할 나이가 아닌 젊은 나이인데도 불구하고 그들은 우리의 곁을 떠나 가야만 했으니, 안타까운 일이 아닐 수 없다.

그래서 한때 가요계에서는 슬픈 노래를 부르면 죽는다는 징크스가 생기기도 했다.

슬픈 노래를 즐겨 부른다거나 슬픈 드라마를 좋아하다 보면 자신도 모르게 슬픔을 많이 간직하게 마련이고 슬픔이 많이 쌓이다 보면 몸도 마음도 슬픔에 견디지 못하고 스스로 자폭하게 된다.

슬픈 노래는 절대로 부르지 말아야겠다.

설령 사랑하던 그 사람이 당신곁을 떠나 간다 하여도 한 두 번만 슬픈 노래를 부르고 그만 두어야만 한다.

그렇지 않으면 당신의 몸과 마음은 망가지게 되고 당신을 진짜로 슬픔의 나락으로 떨어지게 할런지도 모르고 그 정도가 심해지면 당신은 이 즐거운 세상과 하직을 할지도 모른다.

이름도 이와 마찬가지로 좋은 이름은 좋은 운만 불러 모아 그 이름의 주인공에게 행복과 즐거움을 주게 되고 나쁜 이름은 나쁜 운만을 불러 모아 그 이름의 주인공에게 실패와 좌절만을 안겨줘 그의 인생은 저 말단에서 이 아름답고 좋은 세상을 원망만하게 된다.

슬픈 노래보다 맑고 밝은 노래를 불러야겠고 나쁜 이름보다 좋은 이름을 지어서 불러야만 할 것이다.

슬픈 노래, 슬픈 드라마보다 경쾌한 노래나 즐겁게 웃을 수 있는 프로그램을 많이 보고 즐겨야 우리의 인생도 즐겁고 행복할 것이다.

좋은 운만을 불러 모아 주는 음파 메세지(氣) 성명학에 의한 맑고 밝은 이름과 함께...

(1) 이름이란 부를때에만 이름일 뿐이다.

우리들이 이름이라고 하면 호적이나 주민등록, 또는 전화번호부 등에 기록되어 있는 것을 생각하는데 이것은 절대로 아니다.

이름이란 부를때에만 이름이다.

만약에 당신의 이름을 크게 써서 누군가에게 보여주었다고 가정해 보자.

그 이름을 쳐다본 많은 사람들이 한결같이 그냥 보고만 있다면 당신은 "예" 하고 대답할 것인가? 물론 아니다.

그런 바보는 아직 못 보았으니까.

상대방이 눈으로만 읽을 뿐인데, 어떻게 하여 당신의 귀에까지 그 느낌이 와 닿을 수 있단 말인가?

그런일은 절대로 일어나지 않으며 그것을 어느 누구도 부정할 수 없는 사실이다.

그러나 그 중의 어느 한 사람이 '홍길동' 하고 소리 내어 읽었다면 그 소리는 공기를 타고 당신의 귀 속으로 파고 드니, 당신은 고개를 돌려 소리 나는 방향으로 보게 되던지, 아니면 "예" 하고 소리내어 대답하게 될 것이다.

바로 이것이 이름이다.

즉 이름이란 소리가 되어 울려 퍼지므로 해서 그 이름의 당사자에게 전달되고, 그 이름의 당사자는 누군가가 자기의 이름을 부르니 의식이나 무의식중에 민감한 반응을 보이게 되는 것이다.

그러하니 이름을 아무리 많이 기록하여도 이름이라고 할 수가 없는 것이다.

그러나 이름은 이름이다.

기록만 해 놓았다고 해서 이름이 아니라는 것은 아니다.

다만 소리내어 부르지 않으면 이름의 작용력이 없고, 이름의 당사자로부터 대답이나 어떠한 반응도 얻을 수가 없다는 것이다.

부르지 않는 이름은 이름의 당사자가 아무런 반응이나 느낌이 없으니 이름에 대한 작용력이 없고 그러한 이름은 기록 그 자체만으로 만족해야 할 것이다.

그리고 이미 고인이 되었거나 이름의 당사자가 들을수 없는 곳에서 부르는 이름도 그 작용력이 없다.

왜냐하면 이름의 당사자가 이름을 들을수가 없으니 아무런 느낌이나 반응을 보일 수가 없다는 것이다.

그래서 이름은 시간과 공간과 장소가 함께 있어야 되는 것이다.

이름을 부르는 사람과 이름의 당사자가 이름을 부르면, 들릴 수 있는 가까운 거리에 있어야 하고, 또 같은 시간대에 있어야 하며, 같은 공간 속에 있어야 한다.

예를 들어 보면 '길동아' 하고 불렀는데도 길동이는 대답하지 않고 있다가 한참 후에 '예' 하고 대답하는 일은 현재까지도 없고, 미래에도 없을 것이다.

즉 이름은 즉석에서만 부르고 대답하는 것이므로 이름을 불러야만 이름이고, 이름을 부르다 이름의 당사자가 대답하거나 반응을 보일때에만 이름의 작용력이 발생되어 그 사람에게 좋은 운과 나쁜운을 불러 모으게 되는 것이다.

 그러므로 좋은 이름을 많이 부르면 부를수록 좋은 운을 불러 모으게 될 것이고, 나쁜 이름은 부르면 부를수록 나쁜 운을 불러 모으게 된다.

 그렇다면 이름을 부르지 않으면 되지 않느냐고 반문할 지 모르지만 이름을 부르지 않고 살아갈 수만 있다면 그 방법이 최선의 방법이 될 것이다.

 이름이 나쁜 사람들은 이름을 부르지 말고 그 사람의 옆구리를 찌르던지 아니면 또 다른 신호를 보내던지 하면 그 사람이 반응을 보일테니, 그때 자신의 의사를 전달하면 이름의 나쁜 운은 작용하지 않게 될 것이다.

 이름은 영원한 부적이며 액막이이다.

 부적이란 동서양을 불문하고 수천년동안 사람들이 소원을 비는 하나의 방법으로 활용해 왔다.

 사람들은 하는 일이 잘 되지 않거나 소원을 빌때 부적을 사용해 왔는데, 부적의 효력이 있으니 수천년동안 사람들이 부적을 선호하고 이용해 왔지 효력이 없었으면 벌써 오래전에 소멸되고 말았을 것이다.

 여기에서 부적의 효력을 논하고자 하는 것은 아니지만 부적의 효력에 대해서는 긍정도 부정도 하지 말고 다만, 이름이 왜 부적과 같은 효력을 갖고 있는지에 대하여 논해 보고자 한다.

 이름은 그 사람 자체를 말하고 그 사람을 지칭하는데, 이름을 부르면 부르는 사람의 생각이 바로 이름의 주인공에게 전달되고 그 음파 메세지(氣)는 그 사람에게 작용하게 되는 것은 이미 설명한 바 있다.

여기에서 이름을 부르는 사람의 생각이란 바로 이름이 가지고 있는 이미지 즉 음파 메세지(氣) 이다.

이 음파 메세지(氣)가 이름을 부를 때마다 나타나서 이름의 주인공에게 영향력을 미치게 된다는 것이다.

이름을 부를 때마다 이러한 현상이 일어나게 되니 이름이 좋은 사람은 좋은 음파 메세지(氣)가 전달되어 좋은 운을 부르게 될 것이고 이름이 나쁘면 나쁜 음파 메세지(氣)가 전달되어 나쁜 운을 부르게 되어 그 이름의 주인공에게 영향을 미치게 되니 이러한 작용력이 한번으로 끝나는 것이 아니고 이름을 사용하는 동안 일생을 따라 다니면서 일어나니 이것이 바로 영원한 부적의 효과가 아니고 무엇이겠는가?

평생을 따라 다니며 작용력이 일어난다고 생각해 보면, 어떻게 이름을 함부로 지을수가 있을까?

정말 생각한 해도 함부로 이름을 지어서는 안되겠구나 하는 마음이 생기게 된다.

요즈은 텔레비젼 드라마의 시청률도 제목이나 주인공 또는 조연들의 이름이 많이 좌우하고 있기 때문에 작가나 PD들도 이름 짓기에 많은 시간과 투자를 하고 있다는 것을 신문 지상이나 보도를 통해서 알고 있는 사실 일 것이다.

특히 배역에 맞는 이름을 짓는 데 더 많은 시간을 투자한다는 것이다.

드라마 이름 하나, 출연하는 사람들의 이름에도 이렇게들 정성을 쏟는데 하물며 사람의 운명을 좌우하는 이름이야 두말하면 잔소리가 아니겠는가?

이러한 영원한 부적!

이름을 멋지고 아름답게 지어서 행복한 인생을 살아 가야지 이름을 아무렇게나 지어서 후회하는 인생이 되지는 않아야 만물의 영장으로서의 권리를 누리는 것일 것이다.

(2) 이름은 부를때 길흉이 생기게 된다.

 이름은 부르고 이름의 당사자가 듣고 반응하거나 대답을 할 때만이 작용력이 발생하고, 그 작용력에 의해서 길흉이 따르게 된다.
 좋은 이름과 나쁜 이름에 따라서 길·흉이 상반되는데 어떻게 해서 좋은 이름이 되어 좋은운을 유도하게 되고, 나쁜 이름이 나쁜운을 유도하게 되는가 하는 궁금증이 생기게 되는데, 이 궁금증을 풀어야만 이름의 길흉에 대한 해답이 나올 것이다.
 이름은 부를때에만 이름이라고 하였으니 이름의 길·흉은 틀림없이 이름을 부를때에 발생된다고 생각할 수 있다.
 그렇다면 이름을 부를때 이름 그 자체에서 생성되는 것은 무엇일까 ?

 지금까지의 성명학을 기초로 하여 분석하여 보기로 한다.

 ① 수리 획수와 수리오행
 ② 음 오행
 ③ 한자가 가지고 있는 의미
 ④ 이름 자체가 생성하는 메세지(氣)

 ①의 수리 획수와 수리 오행은 글자의 획수에 의해 나타나는 것인데, 소리내어 불렀을 때는 한자나 한글의 획수가 나타날 수가 없다.

획수를 알 수 있는 방법은 기록을 할 때 뿐이다.

그렇다면 이름을 부를때는 획수를 알 수가 없으니 부르는 이름에서는 수리 획수와 수리 오행은 필요 없으니 제외 시켜 버려야 된다고 생각하지만 그래도 그 작용력을 너무 부정해서도 안되니, 수리 획수와 수리 오행도 참고 하여야 할 것이다.

② 음 오행은 글자가 소리가 되어 나올때 생성되는 오행이니 부르는 이름에는 반드시 작용력이 발생된다고 생각된다.
이름을 부를때마다 각각의 이름마다 오행이 생성되어 그 생성되는 오행의 배합에 따라 각각의 변화가 생기게 될 것이니 음오행은 부르는 이름에 절대적인 존재이다.
그러므로 음오행과 음오행에 의해 창안된 사주 작명법도 필히 그 작용력이 있다고 보아야 할 것이다.

③ 한자가 가지고 있는 의미는 해당이 된다고 생각된다.
한자를 우리는 오랜세월동안 사용하여 왔고, 현재까지도 사용하고 있으니, 이름에 좋은 한자를 사용하면 좋은 이름이 되는 것은 당연한 이치이다.
다만 이름을 부르는 사람은 이름의 당사자가 어떤 한자를 선택했는지 잘 모르기때문에 이름을 부르는 사람에게 한자의 의미에 의한 작용력은 없다고 보며 이름의 당사자 만이 이름에 사용한 한자의 뜻과 의미를 알고 있으니 그 작용력은 미미하지만 있다고 생각된다.

그러나 미미한 작용력은 큰 의미가 없다고도 느껴진다.

④ 이름 자체가 생성하는 메세지(氣)란 이름을 부르는 사람이나 듣는 사람이 그 이름을 부르거나 들을때에 느끼는 감정을 말한다.

이름을 부를때나 들을때에 느껴지는 감정은 바로 음오행에서 생성되는 음양오행의 작용력과 그 다음으로 이름 자체 내에서 풍겨주는 메세지(氣)이다.

그 메세지(氣)란 다름이 아니고, 이름의 글자 각각이 갖고 있는 한자나 한글의 뜻 중에서 가장 강하게 느껴지는 것을 말한다.

그 강하게 느껴지는 기운은 음파 메세지(氣)이며 그 음파 메세지(氣)가 이름에 있어서 최고의 길흉 작용을 한다는 것을 필자는 많은 경험과 임상을 통해서 보아 왔다.

여러분들도 이 순간부터 음파 메세지(氣)에 대한 무서운 위력을 알게 될 것이며 또한 느끼게 될 것이다.

다시 말해서 음파 메세지(氣)란 이름을 부르는 사람이 그 이름에 대한 느낌을 의식중이던, 무의식중이던 느끼게 될 것이니 그 느낌을 이름의 당사자에게 작용하게 되는 것은 당연한 이치이고 이름의 당사자도 이름을 들을때마다 자신의 이름에 대한 느낌을 갖게 될 것이다.

이렇게 부르는 사람의 느낌과 듣는 사람의 느낌이 바로 이름의 당사자에게 엄청난 작용을 한다는 것이다.

예를 들어 보면 극기 훈련때 가장 많이 사용하는 말로써 '하면된다' 가 있다.

'하면 된다' 는 말은 무엇인가?

그 말을 하는 사람이나 듣는 사람에게 용기와 희망을 주는 음파 메세지(氣)를 담고 있기 때문에 그 사람들은 '하면된다'는 진취적이고 희망적인 생각을 가지고 매사를 추진하게 될 것이니 반드시 목적한 바를 달성하게 되는 것이다.

이 '하면된다'는 말 속에 들어 있는 음파 메세지(氣)가 그 사람을 성공으로 이끌어 가게 되는 것이다.

이름도 이와 마찬가지로 글자마다 각각의 음파 메세지(氣)를 담고 있어 그 음파 메세지(氣)가 그 사람의 후천운에 많은 작용을 하게 되는 것이다.

이 음파 메세지(氣)야 말로 성명학의 최고봉이며 가장 중요한 것이다.

일부 성명학자들은 아직도 수리획수와 수리오행에만 의존하고 있는데, 이제는 과감히 탈피하고 새로운 학문에 귀를 기울여야 할 것이다.

시대가 변하면 사람도 변하고 학문도 변하게 마련이다.

시대에 따르는 자만이 살아 남을 수가 있을 뿐이다.

이책을 보시는 여러분들은 절대로 음파 메세지(氣)를 무시하고 이름을 짓는 실수를 하시지 마시기를 바란다.

음파 메세지(氣)에 대한 예는 수도 없기 때문에 일일이 예를 모두 들수가 없다.

다음의 예는 음파 메세지(氣)가 담고 있는 작용력의 일부일 뿐이다.

많은 참고 있으시길 바란다.

예 1) 봉(鳳)

새 '봉' 자를 이름자에 사용 하였을때는 봉황처럼 고귀하고, 큰 인물이 되라고 지어 주었지만 실제로 이름을 부르는 사람은 새 봉(鳳)자, 급료 봉(俸)자, 봉할 봉(封)자, 봉우리 봉(峯)자, 만날 봉(逢)자, 중 어느 글자를 사용하는지 알 수가 없다.

그렇다고 이름의 주인공이 자기의 이름을 소개할 때, ○○ '봉' 자를 사용한다고 하지는 않았을 터이니, 그 '봉' 자의 해석은 부르는 사람이 생각하기에 달렸다.

'봉' 이라고 하면, 우선적으로 생각나는 의미는 봉우리 봉(峯)이고, 그 다음이 봉황을 뜻하는 새 봉(鳳) 이다.

그러나 그러한 한문의 뜻보다도 '봉' 이란 글자를 일반적인 보통의 사람들이 어떠한 느낌을 받느냐 하는 것이 더 중요하다.

자 '봉' 하고 한번 불러 보자.

'봉' 이란 흔히 쓰는 말로 '봉 잡았다, 봉 이다, 우리의 봉이 왔다, 너는 나의 봉이야' 라는 메세지(氣)가 더 강하게 풍기게 된다.

그러면 '봉' 이란 글자는 봉황이라는 전설속의 우아하고 고상한 거대한 새가 되지 못하고, 다른 사람들의 놀림 속에 보이지 않는 주머니만 축내는 그야말로 다른 사람들의 '봉'이 되고 마는 것이다.

이렇게 이름은 부르는 사람이 느끼는 메세지(氣)가 가장 중요한 것이며, 한문 자체에 의한 뜻은 2차적인 것이다.

예 2) 옥(玉)

옥(玉)은 많은 사람들이 구슬 옥 이리고 부른다.

구슬처럼 윤기나고 아름답다는 뜻을 지니고 있다. 그래서 인지 딸아이가 태어나면 그 부모들이 구슬처럼 예쁘다고 순옥, 연옥, 민옥, 영옥, 미옥 등으로 이름을 많이 지어서 불러 주고 있는데, 그들 중 과연 몇 명이나 다음에 열거하는 직업에 종사하지 않고 평범한 가정주부로써 살아가고 있을까?

옥(玉) 이란 이름을 가진 대부분의 여자들은 〇〇관, 〇〇정, 〇〇옥, 〇〇 나이트크럽, 〇〇 룸싸롱, 〇〇 단란주점등의 유흥업소나 인기직업인 연예인 또는 서비스 업종계통에서 종사하고 있는 것을 많이 보고 있다.

그것은 반짝 반짝 빛나는 구슬을 남자들은 어린 시절 구슬치기 할 때부터 가지고 놀았는데, 그 어린 시절의 향수 때문인지는 모르겠지만, 구슬 '옥' 자를 이름으로 쓰고 있는 여자들을 선호하고 좋아 하는지도 모른다.

그렇다고 해서 '옥' 이라는 이름을 가진 모든 여자가 그렇다는 것은 아니다.

정상적인 교육을 받고 직장생활을 한다던지, 인기직업에 종사

하는 사람들은 오히려 좋은 이름이라고 볼 수 있다.

특히 연예인이나 소설가, 시인, 모델 등 인기를 먹고 사는 사람들에게는 인기가 있어 매우 좋다.

예 3) 동(東)

'동'을 이름에 썼을때를 보면 동녘 동(東) 같은 동(同), 아이 동(童), 움직일 동(動)등을 사용하는데, 실제로는 '동'이라고 하면 가장 크게 어필되는 것은 찬 기운이다.

겨울은 추우니까, 추운 곳에서는 식물이 자라지 못하고 동물들도 겨울잠에 빠져있다.

그래서 '동'이란 이름의 사람들에게는 찬 바람처럼 찬기운이 느껴지고 성격도 냉정하며, 특히 사교성에는 능숙하지 못하다.

실제로 '동' 이란 글자가 들어가는 이름은 하는 일이 잘 풀리지 않는다.

사용하는 한문의 뜻이 중요한 것이 아니고, 그 글자를 소리내어 불렀을 때 떠오르는 메세지(氣)가 가장 중요하다.

부르지 않는 이름은 그 작용력이 없기 때문이다.

수리오행은 무시하더라도 이름을 부를 때 느껴지는 메세지(氣)는 절대로 무시하여서는 안된다.

그 메세지(氣)가 바로 그 이름의 운을 좌우하기 때문이다. 이름에서 좋은 운을 유도하려면 좋은 메세지(氣)를 발생하는 이름을 지어야 하는 것이다.

함부로 이름을 부르지 말아야 한다.

그 이름이 나쁜 메세지(氣)를 담고 있다면, 이름의 주인공을 저 인생의 밑바닥으로 떨어뜨리는 것과 다름없다.

함부로 이름을 짓고 불러서는 안된다.

이렇게 예를 들면 끝이 없다.

이름을 짓는 사람이 그 메세지(氣)를 확실하게 알고 짓는 수밖에 없다.

몇 일이 걸리든 몇 개월이 걸리든 좋은 메세지(氣)가 담긴 이름만 지을 수 있다면 시간이 문제가 되지 않는다.

이름이란 만대에 남게 되는데 함부로 지어서도 안되고, 함부로 불러서는 더욱 더 안된다.

이름을 지어놓고 부르지 않으면 그 작용력이 없기 때문이다.

이름이란 부를때만이 그 메세지(氣)가 전달 되는 것이다.

범죄자나 일이 잘 풀리지 않아 고생하는 사람 치고 이름 좋은 사람 보기 힘들다.

그리고 이름이 좋지 않은 사람은 틀림없이 가난하거나, 소송 문제에 휘말리거나, 실패에 실패를 거듭하는 사람들이다.

이름이 잘못되어 일찍 운명을 달리 하는 사람을 주위에서 많이 보고 있다.

이름에 담긴 메세지(氣)는 무서운 것이다.

그렇지만 좋은 메세지(氣)가 담겨 있는 이름은 좋은 운을 유도하니 부귀 영화를 누리면서 일생을 행복하게 살아가게 되는 것이다.

예 4) 한글이름이 잘못되어 죽은 어린이

'정이슬' 이란 여자 아이는 7세가 되던 해(1998년 7월경)에 친아버지와 계모에게 매를 맞아 죽임을 당하고, 암매장 됐는데, 사주도 좋지 않았겠지만 이름에도 문제가 있다.

이름을 보면 '이슬' 이라고 지었는데, 이슬은 맑고 깨끗하게 자라라는 뜻인데, 실제로는 아침 이슬처럼 되고 말았다.

이슬이란 햇빛이 비치면 그 형태가 말라서 없어져 버린다.

그와 같이 '이슬'이도 이슬처럼 어느날 증발 하고 말았는데, 경찰관의 추궁 끝에 계모가 범행을 자백하게 되고, '이슬'이는 땅속에서 나올수는 있었지만, 또다시 몸을 불살라야 했으니, 함부로 예쁜 이름이라고 지으면 이렇게 단명할 수도 있다.

이 일은 경기도 군포에서 있었던 실제의 사건이다.

예 5) 아내와 자식을 죽인 사람

1998년 6월 30일 오전 4시경 경북 의성군 안평면 창길리 중앙 고속도로 상행길에서 40대의 남자(조종덕, 41세)가 엘란트라 승용차에 뛰어 들어 숨진 사고가 있었다.

사고 지점에서 6백m정도 떨어진 곳에서 발견된 조씨의 쏘나타 승용차안에는 조씨의 부인(42세)과 두 딸등 3명이 피를 흘린채 숨져 있었고, 조씨의 어머니와 아들(3세)은 신음 중 발견되어 병원으로 옮겼으나 아들은 4시간만에 숨지고 말았다.

이 사건은 물론 I.M.F 시대의 비극적인 한 단면으로써 가슴 아픈 일이다.

이 사람의 이름이 '조종덕(趙宗德)'씨인데, 한문의 뜻은 접어 두고 이름 풀이를 하여 보면 조는 이룰 조(早)로 바쁘다는 메세지(氣)를 담고 있고 종은 끝 종(綜)으로 마친다는 메세지(氣)가 있다.

덕은 그대로 인덕이 있다는 뜻인데, 좋은 운 일때는 별 작용력이 없이 지내다가, 나쁜 운이 오게 되면은, 이름의 나쁜 메세지(氣)가 작용하여 덕(재물, 수익등)이 빠르게 끝나 버리게 된다.

즉, 재산, 명예 등 모든 것이 한꺼번에 종(綜)을 치게 된다는 것이다.

사건의 주인공 조씨는 I. M. F 를 맞이하여 급하락하고 결국은 아내와 딸둘, 아들 하나와 함께 천국으로 여행을 떠나 버리고 만 것이다.

홀로 되신 어머니만 외로이 남겨 둔채로...

이름에 있어서 덕이니, 복이니 하는 글자들은 오히려 그 반대의 작용력이 일어나는 것을 너무 많이 보아 왔다.

우리는 일반적으로 뜻이 좋다고 함부로 이름자에 사용하여서는 안된다.

오행에 의한 기초 감정은, 나 즉 이름의 중간 글자를 중심으로 생과 극으로 판단하면 간단하게 그 사람의 이름을 감정 할

수가 있으며, 좀 더 깊이 감정하려면 이름의 주인공의 생일과
대조해 보면 된다.

예 6) 살인 사진 예술가(생일을 모를때)

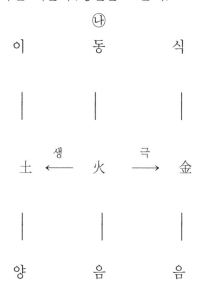

'동'은 차다는(冬)느낌과, 동쪽(東)이라는 느낌과, 움직인
(動)는 느낌을 준다.

여기에서 느껴지는 것은 차다(冬)는 느낌이다.

그리고 '식'은 먹는다(食)는 느낌과, 심는다(植)는 느낌을 주
는데 먹는다는 느낌이 더욱 더 강하다.

그러면 '동식'이라는 이름은 차가운 것을 먹는다는 느낌을 갖
게 되고, 부르는 사람도 듣는 이름의 주인공도 그러한 음파 메
세지(氣)를 느끼게 되고, 그러한 성격을 형성하게 된다.

차가운 곳에서는 생물이 살 수가 없고 차가운 사람은 아주 냉정하고 인정이 없으며, 남의 사정을 봐주지 않는다.

다행히 나의 글자가 되는 동이 한글오행으로 火에 해당되어 찬기운은 조금 가시지만, 불은 화려하고 아름다운 것을 좋아하니 놀기를 좋아 하게 된다.

부모(土)는 내가 도와 주어야 하고, 사회생활과 직장인 '식'은 金에 해당되니 火로써 金을 부드럽게 다스려 화려하고 아름답게 만드는 직업인 사진작가로 나섰으니, 직업은 제대로 찾은 모양이다.

이 사람은 사진작가로써 각종 사진전에서 입상하기도 하였는데, 불행스럽게도 좀더 출세를 해보고자 하는 마음이 '동'자의 찬기운과 함께 작용하여, 자신의 정부를 산속으로 유인하여 독약을 먹인 뒤 죽어 가면서 몸부림 치는 정부의 모습을 하나도 놓치지 않고 카메라에 담았는데, 사진작가로써의 욕심이 무모한 살인으로 돌변 하였으니, 그것은 '동'의 찬기운의 작용력이라고 볼 수 있다.

'동'자를 쓰지 않고 다른 글자를 이름으로 썼더라면, 이런 비극적인 살인이 없었을 터인데, 이름을 잘못 씀으로써 희대의 살인마로 자신의 과오를 뉘우치며 형장의 이슬로 생을 마감하였다.

필자가 많은 사람들의 이름을 감정해 오면서 느낀 것은 흉사하거나, 불구가 되거나, 사건을 일으키는 전과자이거나, 만사가 잘 풀리지 않는 자이거나, 이런 사람들은 거의가 모두 이름이 좋지 않더라는 것이다.

이름을 짓는데 큰 힘도 들지 않고, 또 전문가에게 의뢰하여도 많은 돈이 들지 않는데 사람들은 이렇게도 중요한 이름에 무관심한지 도대체 이해가 되지 않는다.

뭐 이름 때문이겠느냐 하는 생각을 빨리 버려야만 당신이나 당신의 가족들도 악운에서 벗어날 수가 있을 것이다.

예 7) 패륜아 (생일을 모를때)

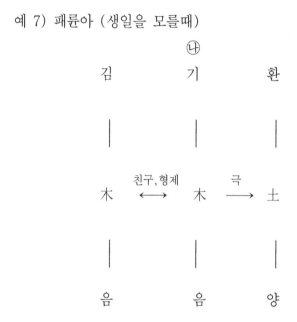

음양의 배열은 좋으나 木(김)과 木(기)이 힘을 합세하여 土(환)을 세게 차고(극) 있다.

이름에서 마지막 글자는 사회요, 직장이니 사회와 직장을 내가 쥐고 흔드는 형상이 되었다. 또 이름에서 마지막 글자는 土로써 재물에 해당된 재물을 탐하여 사회를 문란하게 만드는 형상의 이름이다.

 사회를 문란하게 만들고는 편안 할 수는 없는 법이니, 곧바로 감옥행이 되고 만다. 감옥으로 가게 되는 나쁜 운으로 유도하는 글자는 환인데, 환은 빛날 환(煥)으로 보다는, 근심 환(患)으로써 그 이미지가 강하게 연상되기 때문에 근심 환(患)은 환난을 뜻하니, 그 뜻대로 환난을 맞이하여 영창에 갇히게 되는 것이다.

 이 사람은 '지존파'의 두목으로써, 94년도에 사람들을 납치하여 토막토막내어 살인을 한 자로써 그 잔인성은 온 국민들을 경악케 하였으며 스스로도 잘못을 뉘우칠줄을 몰랐다.

 '환' 자는 이름에 잘 쓰지 않는데, 일부 사람들이 사용하는데, 될 수 있는대로 '환' 자는 이름에 쓰지 말아야 한다.

예 8) 종을 치는 이름

ⓝ

김   종   철

		극		친구, 형제	
처, 재물 ―	木	←	金	←→	金

음   음   음

상기 명의 사람은 필자의 친구로써 46세의 젊은 나이에 중풍이 와서 수족도 온전하지 못하고, 말도 정상적으로 하지 못한다.

나(종)는 철(金)의 도움을 받아 처(木)를 치는데(剋), 처는 견디기가 힘이 드니 집을 나가게 된다.

실제로 38세때에 부인이 가출한 뒤 영영 돌아 오지 않았다.

재물을 벌게 되면 둘이서 나누어 가져야 되니 재물도 모이지가 않는다.

한글오행의 배합이 음으로만 되어 있으니, 겉보기에는 온순하고 착실한 것 같아도 내면은 차고 냉정하며, 이중적인 다른 생각을 갖고 있다.

이름 자체가 주는 음파를 분석해 보면 김(金)은 금이고, 쇠이고, 종은 치면 소리나는 종과 끝(終)을 의미하고, 철은 강하게 친다는 느낌을 주는데, 쇠로 쳐서 끝을 낸다는 메세지(氣)가 강하게 작용하고 있으므로 젊음의 나이에 중풍(木이 충이나 극을 받으면 중풍이 오게됨)로 인하여 자신의 인생에 종지부를 찍고 만 것이다.

이름에는 종이라는 글자와 철이라는 글자를 될 수 있는대로 사용하지 말아야 한다.

그것은 마지막을 의미하기 때문이다.

예 9) 남자 복이 없는 이름

음양의 배열에 있어서는 음 밖에 없으니, 마음이 소심하고, 결단력도 없다.

오행은 水 – 水 – 火가 되니, 물이 불을 꺼 버리는데, 그 불(火)의 자리에 남(男)이 있으니, 남편을 치는 형상이 되니 남편 복은 없는 것은 말 할 것도 없고, 남편외의 남자복도 전혀 없다.

그 작용력은 한글 이름 자체만으로도 나온다.

'박복남'이란 이름을 분리해서 불러 보면 '박복 ~ 남' 이 된다.

즉 '박복'을 띄워서 부르면 복이 없다는 '박복'이 되고, 무슨 복이 없느냐는 것은 뒤에 오는 '남'이니 남자 복이 없다는 뜻이 된다.

음양오행으로도 남자복이 없고, 이름 그 자체만으로도 남자복이 없으니 이름의 신비함을 다시 한번 느끼게 한다.

이 여자의 사주를 필자가 감정 하였었는데, 사주에서도 역시 남자가 무력하게 나타났다.

전문적인 지식이 없이 지어서 부르는 이름들은 타고난 사주와 같이 나타나고, 그 작용력도 같은걸 많이 보고 있다.

그것은 사주의 타고난 기(氣)가 그 주인공의 이름을 지을 때 작용하여 사주에 맞겠끔 지어진다고 생각된다.

그러나 그렇게 지어진 이름들은 대부분 좋지 않다.

그것은 다름아닌 주어진 운명대로 살아가지 않기 때문이다.

다시 말하면 자기의 천직대로 살아 가지 않고 과욕을 부리거나 노력을 하지 않아서 천직을 외면하기 때문이다.

천직에 맞는 이름을 지어 주었는데, 천직을 팽개쳐 버리니 그 이름은 반대 현상이 일어나 나쁜 이름이 되고 마는 것이다.

'박복남'씨는 30대의 여자로써 본 남편과 이혼하고 아들 하나 있는데, 그 아들도 아버지가 키우고 있고, 아들도 남자라고 '박복남'씨를 아버지와 함께 떠나가니, 이혼 후 술로 세월을 보내다가 그후 마음의 안정을 찾아 조그마한 여성 의류업을 운영하고 있다.

이름의 무서운 힘, 신비 하기까지한 음파 메세지(氣)의 작용력에 새삼 두려움이 느껴진다.

예 10) 전 두환(全斗煥)과 김 두한(金斗漢)

대한 민국 사람이면 다 알고 있는 전직 대통령과, 또 한사람
은 영화까지 만들어진 장군의 아들의 주인공이다.

한 사람은 전직 대통령으로써 국정의 최고 책임자 였었고, 또
한 사람은 해방을 전후하여 대한민국 건달들의 우두머리 였었
고, 그후 국회의원도 역임 했었다.

먼저 두 이름의 공동점을 찾아 보면 '두환(斗煥)'이나, '두한
(斗漢)'이나 소리내어 부를 때는 그 이름을 듣는 모든 사람들
은 똑같이 두한으로 들린다.

'두한'이라는 이름의 두는 말 두(斗)자를 사용 하지만은, 실
제 듣는 사람의 느낌은 둘이라는 숫자와 어떠한 무리의 우두
머리 같은 느낌을 받게 된다.

그 이름 글자의 두(斗)로 한 사람은 칠년이란 세월동안 국민
들의 우두머리인 대통령직에 있었고, 또 한 사람은 전국 건달
들의 우두머리로써 오랫동안 생활 하였다.

대통령을 역임한 사람은 성씨가 '전'씨로써 온전 전(全)을 사
용 하지만은 일반적으로 '전'이라고 하면 밭 전(田)자가 떠 오
른다.

밭의 우두머리, 즉 밭은 토지로써 국토를 의미하고 국토의 우
두머리이니 바로 대통령인 것이다.

그래서 대통령직을 역임 하였고, 건달 세계의 우두머리인 사
람은 성씨가 '김'씨인데, 김(金)은 금(金)이고 쇠인데, 쇠는
쇠파이프, 쇠몽둥이, 날카로운 비수등을 의미하니 주먹과 쇠파

이프, 쇠몽둥이, 날카로운 비수등으로 승부를 짖는 건달조직의 우두머리가 된 것이다.

이름에 있어서 '두(斗)'라는 글자는 같아도 성씨 때문에 각각 다른 길로 걸어 제각기 다른 의미의 우두머리가 된 것이다.

그리고 이름의 끝 글자 '환' 또는 '한'은 부르면, '한'으로 들리고 '한'에 대한 느낌을 받게 되니, '한'은 우환, 원한 같은 느낌이 가슴에 와 닿는다.

'환'이나 '한'의 앞에 두(斗)가 있어 두 번이란 뜻이 전달되니, 두 번의 우환 또는 원한 맺히는 일이 발생하게 된다.

전직 대통령인 전두환씨는 대통령직을 물러 난 후 친구에 의해 백담사로 쫓겨 났다가 그 후에 정치 비자금설이 언론화되면서 제3의 대통령에 의해 일년여 동안 감옥생활을 하게 되니 두 번의 우환이 있었는데, 그 우환에 의한 원한이 뼈 속 깊이 사무쳤을 것이다.

그리고 건달 세계의 우두머리인 '김두한'씨는 이미 고인이 되었지만 태어 날 때부터 아버지를 모르고, 아버지라 한번 불러 보지도 못하고 수포교 다리 밑에서 거지들과 함께 자라난 것이 한이 되었고, 또 국회의원이 되어 국회오물 투척사건의 주인공이 되기도 했지만, 자신이 배우지 못한 무식쟁이이기 때문에 자신의 야망을 펴 보지도 못하고 정적들에 의해 간접적인 죽음을 당하게 되니, 그 원한 때문에 눈을 제대로 감지 못 하였을 것이다.이렇게 두 가지 큰 원한을 가지고 생을 마감하게 되니 운명적인 요소도 가미되었겠지만, 음파 메세지(氣)에 의한 이름의 작용력도 무시는 못할일이다.

예 11) S대학 출신 평생의 백수 조신열

필자가 20여년 동안 가깝게 지내던 '조신열'이란 사람이 있
다.

이 사람은 우리나라에서 최고명문인 S대 정치외교학과 출신으
로 지금 이순간까지도 동가식 서가숙 하면서 세월을 낚고 있
다.

물론 직업을 가질때도 있었지만 오래 가지 않았고 노력을 한
다고 하여도 되는 일 이라고는 없었다.

능력이 없는 것은 아니다.

최고 명문 대학 출신에다 달변가요 이상주의자인데, 가진 것
이라고는 맨주먹뿐이고 체면과 자존심 뿐이다.

금년 나이 58세인데 지금도 면식있는 친구집에서 눈치 없이
그 집 밥만 축내고 있을 것이다.

필자도 여러모로 도움을 주었지만 소용이 없었고 '조신열'씨
주위의 사람들도 이제는 외면을 하고 있으니, 살아가는 길은
점점 막막하기만 하다.

이제는 동정의 마음은 사라진지 오래인데 이 글을 쓰는 순간
생각나기에 그 이름이나 풀이 해 보고자 한다.

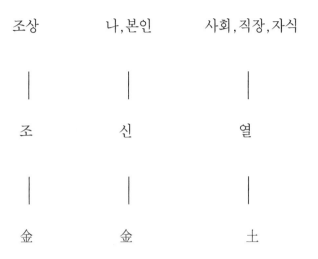

조상	나,본인	사회,직장,자식
|	|	|
조	신	열
|	|	|
金	金	土

음양의 배합은 좋은데, 이름이 담고 있는 음파 메세지(氣)가
나쁜 운을 부르고 있는 형상이다.

'조'는 이르다 빠르다는 의미를 내포하고 있고, '신'은 새롭
다는 의미를 내포하고 있으며, 마지막 글자인 '열'은 벌린다는
의미를 가지고 있다.

이것을 종합적으로 풀이해 보면 남보다 빨리 새로운 것을 찾
아 시작하게 되는데 그 결과는 모두 흩어져 버린다.

이렇게 풀이하면 적당하게 잘 갖다 붙인다고 할지 모르지만
어찌되었던 '조신열'씨의 인생은 그렇게 살아 온 것만은 사실
이다.

그는 학창시절 유능한 인재로써 촉망받는 학생이었는데 다른
사람들보다 한발 앞선 생각때문에 운동권에 휩쓸리게 되고 끝
내는 수배자가 되어 도망을 다니다가 7년만에 대학을 졸업하였
는데, 이제는 그가 설 자리는 없어지고 가슴속에는 원한만 쌓

이게 된 것이다.

　운동권 학생이란 딱지가 그의 인생을 말아 먹은 것이다.

　남보다 한 발 앞서 나가다가...

　예 12) 주민 55명을 살해한 경찰관의 이름

　1982년 4월 26일 저녁 9시 30분에 경남 의령 경찰서 소속 우만곤 이라는 순경이 만취한 상태로 지서와 예비군 무기고에서 수류탄, 카빈소총, 실탄 등을 꺼내 우체국, 민가등으로 날뛰며 닥치는대로 수류탄을 터뜨리고 총을 난사, 주민등 55명을 살해하고 35명에게 중경상을 입히고 주민 3명과 함께 수류탄 2발을 터뜨려 자폭한 일이 발생하였다.

　한 미친 경찰관의 만행으로 온 마을이 비극의 현장으로 바뀌었고, 공포와 비명은 무려 8시간이나 계속되었다.

　이 소식을 접한 국민들은 경악을 금치못하였고, 전국 곳곳에서 큰 충격파가 일고 있었다.

　왜 이러한 사건이 생겼는지 이름 풀이를 하여본다.

　禹(우)　　　範(범)　　　坤(곤)

　사주와 일간, 수리 획수를 무시하고 음파 메세지(氣)에 의한 성명풀이만 해 봐도 그 해답은 나온다.

　성과 이름 첫자만 부르면 '우범'이 되는데, '우범'은 말 그대로 범죄를 말하는데, 그것도 소(우)와 호랑이(범)가 같이 붙어 있어 싸우게 되니, 그 광경은 상상만 해도 끔찍하다.

거기에 마지막 글자 '곤'은 꽉 막히고 답답하다는 뜻을 내포하고 있는데, 이런 글자는 이름에 사용하면 답답한 일만 생기고 잘 풀리지 않는다.

소(우)와 호랑이(범)가 싸우는 난장판에 범죄(우범)의 기운까지 감돌고 매사가 되는 일 없고, 꽉 막히고 답답하니 그 답답함을 푸는 방법으로 술에 취한체 범죄(우범) 행위인 줄 인식도 못한체 수류탄과 총을 난사하여 많은 사람을 살상하게 된 것이다.

이런 이름은 되는 일이라고는 없다.

사건 후 밝혀진 바에 의하면 우순경은 평소에도 정신 질환이 있었으며 그날도 잦은 불화로 인한 아내의 가출 때문에 심한 정신적 충격을 받고 만취 상태에서 사건을 일으킨 것이다 이러한 작용도 이름과 전연 무관하지 않으며, 이름의 나쁜운이 작용하여 신경질환이 발작하게 된 것이라고 생각된다.

예 13) 살인마 김 대두

1975년 9월 25일 오전 6시 30분쯤 경기도 평택군 송탄읍 지산리에서 일가족 4명이 장도리로 이마를 맞아 숨진 사건이 발생했다.

범인은 그후 두달동안 경찰의 비상망이 쳐져 있는데도 불구하고, 전남, 경기, 서울을 마음대로 돌아다니며 강도, 살인만도 여덟차례에 17명의 무고한 생명을 잔인하게 죽였다.

그 후 시민의 제보로 범인을 잡고 보니 돈에 궁했던 폭력 전과 2범의 20대 단순 강도 였다.

그가 17명을 살해하고 얻은 댓가는 얼마되지 않았으며, 자기가 한번 잘 살아 보기 위해 범행을 저질렀다고 태연히 범행 동기를 밝혔을 때 '인명존중'의 윤리가 깨어지는 슬픔과 함께 전율도 느끼게 했다.

범인 김대두는 폭력범으로 두 번 교도소에 갔다 오자 마자 친척과 친구들의 냉대를 받았고, 공부를 하지 못한데다 몸도 약해 노동도 할 수 없어 '나쁜일을 해서라도 남처럼 멋지게 살아 보겠다' 는 생각을 평소에 갖고 있다가 범행을 저지르게 된 것이다.

이름에 있어서 먼저 음오행의 배합을 보면 조상, 부모의 자리인 성씨가 金인데, 이름 '大斗'가 火 金 으로 조상, 부모 자리를 심하게 극하고 있으니 이러한 이름은 불효 자식이나 패륜아로 전락하여 조상이나 부모를 욕되게 만든다.

그리고 음파 메세지(氣)로 풀이를 해 봐도 성씨인 金은 쇠요,

돈인데, 돈으로 보면 돈을 크게 벌어 (大) 남들 보다 (頭) 더 잘 살아 보겠다는 메세지(氣)를 담고 있고, 또 한편으로는 쇠 (金)를 가지고 크게(大) 때리는데, 그 부분이 머리(頭)이다.

 그래서 많은 돈을 벌어 남들보다 잘살아 보기 위해 장도리나 도끼 등으로 사람의 머리를 때려 살해하게 된 것이다.

 다시 부가 해서 도표로 그려 보면

金 → 쇠와 돈의 이미지를 느끼게 한다.

大 → 크다, 또는 크게, 큰것등의 이미지를 느끼게 한다.

斗 → 머리, 둘이라는 뜻도 있지만, 우두머리, 남보다 더 높
　　은 그러한 이미지를 느끼게 한다.

 이러한 이름을 가졌다고 해서 다 그런 행동을 하는 것은 아니 겠지만, 그러한 가능성을 이름이 내포하고 있기 때문에, 사주 구성도 나쁘고 주변환경도 나쁘면 그렇게 된다는 것이다.

 그래서 이왕이면 좋은 음파 메세지(氣)를 담고 있는 이름을 짓지 않으면 안되는 것이다.

 예 14) 살인마 고재봉

 살인마 고재봉은 군복무 도중 전 대대장에게 원한을 갖고 있 던중 전대대장인줄 알고 엉뚱한 이 ○○대령의 일가족5명을 도끼 로 무참하게 살해했다.

```
高          在          奉

| 양         | 양         | 음

| 극         | 생         |

木  ←       金  →       水
```

이름에 있어서 조상, 부모자리인 성씨를 이름 첫 글자가 극하고 있어 조상이나 부모를 욕보이는 이름으로 되어 있고, 성씨인 고도 높고, 이름 끝자의 봉도 높은 곳을 의미하고 이름 첫 글자인 재는 있다는 뜻이니 나는 (이름의 주인공) 최고의 높은 곳에 자리잡고 있으니 자존심, 자만심, 이기심등이 매우 강해져 남에게 싫은 소리 듣기 싫어 하며 남에게 지기도 싫어 하며, 특히 자존심을 건드리면 어느 누구도 용서하지 않는 성격으로 되어 버린다.

다시 부가해서 도표로 그려보면

　　高 → 높다, 영어로는 가다.
　　在 → 있다. 재물
　　奉 → 봉우리의 최정상

높은(高)봉우리의 최정상(奉)에 서있다(在)는 음파 메세지

(氣)가 발생하게 된다.

그래서 원한에 맺힌 살인을 하게 된 것이다.

예 15) 장영자와 이영자

우선 '장영자'란 이름부터 분석해 보기로 한다.

'장씨(氏)'의 성에서 강하게 느껴지는 것은 길다는 뜻이다.

'영'자는 아무것도 없다는 상태로 연상되고 부귀영화도 연상된다.

그리고 끝 이름 '자'는 아들 자(子)가 떠오르고 자(子)는 남자같은 느낌이 강하게 들어온다.

'장'자와 '영'자를 연결하여 보면 길고 긴 공백이라는 느낌이 든다.

그런데 문제는 마지막 글자인 자 이다.

'자' 는 남자(子)이니 차라리 남자의 이름이였다면 편안하게 일생 부귀 영화속에서 살아 갈 수도 있었을 텐데 여자의 이름에 남자의 글자를 넣어 지었으니 문제가 발생 할 수 밖에 없는 것이다.

여자 이름에 남자(子)가 들어 있으니, 그 기질은 남자와 같이 배짱 좋고 포부가 크며 작은일의 성과에 만족하지 않고 항상 크고 굵게 놀고, 하는 일 마다 남편을 앞지르고 크게 한탕하려 하는 마음이 도사리고 있다.

길고 긴 부귀와 영화를 손에 쥐기 위해 수단과 방법을 가리지 않고 밤낮으로 분주하게 뛰어다니는데 그것도 권모술수를 동원하게 되는데 권모술수는 어두운 곳에서 이루어 지는 법이고,

또 여자가 남자처럼 설쳐대니 세상의 남자들이 그냥 보고 있었겠는가.

결국은 남자아닌 여자가 남자처럼 세상을 휘젓고 다니다가 남자에게 붙잡혀 쇠고랑을 차고 차가운 감방으로 보내 지게 되었던 것이다. '영'자에서 연상되는 것은 아무것도 없는 상태로, 수감 생활을 하다가 몇 년의 병 보석으로 풀려 나왔는데 좀 조용하게 살면 평범한 여인으로써 남은 생(生)을 편안하게 살아 갈 수도 있었는데, 그 놈의 남자(子) 때문에 또 설쳐 대다가 또다시 감방으로 들어 가고 말았으니 이름이 전해주는 음파(氣)의 엄청난 힘은 참으로 신기하기도 하고 두렵기도 하다.

그렇다면 같은 이름을 갖고 있는 개그우먼 '이영자'씨는 왜 감옥행이 되지 않고 괜찮은가 하는 의문이 생기게 된다.

그 이유를 분석해 보기로 하자.

물론 개그우먼 '이영자'씨도 '장영자'씨와 같은 이름을 갖고 있는데, 단지 다른 것은 이씨와 장씨 이렇게 성씨만 다르다.

그런데 여기에서 분명하게 알아야 하는 것은 성도 이름중의 한 글자이고 조상에게서 물려 받은 것으로 이름에 있어서 맨 첫글자이니 그 성에 따라서 이름을 지어야 한다.

여기에 대한 설명은 뒤로 미루고 이 영자씨의 이름을 분석해 보자.

성씨인 이(李)에서 느껴지는 것은 무엇을 가르킨다는 것이다. 즉 지시 대명사로 이것, 저것, 이쪽, 저쪽 하는 그런 느낌이다.

'이영자'씨와 '장영자'씨의 다른 점은 이것이다.

'장'은 길게 느껴지지만 '이'는 이쪽을 가르키는 지시 대명사이니 '이영자'에 있어서 '이'는 '이영자'를 가르키는 의미가 있는 것이니 '이영자'를 바라 보라는 뜻이 된다.

개그 우먼이니까 많은 사람들이 쳐다보아야만 되니까 흔하디 흔한 영자란 이름이지만, 연예인의 이름으로써는 '이영자' 보다 더 좋은 이름도 드물 것이다. 나를 쳐다보고 성원을 보내 달라고 다른 방법으로 많은 노력을 하는 것 보다도 '이영자'라고 부르기만 해도 많은 사람들이 열렬한 박수와 환호를 보내게 되니 이보다 더 좋은 이름이 어디에 있겠는가?

연예인으로써 인기를 얻게 되니 영화는 자연스럽게 찾아오고, '이영자'씨 역시 남자와 같은 성격과 행동을 하게 되고 실제로 남자와 같은 배짱으로 밀어 부쳐 오늘날에 많은 사람들의 사랑속에 입에 오르내리게 되는데 '장영자'는 많은 입에 오르내리기는 마찬가지인데 좋지 못한 일로 오르내리고, 장영자씨는 다른 사람들 몰래 어두운 곳에서 뒷거래로 부귀영화를 추구하였지만, 이영자씨는 많은 사람들을 대상으로 밝고 화려한 조명 앞에서 부귀영화를 추구하였다는 것이 서로 다른 점이다.

이렇게 이름에 있어서 성씨 또는 이름 한글자가 다름으로 해서 그 걸어가는 인생길이 극과 극으로 치닫게 될수도 있다.

이름이란 아주 중요하고 또 중요한 것인데도 우리들은 함부로 이름을 부르고 있으니 다시 한번 깊이 생각해 볼 일이다.

두 사람의 이름 비교

장 영자씨	이 영자씨
① 장은 길다는 느낌	① 이는 영자를 가르키는 지시대명사
② 영은 부귀영화	② 영은 부귀영화
③ 자는 남자의 성격과 기질	③ 자는 남자의 성격과 기질
④ 사람들 모르게 뒷거래	④ 대중들 앞에서 당당하게
⑤ 감방으로 가게됨	⑤ 계속 전진하게 될 것임

예 16) 최규하 전 대통령

남자이면서 가장 여성같은 이름이 바로 '최규하' 전 대통령의 이름이 아닌가 생각된다.

어떻게 보면 '최'라는 강한 메세지(氣)의 성씨를 갖고 있기 대문에 연약하고 부드러운 '규'가 혼합되어 강하고도 부드러운 메세지(氣)를 풍기게 되는데 문제의 글자인 '하'가 있기 때문에 강함과 부드러움이 모두 밑으로 향하게 되어 있다.

이 이야기는 무엇인고 하니 약한자 위에서는 군림하여 큰소리 치고, 강한자 앞에서는 연약하고 나약한 여성의 심리로 돌아가서 고개를 아래로(하) 아래로 숙이게 되는 것이다.

이러한 이름은 학자로써는 크게 성공할 수가 있을지 몰라도, 국정의 최고 책임자로써는 적격이 아니다.

지도자는 강력한 리더쉽과 포용력이 있어야 하는데, 약한자에게만 강하고, 정적이나 강한자에게는 '규'로 인한 메세지(氣) 때문에 약하디 약한 마음 때문에 굴복하고 말게 되기 때문이다.

즉 최고의 자리는 이 이름으로 될 수 는 없고, 최고의 책임자의 임명 아래 지시대로 움직이며 많은 사람들앞에서 강하고 부드러운 이미지로 오랫동안 있을 수는 있다.

그리고 이름의 끝 글자인 '하'는 이름에 절대로 사용하여서는 안된다.

'하'는 말 그대로 밑 또는 아래라는 메세지(氣)를 강하게 갖고 있기 때문이다.

사람은 위를 쳐다보고 살지는 못할 망정 아래로 내려 가지는 말아야 하는 것이다.

'하'는 급격한 변화로 일순간에 몰락하는 것을 많이 보고 있다.

최규하 전 대통령의 경우는 국민들도 모두 알고 있듯이 12.12 사태로 인한 군부의 힘에 밀려 하루 아침에 대통령 직에서 물러 났으며 그후 12. 12 청문회에도 출석하지 못한 겁많고 나약하고 자신의 일신 밖에 모르는 사람이 되고 말았다.

강력한 리더쉽과 정신력만 있었다면 아마 전세는 역전되지 않았을까 생각된다.

이때 이러한 현상들은 모두 이름으로 인한 작용력 때문이며 일생을 두고 불렀기 때문에 그 작용력은 더욱 더 강하다고 생각된다.

남자의 이름에 여자(규)의 기(氣)가 들어 있으니, 남자속에 여자가 하나 자리 잡고 있는 것과 같다.

그러하기 때문에 여자처럼 섬세하면서도 부드러운 반면에 겁 많고 비굴하기 그지 없는 나약한 부분도 있게 되는 것이다.

위로는 부드러운 이미지가 많이 부각되고 강한 느낌을 받지 않으니 상관으로 부터는 신임을 받게 되니, 순탄하게 직위가 올라가고 10. 26 사태로 뜻밖의 대통령의 자리에 까지 올라가 게 되었다.

그후 '하' 때문에 속성속패 하였지만, 대통령직에 올랐다는 것은 가문의 명예요 본인으로써는 최대의 행운이였다고 생각 된다.

전직 대통령의 이름을 갖고 이러한 해석을 하게 되어 국민의 한사람으로써 송구할 따름이다.

예 17) 박 찬종

성씨와 이름 첫글자를 연결 지어 불러 보면 '박찬' 이다.

'박찬'은 '박'을 차고 있다는 뜻인데, '박'은 호박이 아니고 옛날 선조들이 물가지로 이용하던 '박'을 말하는데 '박'을 차 고 있다는 것은 과거의 거지와 같은 형상이다.

과거에 거지들을 밥을 동냥할때는 '박'을 손에 들고 다녔지 만, 평상시에는 허리춤에 새끼줄로 묶어 매달고 다녔다.

그러니 '박찬'은 '박'을 허리춤에 매달고 다니는 형상이니 돈 이나 재물에는 큰 욕심이나 미련이 없으며, 많은 사람들이 도 와서 그 '박' 속에 계속해서 채워 주게 되는 것이다.

그 형상은 거지가 동냥을 많이 해서 많은 음식을 박속에 채우는 것과 같다.

거지도 자신이 먹을 만큼만 동냥을 하는 것이지 더 이상은 채우지 않는다.

그와 마찬가지로 '박찬' 이란 이름도 역시 자신이 필요한 양 이상은 원하지 않게 되니, 마음을 비우고 열심히 책만 읽는 선비와 같다.

성씨를 제외한 이름만 불러보면 '찬종'이 되는데, 이 찬종은 차고 냉기가 흐르는 종 (소리가 나는 종) 으로도 느낄 수 있고, 발로써 종을 차고 있는 형상도 떠오르게 된다.

발로 종을 차니 소리가 나기는 나는데 그 소리는 미미하고 내 발만 아프게 되니, 내 마음만 손상을 입게 된다.

그리고 차고 냉한 종을 차게 되니, 냉정하고 찬종은 더욱 더 울리기를 거부하니 내 마음만 조급하고 안달이 나게 된다.

여기에 성씨인 '박'까지 합쳐지면 '박찬종'이 되는데, '박'을 차고, 종을 발로 발로 치는 느낌과 '박'을 갖고 '찬종' 즉 차가운 종을 치는 것과 같은 느낌을 받게 되는데, '박'을 찬 채로 종을 차는 것은 나에게 시선을 집중해 주고 나에게 먹을 것이나 일할 수 있는 자리를 달라고 하는데 냉정하고 차가운 종은 그 대답이 미미하기만 하고, '박'을 갖고 차가운 종을 내려 치니 내 밥 그릇인 '박'만 계속해 깨어 지고 종은 끝내 울리지 않는다.

이 이름의 주인공은 아마도 평생을 두고 상기와 같은 일을 반복하게 될 것이지만 말년에는 나는 없고 종만 있게 되니 그

누구도 나란 존재를 생각하지 않고 많은 사람들로 부터 잊혀
져 갈 것이다.

예 18) 이름이 스타를 만들다.

요즈음 텔레비젼에서 맹활약을 하고 있는 중견 탈랜트 전원주
씨의 이름은 정말 잘 지어졌다.

어느 누가 지어 주었는지 모르지만 그 이름이 뒷받침이 되어
오늘의 전원주씨가 톱스타가 되지 않았나 생각된다.

그녀의 외모는 순수하고 통속적인 선조들의 시골 아낙네의 모
습이다. 물론 그녀가 드라마 속에서 그런 역을 많이 했기 때문
일 수도 있다.

그러나 검둥이가 세수한다고 흰둥이가 될 수는 없다.

전원주씨 본인이 많은 노력도 했겠지만, 이름의 덕을 톡톡히
보았다고 생각된다.

전원주란 이름에서 성씨와 이름의 첫글자를 합쳐보면 "전원"
이다.

'전원'은 말 그대로 아름답고 평화로운 시골 전경이 연상되
고, 이름 '전원주'는 전원에 서 있는 나무로써 전원의 멋진 풍
경을 더 멋지게 만들어 주고 있으며, 이름의 '원주'는 원주인
이니 내가 바로 이 아름답고 낭만적이고 풍요로운 전원의 주
인이라는 뜻이니 이보다 더 좋은 이름이 또 어디에 있을까?

전원이고, 전원에 있는 나무이고, 전원의 주인이니, 이름으로
써 금상첨화이다.

아름답고 평화로운 푸른 초원과 논밭은 많은 사람들에게 마음

의 평화와 향수를 불러 일으키고, 전원의 나무로써 많은 사람들로부터 사랑과 인기를 한몸에 받게 되고, 또 그 전원의 주인으로써 풍요로운 삶과 행복함을 일생을 통해 느끼게 되니 전원주씨는 이름을 지어 주신 분에게 감사하는 마음으로 살아가야 할 것이다.

어찌 되었던 간에 이름은 잘 짓고 볼 일이다.

예 19) 김창룡과 김강용

이름에 모두 용이란 글자가 있어 그 메세지(氣)가 엄청나게 강하게 느껴지는데, 김창룡은 쇠(金)로 만든 총칼(창)로 용을 잡는 형상으로 해방이후 육군 특무대장으로써 반공의 깃발아래 공산당을 소탕하는데 많은 공적을 남겼으며 빨갱이 들이 그 이름만 들어도 벌벌 떨던 사람이고, 또 한사람의 김강용은 1999년 4월 경에 우리나라 정계를 왈칵 뒤집어 놓은 도둑으로 고위 공직자 집에 들어가 물건을 훔친 전문 도둑이었다.

강한 용은 용인데, 강하기만 했지 쓸모가 없는 용이 되어 버린 것이 김 강용이다.

우리나라의 정치계나 온갖 메스컴을 떠들석하게 만들었지만 모두가 김강용의 거짓말로 끝나버린 싱거운 헤프닝 이었다.

전문도둑의 말을 크게 부풀려 정치에 활용하고자 했던 사람들의 이름은 어떤 이름일까 하고 풀이해 보았지만, 역시 그렇고 그런 이름이었다.여기에 거론하고 싶어도 거론할수가 없는 것이 조금은 안타까울 뿐이다.

여러분들이 한번 풀이해 보면 어떨런지....

관련자는 유종근 전북도지사, 김성훈 장관, 배경환 안양경찰
서장, 유태열 용인경찰서장 등이다.

예 20) 이 기봉과 그의 아들 이강석
이 이름 둘은 음파 메세지(氣)와 음오행의 작용력이 강하게
나타난다.
상기의 두사람은 4.19 이전 이승만 정권 시대에 부통령을 지
낸 사람과 그의 아들 이다.
이기봉과 그의 가족은 아들 이 강석의 권총으로 살해 당했고
이강석도 그자리에서 자살해 버렸다.
과연 이기봉은 자식의 총에 맞아 죽을 이름이며 아들 이강석
은 과연 부모 형제를 살해 할 만한 이름인가 풀이해 본다.

성	이	름
이	기	봉
ㅣ양	ㅣ양	ㅣ음
土 ← 극 木		水

'봉'은 산 봉우리 즉 산의 정상을 의미하느 메세지(氣)가 강
하고 '기'는 뜻 그대로 강한 기운이다.
산의 정상은 정치인들의 사회에서는 국정의 최고 책임자인 대

통령을 의미하므로, 대통령이 되고자 하는 마음이 간절하고 간절한데, 이름의 중간 글자인 '기'로 인하여 그 욕망이 멈출 줄 모르고 안하 무인 격으로 밀어 부치게 된다.

실제로 이기봉은 자신의 명예와 높은 직위를 갖기 위해 온갖 수단과 방법을 가리지 않고 행하였으며, 그것이 바로 우리나라 역사상 최대의 부정선거인 3.15 부정선거 였고, 그로 인해 4.19 데모사태가 일어나고 하여 이기봉은 이승만 정권과 함께 몰락의 길로 내닫게 된 것이다.

특히 이 이름은 중간 글자 '기'가 성씨인 '이'를 木 剋土하고 있고 부모 조상 자리를 극하고 있으니 부모와 조상을 욕되게 하게 되는데, 이기봉도 결국은 부모, 조상을 욕되게 하고 말았다.

성	이	름
이	강	석
ㅣ양	ㅣ음	ㅣ음
土 ← 극	木 ← 극	金

이 강석은 '강한 돌(석)'로 그의 주관이나 행동이 확실하여 그의 고집도 대단하다.

특히 음오행에 있어서 중간글자 '강은 끝글자 '석'으로 부터 극을 당하고 있으니 사회나 직장일 때문에 많은 스트레스를 받게 되고 되는 일이라고는 없다.

그리고 중간 글자 '강'이 성씨 '이'를 木剋土하게 되니, 이 역시 자기의 아버지와 같이 부모나 조상을 욕되게 만드는데, 이 강석은 사회적인 냉대와 괄시에 견디지 못하고, 4.19 데모로 인하여 많은 학생들이 죽어 가는데 충격을 받고 자신의 가족을 권총으로 살해하고 자신도 자실하고 말았다.

일부 사람들은 이름의 해석을 사건에다 합리화 시킨다고 생각할 수가 있으나, 절대 그렇지는 않다.

나쁜 이름이기 때문에 나쁜 운세와 겹쳐져서 그 흉함이 더해진것 뿐이다.

예 21) 인륜을 저버린 박한상

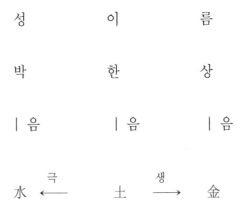

94년도에 재물의 욕심때문에 부모를 살해한 박한상의 이름은 음오행에 있어서 이름의 중간글자 '한'이 성씨인 '박'을 土剋水로 극하고 있으니, 부모나 조상을 해치거나 욕보이는 이름이 되었는데, 이름의 음파 메세지(氣)를 보면 '박한상'은 박한 얼굴(상)인데 박한은 박하다 즉 야박하다. 인정이 없다는 것이고 또 한은 차게 느껴지므로, 차고 냉정하고 인정머리 없는 얼굴을 가진 이름으로 되어 있다.

 그러한 얼굴이나 마음으로 세상을 살아가다 보니 되는 일이라고는 없고, 재물에 대한 욕심만 가득하여 결국은 부모의 재산이 탐나 그의 부모를 잔인하게 살해 하게 되었고 패륜아로 낙인이 찍히게 되었다.

 예 22) 평생을 노동으로 살아가는 이름 김상한
 상기 이름의 주인공을 필자가 처음 만난 것은 25여년전 젊은 시절이었다.

 우연히 리어카에 짐을 실게 되었는데, 그 리어카 꾼이 바로 그 사람이었다.

 그때는 그사람의 이름도 몰랐고, 필자도 역학을 공부하지도 않은 때여서 크게 관심을 두지 않았는데, 그때 그 사람의 나이가 30대 중반의 건강한 남자로써 풍채도 좋고 인물도 좋았다.

 그후 그 사람이 리어카와 지게를 두고 짐 실을 손님을 기다리는 장소를 매일 같이 지나 다니게 되었고, 그 사람을 볼때마다 나이도 젊고 건강해 보이는데, 왜 막노동을 하고 있을까 궁금하기 그지 없었다.

그러나 감히 물어볼 염두도 내지 못한채 세월은 흘렀는데, 20여년간 역학 공부를 한답시고 돌아 다니다 다시 돌아와 보니, 옛날의 그 장소에 있던 사람들은 어디론가 뿔뿔히 흩어지고 아무도 없었다.

그러던 중 새벽 등산을 마치고 새벽 인력 시장을 지나오다가 우연하게도 사람들 틈에서 이름의 주인공을 만날 수 있었다.

그날 이후 그 새벽 인력 시장에 종종 들렀는데, 어느날 그의 동료가 그의 이름을 부르는 소리를 듣고서야 그의 이름이 '김상한' 이라는 것을 알았다.

필자는 그 이름을 듣는 순간 전기에 감전 된 듯한 전율을 느꼈다.

그 사람의 이름이 그 사람을 평생동안 노동의 현장으로 끌고 다녔다는 사실에 깜짝 놀랐던 것이다.

과연 이름의 작용력이 이렇게 엄청나다는 말인가?

필자는 필자 자신에게 물어보고 해답을 찾을 수가 없었다.

너무나도 큰 충격으로 다가왔기 때문이다.

그래서 어느날 그 이름의 주인공과 해장국을 앞에 두고 지난 사연을 들어 보았는데 필자가 상상했던 것보다 더 비참한 일생이었다.

필자는 그에게 해 주고 싶은 말이 없었다.

무슨말인들 해 주어도 그의 인생에 있어서 무슨 소용이 있을까 해서다.

필자는 그후 새벽 인력 시장을 지나 다니지 않는다.

그를 보기가 나 자신이 부끄러웠기 때문이다.

누구를 원망할 수 있으며 누구를 저주 할수 있으랴
조물주의 장난이 너무 심하다는 것 밖에는.

각설하고 이름을 풀이해 보면

성	이	름
김	상	한
ㅣ음	ㅣ음	ㅣ음

$$木 \xleftarrow{극} 金 \xrightarrow{생} 土$$

이름의 '상한'은 상했다는 메세지(氣)를 담고 있다.
상했다는 것은 먹을 수도 쓸 수도 없다.
음식 상한 것을 먹으면 배탈이 나기 마련인데, 이 이름에서는
金(성씨)이 상했으니, 金은 쇠이니 쇠가 상했으니 쇠에 녹이
쓸었다는 것이고, 금(金)은 돈이니 돈도 녹이 쓸었으니 없다.
평생을 두고 쇠의 녹을 닦아 내어야 하니 그 현상이 노동으로
연결되고, 그렇게 살아가게 되는 것이다.
이름의 중간글자 '상'이 끝 글자 '한'의 도움을 받아 부모와
조상의 자리인 성씨 '김'을 심하게 극하여 조실 부모하여 학업
도 중도에 포기해야했고, 친척도 없이 혈혈 단신으로 취직을

하려해도 보증인이 없어 취직도 할 수가 없어 어쩔수 없이 노동일을 직업으로 할 수 밖에 없고, 평생을 두고 노동을 하게 된 것이다.

'상한'이라는 이름을 예명으로 가진 코미디언이 있었는데 그는 '이상한' 이었다.

'이상한'씨도 한때는 코미디언 '이상해'씨와 콤비가 되어 활동하였는데, 어느날 갑자기 TV 화면에서 '이상한'씨는 이름처럼 이상하게 사라져 버렸다.

'이상한' 이라는 이름은 예명이니까 아마도 본명으로 어디선가 살아가고 있을 터인데, 어떻게 살아가고 있는지 궁금하다.

예 23) 전 중앙정보부장 김 형욱

성	이	름
김	형	욱
ㅣ음	ㅣ음	ㅣ음

木 ←극— 土 —친구,동료→ 土

형이란 말 그대로 묶인다는 메세지(氣)를 갖고 있다.

형이란 글자가 이름에 들어 가게 되면 남을 묶거나 남과 싸우는 법조계, 혹은 군인, 경찰이 되어야 좋은 이름으로써, 그 능력을 인정 받게 되는데, 만약에 그러한 직업에 종사 하지 않게 되면, 자신이 묶이거나 흉하게 죽게 된다.

 몰론 이름 전체의 구성과 사주의 구성에 따라 조금 다르겠지만, 거의 그러한 현상이 일어나게 된다.

 법률 관계에 연루된 사람들의 이름중에서 "형"이란 자가 들어 있는 경우가 많은 것을 볼 수 있다.

 '김형욱'씨도 '형'자가 들어 있어 군인으로써 길을 걷게 되고, 5.16 군사 혁명에 가담하여 나중에 중앙 정보부장으로써 그의 능력을 십분 발휘 하게 되는데 부정선거를 주도 하므로 해서 중앙정보 부장자리에서 물러 나게 되고 그후 유정회의 국회의원으로 있던 중 신상에 불안함을 느낀 그는 홍콩을 경유하여 미국으로 정치 망명을 하게 된다.

 이것은 '형'자의 작용력에 의한 것이다.

 고 박정희 대통령이 김형욱씨를 제거 하게 되는 것은 성씨(金)가 이름에 있어서 편관(육신법)으로써 손윗사람또는 상관이 되는데, 그 상관이 강하게 이름의 주인공인 '형'자를 木剋土로 강하게 극하기 때문이다.

 그후 김형욱씨는 박정권을 상대로 미국에서 반정부 활동을 벌이던 중 어느날 갑자기 파리 여행 도중에 행방 불명되고, 살았는지 죽었는지 현재까지 그 미스테리는 풀리지 않고 있다.

 필자의 생각대로라면 이름의 작용력대로 고 박정희 대통령의 지시로 제거 되었으리라 본다.

 이렇게 '형' 이란 글자는 그 작용력이 극과 극이기 때문에 이름에 사용해서는 절대로 안되는 글자이다.

예 24) 이름 때문에 스님이 되시다니...

정 재열씨와 최 재열씨는 이름은 같고 성씨는 다른데, 이 두 사람의 이름은 성씨와 상관없이 이름만의 작용력으로 그들의 인생 항로는 거의 같은 길을 걸어 가고 있다.

다만 조금 다르다면 한 사람은 열심히 노력을 하는데 비하여 또 한 사람은 노력을 좀 게을리 한다는 것의 차이가 있을 뿐이다.

여기에서 음파 메세지(氣) 성명학으로 이름을 풀이하여 보면 우선 재열이라는 이름의 재는 있다는 뜻인데 즉 그 무엇인가가 있다는 것인데 특히 재는 재물을 의미하니 재물이 있다는 것이다.

여기까지는 이름이 매우 좋은데 그 다음 글자인 열이란 글자가 문제를 발생시키는데 열이란 숫자에 있어서 열도 되지만 열이란 열린다는 의미와 불의 의미를 담고 있는데 이름에서도 그 작용력은 모두 있어도 특히 열린다는 의미가 강한 음파 메세지(氣)로 부각되어 모든 것이 다 열려 버린다는 것이다.

이 열린다는 것이 좋은방향으로 작용하면 좋으련만 그만 나쁜 운쪽인 재물의 문이 열리게 되어 이름의 주인공인 두 사람은 재물의 창고, 인맥의 창고가 모두 열려 타 오르는 불처럼 애써 이루어 놓은 모든 것을 순식간에 날려 흩어져 버리고 지금은 두사람 다 머리 시원하게 깍으시고 손에다 목탁쥐고 입으로는 염불을 읊으시며 재물도 부귀 영화도 모두가 물거품이더라 하시면서 지금 이순간에도 열심히 불경공부에 열중하고 계시리라.

재물이 있을 때는 여러 가지로 불편하였는데 재물이 없어지고 마음을 비우고 나니 극락이 바로 여기구나!!! 하시면서 오늘도 변함없이 한 사람의 중생이라도 더 구제해 보겠다며 관세음보살 나무아미타불을 노래 삼아 부르시며 많이 소유했던 괴로움을 잊고 현재는 가진 것이 없는 무소유의 행복을 만끽하고 있다.

두 스님께서는 이름덕분에 오히려 깨달음을 얻어 좋으나 평범한 우리들은 재물이 있어야만 생명을 유지할 수 있으니 여러분들은 상기의 이름을 참고삼아 좋은 이름을 짓는 연구와 노력을 아끼지 말아야 할 것이다.

두분스님!

부디 부디 성불하십시오.

예 25) 정봉열과 손봉열

상기 이름은 성씨와는 관계없이 운명에 엄청난 작용을 하여 이름을 부르면 대답하는 주인공의 인생길을 고난속으로 몰아가고 있으니 정말 이름의 힘이 막강하다는 것을 실감나게 한다.

봉이란 글자를 사람들은 한자어에서 가장 좋은 새 봉(鳳)자(중국 사람들이 좋아하는 봉황으로 착각)로 풀이 하고 해석하여 이름에 사용하는데, 이것은 자기 자신도 모르게 엄청난 실수를 저지르고 자칫 잘못하면 봉자를 사용하는 이름의 주인공은 인생의 밑바닥을 헤메이게 될지도 모른다.

이름에 있어서 사용하는 글자들의 의미를 분석하다 보면 묘한 현상을 발견하게 되는데 그것은 한 글자가 좋은 음파 메세지(氣)와 나쁜 음파 메세지(氣)를 공유하고 있을 때에 좋은 음파 메세지(氣)의 작용력은 많이 나타나지 않고 나쁜 음파 메세지(氣)의 작용력만 이름을 부를 때마다 크게 나타나 그 사람에게 나쁜 운만을 불러 모아준다는 것이다.

상기 이름의 봉이란 글자도 고귀하고 품위 있는 봉황새의 음파 메세지(氣)는 간곳없고 산봉우리의 봉자만의 음파 메세지(氣)가 작용하여 그 이름의 주인공은 산 봉우리에 오를려고 기를 쓰게 되는데, 애쓰는 만큼 능률이 오르면 좋으련만 그렇지는 못하니 정말 답답하고 미칠 지경일 것이다.

능률이 오르지 않는 것은 우리가 건강이나 취미생활로 등산을 갈 때는 재미 삼아 올라가게 되니 올라 가도 그만 안 올라 가도 그만 이니 천천히 쉬어 가며 올라가도 되지만, 자신의 희망이나 욕구를 충족시키기 위해 산봉우리를 올라 가야만 한다면 그 몸과 마음은 급해지니 단 일분도 쉬지 않고 산 정상을 향해 올라 가야만 하니 그 고통은 말로써 다 표현하기 어려울 것이다.

아...........! 산은 높고 높아 오르고 또 올라도 끝이 보이지 않으니...............

이렇게 음파 메세지(氣)의 작용력이 엄청나게 강한데다 이름의 마지막 글자마저 열이라니 정말로 미치고 환장할 일이 아닐 수 없다.

 이름을 가진 두 사람은 필자와 매우 가까운 사람들로서 다 흩어져 버리고 없는 빈손으로 오늘도 산 정상을 바라 보며 열심히 오르려고 하고 있는데, 한 사람은 사십대이고 또 한 사람은 오십대인데 지금이라도 이름을 바꾸어서 열심히 살다 보면 새로운 이름으로 살아 갈수 있는데도 불구하고 아직도 자만에서 벗어 나지 못하고 있으니 안타깝기만 하다.

 그렇지만 용기와 희망을 잃지 마시고 전진하시어 빠른 시일안에 최정상에 올라서서 이 필자의 학문과 이론을 비웃어 주었으면 하는 바램 간절하고 간절하다.

 이 외에도 수많은 예들이 있지만 지면 관계상 생략하는 점을 양해 바란다.

 (홈페이지에 들어오시면 더 많은 정보를 얻을 수가 있습니다.)

 홈주소 : http://www.name119.co.kr
 검색어 : 야후, 심마니, 네이버등에서 "음파 메세지"

제 4편 기타 성명학

1. 한글 성명학

(1) 의의

한글은 우리 민족의 고유 창작글로써 세계 어느 나라의 글이
나 언어 보다도 우수하고 좋은 점은 이루 다 표현 할 수 없다.

이런 우수하고 뛰어난 한글로써 우리의 이름을 짓는 다는 것
은 뜻깊은 일이고 매우 바람직한 일이다.

뜻이 좋고, 예쁘고 아름 다운 한글 이름을 지어서 부르면 얼
마나 좋겠는가?

그러나 한글만으로 이름을 짓는데는 어려움이 따르게 되고,
그러한 이론이나 학문을 무시하고 이름을 짓기가 힘이 들고,
괜히 이름이 나쁘다면서 구설수에 오르게 되면 마음이 편치가
않다.

그래서 필자는 한글 이름을 짓되, 다음에 제시하는 사항을 참
고하여 지었으면 하는 바램이다.

어차피 지어서 불러야할 이름이라면 다른 사람의 입에 오르내

리지 않는 이름을 지어서 불러 주어야만 그 이름의 주인공에게 좋은 운을 많이 불러 모을 수가 있는 것이다.

 어떠한 작명법에 의해서 이름을 짓던지 간에 최선을 다하여 최고의 이름을 지어야만 되는 것이다.

(2) 고려할 사항

1. 음오행

한글을 소리글자로써 소리 나는대로 표현되고 소리 나는대로 쓴다.

앞에서 많은 설명을 하였던 음오행은 소리나는대로 생성되기 때문에 한글 이름을 부를때도 음오행은 생성된다.

음오행이 생성되면 음오행의 작용력이 생기게 마련이고 이름의 주인공에게 그 영향이 미치게 된다는 얘기이다.

그렇다면 음오행을 무시하고 한글이름을 지어서는 안된다는 것이다.

음오행의 배합이 서로 좋지 않을때는 그 음오행의 작용력에 의해서 이름의 주인공에게 작은 어려움에서 부터 큰 시련에 이르기까지 고통이 따르게 된다는 것이다.

이러한 일들이 흔히 생기고 있는데, 한글 이름을 선호하는 사람들은 아직도 음오행에 대한 것을 인정하지 않으려 하고 있다.

그러나 이 책을 접한 여러분 들은 음오행을 참고 하여 예쁘고 아름다운 한글 이름을 지으시기 바란다.

예 1) 김   하   늘

    | 음 | 양 | 음

    木 → 극   土 ← 생   火

음오행에 있어서 성씨 김(木)이 이름 첫글자 하(土)를 극하고 있고, 또 이름이 '하늘'이 되어서 인지 금년에 6살밖에 되지 않았는데 그만 8월달에 하늘 나라로 떠나가고 말았다.

예 2) 한   빛   찬   별

    | 음 | 음 | 음 | 음

    土 → 극   水 ← 생   金 → 생   水

성씨 한(土)이 이름의 첫글자 빛(水)을 극하고 있고, 이름의 음파 메세지(氣)를 보면 한 빛은 한가닥의 빛인데, 그 빛이 찬 별로 가고 있으니, 찬별은 생명체가 없는 별이니, 어두운 곳은 곧 암흑이요, 죽음을 뜻하니 한가닥 빛이 어두운 곳에서 그 빛을 잃어 버리게 된다는 음파 메세지(氣)가 담겨 있어 이 이름의 주인공은 영원히 돌아올 수 없는 찬별로 떠나가고 말았다.
 이제 겨우 13살인데도 불구하고....

2. 음파 메세지(氣)

전항에서 예를 들어 본 것과 같이 한글 이름에도 역시 음파 메세지(氣)는 흐르고 있기 마련이다.

음파 메세지(氣)의 작용에 따라 길흉이 좌우되는 것은 역시 이름을 부르기 때문이다. 어떠한 방법으로 이름을 짓던 불러야만 되는 것이기 때문에, 음파 메세지(氣)는 생성되는 것이다.

이 음파 메세지(氣)를 무시하고 이름을 절대로 지어서는 안된다.

한자 이름이든 한글 이름이든 그 작용력은 변함없다.

예 1)　　최　　　　　　　외　　　　　　　　솔

　　　　｜양　　　　　　｜양　　　　　　｜음

　　　金 생　←　　　土 생　→　　　金

이름의 첫글자(土)인 나는 좌우로 정성을 다하여 보살피고 도와주는데 그 공과 득은 매우 적고 외롭고 고독하다.

그것은 이름에서 생성되는 음파 메세지(氣)때문이다.

외솔이란 한 그루의 소나무라는 뜻인데, 산은 넓고 높은데, 한 그루의 소나무만 서 있으니 외롭고 고독할 수 밖에 없는데, 그 외로움을 한층 더 해주는 최고라는 최씨의 성이 있으니 최고로 외롭고 고독한 한 그루의 소나무가 되고 마니 주위의 많

은 사람들에게 베풀어도 그 공은 적고 최고의 외로움을 간직
하고 살아가는 고독한 사람이 되고 말았다.

3. 연령을 고려해야 한다.

성	이	름
한	아	름
한	송	이
고	은	비
이	이	슬
고	아	라

상기 이름은 예쁘고 고운 이름인데, 어릴때는 참 좋다.
그러나 사람은 세월이 흘러가면 나이가 들게 마련인데, 나이
가 많은 사람에게 상기 이름을 부르게 되면 과연 잘 어울릴
까?
그렇지는 않다는 것을 우리는 느낄 수가 있다.
한글 이름을 지을때는 예쁘고 아름다운 이름만 선호 할것이
아니라 나이가 들게 된다는 사실을 명심하고 이름을 지어야
한다.

그렇지 않으면 할머니와 손주의 이름을 구별할 수도 없게 된다.

그리고 할머니 할아버지가 되어 어린애 같은 이름을 부르게 되면 주위의 놀림감 밖에 되지 않는다.

필자의 견해로는 한글 이름은 아명이나 예명등으로 사용하고 실제로 사회 생활을 하는 데는 다른 작명법을 선택 하여 짓는 것이 가장 바람직 하다고 생각한다.

4. 길게 이름을 짓지 말아야 한다.

현재 가장 많이 사용하고 있는 이름이 세 글자 이름이다.

세 글자 이름은 오래전부터 사용해 오던 것으로 가장 많이 사용하고 있으니, 필자의 견해로는 많이 사용하고 있는 쪽을 선택하는 것이 순리 라고 생각된다.

물론 한글 이름을 짓다 보면 한 두 글자 이름이 더 늘어 날수도 있겠지만, 부르는데 어려움이 따르게 됨을 느낄수가 있다.

두 눈 가진 사람이 외눈박이 세상에 가게 되면 병신 취급을 당하듯이 세 글자 이름을 많이 사용하고 있는데도 굳이 많은 글자의 이름을 짓는다면 외눈박이 세상에서 놀림감이 되는 두 눈박이와 다를 바 없다.

이점을 고려해서 인지 대법원에서도 다섯 글자까지만 허용하고 있는 것이 현실이다.

그리고 긴 이름을 지어 놓고 부를 때는 줄여서 부른다든지 하면, 그 줄여서 부르는 이름만이 그 사람의 이름이 된다는 사실도 우리는 이름을 지을 때 잊으면 안된다.

 다음에 예를 든 이름을 여러분들이 직접 소리 내어 성과 이름, 이름만 따로 불러 보면 그 느낌을 알게 될 것이다.

예)

성	이	름
송	봄이	나누리
김	아름	가라뫼
차	유리	나
서	그리운	달
박	하얀	꽃잎
박(밝)	은 햇빛	나
최	해든	동산
박	으뜸	나리
강	물꽃	아씨
이	큰	메아리
강	아름	솔아

2. 측자 파자 성명학

(1) 의의

일부 학자들은 측자와 파자를 분리해서 해석하기도 하는데, 필자는 측자와 파자를 동일 개념으로 보고 파자라고 하기로 한다.

파자란 뜻 그대로 한자로 된 글자를 여러가지 방법으로 분리하거나 결합하여 그 해석을 추론하는 것으로써 고대 중국 주나라 시대부터 일종의 점술로써 활용 되어 왔다.

이름하여 파자점이라 하였는데, 점술가의 능력이나 점 보는 사람의 신분이나 직위에 따라 해석을 달리 하게 되니, 이는 파자로써 점을 보는 것이 아니고, 점 보러 온 사람의 모든 것을 보고 점을 친뒤, 점 치는 자가 쓰거나 짚은 글자를 갖고 파자하여 재미있게 풀이해 주었다고 생각된다.

왜냐하면 한글자를 두고도 파자 해석이 각각 다르기 때문이다.

파자점이 성명학에 도입된 것이 언제부터 인지 정확한 문헌이나 기록이 없고 다만 근래에 와서 일부 한문 학자들이 재미삼아 이름 풀이에 사용하고 있지 않나 생각된다.

생각 하건데, 파자는 파자로써 풀어보는데 재미와 묘미가 있을 뿐이지 성명학과는 무관하다고 본다.

더구나 이름은 불러야만 이름인데 이름을 부르면서 언제 파자까지 같이 할수 있다는 말인가?

 이것은 말도 되지 않는 엉터리이다.

 파자에 대한 얘기는 수도 없이 많지만 한가지 예만 들어 보기로 한다.

 예) 田 자에 얽힌 야사

 조선조 일곱번째로 왕위에 오른 세조가 왕위에 오르기전 수양대군 시절에 심심풀이 소일 삼아 장안에 이름게나 알려진 홍이라는 점술가에게 점을 친 일이 있었다.

 홍은 수양대군을 몰라보고 수양에게 "무엇이 알고 싶으십니까"하면서 파자점에 사용하는 점술책을 수양대군앞에 펼쳐 보였다.

 수양대군은 그 글자 중에서 밭 田자를 짚으면서 "나의 장래를 알고 싶소" 하였다.

 그러자 홍은 "허참 이상도 하군요. 하늘에는 태양이 하나만 있어야 되는데 밭 田자를 짚으셨으니, 밭 田자는 둘로 쪼개면 날 日이 둘이 되니, 태양이 둘이라는 뜻이니 한나라에 임금이 둘이 있는 형상입니다. 또, 한번 짚어 보시지요" 홍이 하는 말이 이상하여 이번에도 역시 밭 田자를 짚었다.

 이번에는 홍이 "밭 田자는 입 口자 4개가 모여 만들어진 글자로서 손님께서는 많은 구설수에 오르게 되겠습니다. 조심하십시오" 하고 말하였다.

 수양대군은 점술가 홍이 신통치 않은 것 같아서 이번에도 밭 田자를 짚으면서, "이번에는 무슨말을 하겠소" 하니, 홍은 그

제서야 수양대군을 알아보았는지 수양대군에 앞에 엎드려 절하며 "몰라 뵈어 죽을 죄를 지었습니다. 대감께서는 장차 이나라의 국왕이 되실 분입니다. 다만 왕위에 오르시는 과정에서 여러가지 위험과 어려움이 있게 될 것이니, 주위의 장애를 제거 해야 할 것입니다"하고 한참동안 일어나지 못하였다.

수양대군은 흥을 일어나라 이르고는 "밭 田자가 어떻게 하여 임금이 된다는 말인가"하고 재촉해서 물으니,

"밭 田자는 좌우에 획을 떼면 임금 王자가 되기 때문입니다. 지금은 획이 붙어 있습니다만 곧 획이 제거되리라 믿습니다"홍의 말에 수양대군은 표정이 굳어 지면서 아무 말없이 그곳을 떠났다고 한다.

그후 수양대군은 많은 정적들을 제거하고 조카인 단종의 뒤를 이어 왕위에 오르게 되었는데, 홍의 예언대로 그대로 되었다.

이러한 예를 보아도 파자는 점을 친 뒤, 그 점에서 나온 것을 글자를 파자하여 풀이해 준 것이다.

그러한 맥락에서 보면 파자는 점을 친 뒤 해석해 주는 하나의 방법으로 볼 수 밖에 없으며, 성명학과는 어떠한 연관성도 찾아 볼 수가 없다.

3. 주역에 의한 성명학

(1) 의의

동양 철학 하면 먼저 주역을 꼽을 수 있는데, 이 주역을 성명학에 도입하여 활용하는 학자들이 있는데 이는 주역의 기본원리도 모르고서 하는 말이며, 한마디로 스스로 무식함을 드러내고 있다고 해도 틀린 말은 아닐 것이다.

주역으로는 인간의 운명을 알 수가 없다.

인간의 운명을 가장 정확하게 알 수 있는 것은 음양오행의 변화에 바탕을 둔 명리학이요 그 다음이 관상학이나 손금, 성명학 정도가 될 것이다.

주역은 명리학이나 관상학, 손금, 점성술과는 판이하게 다르다.

명리학의 경우는 생년월시에 따라 사람의 운명이 완전히 결정된다는 믿음 위에서 성립된 것인 만큼 사람의 노력에 의해서 타고난 선천 운명이 바뀌지 않는다고 한다.

그러나 주역에 의한 운명 판단은 막연히 평생의 운수를 알아본다거나 1년의 신수를 알아 보는 것이 아니라, 도저히 판단할 수 없는 상황적 조건에 있어서 대응방안만을 알아 볼 수 있는데, 그것도 사람의 힘에 의해서가 아니고, 신의 존재에 의존하여 알아 보는 것이다.

두갈래 길에서 방향을 결정하는 것은 주역이 아니더라도 누구든지 육감에 의한 판단으로 결정할 수가 있으니, 주역이란 학문은 결국은 사람의 육감에 의존한 하나의 학문에 불과 한 것이다.

주역의 원리는 밤이가면 낮이오고, 높은 곳이 있으면 낮은 곳이 있다는 천지 만물의 운행을 음양의 교대 작용으로 보고 어려움이 있으면 곧 좋은 일이 있다는 식으로, 사람에게 희망을 주는 방법을 선택하여 사람이 스스로 자만하지 않고 겸손하게 앞날을 대비해 주는데 있다.

주역으로는 어떠한 방법으로도 사람의 운명을 알 수가 없다.

서울의 모대학 동양 철학과 교수가 모 TV에서 한 말이 있다.

"사주 팔자는 사기다" 라고.

이말을 다시 바꿔서 말해보면 자신이 연구하고 있는 주역으로는 사람의 운명을 점칠수 없다는 것을 동양 철학자 스스로가 인정한 것이다.

그래서 "사주 팔자는 사기다"하고 큰 소리로 말할수 있는 것이다.

왜냐하면 주역으로써 사람의 운명을 알수가 없으니, 명리학에 접근도 해보지 않고 주역과 같은 음양오행으로 이루어진 학문으로 보고 명리학(사주팔자)도 주역과 마찬가지로 사람의 운명을 알아 볼 수 없으니, 사주팔자(명리학)은 사기다라고 힘 주어 말하는 것이다.

이 사람은 주역과 명리학을 구분 할 줄도 모르고, 음양오행의 변화 조차도 모르는 무식쟁이이다.

이러한 사람이 대학 강단에서 동양철학을 강의하고 있다니,

그 에게 동양철학을 공부하는 학생들은 어떠한 생각으로 배움에 임하고 있는지 궁금하다.

필자의 견해로는 아무래도 그 나물에 그 밥이지 않나 느껴지니, 우리나라의 동양 철학은 발전 되기가 힘이 들며, 더이상 발전 될 수가 없다고 생각된다.

우주의 법칙인 음양오행학으로 이루어진 명리학을 부정하고는 음양오행의 연구는 어렵다 미신이다 하고 마는 것이다.

우주에 존재하는 모든 물체는 자연의 법칙에서 벗어 날 수가 없고, 그 자연의 법칙을 알 수 있는 방법이 유일한 음양오행학이고, 음양오행학을 활용하여 사람의 모든 운명을 알 수 있는 것이 바로 사주 명리학이다.

일부 역학자들의 이론이나 실제 감정이 조금 맞지 않는다고 명리학을 부정해서는 안된다.

대개 부정하게 되는 원인 중 하나가 서투른 역학자들로 인한 오해와 무지이다.

학문의 정도에 따라서 조금씩 차이가 있을 뿐이지, 제대로만 학문을 배우고 익힌다면 100%에 가까운 운명을 풀어 낼수가 있는 것이다.

언제가 될런지 모르지만 명리학이 대학 강단에서 정식으로 강의 될 날이 있을 것이고, 오히려 사람이 살아가는데 필요하고 실용적인 것은 주역이 아니고 명리학일 것이다.

각설하고

왜 주역에 대한 애기를 하는가 하면, 주역으로 사람의 운명을 풀어 낼 수 있다고 생가하는 사람들 때문이다.

그리고 주역으로 사람의 운명을 풀 수 없다면 성명학에 있어서도 복잡하기만 할 뿐이지 불필요한 것이다.

주역이 사람의 운명을 들여다 볼 수 없는데, 어떻게 주역으로 해석하고 주역을 그 바탕으로 한 성명학이 맞다고 주장할 수가 있으며 그렇게 주장하는 사람은 하나만 알고 둘은 모르는 사람이다.

결론은 주역을 바탕으로 한 모든 성명학은 그 근원 조차 잘못 되었으니 작명하는데 있어서 사용할 필요가 전연 없다고 생각 된다.

(2) 주역과 성명학

이름이란 후천운으로써 선천운을 보조하여 좋은 운이 올수 있도록 유도 하는 것이기 때문에 사람의 운명을 미리 볼수 있는 사주에 맞추어 짓게 되는 것이다.

사주에 맞추어 짓지 않는 이름이라면 굳이 성명학이 필요 없고, 성명학에 맞추어 지을 필요가 없는것이다.

누구든지 기분 내키는 대로 이름을 지어 사용하면 그만이지 무슨 성명학 따위가 필요 하겠는가?

그렇지만 이름이 사람에게 미치는 영향을 분석하고 또 경험해 보면 이름을 아무렇게나 지을 수가 없다는 것을 느끼게 된다.

이름이 나쁘면 나쁜 운을 불러 모으게 되고, 매사에 어려움이 따르게 되는 것을 우리는 주위에서 많이 보고 있다.

그렇다면 이름을 잘 지어야 하고 이름을 잘 지으려고 많은 학자들이 연구 검토하고 개발하여 오늘에 이르렀는데, 그 성명학의 대부분이 사주를 그 근본중심으로 하고 만들어 졌고, 또 발전되어 온 것이다.

사주를 근본 중심으로 하여 성명학이 만들어 지고 발전되어 온 것 중에 가장 큰 이유는 이름을 그 사람의 사주에 대비하여 풀이 하였을 때 그 사람의 운명과 맞아 떨어지는 경우가 많았기 때문이다.

그 사람의 운명과 또 살아온 길과 맞지 않았다면 성명학은 이미 오래 전에 사장되고 없을 것이다.

사람의 운명학에 있어서 그 적중률이 100% 가까운 사주를 근본 바탕으로 성명학이 연구 발전 될 수 밖에 없고, 사주를 근본 바탕으로 하였으니 사람의 운명과 가장 밀접한 관계에 있다.

따라서 사람의 운명과는 전연 무관한 학문이나 학술을 근본 바탕으로 만들어진 성명학은 아무런 의미가 없는 것이다.

특히 주역은 학문 그 자체일 뿐이므로 주역에 의한 성명학은 사람의 운명과는 어떠한 경우라 할 지라도 연관성이 없다.

사람의 운명과 연관성이 없는 학문을 가지고 적중률이 낮다 높다 왈가왈부할 필요도 느끼지 못하고, 그러한 성명학이 연구 발전되어 왔다는 점에 필자는 회의를 느낀다.

주역을 연구하는 정통파 학자들은 학문으로써의 순수한 주역을 연구 발전하고 있는 반면에, 일부 몰지각한 주역 학자들이 사람의 운명에 주역을 대입하였는데, 이는 오히려 우주의 오묘한 법칙을 연구하는 주역을 욕되게 하였다고 할 수 있다.

주역이란 모든 만물의 변화와 법칙을 연구하는 학문이요, 사람의 심리 변화를 연구하여 중용을 지키고자 하는 학문이지 사람의 운명을 연구하는 학문이 아니라는 것을 다시 한번 강조 하면서 주역을 바탕으로한 성명학은 엉터리 학문이므로 무시해도 좋다는 것을 결론으로 맺는다.

제 5 편 작명하는 방법(좋은 이름 짓는 방법)

1. 의의

 현재까지 사용하고 있는 성명학에 대해 각 분야 별로 알아 보았다.

 이제 각 성명학에 있어서 모순된 점을 분석해 보고 모순 된 것은 될 수 있는대로 배제하고 좋은 부분은 채택하여 좋은 이름을 지을 수 있는 방법을 알아 보기로 한다.

2. 수리 성명학의 모순

(1) 수리 성명학

1. 수리 성명학이란 주역의 81 영동수를 이용하여 창안 한 것이다.

 주역 성명학에서 설명했듯이 주역은 사람의 운명과는 연관성이 없으며, 주역 어느 곳에서도 그 연관성을 찾을 수가 없다.
 사람의 운명과 연관성이 없는 주역을 그 기본바탕을 하고 만들어진 성명학이기 때문에 사실상 수리획수로 이름을 감정 한

다는 것은 모순이라기 보다는 쓸데 없는 일이고 스스로 무지
하다는 것을 인정하는 것과 다를 바 없다.

2. 이름이란 무엇인가 자문해 본다.

 틀림없이 부르는게 이름이라는 답변이 나오게 된다.
 부르는게 이름이고, 불러야만 대답을 하거나 반응을 보이는
이름이라면 소리가 되어 들릴 때 만이 이름이라는 결론이 나
온다.
 소리가 되어 들릴 때 만이 이름이라면 소리가 될때 만이 그
작용력과 영향력이 이름의 주인공에게 좋든 나쁘든 간에 영향
을 미친다는 것이다.
 그러면 이름으로 인하여 영향이 미치게 된다는 것은 바로 소
리이다.
 바로 이 소리만이 이름에 어떠한 메세지(氣)를 담는다는 것이
다.
 소리의 메세지(氣)중에서 가장 크게 작용하는 것이 소리 나는
그대로가 풍기는 느낌이다.
 그것이 바로 메세지(氣)이며 이름의 길흉을 좌우한다.
 그 다음으로 소리에 의해 생성되는 것은 음 오행이다.
 음 오행은 소리가 되어 나올때 인체의 각 장기에서 생성되어
나오기 때문에 이름에 그 영향이 미치게 되는 것은 당연한 이
치이다.
 소리에 다라 음오행이 생성하면 그 생성되는 오행간에 상호

작용력이 생기게 되고, 그 작용력이 이름의 주인공에게 영향을 주게 된다.

 한글 이름의 수리 획수도 마찬가지이다.

 이도 역시 주역의 81영동수가 그 기본골격이므로 역시 그 작용력은 없다고 본다.

 특히 음양의 구별을 수리 획수로 정하고 있는데 양은 홀수이고, 음은 짝수로 하는데, 이 무슨 해괴망칙한 법칙인가.

 이름은 기록하는 것이 아니고, 불러야만 그 반응이 있게 마련인데, 문자의 획수에 의해 길흉이 생겨나고 획수에 의해 음양이 달라진 다는 말인지 도저히 이해가 될 수 없다.

 아무튼 이름은 불러야 이름이지 부르지 않으면 이름이라고 할 수 없다.

3. 한문 수리 성명학의 모순

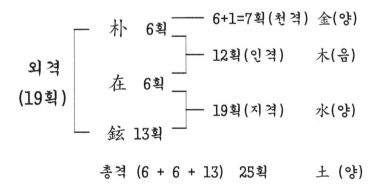

■ 천격 : 성(6획)의 획수에다 1을 합한 7획수이며, 조상이 물려준 운이다.

■ 인격 : 성(6획)에다 이름의 첫글자(6획)의 획수를 합한 12의 획수이며, 그 사람의 중년운이며 그 중년운을 중심으로 하여 그 사람의 성격, 지능, 사업운등을 본다.

■ 지격 : 성은 포함 시키지 않고, 이름 두 글자(6획+13획)만을 합한 19획수이며, 초년운을 보게 되고, 소년시절의 가정환경과 건강등을 암시한다.

■ 외격 : 성(6획)과 이름의 끝글자(13획)의 획수를 합한 19획수이며, 중년이후의 운이며 특히 이성관계, 명예운등을 보게 된다.

■ 총격 : 이름의 획수 전부(6획+6획+13획)합한 획수이며, 전체적인 운명을 관장하고, 또 암시하기도 한다.

 일이 잘 풀리지 않거나 사업의 실패, 결혼의 실패, 교통사고, 부상, 수술, 사건, 사고 등으로 인하여 운이 좋지 않은 사람들의 이름을 한문 수리오행 이름 감정을 하여 보면 좋은 이름은 거의 찾아 볼 수가 없다.

왜냐 하면 상기에서 설명한 천격, 인격, 지격, 외격, 총격 중 틀림없이 나쁜 획수가 한 두 개는 있기 마련이다.

일반적인 한문이나 한글 수리 획수를 갖고 성명학을 풀이 하는 사람들은, 그 나쁘게 나타난 한 두 개의 격을 갖고 그 사람의 나쁜운만을 이끌어 내게되니, 틀림없이 맞게 된다.

그리고 그럴싸한 언어구사로 사람 살아 가는데 있어서, 나쁜 것을 다 쏟아내니 이름의 주인공은 솔깃해 질 수 밖에 없다.

그런데 여기에 의문점이 있다.

부귀영화를 누리는 사람들, 정계 최고의 지도자로써 살아가는 사람들의 이름도 풀이 해 보면, 다섯 개의 격 중에서 한 두 개는 틀림없이 좋지 않다.

즉 다시 말하자면 작명 전문가가 정확하고 세밀하게 이름을 짓지 않는 한, 좋은 이름은 없다는 사실이다.

그렇다면 모든 사람들이 다 불행하다는 결론을 내릴 수 밖에 없는데, 이것은 말도 되지 않는 소리이다. 아름답고 밝은 삶을 살아가는 사람들 중에서 한문 수리오행에는 좋지 못한 이름이 많다는 것이다.

국내에서 성명학계의 일인자라는 모씨는 자신의 이름이 나쁘다는 사실은 모르고 남의 이름을 좋은 이름으로 바꾸어 준다고 하니, 남들의 이름을 지어 주기 전에 자신의 이름부터 개명하여야 되지 않을까 생각된다.

그리고 한문 수리오행에 있어서 또 다른 모순점은 한문이 만들어질 때 수리 획수에 의해 만든 것이 아니고, 사물의 모양과 형태를 보고 만들어 졌다는 사실이다.

그러하니 한문의 획수는 아무런 의미가 없다는 것이다.

한글도 이와 마찬가지이다.

다만 의미가 있다면 글자 속에 내포된 그 뜻일 것이다.

천(天)은 하늘을 뜻하고 지(地)는 땅을 뜻하는 그러한 뜻은 있지만, 다른 아무런 의미나 뜻은 없다.

그리고 이름을 부를 때 '박'은 6획이고, '재'도 6획이고, '현'은 13획이다 하고 부르지는 않는다는 것이다.

그냥 있는 그대로 '박재현'이라고 부르고 듣는 사람도 그냥 '박 재현' 이라고 들릴 뿐이지 더 이상 수리오행에 의한 뜻은 없다.

굳이 이름에 의미를 두고자 하면, '있을 재(在)', '솥귀 현(鉉)'에다 그 의미를 두는 수 밖에 없다.

물론 이름에 쓰는 한자에 좋은 의미를 가진 글자를 쓰면 더욱 더 좋겠지만 그렇게 나쁜 의미를 담고 있지 않는 글자라면 굳이 회피할 필요는 없다.

가장 중요한 것은 이름을 부를 때 느껴지는 느낌이다. 그것이 메세지(氣)가 되어 이름의 주인공에게 전달 되기 때문에, 그 사람은 그러한 기(氣)를 받게 되기 때문에, 부르는 이름에 따라 길(吉)과 흉(凶)이 따라 오는 것이다.

그러나 우리는 작명을 할 때 수리획수나 수리오행을 무시해서는 안된다.

그 이유는 아직도 수리획수나 수리오행으로 작명하는 사람들이 많아서 수리오행을 무시하고 작명을 하여 감정을 의뢰하는 경우가 많은데 수리오행을 고집하는 일부 학자들은 틀림없이 이름이 나쁘다고 할 것이니, 이름을 잘 지어 놓고도 정말로 나쁜 것일까 하는 의심을 갖게 되고, 이름에 대한 불안감을 떨쳐 버리기는 매우 힘이 든다.

그러하기 때문에 음파 메세지(氣)에 의한 작명을 한 뒤, 한문(한글)수리획수나 수리오행을 함께 맞추어 버리면 어떠한 이유라도, 이름에 대한 험담을 할 수가 없게 된다.

이름을 잘 지어 놓고 불안하다면 그 효과가 떨어지기 때문이다.

필자와 같이 한문 수리획수를 무시해 버리면 좋겠지만, 그것이 제대로 되지 않는다는 것을 우리는 알고 있다.

그래서 될 수 있으면 수리 획수에 맞추어서 이름을 지으려고 하는 것이다.

수리획수가 성명학에서 맞지 않다고 하였는데, 수리획수를 기초로 한 수리오행이 맞을 수가 없다.

수리획수나 그 오행은 참고로 할 뿐인데, 외면할 수 없는것은 아직까지도 수리오행에 의한 성명학을 주장하는 사람들이 많기 때문이고, 그래도 혹시나 하는 노파심이 있기 때문이다.

그렇지만 언젠가는 사장되어 사라지게 될 것이다.

모순된 수리획수나 수리오행을 가지고 성명학 운운 하는 것은 시간 낭비이지만 참고 자료로 활용하고자 하시는 분은 활용하시기 바란다.

예 1) 김 우중과 정 우중

실제로 한문 수리 획수에 의한 두 사람의 이름과 그들이 걸어온 인생길과 대조해 보자.

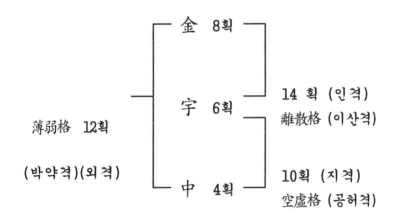

薄弱格 12획

(박약격)(외격)

金 8획

宇 6획

中 4획

14 획 (인격)
離散格 (이산격)

10획 (지격)
空虛格 (공허격)

1) 지격

김 우중씨의 유년과 청년 시절의 운은 이름의 첫 글자인 우(宇)의 수리 획수인 6과 이름의 끝 글자인 중(中)의 수리 획수인 4를 합한 10의 획수가 되고 지격이라 부르며, 10의 획수는 공허격(空虛格)으로써 그 뜻은 포부와 이상은 원대하나 의욕이 지나쳐 시작은 많아도 소득이 전혀 없어 공허(空虛)하며 인덕이 없고 우유 부단하니, 기회를 잡지 못하게 되며 좋지 못한 운으로 유도되고 재물과 재산이 산산히 흩어지는 격이다.

2) 인격

 김 우중씨의 청년 이후 장년부터 중년까지의 운은 성씨인 김 (金)의 수리 획수인 8과 이름의 첫 글자인 우(宇)의 수리 획수 인 6을 합한 14의 획수가 되고 인격이라 부르며, 14의 획수는 이산격(離散格)으로써 그 뜻은 매사에 꼼꼼하고 슬기롭고 의협 심은 좋으나, 항상 말썽이 뒤따르고 재물의 풍파가 많으며 가 정운도 좋지 않아 부부 애정에 있어서 갈등이 생기고 고독, 번 민, 병약, 불구, 자살 등의 나쁜 악운을 불러온다.
 항상 외롭고 주위에 사람이 없으며 매사에 막힘이 많으며 천 신만고의 고통속에 다음 운을 맞이 하게 될 것이다.

3) 외격

 김 우중씨의 중년이후 말년의 운세는 성씨인 김(金)의 수리 획수인 8과 이름의 마지막 글자인 중(中)의 수리 획수인 4를 합한 12의 획수가 되고, 외격이라 부르며, 12의 획수는 박약격 (薄弱格)으로써, 그 뜻은 사색적이고 매사에 신중한 면은 있으 나 현실성이 희박한 무모한 계획으로 실패하여 동서남북 바쁘 게 뛰어 다녀도 실속이 없으며 마치 바람 부는 날 밀가루 장 사하는 것과 같이 모든 것이 바람에 날려 버리듯 매사에 실패 가 많고 고달픈 생활 속에 부부 이별수 까지 겹치게 되니 비 참하고 참담한 인생이 되고 마는 것이다.

4) 총격

 총격은 말년운 이라고 하는 학자도 있고 또는 일생의 운이라
고 하는 학자들도 있는데 아무튼 총격은 이름 세 글자의 수리
획수 모두를 합한 18의 획수이며 진취격(進取格)이라고 하며,
그 뜻은 투철한 정신으로 매사에 임하면 부귀와 영화를 누릴
수 있으나, 너무 외고집으로 독단적인 무모한 행동을 하게 되
면 주위에 적이 많이 생겨 하는 일에 어려움이 따를 것이니
이점을 특히 유의 하면 좋은 격이다.

 이렇게 한문 수리 획수에 의한 이름을 풀이하여 보았는데 실
제로 김우중 대우 그룹 회장이 살아 온 것과는 거리가 매우
멀다. 조금은 가까워 보이는 것이 총격인데 총격 하나만 같고
그 사람의 이름의 길흉을 알 수가 없는 것이다.

 지격, 인격, 외격, 총격이 모두 좋아야 하며 그래야만 좋은
이름이라고 평할 수가 있는데, 지격, 인격, 외격은 좋지 않고,
그나마 총격만이 조금 좋을 뿐이니 좋은 이름이라고는 도저히
볼 수 없는데도 재계의 거물로써, 대우그룹의 회장으로써 맹활
약하고 있으니 한문 수리 획수에 의한 성명학의 모순된 점이
라고 볼 수 있다.

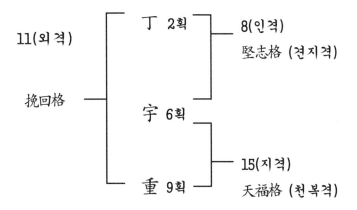

1) 지격

지격은 15획 천복격으로써 유년과 청년 시절의 운이며 천복격의 뜻은 하늘로부터 복을 받는 다는 격으로써 재물과 명성이 따르며 훌륭한 지덕과 고귀한 천성으로 주위의 존경을 받으며 자기가 맡은 분야에서 최고의 위치에 오를 수 있으며 가정이 평화롭고 그 명성과 권위가 온 세상에 뻗치니, 남성은 현모양처를 얻으니 가정은 화목하고 만사대길하는 최고로 좋은 운이다.

2) 인격

인격은 8획 견지격으로써 장년부터 중년까지의 운으로써 견지격의 뜻은 강철같은 의지와 독립 정신으로 모든 난관을 극복하고 시작도 좋고 끝도 좋으며 만사가 원하는 대로 모두 이루어지며 부부의 다정스러움 속에 미래가 확실하게 보장되며 일생을 부귀영화 속에 지내게 된다.

3) 외격

외격은 11획 만회격으로써 중년이후 말년의 운으로써 만회격의 뜻은 이지적이고 생각이 깊으며 성실하고 사교적이며 자립성이 매우 강해 진취적인 기상으로 집안을 일으켜 세우고 번창하게 하는 매우 좋은 운이며, 부부가 백년해로 하며 부귀 영화를 누리게 된다.

4) 총격

총격은 17획 건창격으로써 일생을 총괄하는 운으로써 건창격의 뜻은 강인한 의지로써 초지 일관하여 입신 양명하여 부귀와 명예을 누릴 수 있으며 특히 관(官)운이 좋아 고위공직자로써 명예를 얻을 수도 있다.

정우중씨는 김우중씨와 성씨만 다르다. 물론 한문으로 해석하게 되면 이름도 다르다.

그러나 우리는 이러한 경우 성씨만 다르고 이름은 같다고들 한다.

실존 인물인 정우중씨는 한문 수리 획수에 의한 성명해석대로 살아 왔느냐 하는 것이 문제이다.

그러나 실제로 정우중씨는 고난과 역경의 세월 속에 지금도 막노동판을 전전하며 가족들을 멀리 둔채 눈물의 세월을 살아 가고 있다.

수리 획수에 의한 작명법이 어느 정도의 운을 가져다 주었다면 정우중씨는 그처럼 고생은 하지 않으리라 생각된다.

이름이 이렇게도 좋은데도 그의 인생길은 가시밭길이니 답답하기만하다.

그러하다면 여기에서 이름 그 자체가 전달해 주는 음파 메세지(氣)로 분석하여 보자.

1) 대우 그룹 회장 김우중씨

성씨인 김은 금(金)이요, 금은 돈을 의미 하기도 하며 우(宇)는 제일 먼저 연상되어 떠오른 것이 비다. 그리고 중(中)은 가운데인데 그보다도 진행중에 있는 어떠한 느낌을 준다.

즉 일을 하는 도중, 오는 도중, 가는 도중, 등 진행 중에 있는 상황을 연상하게 된다.

하여서 이름 세 글자를 연속하여 연상하여 보면 김(金)은 금(金)이고, 돈(金)이요 '우'는 빗물이요, '중'은 진행 상태이니 돈이 빗물처럼 내리고 있는 상태가 연상된다.

돈은 성씨의 김(金)이고, 빗물은 우(雨)이고, 내리는 상태는

중(中)이다. 돈(金)이 빗물(雨)처럼 쏟아져 내리고(中)있으니,
온 세상이 돈으로 꽉 덮혀 있는 상태이고, 계속하여 돈이 내리
고 있으니 어찌 대재벌이 되지 않겠으며, 재계의 거물로써 우
뚝 서지 않을 수 있겠는가?

그러나 빨리 먹는 밥이 체하듯이 많은 비가 오게 되면 장마가
오게 되고, 홍수가 나니 너무 비를 많이 내리는 것도 좋지 않
다.

비가 내린 다는 것은 사업의 확장을 말하는데, 무리한 확장은
오히려 많은 것을 잃는 것과 같다.

그 이유는 홍수가 나면 많은 것을 휩쓸어가 버리는 것과 같
다. (회사 상호 마저 큰 빗물이다.)

그러나 여기에서 우리들이 알아야 할 것은 같은 김우중이라고
모두 다 돈 비가 내리는 것은 아니다.

만사에 태만하고 노력을 게을리 한다면 돈 비 오는 것만 기다
리다가 일생을 무위도식하게 될 것이다.

(註 : 사정상 책 출간이 늦어 졌는데 이 원고를 쓸 때는 김우
중씨는 건재하였음)

2) 정우중씨

성씨인 정(丁)자에서 가장 먼저 떠오르는 것은 정(情)이다.
우중은 김우중씨와 뜻이 같으니 정우중씨는 정(情)이 빗물처럼
쏟아져 내리는 상태이다.

정(情)이란 그리워 하는 마음이다.

정 우중씨는 지금 46세의 가장이다. 두 딸과 아들 하나를 두었는데 처자식을 집에 두고 멀리 타향으로 흘러와 막노동판에서 처자식의 정(情)이 그리워 밤이면 밤마다 한잔 술에 눈물을 삼켜야 하는 것이다.

정 우중씨는 어릴 때 양친을 잃고 고아원에서 자라났으며 일가친척 하나 없는 외톨이로 36년간을 살아오다, 지금의 부인을 만나 결혼하여 살아가고 있는데, 행복은 어디 있는지 보이지 않고 정을 그리워하고 정에 목말라 하면서 오늘도 하루 해를 보내고 있는 것이다.

이름이란 이처럼 그 이름 자체가 전달해 주는 음파 메세지(氣)가 가장 중요한 것이지 한문에 의한 수리 획수는 그 작용력을 의심할 수 밖에 없다.

이름을 불렀을때만 이름이지 글자로 아무리 쓴다해도 이름이라고 보기는 어렵다.

그것은 이름을 불러야만 이름의 주인공이 듣고 대답을 할 수가 있는 것이지, 이름의 주인공이 보지 않는 곳에서 수천번 수만번 글씨로 써도 그 이름의 주인공은 대답하지도 않고 알 수도 없다.

그래서 이름은 부를때만 그 힘이 있고 음파(氣)가 흐르는 것이지 글자 그 자체 만으로는 음파(氣)가 일어 날 수 없다.

좋은 이름은 많이 부르면 부를수록 좋은 운이 찾아 오고, 좋은 일들이 많이 생기고, 나쁜 이름은 많이 부르면 부를수록 나쁜 액운만 닥치게 되니 나쁜 이름은 부르지 않는 것이 가장 좋고, 그보다 더 좋은 것은 한시라도 빨리 좋은 이름으로 바꾸어 주고, 그 바꾼 이름을 많이 불러주고 많이 사용하는 것이다.

조금만 더 생각을 가다듬고 노력을 하면 누구라도 밝고 좋은 이름을 얼마든지 지어서 부를 수 있을 진대, 노력을 하시 않으니 스스로 나쁜운을 맞이하고, 비포장 자갈길을 걸어 가고 있으니 다시 한번 생각 해 볼 일이다.

예 2) 고 李秉喆

```
                     李  7획  ────── 7 + 1 =  8   金(음)
                                  ┬── 7 + 8 = 15   土(양)
7+11=19              秉  8획      │
                                  └── 8 + 12 = 20  水(음)
                     喆 12획
```

총획 27획

1) 천격 → 8획 → 堅志格(견지격)
2) 인격 → 15획 → 天福格(천복격)
3) 지격 → 20획 → 虛無格(허무격)
4) 외격 → 19획 → 告難格(고난격)
5) 총격 → 27획 → 中折格(중절격)

상기 이름은 삼성그룹 전 회장이신 고 이병철씨의 이름인데, 이렇게 수리 오행도 좋지 않고 수리 획수도 좋지 않은데, 어떻게 대 재벌의 회장이 되었을까 궁금하다.

이러한 사례는 많지만 지면 관계상 생략하기로 한다.

3. 성공하는 좋은 이름을 짓는 방법

(1) 사주 작명법을 적용

(2) 음양 오행을 적용

(3) 음파 메세지(氣) 성명학 직용(사용하지 말아야 한 글자는 될 수 있는대로 사용하지 말아야 한다.)

(4) 수리 성명학을 적용 → 많은 학자들이 아직도 사용하고 있고, 또 상기의 방법으로 좋은 이름을 지었다 하더라도, 수리 성명학자가 수리 획수에 의해 이름이 나쁘다고 하면 이름의 당사자는 괜히 이름이 나쁜 것 같은 느낌이 들고, 기분이 나빠진다.
 그래서 할 수 없이 다수에 밀리는 소수의 고통을 감수 할 수밖에 없다.
 이러한 것을 알고 수리성명학을 무시 할수 있는 용기만 있다면 틀에 박힌 고정 관념에서 벗어나 멋지고 아름다움 이름을 지어 부를수가 있을 것이다.
 수리 성명학에서 벗어나기 힘이 들면 가장 흉한 수리만 피하는 것도 좋은 방법의 하나라고 생각된다.

4. 상호, 상품, 회사명을 짓는 방법

상호, 상품, 회사명은 이름 짓는 방법과 동일하게 지으면 된다.

다만 다른 점은 사람의 이름은 사람이 그 주체가 되지만, 상호, 상품 회사명은 사업의 목적 또는 판매 하는 물품이 그 주체가 되고 부가적으로 사업가가 그 주체가 되는 것이다.

그러므로 주체의 특성과 이미지가 최대한 반영되어야 하며 사업자의 사주에 맞추어 지으면 최고의 이름이 된다.

상호, 상품, 회사명에 있어도 가장 중요한 부분은 음파 메세지(氣)성명학이다.

음파 메세지(氣)가 전달하는 메세지(氣)에 따라서 사업의 승. 패가 달려 있기 때문이다.

현대는 개성시대로써 각각의 개성에 따른 특이하고 재미있는 이름이 많다.

그러나 특이하게 짓는다 하더라도 사업의 목적, 또는 판매하는 물품과의 이미지가 반대되거나 잘 맞지 않으면 회사나 사업채는 큰 어려움에 처하게 될 것이다.

필자가 아는 사람중에 실내 인테리어 전문 회사를 경영하는 사람이 있는데 회사명이 나무 망치이다.

이 얼마나 멋진 아이디어 인가!

실내 인테리어는 나무가 주재료이고, 망치가 필수적인 도구이니 회사명으로써는 최고의 이름이다.

그것도 쇠망치가 아니고, 조금은 장난기 섞이고 애교있는 나무망치, 그 나무망치로 실내 인테리어를 한다고 생각해 보면 나무망치란 이름이 얼마나 좋은가를 느끼게 될 것이다.

그러나 이 나무망치란 이름이 좋다고 하여 유리 상회나 도자기 판매점등의 이름으로 사용하게 되면 유리나 도자기는 나무망치에 의해 깨어지거나, 부서져 버리고 사업은 부진하게 되고, 실패로 끝나게 될 것이다.

이름이 좋다고 아무 상품이나 회사명에 사용하다가는 실패를 면하기 어려울 것이다.

상품명은 상품의 특성과 이미지를 최대한 살려야 하고 소비자들이 쉽게 접근 할 수 있도록 지어야 한다.

상품명의 목적은 상품의 특성을 소비자에게 알리는데 있고 구매 의욕을 촉진시키는데 있다.

회사명도 상품명과 마찬가지로 그 회사의 특성을 최대한으로 살려서 지어야 할 것이다.

그리고 당신은 사업을 시작하기 전에 다음 항목들을 체크해 보시기 바란다.

① 나는 과연 이 이름으로 성공할 수 있을까 ?
② 지금 이 이름이 회사의 이미지에 딱 맞으며 업종의 특성과도 잘 맞는가 ? 또는 상품의 이미지를 최고로 부각 시킬 수 있는 것인가 ?
③ 조금이라도 의심이 가면 바꾸지 않으면 성공을 보장 받을 수 없다.

이름을 전문가에게 맡기는 비용이 문제가 아니고, 당신이 성공하느냐 실패하느냐가 걸려 있다는 것을 명심하여야 할 것이다.

브랜드명이 성공을 좌우한다.

브랜드명에서 가장 중요한 것은 그 상품의 이미지이다.

그 상품이 갖고 있는 이미지를 어떠한 방법으로 소비자에게 전달하느냐에 사업의 성패가 달렸다고 생각된다.

그 상품의 이미지를 전달해 주는 매개체가 바로 브랜드명이며 이 브랜드명이야말로 그 상품의 모든 것을 나타내고 대표하는 것이다.

사람의 이름이 그 사람을 의미하듯이 브랜드명 그 자체가 바로 그 상품인 것이다.

상품의 이미지를 제대로 살리지 못하는 브랜드명으로는 결코 많은 매출을 기대할 수 없을 것이며 매출이 따르지 않으면 사업은 성공할 수가 없게 된다.

비슷비슷한 이미지의 상호를 모방하여 이름을 지어 봐도 브랜드명에서부터 차별화하지 못한 기업이나 상품이 소비자들에게 어필될수 없고, 기억속에서도 사라져 버리는데 어떻게 상품을 팔수가 있다는 말인가?

확실하게 차별화된 이미지에 따라 소비자들은 상품을 구매하느냐 않느냐를 결정하는 것이 일반적인 현상이므로 결국에 이미지 창출과 전달에 막대한 영향력을 끼치는 브랜드명이 매출을 좌우하는 것을 알 수가 있다.

사업의 성패를 생각하면 브랜드명에 드는 비용은 그야말로 쥐꼬리만 하다.

이렇게 사업의 성패를 가지고 있는 브랜드명인데도 불구하고 아직도 많은 기업들은 마케팅이나 광고에는 많은 비용과 시간을 할애하면서도 진작 투자하여야할 브랜드명에는 거의 무신경인 것이 사실이다.

사업을 좌지 우지 하는 것이 브랜드명인데 이 브랜드명에 시간과 비용을 투자하지 않고 어떻게 상품을 팔겠다는 것인지 도무지 이해가 되질 않는다.

사업가 여러분들은 브랜드명에 대하여 다시 한번 생각하고 사업에 임하는 마음의 자세가 필요하다.

어느 누구를 막론하고 대박을 터뜨리고 싶은 마음은 갖고 있으면서도 브랜드명은 가볍게 생각하니 대박을 터뜨리기는 힘이 들 수 밖에 없는 것이다.

광고에 쏟는 비용의 일부를 브랜드명에 투자하면 그 광고의 효과보다 몇십배, 아니 몇천배의 효과를 볼 수가 있다는 것을 사업하는 사람들은 알아야 할 것이다.

브랜드명은 아무나 지을 수는 있다.

다만, 그 이름이 전문가가 지은 것보다는 그 값어치나 질이 떨어진다는 것이다.

아무렇게나 지은 브랜드명은 그저 아무렇게나 팔리고 전문가가 지은 이름은 전문가답게 상품이 팔려 나가리라고 생각하는 바이다.

많은 비용을 절감할 수 있고, 대박을 터뜨리는 상품을 기술력이나 제반 다른 것이 아닌 브랜드명 하나로 해결해 보자는 의미에서 이 글을 쓴 것이다.

상품의 이미지를 전달해 주는 상품명도 역시 이름이기 때문에 음파 메세지(氣)에 의해 지어야만이 그 상품의 이미지를 확실하게 소비자들의 머리속에 심어 줄 수가 있으며, 소비자들의 구매의욕을 촉진시킬 수가 있는 것이다.

음파란 음이 지니고 있는 이미지이며 그 이미지를 전달하는 과정이 메세지(氣)이며 메세지(氣)와 함께 전달되는 기(氣)가 바로 소비자의 심리 상태를 움직여 구매 충동을 일으키게 된다.

브랜드명을 음파 메세지(氣)에 의하여 지어야만 한다는 것을 다시 한번 강조하며 이 음파에 담긴 기(氣)의 작용력이 엄청난 힘을 발휘하여 사업가들에게 성공이라는 두 글자와 함께 명예와 부귀를 안겨줄 것임을 이곳에 남겨 두고 싶다.

상호명이 사업의 성공과 실패를 좌우한다.

상호명을 짓기 위해선 우선 그 사업에 오너의 사주 팔자의 정확한 풀이를 하여야 가장 좋은 이름을 지을 수가 있다

자신이 선택한 업종과 오너의 사주 팔자와 이름이 적절한 조

화를 이루게 되면 만사가 순조롭게 되고 빠른 시일안에 사업은 정상궤도에 진입하게 되고 성공할 수가 있을 것이다.

다음으로 어떤 업종을 택하여 상호명을 결정하려고 한다면 여러 가지 고려할 문제가 많이 있다.

그 준비 과정을 대략 정리하면 다음과 같다.

1. 사업체의 규모

우선 자신이 운영하려는 업체의 규모가 많은 종업원을 거느려야 하는 업종인지 아니면 혼자서도 충분하게 운영할 수 있는 것인지 또는 작은 인원만으로 운영할 수가 있는지 등을 세밀하게 분석하고 연구하여야 할 것이다.

10명이상의 종업원이 필요한 경우에는 업체의 특성이 많은 사람들에 의해 결정되므로 오너 자신의 절대적인 영향력은 줄어들게 되므로 상호명을 결정할 때는 보다 더 일반적이고 전체적인 함축적 의미를 창조해 내어야 성공할 수가 있다.

또한 많은 사람들에 의해 전체적인 집단규모로 운영되는 특성을 가지기에 오너 자신의 사주 팔자와 더불어 업체가 개인의 것인지 아니면 법인체인지를 고려하여 상호명을 지어야만 한다.

다음으로 개인적인 단위나 소수의 종업원으로 운영되는 업체인 경우에는 오너자신이 모든 사항을 결정하고 판단하기 때문에 오너 자신의 영향력이 가장 큼으로 오너 자신의 사주 팔자

를 참고하여 오너의 사주 팔자에 가장 잘 맞는 상호명을 지어
야만 한다.

 2. 상호명이 미치는 영향력의 범위.

 일반 제조업체인 경우에는 오너 자신의 사주 팔자와 업종과의
특성을 고려하여 상호명을 지어야만 한다.
 상호명의 영향력이 가장 많이 미치는 분야는 서비스등의 유통
분야이다.
 특히 현금 매출이 대부분인 분야의 업종에서는 매우 민감하게
나타나게 된다.
 상호명은 많은 사람들에 의해 불리워지고 기억되어서 입으로
입으로 번져 나가는 특성을 가지고 있기에 상호명이 가지는
특성은 제조업체보다도 서비스분야의 업체에 영향력이 크게
작용하는 것을 많이 경험 하기도 한다.

 3. 상호명을 지을 때 고려해야할 사항

 유통업등의 분야나 서비스등의 음식이나 식료품을 다루는 업
종은 음오행의 배합이 서로 잘 맞아야 한다.
 음오행의 배합은 서로 상생을 이루어야 하고 특히 오너의 사
주 팔자와 서로 상생이 잘 되어야만 한다.

상생의 원리에 의해 상호명을 짓게 되면 대인 관계나 비즈니스가 원만하게 잘 이루어지며 특히 자금이 활발하게 유통되어 사업이 크게 발전하게 된다.

이것은 좋은 운을 불러 모아주는 음파 메세지(氣) 의 흐름이 있기 때문이다.

또 많은 사람들을 상대로 하기 때문에 서로의 음파 메세지(氣) 가 잘 융화 되기 때문이다.

4. 상호명을 짓는 방법.

★ 발음상 나쁜 의미를 연상 할 수 있는 상호명은 지으면 안된다.

예를 들어 보면 "조은 상사"가 일찍 부도가 난 것은 바로 이름 때문이다.

"조"란 이르다 빠르다는 음파 메세지(氣)를 지니고 있는 데다 "은"은 가벼운 음파 메세지(氣)를 내포하고 있고 회사명도 "상사"이니, "상사"란 상해서 서로 죽는다는 음파 메세지(氣)를 갖고 있어 이름인 "조은"과 "상사"가 서로 힘을 합쳐 빠른 시일안에 부도가 나게 된 것이다.

이 회사는 창립한지 6개월도 되지 않아 부도가 난 회사이다.

★ 지명(地名)이나 사람의 실명등은 상호명으로 사용하지 않는 것이 좋다.

지명이나 사람의 실명등은 특별한 경우가 아니면 상호명으로 사용하지 않는 것이 좋다.

 지명이나 사람의 실명등은 너무 일반적인 의미로써 흔히 사용되는 이름이며 해당업체의 특성과 고유의 이미지를 무디게 하는 역활을 하기 때문이다.

★ 외국어의 사용은 세밀한 분석후 사용하여야 합니다.
(그 한 예가 기아 그룹이다.)
 외국어로 상호명을 짓는 경우에도 음오행의 배합이 맞아야 하고 오너의 사주팔자와도 조화가 이루어져야 하며 또한 되도록 쉬운 단어를 택하는 것이 좋다.
 뜻도 의미도 모르는 어려운 단어를 택하여 상호명을 지으면 고객에게 의미전달이 제대로 되지 않을 뿐 아니라 발음까지 어려운 말을 택한다면 오히려 역효과만 발생할 뿐이다.

★ 흔하게 사용하던 상호명은 피하도록 한다.
 다른 사람이 하던 사업을 인수 받는 경우에 상호명을 그대로 이전받는 경우가 생긴다면 인수 받는 사람의 개인적 특성과는 전혀 맞지 않을 수도 있기 때문에 자신의 특성을 살리지도 못하고 묻혀 버리는 경우를 주위에서 많이 보게 된다.
 될 수 있는 한 자신을 위주로 한 상호명을 새로 지어 사용하도록 하여야 사업이 성공하게 되며 사업은 당신의 일생이 달려 있다는 것을 명심 하여야 한다.
 이름 때문에 실패한 기업이 수도 없이 많다는 것을 다음의 예를 보면 알게 될 것이다.

예 1) 制世(제세)산업

1974년경에 자본금 1000만원으로 기업출범을 한 제세산업은 각종 건축 자재를 주로 이탈리아, 스페인 등지에서 사들여 이란에 수출하는 중계 무역으로 시작하여 섬유, 전자, 건설등으로 그 영역을 넓혀 갔는데, 제세건설, 대성건설, 제세섬유, 진영전자, 보국 중공업 등 5개 기업을 인수하거나 설립했다.

1978년 5월까지 승승장구 하던 제세산업은 1978년 8월 당시 탈세 사건과 부실 경영으로 시끄러웠던 대한전열을 무리하게 인수하면서부터 어두운 먹구름이 일기 시작했다.

그후 대한 전열이 팔당 수력발전소 건설공장에서 말썽을 빚고 대한 전열이 안고 있던 부채18억원과 서울신탁은행으로 대출받았던 40여 억원으로 인하여 은행으로부터 구제 금융를 받지 못하게 되자 부도를 내게 되었다.

무리한 기업의 인수도 문제가 있었지만, 회사명에 대한 작용력이 컸다고 생각된다.

제세 산업의 제세를 반복해서 되새겨 보면, 제는 무엇인가를 막는다는 메세지(氣)가 강하게 느껴지고 세는 세금, 또는 세월의 메세지(氣)가 느껴지고 또한 한자의 뜻도 그와 같다.

이것을 함께 풀이해 보면 세금을 막는다, 또는 세월을 막는다는 것인데 세금이나 세월은 인위적으로는 막을 수가 없다.

무리해서 막게되면 어느 정도는 막아질런지 모르지만 세금이나 세월의 강한 힘에 의해 홍수에 봇물이 터지듯이 일순간에 터지고 만다.

즉 무리하게 세금이나 세월을 막으려고 했던 것은 실제로, 제세가 대한 전열을 너무 무리하여 인수하였다는 것이고, 더구나 대한 전열은 그때 당시 탈세 사건에 연루되어, 파산 직전의 기업이었는데도 불구하고 무리하게 인수하였기 때문에 제세산업 전체가 부도를 맞게 된 것이다.

이러한 현상은 그 이름에서 전하는 음파 메세지(氣)가 강하여 경영자들이 그 정도의 세금과 부채 정도는 막을 수 있다고 오판 하므로써 무리한 인수가 감행 되었던 것이다.

제세란 이름을 자꾸 되새기다 보니 너무 자신감에 차 버렸고, 무엇이든지 막을 수 있다는 제세의 음파 메세지(氣)가 경영자들의 정신과 마음을 너무 자만에 빠져들게 하므로써 영원히 헤어 날수 없는 사태로 몰아 간 것이다.

예 2) 元기업

한국 이슬람교 초대 사무 총장을 지냈고, 1968년 사우디 아라비아에 건너가 9년동안 체신공무원으로 근무한 경험이 있는 원길남씨가 76년초 30대의 젊은 패기를 갖고 원기업을 창업하였는데, 원기업이 재계(財界)에서 두각을 나타낼 수 있었던 것은 원씨가 귀국시 4천 5백만달러 어치의 수입신용장을 갖고 들어와 몇달만에 4백만 달러 어치의 수출 실적을 올렸고, 1천에서 5천만 달러 어치의 신용장을 국내 업체들에게 넘겨줌으로써

1976년 수출의 날에는 상공부 장관 표창을 받기까지 하였다.

그러나 원기업은 원해운, 원엔지니어링, 원건설 등 기존 업체의 무리한 인수로 기업 확장을 꾀하다가 13억원의 부도를 내게 되고, 대표 원길남씨도 부정 수표 단속법 위반 및 신용장 위조 혐의로 구속됐다.

원기업의 원이 갖고 있는 음파 메세지(氣)는 영어의 one인 하나와 무언가를 바란다, 원한다는 것을 내포하고 있다.

기업의 이름인 '원'은 하나만 원하고 바라고 있는데, 하나 이상이 되니 경영능력의 부족으로 인하여 부도를 맞아 원 많은 기업으로 전락하고 만 것이다.

원기업 하나만 갖고 계속 전진해 나갔더라면 지금은 굴지의 재벌이 되어 있을 터인데 안타까운 일이다.

예 3) 大峰(대봉)그룹

대봉은 큰 산봉우리란 음파 메세지(氣)를 담고 있는데, 큰 산봉우리의 정상에 오르는 것도 무리인데, 큰 산봉우리처럼 많은 욕심을 내게도 된다.

대봉그룹은 섬유류와 잡화 전문 수출로 많은 이익을 보았는데, 그후 6개 계열사를 두고 해외에 먼저 상품을 실어 내놓고, 그곳에서 신용장을 발부 받아 지불하는 방식에 능했으나, 해외 재고 부담이 늘어 나면서 1979년말 은행 관리로 넘어가고 말았다.

대봉이 파산하게 된것도 여러가지 복합적인 요소가 가미되었지만, 대봉이란 이름도 한 몫을 톡톡히 한 것 같다.

예 4) 明星(명성)그룹

명성은 이름 있는 별, 이름을 날린다. 등의 음파 메세지(氣)가 담겨 있는데, 그보다 더 강한 음파 메세지(氣)는 밝은 대낮의 별이다.

밝은 대낮의 별이란 보이지가 않으니, 그 능력을 비밀리에 발휘 할 수 밖에 없고, 모든 업무나 일을 암암리에 처리하게 되고, 결국은 밝은 빛에 가려 자신을 내보이지도 못하고, 영원히 밝은 빛속에서 존재하고 있을 뿐이다.

명성그룹의 주력 사업은 관광레저 산업으로 모든 사업을 교통부와 건설부의 공무원들에게 뇌물공세로 사업을 확장하였고, 세금마저도 비밀 장부에 의해 조작하다가, 국세청 세무사찰로 명성 그룹 대표 김철호씨와 그의 부인 신명진씨가 조세법 처벌법 및 특정 범죄 가중 처벌법 위반 혐의로 검찰에 구속되므로 해서 새롭게 부상하던 신흥 종합레저 그룹이 하루 아침에 된서리에 몰락하게 되었다.

명성이란 이름에 담긴 음파 메세지(氣)로 인하여 뇌물 수뢰 관계로 검찰에서 조사를 받은 사람이 명성 그룹 임직원 14명, 은행관계자 30명, 사채 중개인과 전주 8백 44명 전현직 공무원 1백64명 등 모두 1천 52명이였으며, 그 중 많은 사람들이 구속

수감되었고, 수사에 동원된 검사가 17명, 수사요원이 91명이었다.

이것은 바로 밝은 대낮에 숨어있는 아름다운 별의 꾀에 속아 넘어간 사람들의 운명이라 할 수 있다.

명성이란 이름은 기업의 이름으로는 부적격 한 것으로 나타나는 대형 사건이었다.

예 5) 汎洋(범양) 商船(상선)그룹

우리나라 27대 재벌인 최대 선박회사가 파산하고, 범양상선그룹 박건석 회장이 1987년 4월 19일에 자살을 하게 된 것은 믿고 키워온 후배 경영인의 배신의 투서 한장이 국세청에 들어감으로써 일어났다.

이 투서 한장으로 박 회장은 외환관리법 및 조세법 처벌법 위반 혐의로 서울 지검에 고발 되었고, 박 회장은 수많은 빚과 당뇨병에 시달리다가 후배의 배신으로 국세청에 의해 외환 관리법 및 조세법 처벌법 위반으로 고발당하자 심적 부담으로 두산 빌딩 10층 자기 사무실에서 투신 자살 하였고, 범양 상선 그룹은 파산되었다.

그룹을 부도 위기에 몰아 넣고 박 회장을 자살로 몰고 간 당사자도 외국환 관리법 위반, 국내 재산도피 방지법 위반, 특정 경제 범죄 가중 처벌법 및 조세법 처벌법 등의 혐의로 검찰에 구속되는 비운을 맞았다.

이는 그룹 이름이 잘못되었기 때문이다.

범양상선의 범양은 말 그대로 범이 양을 잡아 먹는 음파 메세지(氣)가 발생되므로 그 작용력은 회사 내분싸움으로 이어지는 것이다.

결국은 회장의 자리가 탐이 난 박회장 후배의 투서 한 장으로 우리 나라 27대 재벌이 하루아침에 몰락하게 된 것이다.

결국 박 회장은 범 새끼를 키운 결과로 비참한 죽음을 맞이하고 말았다. 범이 양을 잡아먹는 형상은 생각만 해도 끔찍한 모습이 아닐 수 없다.

어떻게 하여 이러한 이름을 그룹명으로 사용하였는지 안타까울 뿐이다.

예 6) 기아 그룹

기아 그룹의 이름인 기아는 변속 기어의 기어 또는 기아에서 착안하여 기어의 약간 어두운 "어"의 발음을 사용하지 않고, 밝은 발음인 기아를 그룹의 대명사로 사용한 그 발상은 획기적이라 할 수 있지만, 기아라는 이름이 일반 사람들이 듣거나 부르게 되면 기획자의 의도와는 전연 다른 엉뚱한 우리의 말과 뜻이 되어 그야 말로 헐벗고 굶주림에 시달리는 사람들의 모습이 떠오르게 된다.

사람이 기아라고 부를 때 물론 자동차 부품중의 하나인 기아나 헐벗고 굶주린 사람들의 모습을 의식적으로 생각하지는 않겠지만, 많은 사람들의 무의식 속에서 헐벗고 굶주린 사람들의 모습이 떠오르게 된다는 사실이다.

무의식속에서 떠오르는 느낌과 생각, 모습등이 바로 음파 메세지(氣)로써 작용하게 되는 것이다.

기아도 마찬가지로 그러한 현상속에서 일시적인 호황이나 구제 금융으로 기업을 이끌어 오다가 마지막에는 국가까지 그 영향이 미치지 않았나 생각된다.

옛말이 있다.

'가난 구제는 나라도 하지 못한다'고 헐벗고 굶주리고 있는 기아 그룹을 회생시켜 보려고 하다가 오히려 국가의 경제만 도탄에 빠지게 된 것이다.

외국어를 갖고 상호나 회사명을 지을 때는 우리의 말과 뜻으로 어떠한 음파 메세지(氣)를 담고 있는가를 연구 분석한 뒤에 신중하게 결정하여야 한다.

비록 외국어이지만 그 상호나 회사명을 부르고 듣는 사람이 우리나라 사람이기 때문이다.

예 7) 母子(모자) 병원

모자 병원, 그 이름만 들어도 전문 진료 과목이 무엇인지 누구든지 알 수가 있는 좋은 이름이다.

모자, 엄마와 자식이 함께 있는 음파 메세지(氣)가 발생되니 산부인과 전문병원 이고, 엄마와 자식이 함께 있으니 엄마의

손을 잡고 병원에 들어서는 어린아이의 모습이 연상되니 소아
과 전문병원 이다.

즉 산부인과와 소아과가 전문인 병원이다.

이 이름보다 더 적절한 이름은 산부인과나 소아과에서는 찾을
수가 없을 것이다.

이름덕분인지 몰라도 지금도 성업 중에 있으며 날로 발전해
나가게 될 것이다.

예 8) 나빌레라

이 상호는 보거나 듣기만 해도 고급 여성 의류 전문점임을 알
수가 있는 좋은 이름이다.

특히 무대 의상전문점으로써 크게 발전 할 수 있는 이름이다.

예 9) 성폭력 상담소

성폭력이란 상대방이 싫다는 데도 억지로 성적인 행위로 상대
방에게 피해를 입히는 것을 말하는데, 이 성폭력상담소란 어원
자체가 사회 불안을 조성하고 폭력이라는 단어를 쓰므로써 신
성시 되어야 할 성이 오히려 나쁜 개념으로 받아 들여지고 성
에 대해 무지한 사람들은 성에 대해 불안을 느끼게도 한다.

아무리 성폭력을 예방해 보자는 취지이지만 사용해서 좋지 않
은 언어는 될 수 있는대로 자제 하여야 한다고 생각된다.

성폭력 상담소라고 하는 것도 일종의 상호 또는 이름으로써 좋은 언어로 대치 했으면 하는 바램으로 필자는 이렇게 고쳤으면 한다.

'성피해 상담소', '이성으로 인한 상담소', '성접촉 상담소', '이성과의 접촉피해 상담소', '이성 피해 상담소' 등

예 10) 백년해로 예식장

예식장이란 많은 하객들의 축복 속에 청춘 남녀가 행복한 가정을 꾸미게 된다는 신고 장소이며 약속의 장소이다.

주례는 검은 머리 파뿌리가 되도록 아들, 딸 잘 낳고 행복하게 살으라고 한다. 그렇다면 이러한 예식 행사를 하는 곳의 이름이 백년해로가 최고가 아니겠는가?

부부간에 불화가 있어 싸우거나 살아가는 과정에서 슬프거나 고통스런 일이 생기더라도 결혼을 한 예식장 이름인 백년해로만 떠올려도 어떠한 어려움이나 고통도 참고 이겨 낼 수가 있으리라 생각된다.

주례가 주례사에 백년해로 운운하지 않아도 백년해로 예식장에서 맺은 부부들은 한결같이 행복한 가정을 꾸미고 백년해로 하게 될 것이다.

예 11) 아름다운 빛 아래

 이 상호는 조명 전문점의 상호이다. 이 얼마나 멋진 이름인가?
 조명은 아름다운 빛을 만들고자 하는 것이 목적이니까 그 목적을 뚜렷하게 알 수가 있어서 조명 전문점의 상호로써는 최고의 이름이 아닌가 생각된다.

예 12) 모래시계 주점

 모래시계는 과거 시계가 발달되지 않았던 시대에 시간을 알아보기 위한 방법으로 사용하였는데, 모 텔레비전 방송국에서 드라마의 제목을 '모래시계'로 하여 인기리에 방영된 적이 있었다.
 그래서인지 주점의 상호에 모래시계를 사용하는 것을 종종 보게 되는데, 주점의 상호로써는 적합하지 않은 것이다.
 물론 드라마 상에는 카지노나 폭력적인 장면이 많았는데, 그 장면과는 모래 시계의 개념과는 전혀 다르다.
 모래시계 하면 시간을 우선적으로 떠올리게 된다.
 그것도 한정되어 있는 시간을 말이다.
 그래서 모래시계란 주점에서 술을 먹게 되면, 시간에 쫓기는 사람처럼 마음이 불안해지고 빨리 그곳에서 벗어 나고자 하는 마음이 생기게 되니, 일찍 술좌석이 끝나게 되니, 주점의 업주로써는 매상에 차질이 생기게 되는 것이다.

그래서 모래시계는 주점의 이름으로는 적합하지 않다고 생각된다.

예 13) 고운 화장품 전문점

피부를 윤택하고 아름답게 가꾸고자 하는 것이 모든 여성들의 꿈이요 희망이다.

피부를 좋고 아름답게 해주는 화장품을 판매하는 전문점의 이미지가 바로 떠오르는 고운 이라는 상호가 최적격이라고 생각된다.

지금까지 여러 가지 성명학을 분석 연구해 보았다.

이제 독자 여러분들도 성명학이란 무엇인가 확실하게 아셨을 것이다.

특히 음파 메세지(氣) 성명학과 사주 작명법에 대해서는 엄청난 충격을 받았으리라고 생각된다.

이 책이 출간된 이후에는 음파 메세지(氣) 성명학과 사주 작명법을 떠나서는 이름이나 회사명, 상호, 브랜드명등을 이야기할 수는 없을 것이다.

이제 더 이상의 성명학은 없다고 과감히 선언한다.

이 책을 바탕으로 좋은 이름을 지으시길 바라면서 이름이나 상호, 상품, 회사명에 사용하면 좋지 않는 글자를 첨부하니 참고 하시기 바란다.

※ 좋은 이름을 짓는 순서

1. 음파 메세지(氣) 성명학을 최우선으로 한다.
2. 사주작명법을 적용한다.
3. 음오행을 선택한다.
4. 의미가 좋은 한자를 선택한다.
5. 수리획수에 의한 작명법을 적용한다.

※ 좋은 이름은

1. 불러서 아름다워야 한다.
2. 한번 들으면 바로 기억에 남아야 한다.
3. 지적(知的)으로 들리어야 한다.
4. 능력이 있어 보여야 한다.
5. 많은 노력을 하여 지은 이름이어야 한다.
6. 복을 계속해서 부르는 이름이어야 한다.

※ 성공하는 브랜드는

1. 친근감이 있어야 한다.
2. 한 번 보거나 들으면 바로 기억에 남아야 한다.
3. 고객을 계속해서 불러들이는 이름이어야 한다.
4. 같은 업체와는 차별화 되어야 한다.
5. 상품의 이미지가 부각되어야 한다.
6. 좋은 운을 계속해서 부르는 이름이어야 한다.

■ 이름에 쓰면 좋지 않은 글자 (다수의 성명학자들이 주장)

※ 가 : 부모 형제와 인연이 없고, 여자는 독수공방하게 된다.

※ 각 : 하체나 뼈 마디에 이상이 있을수 있다.

※ 간 : 여자는 독수공방하게 된다.

※ 갑 : 재물운이 몰락하고 부부운도 좋지 않고 생사 이별수가 있다.

※ 감 : 자식 인연이 박하고, 자식 걱정이 많다.

※ 갈 : 간다라는 뜻인데, 결혼은 2~3번 하게 된다.

※ 광 : 성격은 밝으나 시력이 좋지 못하고 명예는 있으나 재물운이 막힘이 많다.

※ 건 : 물이 말랐으니 융통성이 없고 조실부모에 자수성가 해야 한다.

※ 걸 : 겉으로는 그럴듯하나 생활력이 결핍되어 처가 활동한다.

※ 결 : 언제나 재산상에 결함이 생긴다.

※ 겸 : 겸손하지 못하고 남을 무시하고 고집에 세다.

※ 견 : 개처럼 고집이 세고 불안하여 업무에 차질이 많다.

※ 경 : 인덕이 없고 풍파가 심하다. 교통사고 수술등으로 흉터가 있다.

※ 구 : 애정결핍증이 있다.

※ 규 : 내성적이며 박력이 없고 의타심이 매우 많다.

※ 극 : 부모 형제, 인적이 없으며 매사가 극과 극이고 주거불안에 방랑생활을 하게 된다.

※ 국 : 나라를 이름에다 썼으니, 관재 구설수가 따르며,
　　　형액, 단명수가 있다.

※ 기 : 초년이 좋고 중년 이후는 풍파가 많다.

※ 길 : 길을 따라 걷는 나그네 같이 주거가 안정되지 못하고
　　　교통사고, 조난, 횡액을 조심해야 된다.

※ 근 : 남의 의견을 무시하는 경향이 있으며, 가족간에
　　　화합이 잘 되지 않는다.

※ 금 : 마음과 정신상태가 박약하고 고민이 많으며, 운세도
　　　약하여 재물이 모이지 않으며 고독하게 된다.

※ 귀 : 귀한것보다 천박한 것이 많으며 부모 형제의 덕은
　　　전혀 없고, 어느 순간에 귀신이 잡아갈지 모르니
　　　마음이 불안하고 교통사고, 조난, 객사등 단명수가
　　　있다.

※ 낙 : 낙은 떨어지니 신체 장애가 있을수 있다.

※ 난 : 여자는 남편복이 없고 자신의 생활을 꾸려 나가야
　　　한다.

※ 남 : 동서남북으로 바쁘지만 소득이 적고, 부부 이별수에
　　　자녀 근심이 있다.

※ 노 : 몸과 마음은 늙어도 성급하여 관재 구설수에 잘
　　　휘말린다.

※ 능 : 불치병이 있을수 있고 애정운이 좋지 않다.

※ 대 : 내가 최고다 하니 남들이 나를 무시하게 되고, 성공
　　　하지 못하면은 질병과 고통뿐이다.
　　　특히 여성은 가정이 적막하고 풍파가 많다.

※ 도 : 쓸데없는 공상으로 허송 세월을 보내듯이 방랑의 세월 끝에 말년이 고독하다.

※ 동 : 추우니 만사가 움츠려 들고, 실패가 많으며 애정운에도 냉기가 흘러 문제가 발생하고 질병, 수술, 부상등을 초래하게 되며 일시적인 성공은 할 수 있으나 오래 가지 못한다.

※ 돌 : 의타심이 강하고 부모 형제의 덕이 없으며, 가난하고 불행하다.

※ 덕 : 사주와 잘 맞으면 큰 은덕으로 성공하고, 사주와 맞지 않으면 부모 형제 덕이 없고 성공은 하기 어려우며 고독과 가난속에 단명하기도 한다. 여성은 부부 이별수와 자손근심이 있다.

※ 란 : 남의 도움 없이는 성공하기 힘이 들고, 외롭고 고독하여 재물에 풍파가 많고 배우자 운도 좋지 않다.

※ 리,린 : 연예인이나 인기 직업을 가진 사람에게는 좋으나, 애정으로 인한 구설수가 따른다.

※ 례 : 일생을 바쁘게 살아도 재물은 모이지 않고, 고독과 질병속에 남편 덕이라고는 없다.

※ 만 : 가득차 있어 넘치기만 하니, 최선을 다하여 노력을 하여도 소득이 적고 인덕도 없고, 부부운도 희박하여 독신자가 많고 일생동안 풍파가 많다.

※ 말 : 말은 달릴줄만 아는 동물이니 부모 인연이 없고 가는 길목마다 시련과 고초가 따르니 재물이 흩어지고, 건강도 좋지 않고 부부 이별수가 있다.

※ 매 : 눈 속의 꽃이라 찾는 이 없으니 고독하고 인덕이
　　　 없으며 애정운도 차디 차서 독수공방 하게 된다.

※ 명 : 시력과 심장이 약하고 병약하여 단명하기 쉬우며
　　　 여성은 사회생활에 적극 참여 하여야 하고, 남편 덕이
　　　 없어 여러번 결혼 하게 되고 자식으로 인한 고통이
　　　 심하다.

※ 문 : 가정파탄을 초래하고 질병으로 수술 하는 수가 있다.

※ 미 : 연예인이나 인기직업인으로써의 이름은 매우 좋으나,
　　　 일생을 통하여 풍파가 너무 심하여 부모 형제의 덕은
　　　 없고, 부모 형제로 인한 근심과 걱정이 있게 된다. 부
　　　 부 이별수도 있다.

※ 민 : 노력은 하여도 소득이 적고 성격이 강인하여 풍파가
　　　 많고, 참을성이 결여되어 중도에 포기 하는 경우가
　　　 많다.

※ 백 : 용감하고 과감하지만 순간적으로 무너진다. 강한 것은
　　　 부러지기 쉬우니, 질병, 조난, 객사, 교통사고 등이
　　　 온다.

※ 범 : 부모 형제 덕이 없고 결혼을 늦게 하면 부부이별은
　　　 없다.

※ 법 : 강직하고 고집스러우며 융통성이 없어 재난이 따르고
　　　 고독하다.

※ 병 : 모든 일에 막힘이 많고 힘이 약하다.

※ 보 : 자기의 분수를 알고 행동하지만, 부부이별수가 있다.

※ 복 : 부모형제덕, 인덕, 남편덕은 전혀 없고 자기가 생활을

꾸려 나가야 한다. 남성은 여성에게 쥐여 생활한다.

※ 봉 : 자존심이 강하여 매사에 독불장군이다. 그러나 남에게 이용 잘 당하고 가정도 화목하지 못하다. 여성은 독수 공방으로 고독하게 된다.

※ 부 : 반대현상으로 천박하고 가난하여 뜻밖의 흉운으로 실패하기 쉬우며, 재물이 물처럼 나가고 말년에는 고충이 많다.

※ 분 : 바람에 흩어지고 날려 버리니 불안정한 생활과 경제적 어려움이 따르고 부부이별, 병고, 단명이 있다.

※ 불 : 이루어 지는 것이라곤 없다.

※ 산 : 고지식하고 강직하여 타인과 화합이 잘 되지 않고, 재물에 손해가 많고 고독하다.

※ 삼 : 세 번 성공하고 세 번 실패한 후에 평온이 찾아오나 그 고통은 이루 말할 수 없다. 부부 이별수도 있다.

※ 상 : 인색한 자린고비로 재액이 많고, 부부간에도 풍파가많다.

※ 생 : 일생을 통하여 풍파가 그칠날이 없으며, 불의의 사고가 있다.

※ 서 : 조금만 섭섭해도 눈물부터 흘리는 나약한 사람으로 고통과 고난이 많으며 애정 문제가 발생한다.

※ 석 : 돌처럼 우직하고 고집이 세어 남과 화합이 잘되지 않으며, 부부운도 좋지 않다.

※ 선 : 착하게 살아가다 보면 남들에게 이용만 당하고, 좋은일은 생기지 않고 하는일이 꼬이기만 한다. 그러나

흉한 중에도 좋은운은 있어 최선을 다하다 보면
성공을 하기도 한다.

※ 섭 : 전문분야에서 최고가 되기 힘들고 부부 이별운이
        있으며 외롭고 고독하다.

※ 소 : 소심하고 유약하나, 여성은 인기 직업인으로써 성공
        할 수 있으나, 재혼 또는 재취로 가게 된다.

※ 송 : 활동성은 있으나, 되는 일이 없고 일생을 허송 세월
        로 보내게 된다.

※ 수 : 방랑생활 속에 갈등과 번민이 끝이지 않고 부모 형
        제덕이 없으며 부부 이별수도 있다.

※ 숙 : 천성은 아름답고 고귀하나, 육친의 덕이 적고 고집
        이 세며 애정문제로 근심 걱정이 많다.

※ 순 : 일시적인 성공은 있어도 몰락이 따르고 고집이
        지나치게 강하여 독수공방이 되기 쉬우며 중년
        이후는 불운 속에 고독하게 된다.

※ 술 : 주색에 빠지게 되고 얕은 꾀로 상대를 이용하고자
        하는 마음이 있어 크게 성공하기는 힘이 들고, 횡액,
        객사, 단명등이 있게 된다.

※ 승 : 상대방을 이기려 하는 마음이 있어 구설수에 휘말리게
        되고 부모인연이 없고, 인덕도 없다. 여성은 남편에게
        이기려 하니 이별수가 있다.

※ 시 : 일찍 고향을 떠나서 자수 성가 하게 된다.

※ 식 : 애정 문제로 근심이 있다.

※ 신 : 성품은 온순하고 얌전하나 일생을 통해 풍파가 심하고

부부운이 좋지 않고 고독 하게 된다.

※ 실 : 얻는 것보다 잃는 것이 많고, 노력은 하지만 소득이
　　　 적다.생활이 안정되지 않고 고독하게 살아가게 된다.

※ 심 : 생각과 계획은 있으나, 실천력이 부족하고 신경이
　　　 예민하여 부부운이 좋지 않아 말년이 고독하다.

※ 아 : 연예계로 나가면 인기를 얻겠고 그렇지 않으며 쓸
　　　 모없는 남자들만 주위에 맴돌고 독수공방으로 고독
　　　 하게 된다.

※ 안 : 항상 마음이 불안하고, 정신이 산만하여 되는 일이
　　　 없고 생활에 안정을 찾지 못한다.

※ 암 : 과감하고 믿음직스러우나 의타심이 많고, 게으르며
　　　 성공하기까지는 고난과 고통이 많이 따른다.

※ 양 : 고집과 자존심이 강하여 남에게 지기 싫어한다. 욕심
　　　 때문에 재물이 흩어지고 고독하게 되고 혈압과 중풍
　　　 에 유의하여야 한다.

※ 오 : 이것도 저것도 아닌 반 푼수이며 기회주의자이다.
　　　 인덕이 없으며 여성은 독수공방이 되기 쉽다

※ 옥 : 화류계나 연예인의 이름에 좋고, 애정문제로 근심과
　　　 고통이 따르고 항상 구설수에 오르내리며 객사, 조난,
　　　 단명등이 있게 된다.

※ 완 : 외골수적인 옹고집으로 성공하기 힘이 들고 부부간에
　　　 사이가 원만하지 못해 이별이 있을 수도 있으며 질병,
　　　 교통사고, 부상등이 있게 된다.

※ 왕 : 군왕은 외롭고 고독하며 관재구설수에 휘말리게 되고

실패와 재난속에 풍파가 많고, 애정문제로 고민과
번민이 많다.

※ 요 : 부모 곁을 떠나 객지에서 자수 성가 해야 되고, 귀가
　　　크면 길운이 따르고 귀가 적으면 풍파가 많다.

※ 용 : 인덕이 적고 주위에 경쟁자가 많으며 구설수에
　　　휘말리기도 한다. 일생을 통해 고생과 시련이 따르고
　　　애정문제로 근심걱정이 많다.

※ 애 : 이성 관계가 복잡하고 외롭고 고독하다. 부모 형제와
　　　인연이 멀고 하는 일에 풍파가 많으며, 특히 여성은
　　　애정문제로 근심 걱정이 떠날 날이 없고 부부
　　　이별수에 고독하게 살게 된다.

※ 우 : 근심과 시름이 떠날 날이 없으며 한번은 크게 슬피
　　　울게 되는 일이 생기고 꾸준한 노력으로 재물은
　　　모으게 된다.

※ 운 : 모든 재물과 운세가 뜬 구름 처럼 흩어지니 일생에
　　　풍파가 많고 타향살이에 고독하게 된다. 스님이나
　　　역술가의 이름에 좋다.

※ 웅 : 미련한 곰 처럼 항상 남에게 놀림을 당하게 된다.

※ 원 : 가슴속에 한도 많고 원하는 것도 많다. 이 욕심때문에
　　　하는 일이 실패되고 만사가 불화와 대립으로 좌절
　　　되고 시작은 있어도 끝이 없으니 일생을 고독하게
　　　살게 된다.

※ 여 : 부모 형제 덕이 없고 의외의 재난으로 가난과 고통
　　　뿐이다.

※ 연 : 부부운이 좋지 못하고 일생을 통해 가난과 고통
　　　뿐이다.

※ 열 : 부모 인연이 없고 재물은 모이지 않고 흩어지니
　　　생활이 안정이 되지 않고 부부 이별수가 있다.

※ 영 : 일생을 통해 흉운만 찾아 오고 부부 이별 뒤에
　　　고독하게 살아가며 항상 고달프다

※ 예 : 부모 형제 무덕하고 평생에 되는 일 없고 부부 인연도
　　　박하다.

※ 은 : 노력은 하지 않고 욕심만 가득하나, 재물은 모이지
　　　않고 욕심만 더해 가니 한평생 불만 불평으로 보내게
　　　된다.

※ 유 : 마음이 태평하니 낙천적으로 살아가지만 부부운이
　　　박약하여 고독하게 된다.

※ 을 : 항상 마음이 불안하고 정신이 산만하여 되는 일이
　　　없다. 여자는 독수 공방하게 되고, 중풍에 걸리기
　　　쉽다.

※ 의 : 인정이 없고 비굴하며 상대방을 이용하여 하나 자신이
　　　당한다.　배우자 인연이 박하고 자손 근심이 있다.

※ 이 : 하나가 둘이 되니, 재물도 반이 되고 기쁨도 반이
　　　되니 복은 감소되고, 부부 이별뒤에 고독하게 된다.

※ 인 : 어질어 보여도 인덕이 없고 고집과 자만심이 강하고,
　　　살아 가는데 풍파가 많으며 몸에 수술 할 일이
　　　생긴다.

※ 일 : 자기 이기주의자로 인덕이 없고 성공하기까지에는

풍파가 많고 성공 후 에도 시비, 모략에 휘말린다.

※ 자 : 여자는 남자 같은 성격과 행동으로 생활 전선에 뛰어
들어야 하고, 여자가 남자의 삶을 살아 가야 하니 그
고통은 이루 말 할 수가 없고 부부 이별수도 있어
고독하게 된다.

※ 장 : 쓸데 없는 걱정을 많이 하고 허영과 욕심이 많다.

※ 절 : 하는 일마다 좌절과 실패가 따르고 여성은 홀로 된다.

※ 점 : 몸에 점이 있고, 부모 형제 덕이 없고, 출세 하기
힘이 들고 부부운도 희박하여 갈등이 생기고 이별도
하게 된다.

※ 정 : 남에게 이용만 당하고 정 때문에 눈물 흘리는 일이
많다.   결혼을 두 번하게 되고 자손 근심이 있다.

※ 조 : 성공과 실패가 반복되고 근심 걱정이 많다.

※ 종 : 만사가 시작하자 마자 끝이 나고 되는 일이 없고
중풍, 고혈압등이 온다.

※ 죽 : 강한 듯 해도 심신이 허약하여 만사가 잘 이루어 지지
않는다.

※ 주 : 너무 강직하고 자존심이 강하여 관재 구설수가 따르며
고독하고 배우자 운이 좋지 못하다.

※ 지 : 시작은 해도 중도에서 좌절과 실패가 있고, 재물은
흩어지고 성공하기에는 역부족이다.

※ 진 : 강인하고 박력 있으나 남들이 알아주지 않는다.
부모 형제 인연이 박하다.

※ 직 : 만사에 직선적이고 자기의 주장을 꺾지 않으므로

외롭고 사업운도 따라 주지 않는다.

부부 생사 이별수도 있다.

※ 재 : 머리가 영리하고 재능이 있으며 전공분야에서 두각을
나타낸다.

※ 천 : 부모 형제 덕은 전혀 없고, 풍파 많은 삶을 살게 되고
여성은 천한 명으로 전락할 수도 있으며, 재혼을 하게
되고, 관재구설, 부상,수술등이 있을 수도 있다.

※ 철 : 성격이 난폭하고 강인하여 업무에 손재와 재난이
많으며, 특히 시기와 모략이 따르고 스스로 불행을
초래하는 글로써 남들에게 인정받지 못한다.

※ 창 : 성격이 아주 날카로우며 고집이 세다.

성공보다는 실패를 더 많이 하게 되고, 잘못하면
상대방이 다칠 수도 있으며 재혼하게 되며 자식
걱정이 많다.

※ 초 : 시작은 있으나 언제나 처음과 같고, 일생을 두고
이루는 것이 하나도 없고 고독하고 쓸쓸하다.

※ 추 : 가을에 떨어지는 낙엽처럼 고독하고 외로운 인생이고,
성공한다 해도 금방 몰락하고 부부 애정 문제가 있다.

※ 춘 : 부모와 인연이 없고 여성은 생활 전선에 뛰어 들어야
하고, 성공과 실패가 수도 없이 반복되고, 말년에는
곤궁하게 살아간다.

※ 충 : 남과의 다툼이 많고, 구설수도 있으며 첩을 두던가
아니면 애정문제로 근심과 번뇌가 있다.

※ 채 : 여성은 과부, 재혼, 이별 등 만사가 되는 일이 없다.

※ 칠 : 만사가 좌절과 실패로 끝나고 일생을 풍파 속에
　　　　고독하게 지내게 된다.

※ 평 : 계획성이 없이 추진하다가 실패하게 되고, 재물도
　　　　흩어지니, 부부간 이별수도 있으며 질병에 시달리기
　　　　쉽다.

※ 풍 : 풍류에 빠지니 주색을 조심해야 되고, 마음이
　　　　흔들리니 제대로 되는 일은 드물고, 고혈압, 중풍
　　　　등으로 고생하게 된다.

※ 표 : 남의 손에서 자라게 되고, 재혼하게 되고, 신체 불구
　　　　조심

※ 태 : 부부운이 좋지 않아 자녀 근심 있다.

※ 택 : 키가 크면 성공 하지만, 실패가 따르기 쉽고, 키가
　　　　적으면 만사가 불성이다.

※ 탱 : 부모 인연이 없고, 고독하고 가난하다.

※ 하 : 아래로 떨어지게 되니 중도에 좌절과 실패가 따르고,
　　　　매사에 결실이 없으며 주색으로 인하여 패가 망신하
　　　　는 수가 있고 교통사고, 수족 부상 등이 따른다.

※ 학 : 고귀하고 품위 있어 보이나 외롭고 고독하고 불시에
　　　　재물에 파탄이 따르고, 학식이 있고 유능하지만
　　　　기회가 없으며, 여성은 독수공방이 되기 쉽다.

※ 한 : 성격은 차고 냉정하며 일생을 통해 되는 일은 드물고
　　　　불만 불평에 한 많은 생을 살게 된다.

※ 해 : 잔잔하고 고요한 바다에 바람이 불고 파도가 일듯
　　　　일생에 풍파가 그치지 않고, 여성은 남편 덕이 없고,

고단한 인생살이가 된다.

※ 행 : 시작도 끝도 없는 무의미한 생활로 바라는 것만
　　　 많으니, 마음에 고통이 많고 되는 일이 없고, 부상,
　　　 수술, 교통 사고 등이 있게 된다.

※ 호 : 바람기가 많으며, 매사 실속 없는 생활에 허송 세월을
　　　 보내게 되고 좋은 일보다 나쁜일이 더 많으며, 여자는
　　　 홀로 독수 공방하게 된다.

※ 홍 : 연예계가 아니면 첩 또는 과부가 된다.

※ 화 : 부모 형제와 인연 없고 이성 문제로 인한 근심과
　　　 번민이 많이 따르고 재물복이 박약하고 고독, 이별,
　　　 허영, 구설수 등이 발생한다.

※ 효 : 성품은 충직하고 고결하지만 성공하기는 힘이 들고
　　　 명예는 있어도 재물은 흩어지니 고독, 곤고 하게
　　　 된다.

※ 황 : 만사가 수포로 돌아가고 일생을 허황되게 살아가니,
　　　 평지 풍파가 일어나고, 부부 생사 이별수도 있어
　　　 고독하게 된다.

※ 휘 : 최말단 인생으로 전락되기 쉽다.

※ 희 : 자수 성가 하게 되지만, 고독하고 외로웁고 여성은
　　　 남편 복이 없어 독수 공방으로 지낸다.

필자가 주장하는 나쁜 운을 부를수 있는 글자
(특허 출원 : 0512)

다음에 표기하는 글자를 이름에 사용하게 되면 일생을 통해 나쁜 운만을 부를 수 있으니 특별한 경우를 제외하고는 사용하지 않는 것이 좋다.

남 자

갈 견 결 구 길 기 국 극 낙 노

도 동 복 봉 부 범 병 사

산 술 신 안 옹 웅 완 왕 용 열

운 인 종 죽 차 창 천

추 춘 충 칠 팔 퐁 하 한 환 화

해 행 호 효 휘 훙 홍 형

여 자

견 경 구 금 귀 길 기 국 극 낙

난 남 노 도 동 덕 리 린 란

례 말 매 묘 보 복 봉 부 분 범

병 사 산 순 숙 술 실 심 안 옥 애 열

인 을 자 종 진 죽 차 창 천 초 추 춘 충 칠

팔 풍 하 화 해 행 호 홍 홍 형

이러한 글자가 이름에 있다고 모두 다 나쁜 운을 부른다고 볼
수는 없겠지만 상기의 글자가 한자만 있어도 나쁜 운을 부를
수도 있다는 것이고 두 글자가 있으면 그 작용력은 더욱 더
강할 것이니, 구태어 상기의 글자를 사용할 필요는 없다는
것이 필자의 생각이다.
상기의 글자가 나쁜 운을 부를 수도 있다는 근거 자료를
제시하라고 하면 필자가 십여년 동안 연구하고 모아온 일종의
통계 자료라고 답을 드릴 수가 있으며 그 보다도 더 정확한
것은 이 책 곳곳에 있는 실명의 사람들에게서 일어나는

작용력을 읽어 보시면 확실하게 아시게 될 것이다.

자신만의 생각이 때로는 틀리는 경우도 있다.

우리가 배우고 익힌 지식 모두도 타인으로부터 얻은 것인데

내가 잘 모르는 분야는 전문가의 도움을 받는 것이 가장

현명한 생각이라고 생각된다.

몸이 아프면 의사가 전문인데도 의사가 아닌 사람이 고치려고

한다면 과연 고칠 수가 있을까?

이름도 이와 마찬가지로 전문가가 있게 마련이니 전문가의

의견을 참고하시어 귀여운 자녀들에게 멋지고 아름다운

이름을 지어 부귀 영화 속에서 행복하게 살아갈 수 있도록 해

주는 것이 부모가 된 도리가 아닌가 생각된다.

이름이란 이 세상에 축복 받고 태어난 사랑하는 자녀에게

부모가 처음으로 해주는 아주 소중하고 중요한 것임을 우리의

부모들이나 앞으로 결혼하여 부모가 될 사람들은 깊이 새겨

두어야 할 것이다.

한문을 생략한 것은 한문 그 자체의 뜻이 중요하지 않고 수리 오행도 중요하지 않기 때문이다.

그러나 한문 문화권에 사는 민족이고 오랫동안 한문을 사용해 왔기 때문에 무시 할 수는 없다.

그러나 한문 그 자체를 보고 해석하기 보다는 그 글자를 읽었을 때 받는 메세지(氣)가 가장 중요한 것이다.

즉 일반적으로 사람들이 인식하고 있는 뜻이 그 이름의 메세지(氣)가 되어 전달 되는 것이다.

예를 들면 '노'라는 소리를 이름으로 들으면 늙은 노(老)와 성낼 노(怒)가 생각되니, 그 이름의 주인공은 성격이 급할 것이고, 몸과 마음은 나이 보다 빨리 늙어 갈 것이다.

또 '길' 이라는 소리를 이름에 넣고 부르게 되면 좋은 길(吉) 자보다 우리가 걸어다니는 길(道)이 먼저 생각되고, 떠오르게 되니 길을 따라 터덕터덕 걸어가는 나그네 같이 주거가 안정되지 못하고 고독하게 된다.

이렇게 한문의 뜻이 무의식 속에서 작용하여 음파 메세지(氣)가 되어 이름의 주인공에게 전달되고, 그 이름의 주인공은 실제로 그러한 운명의 길로 살아가게 된다.

이것이 바로 음파 메세지(氣) 성명학의 핵심이며 묘한 작용력이다.

한문과 한글의 오묘한 뜻 속에 이름의 신비가 담겨 있는 것이다.

그러하니 굳이 한문으르 그 뜻의 의미를 두지 말고, 부르거나 들었을 때 느끼는 그 감정이 가장 중요하다.

바로 그 느낌이 음파 메세지(氣)가 되어 좋은 운으로 유도 하기도 하고, 나쁜 운으로 유도 하기도 한다.

이름을 지을 때는 성과의 연관성도 고려 하지 않으면 안된다. 어차피 이름은 세글자 아니면, 네글자가 아닌가?

그러하니 성도 이름의 한자리를 차지 하기 때문에 성에 맞는 이름을 지어야지, 성과는 다른 엉뚱한 이름을 지으면 나쁜 운을 유도 하는 이름이 되고 만다.

그리고 상기의 글자를 부득이 하게 사용하게 될 때는 사주에 의하여 정확하게 지어야 하고 작명 전문가가 아니면은 될 수 있는대로 사용하지 말아야 한다.

다시 한번 강조하지만 아직도 수리오행에 의하여 작명을 하는 사람들이 많으니 그 사람들에게 이름을 감정할 때 수리오행에 의해 나쁘다고 하면 혼동이 오기 때문에 수리 오행을 참고 삼아 맞추어 지으면 더욱 더 좋은 이름이 될 것이다.

* 이름에 사용하는 한자의 획수와 음오행

1획

음오행	한　　자	
土	一(일) 한 일	乙(을) 새 을

2획

음오행	한　　자
木	九(구) 아홉 구
火	乃(내) 이에, 곧 姓　　　了(료)마칠, 밝을, 달을
土	二(이) 두, 둘, 둘째, 두번　　人(인) 사람, 백성, 인품 入(입) 들, 들일, 들어올, 들어갈　　又(우) 또
金	丁(정) 고무래, 장정, 천간, 姓　　七(칠)일곱, 일곱번째
水	八(팔) 여덟, 여덟번째　　　　　卜(복) 점

3획

음오행	한 자
木	口(구) 입, 말할, 어구 久(구) 오랠 干(간) 방패, 구함, 姓 工(공) 장인, 공교할 己(기) 몸, 자기 弓(궁) 활, 姓
火	大(대) 큰, 대강, 姓
土	也(야) 어조사, 또한 下(하) 아래, 내릴, 낮출 丸(환) 알, 탄자, 둥글
金	士(사) 선비, 사내, 군사 山(산) 뫼, 산 三(삼) 셋, 석, 거듭 上(상) 윗, 오를, 임금 夕(석) 저녁, 비스듬할 小(소) 작을, 적을 子(자) 아들, 작위, 씨 才(재) 재주, 재간 丈(장) 길, 어른 千(천) 일천 寸(촌) 마디, 작을
水	凡(범) 대강, 평범한, 姓

음오행	한 자
木	介(개) 소개할, 姓　　　　今(금) 어제,오늘,바로
火	內(내) 안,속　　　　　　　丹(단) 붉을,약 斗(두) 말,별이름,우뚝솟을　屯(둔) 진,모일,칠 六(륙) 여섯　　　　　　　　太(태) 콩,클,첫째,姓
土	牙(아) 어금니,상아　　　予(여) 줄,허락할 五(오) 다섯,다섯번　　　王(왕) 임금,클,姓 云(운) 이를,말할　　　　元(원) 으뜸,처음,시작,姓 月(월) 달,세월　　　　　允(윤) 진실로,마땅할 윤 尹(윤) 맏,姓　　　　　　仁(인) 어질,인내할 引(인) 이끌,끌,당길　　　日(일) 날,해,낮 壬(임) 북방,간사할　　　亢(항) 높을,대적할 兮(혜) 어조사　　　　　　互(호) 서로 戶(호) 지게문,집　　　　化(화)화합,교화할, 姓
金	少(소) 젊음　　　　　　手(수) 손,재주,수단 水(수) 물,별이름　　　　心(심) 마음,생각,별이름 井(정) 우물,정자,姓　　　弔(조) 조상할 中(중) 가운데,사이　　　之(지) 갈 尺(척) 자,짧을,작은　　　天(천) 하늘,姓 丑(축) 소
水	木(목) 나무　　　　　　毛(모) 털,작은,姓 卞(변) 법,姓　　　　　　分(분) 나눔,구분할

5획

음오행	한 자
木	加(가) 더할 可(가) 옳을, 허락할 刊(간) 새길, 책펴낼 甲(갑) 갑옷, 껍질 去(거) 갈, 지날, 물리칠 巨(거) 클 古(고) 옛고, 비로소 功(공) 공, 입을, 복 瓜(과) 오이, 姓
火	旦(단) 아침 代(대) 대신, 세대, 시대 冬(동) 겨울 令(령) 하여금, 명령할 立(립) 설, 굳을, 세울 他(타) 다를, 남 台(태) 별
土	央(앙) 가운데 玉(옥) 아름다울, 훌륭할, 姓 瓦(와) 기와, 질그릇 外(외) 바깥, 멀리할 用(용) 쓸, 쓰일 幼(유) 어릴, 어린이 由(유) 까닭, 말미암을 以(이) 부터, 까닭, 또 玄(현) 검을, 오묘할, 姓 兄(형) 맏, 형 乎(호) 어조사 弘(홍) 넓을, 클 禾(화) 벼, 곡식

金	仕(사) 벼슬,섬길 四(사) 넉,넷 生(생) 낳을,살,기를 石(석) 돌,姓 仙(선) 신선 世(세) 인간,제상 召(소) 부를,姓 矢(시) 화살,맹세할 示(시) 보일,지시할 申(신) 납,원숭이,姓 失(실) 잃을,잘못할 仔(자) 자세 田(전) 밭,姓 汀(정) 물가 左(좌) 왼,도움 只(지) 다만 且(차) 또,우선 冊(책) 책,세울,봉할 仟(천) 일천 出(출) 나갈,뛰어날 充(충) 가득찰,막을
水	末(말) 끝,가루,보잘것없을 矛(모) 창 目(목) 눈,지목할 卯(묘) 토끼,무성할 戊(무) 별民(민) 백성 未(미) 아닐 半(반) 반,절반 犯(범) 범할,죄 白(백) 흰,밝을,아낄 本(본) 근본,책 氾(범) 넘칠,땅이름 北(북) 북녘 付(부) 부칠,청할 丕(비) 클,으뜸,姓 弗(불) 아닐,어길 平(평) 화평할,다스릴,姓 氷(빙) 얼음,얼 布(포) 베,펼 包(포) 꾸릴,쌈,姓 必(필) 반드시 皮(피) 가죽,姓

음오행	한 자
木	各(각) 따로따로, 제각기　　价(개) 클, 착할 件(건) 물건, 조건　　考(고) 상고할, 헤아릴 共(공) 한가지, 함께　　匡(광) 바로잡을, 바를 交(교) 사귈, 섞임, 바꿀　　求(구) 구할, 탐낼 圭(규) 서옥, 단위　　企(기) 바랄, 도모할 吉(길) 길할, 좋을, 姓
火	年(년) 해　　多(다) 많을 突(돌) 돌　　同(동) 한가지, 같을 列(열) 벌릴, 줄　　老(노) 늙을, 존경할 托(탁) 부탁, 맡길　　吐(토) 뱉을, 펼
土	安(안) 편안할, 어찌, 姓　　仰(앙) 우러러볼, 姓 羊(양) 양　　如(여) 같을, 갈, 어찌 汝(여) 너, 姓　　亦(역) 또, 또한 列(열) 차례, 벌릴　　伍(오) 대오, 반, 다섯, 姓 宇(우) 집, 하늘, 천지　　羽(우) 깃, 날개, 새, 도울 旭(욱) 빛날, 밝을, 해돋을 危(위) 위태로운, 두려워할, 높을 有(유)있을, 가질, 또 있을, 가질, 또 肉(육) 고기, 혈연 衣(의) 옷, 입은 伊(이) 저, 姓 夷(이) 오랑캐, 동방, 평평할 而(이) 어조사, 말이을, 너　　耳(이) 따름

土	印(인) 도장,찍을,姓	任(임) 맡을,맡길,姓
	汗(한) 땀,물,질펀할	合(합) 모음,합할
	亥(해) 돼지	行(행) 다닐,행할
	向(향) 향할,나아갈	形(형) 형벌
	好(호) 좋을	
	回(회) 돌아올,간사할,어길	
	灰(회) 재,석회	后(후) 임금,왕후,姓
	休(휴) 쉴,아름다울,좋을	屹(흘) 높을
金	字(자) 글자,사랑할,기를	自(자) 스스로,몸소
	匠(장) 장인	庄(장) 전장
	再(재) 거듭,다시,두번	在(재) 있을,살
	全(전) 온전,모두,전부,姓	玎(정) 옥소리
	兆(조) 억조,벌미,조짐	早(조) 이를,일찍
	存(존) 있을,물을	州(주) 고을,삼각주
	朱(주) 붉을,姓	舟(쭈) 배
	竹(죽) 대나무	
	仲(중) 버금,둘째,가운데	
	地(지) 땅,곳	旨(지) 뜻,생각
	池(지) 못지,姓	至(지) 이를,지극할
	次(차) 다음,차례,버금	此(차) 그칠,이에,이
	尖(첨) 날카로울,뾰족할	
水	忙(망) 바쁨	名(명) 이름,이름날,사람
	未(미) 쌀,姓	朴(박) 순박할,둥글,姓
	百(백) 일백,많음	帆(범) 돛,돛단배
	汎(범) 물에뜰,물이름,넓음	
	伏(복)엎드릴,숨을,굴복할	

7획

음오행	한 자
木	却(각) 물리칠,문득　　杆(간) 줄기,방피 玕(간) 아름다운돌　　車(거) 수레 見(견) 볼,보일　　決(결) 정할,결단한,물이름 更(경) 고칠,바꿀　　戒(계) 경계 系(계) 이을,계통　　告(고) 고할,알릴,여쭐 困(곤)지칠,곤할,괴로울,어려울 攻(공) 칠,닦을,다스릴 玖(구) 옥돌　　究(구) 상고할,끝 局(국) 사태,판,재촉할　　君(군) 임금,군자,남편 均(균) 고를,평평할　　克(극) 이길,능할 圻(기) 지경,언덕　　岐(기) 메,기산,나뉠 技(기) 재주,재능　　汽(기) 김,증기 沂(기) 물　　玘(기) 패옥
火	那(나) 어찌,무엇,姓　　男(남) 사내,아들 努(노) 힘쓸,　　但(단) 다만 杜(두) 막을,姓　　豆(두) 콩,팥,제기 冷(냉) 찰,냉담할　　呂(려) 음률,법중,姓 伶(령) 하여금,명령할　　弄(롱) 즐길,희롱 利(리) 이로울　　李(리) 오얏 里(리) 마을　　妥(타) 평온할,온당할 呑(탄) 삼킬　　兌(태) 바꿀,기꺼울 汰(태) 씻을,흐를,추릴　　投(투) 던질,보낼,버릴

我(아) 우리, 나	冶(야) 풀무, 단련할
抑(억) 억누를, 문득, 누를	言(언) 말씀, 말
余(여) 나, 姓	役(역) 일, 역사, 부역
延(연) 이을, 늘일, 물릴, 姓	沇(연) 물이름
吾(오) 나	吳(오) 나라, 姓
沃(옥) 윤택할, 기름질, 손씻을	汪(왕) 넓을
佑(우) 도울, 도움	玗(우) 옥돌
迂(우) 굽을, 멀, 돌	沄(운) 흐를
沅(원) 물	位(위) 벼슬, 자리, 지위
酉(유) 닭	吟(음) 읊을, 끙끙앓을
忍(인) 참을, 잔인할, 모질	妊(임) 아이밸
何(하) 어찌, 누구, 姓	沆(항) 물
杏(행) 살구, 은행	亨(형) 형통할
形(형) 모양, 형상, 꼴	孝(효) 효도
希(희) 바랄, 도울	良(양) 좋은

土

金	灼(작) 사를,쬐일	芍(작) 작약,연실
	壯(장) 군셀,씩씩할,장할	杖(장) 짚을,지팡이
	材(재) 재목	甸(전) 경기
	呈(정) 보일,드러낼	廷(정) 조정,법정
	弟(제) 아우,제자	助(조) 도울
	佐(좌) 도울	坐(좌) 앉을,죄입을
	住(주) 머무를,사는곳	走(주) 달릴,달아날
	志(지) 뜻,기록할	沚(지) 물가
	初(초) 처음,첫	抄(초) 뽑을,가로챌,뺄
	肖(초) 닮을,작을,姓	村(촌) 마을,시골
	沖(충) 화할,어질	
水	每(매) 매양,마다	免(면) 면할,벗을
	沐(목) 목욕,머리감을	妙(묘) 묘할,예쁠,젊을
	汶(문) 물	尾(미) 끝,꼬리,별이름
	伴(반) 따를,따라갈,짝	坊(방) 막을,동네
	妨(방) 방해할,해로울	彷(방) 거닐,비슷할
	伯(백) 우두머리,작위	別(별) 헤어질,나눌
	兵(병) 군사,병졸	甫(보) 겨우,갓
	扶(부) 도울,부축할	汾(분) 물이름
	佛(불) 부처	妣(비) 죽은어미
	庇(비) 의지할,덮을	判(판) 판단할,쪼갤,姓
	坂(판) 언덕,늪	阪(판) 언덕
	貝(패) 조개	杓(표) 자루

음오행	한 자
木	佳(가) 아름다울,좋을 刻(각) 새길,시각 岡(강) 메 居(거) 살,있을 拒(거) 막을,물리칠 杰(걸) 이름 肩(견) 어깨 京(경) 서울 坰(경) 들 庚(경) 별,길,나이 炅(경) 빛날 季(계) 철,끝,막내 固(고) 굳을,완고할,진실로 姑(고) 시어미,고모,아직 孤(고) 외로울,부모없을 坤(곤) 땅 昆(곤) 맏,형 供(공) 이바지할,바칠 空(공) 빌,하늘,부질없을 果(과) 과실,결과 官(관) 벼슬,관가 侊(광) 클 具(구) 갖출,연장,姓 坵(구) 언덕 拘(구) 잡을,거리낄 邱(구) 언덕,땅이름 券(권) 문서,증서 卷(권) 책,접을,말 金(금) 쇠,돈,누른빛 其(기) 그,어조사 奇(기) 기이할,기특,姓 佶(길) 바를,건장할

火	念(념) 생각할 坮(대) 터, 집터 到(도) 이를, 주밀할 東(동) 동녘, 姓 枓(두) 구기, 주두 兩(량) 두, 단위 來(내) 다가올 例(례) 견줄, 같을 彔(록) 나무깎을 侖(륜) 생각할, 둥글 林(림) 수풀, 姓 卓(탁) 뛰어날, 높을, 姓 坦(탄) 넓을, 평탄할 邰(태) 나라, 땅이름 兎(토) 토끼, 달

	亞(아) 버금, 작을	兒(아) 아이	
	芽(아) 싹		
	阿(아) 아름다울, 언덕, 姓		
	岸(안) 언덕	岩(암) 바위	
	昂(앙) 밝을	厓(애) 언덕	
	夜(야) 밤, 姓	於(어) 어조사, 姓	
	奄(엄) 문득	易(역) 바뀔, 변할	
	沿(연) 쫓을, 물따라 내려갈	炎(염) 불꽃, 불탈	
	泳(영) 헤엄칠	迎(영) 맞이할, 맞을	
	芮(예) 물가, 나라, 姓	旿(오) 낮, 날밝을	
	臥(와) 누울, 굽힐		
	玩(완) 구경할, 놀, 희롱		
土	往(왕) 갈	旺(왕) 왕성할 왕	
	枉(왕) 굽을	委(위) 버릴, 의젓할	
	油(유) 기름, 사물의 모양	育(육) 기를	
	玧(윤) 옥빛, 붉을	侖(윤) 생각할	
	依(의) 의지할	河(하) 물, 강, 내, 姓	
	函(함) 함, 글월, 편지	享(향) 누릴, 받을	
	弦(현) 활시위, 악기줄	泫(현) 물길을, 이슬빛	
	協(협) 도울, 화할	呼(호) 부를, 내쉴	
	昊(호) 하늘, 여름하늘	虎(호) 범	
	昏(혼) 혼미할, 어두울	泓(홍) 깊을	
	和(화) 화목할, 고루, 姓		
	花(화) 꽃, 아름다울, 姓		
	況(황) 형편, 하물며, 모양		

	事(사) 일,섬길	使(사) 시킬,사신
	泗(사) 물	社(사) 모일,단체
	祀(사) 제사	尙(상) 숭상할,높일,姓
	牀(상) 책상,자리	狀(상) 형상
	昔(석) 옛,어제,姓	析(석) 나눌,풀
	姓(성) 성,백성	性(성) 바탕,성품
	所(소) 곳,처소	沼(소) 못,늪
	松(송) 소나무,솔	受(수) 받을,입을
	垂(수) 거의,드리울	叔(숙) 아재비
	承(승) 이을,받을,받들,性	昇(승) 오를,性
	侍(시) 모실,받들	始(시) 비로소,처음
	姉(자) 맏누이	長(장) 어른,길,오랠
金	佺(전) 신선이름	典(전) 법,책,의식
	店(점) 가게	姃(정) 여자단정할
	定(정) 편안할,그칠	征(정) 갈,여행할
	政(정) 다스릴,정사	
	制(제) 누를,억제할,법도	
	宗(종) 마루,으뜸,姓	周(주) 두루,둘레,姓
	宙(주) 집,하늘,무한한	注(주) 주의할,물댈
	知(지) 분별할,알	芝(지) 지초
	直(직) 바로,바를,곧을	昌(창) 창성할,창성
	采(채) 취할,캘,무늬,姓	靑(청) 푸른,젊을
	招(초) 부를,불러올	抽(추) 뽑을
	忠(충) 충성	治(치) 다스릴,병고칠
	枕(침) 베개,벨,침목	

	孟(맹) 맹랑할, 맏, 첫, 姓	盲(맹) 소경, 무지할
	明(명) 밝을, 똑똑할, 姓	牧(목) 기를, 다스릴, 이끌
	拇(무) 엄지손가락	武(무) 북방, 호반, 굳셀
	炆(문) 연기날	門(문) 문, 집안, 姓
	味(미) 맛, 맛볼, 뜻, 기분	岷(민) 메, 산이름
	旻(민) 하늘	旼(민) 화할, 온화할
	珉(민) 옥돌	拍(박) 손뼉칠, 장단
	泊(박) 배댈, 묵을	返(반) 돌아올
	拔(발) 뺄, 뛰어날, 가릴	房(방) 방, 별이름, 姓
	放(방) 놓을, 내쫓을, 방자할	昉(방) 밝을, 비로소
	杯(배) 잔	佰(백) 일백
	帛(백) 비단, 명주	法(법) 법, 본받을
水	秉(병) 잡을	服(복) 옷, 입을, 복종할
	奉(봉) 받들, 姓	府(부) 마을, 관청, 고을
	芙(부) 무용, 연꽃	
	附(부) 붙일, 의지, 가까이할	
	奔(분) 달아날, 분주할, 달릴	芬(분) 꽃다울, 향기
	朋(붕) 벗, 무리	拂(불) 떨칠, 도울
	卑(비) 낮을, 천할, 나라이름	枇(비) 나무, 비파
	肥(비) 거름, 살찔	非(비) 아닐, 어긋날
	坡(파) 언덕	把(파) 잡을, 가질, 지킬
	波(파) 물결	芭(파) 파초
	板(판) 널	版(판) 조각
	坪(평) 들	抱(포) 안을, 품을, 가질
	彼(피) 저, 저편	泌(필) 물

9획

음오행	한 자
木	架(가) 세울,건너지를　　珏(각) 쌍옥 姜(강) 姓 建(건) 세울,일으킬,베풀 俓(경) 곧을　　　　　　勁(경) 군셀 係(계) 이을,걸릴,관계될　癸(계) 북방 計(계) 셈할,꾀 故(고) 연고,죽을,오래될 冠(관) 갓,어름,뜸　　　　洸(광) 물솟을,姓 郊(교) 들,교외　　　　　苟(구) 진실로,다만 軍(군) 군사,진칠　　　　奎(규) 별 畇(균) 쟁기,따비　　　　尅(극) 이길 祈(기) 빌,고할
火	南(남) 남녁,姓　　　　　奈(내) 어찌 耐(내) 견딜,참을　　　　段(단) 조각,姓 待(대) 기다릴,대접할　　度(도) 법,정도 挑(도) 펼,돋을 突(돌) 부딪칠,빠를,갑자기 洞(동) 마을　　　　　　洛(낙) 낙수 亮(량) 밝을　　　　　　侶(려) 짝 柳(류) 버들,姓　　　　　律(률) 법,풍류,姓 炭(탄) 숯,석탄　　　　　怠(태) 거만할,게으를 殆(태) 위태로울　　　　泰(태) 클,편안할 胎(태) 아이밸　　　　　柁(택) 언덕

582 · 음파 메세지(氣) 성명학

哀(애) 슬플	耶(야) 아버지, 어조사
約(약) 언약, 약속할	若(약) 같을
洋(양) 바다, 넓을, 물결	彦(언) 선비
妍(연) 고울, 사랑스럴	衍(연) 넓을, 퍼질
染(염) 물들일, 물들	映(영) 비칠, 비출
盈(영) 찰	英(영) 꽃부리, 영웅
屋(옥) 집	畏(외) 두려워 할
要(요) 모을, 기다릴	勇(용) 용맹할, 날랠
禹(우) 임금, 姓	郁(욱) 빛날, 姓
玲(영) 금옥	洹(원) 물이름
苑(원) 동산	威(위) 위엄, 세력
胃(위) 바위, 밥통	韋(위) 가죽
宥(유) 너그러울, 용서할	
柔(유) 부드러울, 순할, 연약할	
洧(유) 물이름	
胤(윤) 맏아들	

土

	垠(은) 지경,가장자리	音(음) 소리,음악
	姻(인) 혼인	夏(하) 여름
	限(한) 한정할,지경	咸(함) 다,姓
	巷(항) 골목,거리	
	香(향) 향기,향기로울	
	革(혁) 고칠,가죽	炫(현) 밝을
	玹(현) 옥돌	俠(협) 협기
	型(형) 본보기,법	炯(형) 밝을
	胡(호) 오랑캐,어찌,姓	
土	洪(홍) 넓을,클,홍수,姓	
	紅(홍) 붉을	奐(환) 빛날
	活(활) 물소리,생기있을,	皇(황) 임금,클
	廻(회) 돌아올,돌	侯(후) 제후,임금
	厚(후) 짙을,두터울	後(후) 뒤,뒤질
	恰(흡) 흡족할,적당할	
	洽(흡) 합할,화할,젖을	
	姬(희) 계집,아가씨	
	洌(열) 맑을	
	律(율) 법,풍류,姓	

金	思(사) 생각, 그리워할	査(사) 조사할, 사돈
	珊(산) 산호	庠(상) 학교
	相(상) 서로, 재상, 도울	宣(선) 베풀, 펼, 姓
	星(성) 별, 세월, 姓	省(성) 살필, 마을
	洗(세) 씻을, 깨끗할	昭(소) 밝을, 소명할
	帥(수) 거느릴, 장수	洙(수) 물이름, 물
	洵(순) 물	盾(순) 방패
	述(술) 지을, 기록, 말할, 펼	施(시) 베풀, 줄, 省
	柴(시) 섶, 姓	是(시) 옳을
	信(신) 믿을, 소식, 표지	室(실) 집, 별이름, 방
	甚(심) 더욱, 심할, 매우	姿(자) 모양, 맵시, 태도
	者(자) 놈, 사람	哉(재) 비롯할, 어조사
	前(전) 앞, 먼저	亭(정) 정자
	柾(정) 나무 바를,	訂(정) 의논할, 고칠
	帝(제) 임금	胄(주) 맏아들
	奏(주) 아뢸, 나아갈	柱(주) 기둥
	炷(주) 심지	俊(준) 준걸, 뛰어남, 姓
	重(중) 무거울, 중요할	烝(증) 불기운, 찔
	指(지) 손가락, 가리킬	祉(지) 복
	津(진) 넘칠, 나루, 침	珍(진) 보배, 보배로울
	泉(천) 샘	春(춘) 봄
	峙(치) 고개	致(치) 이를, 부를
	侵(침) 범할, 침노할	

水	勉(면) 힘쓸,부지런할
	面(면) 낯,얼굴,대할
	冒(모) 범할,무릅쓸
	某(모) 아무
	苗(묘) 싹,자손
	茂(무) 무성할,힘쓸
	美(미) 아름다울,
	珉(민) 옥돌
	拜(배) 공경할,절
	范(범) 풀이름,姓
	柏(백) 잣
	昞(병) 빛날
	柄(병) 자루,권세잡을
	炳(병) 빛날,밝을
	保(보) 보전할,지킬
	封(봉) 제후,봉할
	飛(비) 빠를,높을
	波(파) 물,갈래
	便(편) 마땅할,편할
	胞(포) 세포
	表(표) 겉,거죽,모범,姓
	品(품) 등급,물건
	風(풍) 바람,경치,가르침
	苾(필) 향기로울,풀이름

음오행	한 자
木	剛(강) 강할, 굳셀, 姓 虔(건) 정성, 정성스러울 缺(결) 이지러질, 모자랄 兼(겸) 겸할 倞(경) 굳셀, 멀 徑(경) 곧을, 지름길 涇(경) 물 耕(경) 밭갈 耿(경) 빛날, 깜박거릴 桂(계) 계수나무, 姓 庫(고) 창고 高(고) 높을, 공경할 恭(공) 공손할, 공경할 珙(공) 크고둥글, 옥 桄(광) 베틀, 나무이름 珖(광) 사람이름 校(교) 학교, 장교, 헤아릴 矩(구) 법, 곡척 拳(권) 주먹 珪(규) 서옥 根(근) 뿌리, 별이름 氣(기) 기운, 숨 記(기) 적을, 기억할, 기록할 起(기) 일어날, 시작할, 일으킬 桔(길) 길경, 도라지

	娜(나)	아름다울
	娘(낭)	아가씨, 각시
	紐(뉴)	맺을, 맬
	能(능)	능할, 재능, 능력
	唐(당)	나라, 당동할
	倒(도)	넘이질, 넘어뜨릴
	徒(도)	무리, 걸어다닐
	桃(도)	복숭아
	凍(동)	얼
	桐(동)	오동나무
火	浪(랑)	물결, 방랑할, 姓
	郎(랑)	사내, 서방
	倆(량)	재주
	凉(량)	서늘할, 얇을, 姓
	料(료)	헤아릴, 값
	倫(륜)	윤리, 인륜
	栗(률)	밤
	倬(탁)	클, 밝을
	託(탁)	부탁할, 의지할
	討(토)	찾을, 구할
	郎(낭)	사내, 서방

娥(아) 계집	峨(아) 산높을
晏(안) 늦을, 姓	案(안) 기안할, 책상
娟(연) 고울, 어여쁠	晏(안) 편안할, 잔이
娛(오) 즐길, 즐거워할	
悟(오) 깨우칠, 깨우쳐줄	
烏(오) 까마귀, 검을, 탄식할	
翁(옹) 늙은이, 아버지, 姓	
容(용) 얼굴, 용서할	涌(용) 물솟을
茸(용) 아름다울, 녹용	祐(우) 도울, 다행할
彧(욱) 빛날, 문채	原(원) 근원, 언덕
員(원) 인원, 둥글	
恩(은) 은혜, 사랑할, 姓	
殷(은) 나라, 姓	倚(의) 의지할, 기댈
益(익) 더할, 유익할	航(항) 배
海(해) 바다, 널리, 姓	軒(헌) 난간, 추녀
峴(현) 고개, 산이름	珩(형) 구슬
浩(호) 클, 넓을	桓(환) 굳셀, 머뭇거릴
晃(황) 빛날, 밝을	淆(효) 물이름
候(후) 기다릴, 기후, 염탐할	逅(후) 만날
訓(훈) 가르칠, 훈계할	烋(휴) 아름다울
烈(열) 사나울, 매울	流(유) 흐를

土

金	桑(상) 뽕나무	
	恕(서) 어질,용서할,동정할	
	書(서) 글,문서,쓸	席(석) 앉을,자리
	涉(섭) 건널,겪을	城(성) 재,성
	消(소) 물러설,사라질	素(소) 본디,흴
	孫(손) 손자	送(송) 보낼
	修(수) 닦을,익힐	殊(수) 뛰어날
	純(순) 천진할	筍(순) 풀
	陞(승) 오를,나아갈	時(시) 대,철
	息(식) 쉴,그칠,자식	奘(장) 클
	宰(재) 재상,다스릴	財(재) 재물
	展(전) 펼칠,벌일,나아갈	栓(전) 나무,못
	庭(정) 뜰,집안	
	挺(정) 곧을,빼어날,나아갈	
	悌(제) 공경할,공손할	晁(조) 아침,고을이름
	祖(조) 조상,시초	祚(조) 복,지위
	倧(종) 신인,옛신인	座(좌) 자리,위치
	株(주) 나무,그루	峻(준) 높을,가파를
	浚(준) 깊을,취할	紙(지) 종이
	振(진) 떨칠,구원할	晉(진) 나라,나아갈
	晋(진) → 晉 과 동일	眞(진) 참,바를
	秦(진) 나라	陣(진) 진칠
	昶(창) 밝을	哲(철) 밝을,슬기로울
	草(초) 풀	
	衷(충) 가운데,절충할,정성	
	値](치) 값,만날	

水	馬(마) 말 眠(면) 쉴, 잠잘 紋(문) 무늬 班(반) 나눌, 반열 般(반) 많을, 옮길 倣(방) 培(배) 갑절, 곱할 配(배) 배필, 짝 俸(봉) 급료, 녹 峯(봉) 봉우리 浮(부) 뜰, 가벼울 紛(분) 가루 浦(포) 물가 捕(포) 잡을 豹(표) 표범 疲(피) 지칠, 피곤할

음오행	한 자	
木	勘(감) 헤아릴, 생각할	堈(강) 언덕
	康(강) 튼튼할, 편안	乾(건) 하늘
	健(건) 건장할, 굳셀, 잘할	堅(견) 굳셀, 굳을
	卿(경) 벼슬	
	竟(경) 다할, 마칠, 끝날	
	頃(경) 요즈음, 이랑	
	啓(계) 인도할, 열, 여쭐	
	崑(곤) 산이름	郭(곽) 바깥, 姓
	救(구) 도울, 구원할	球(구) 구슬, 둥글, 공
	國(국) 나라	規(규) 법, 그림
	基(기) 터, 바탕	
	寄(기) 맡길, 전할, 의뢰할	
	崎(기) 험할	
火	捺(날) 당길, 손으로누를	淡(담) 맑을, 욕심없을
	帶(대) 띠, 데릴	
	陶(도) 질그릇, 즐길, 가르칠	
	惇(돈) 두터울, 힘쓸	動(동) 움직일
	得(득) 얻을, 깨달을, 만족할	朗(랑) 밝을, 맑을
	崍(래) 산이름	梁(량) 돌다리, 들보
	連(련) 연할	崙(륜) 뫼
	理(리) 다스릴, 이치	通(통) 형통할, 알릴
	透(투) 투철할, 통할	琅(낭) 옥돌
	崍(내) 산이름	

眼(안) 눈, 요점　　庵(암) 암자, 초막
御(어) 모실, 거느릴　　魚(어) 물고기
掩(엄) 가리울, 걷을　　淵(연) 못, 깊을
硏(연) 벼루, 연구할　　軟(연) 부드러울, 연할
晤(오) 밝을　　梧(오) 오동
婉(완) 어여쁠, 순한　　琬(완) 서옥
傭(용) 떳떳, 화할　　偶(우) 배필, 우연
連(연) 이을, 연한　　崙(윤) 뫼, 산이름
尉(위) 벼슬, 이름, 위로할　　唯(유) 오직, 대답할
惟(유) 생각할, 한갓　　堉(육) 흙, 토ㄴ옥할
宜(의) 옳을, 마땅　　移(이) 옮길, 바꿀
翊(익) 도울　　寅(인) 동방, 호랑이
荷(하) 연, 질　　偕(해) 굳셀, 함께
許(허) 허락, 가량, 姓　　晛(현) 볕기운
現(현) 나타날, 이제, 지금　　絃(현) 악기줄, 현악기
彗(혜) 별, 비　　壺(호) 병, 항아리
晧(호) 밝을　　淏(호) 맑은모양
凰(황) 새　　晦(회) 그믐
焄(훈) 향기로울　　琉(유) 유리

土

	捨(사) 베풀	斜(사) 비스듬할
	産(산) 낳을	參(삼) 셋
	商(상) 장사, 헤아릴	常(상) 항상, 보통
	祥(상) 상서, 착할	庶(서) 무리, 여러, 뭇
	敍(서) 펼	惜(석) 아낄
	淅(석) 빗소리, 사미	琁(선) 아름다운, 옥
	船(선) 배	
	設(설) 베풀, 세울, 찾을	
	珹(성) 옥	掃(소) 쓸
	紹(소) 이을	率(솔) 거느릴
	授(수) 가르칠	琇(수) 옥돌
	孰(숙) 어느, 무엇	
	淑(숙) 맑을, 착할, 사모할	
金	淳(순) 순박할	術(술) 재주, 기술, 꾀
	崇(숭) 높일, 높을	埴(식) 진흙
	紳(신) 벼슬아치	莘(신) 풀, 약이름
	悉(실) 다, 다할	深(심) 깊을, 짙을
	紫(자) 자주빛, 붉을	將(장) 장수, 나아갈
	帳(장) 휘장, 장막	張(장) 베풀, 당길
	章(장) 밝을, 도장, 글	莊(장) 씩씩한
	梓(재) 가래나무, 고향	專(전) 오로지
	停(정) 머무를	偵(정) 탐문할
	情(정) 뜻, 정, 사랑	桯(정) 평상
	淨(정) 맑을, 깨끗할	頂(정) 이마, 꼭대기
	梯(제) 사다리	祭(제) 제사
	第(제) 과거, 시험, 차례	彫(조) 새길

金	措(조) 베풀	曹(조) 무리,姓
	條(조) 가지,조리	組(조) 만들,끈
	造(조) 지을,만들	鳥(조) 새
	從(종) 모실,쫓을	悰(종) 즐거울
	淙(종) 물소리	終(종) 끝,마칠
	晝(주) 낮	晙(준) 밝을,이른아침
	焌(준) 불당길	趾(지) 그칠,발꿈치
	陣(진) 베풀,벌일,말할	參(참) 참여할
	唱(창) 부를	窓(창) 창,창문
	埰(채) 채지	
	彩(채) 채색할,빛날,광채	
	責(책) 꾸짖을,책임	添(첨) 더할,덧붙일
	淸(청) 맑을,깨끗할	崔(최) 높을,姓
	推(추) 천거할,밀	
水	晩(만) 늦을,저물	曼(만) 멀,길
	梅(매) 매화	麥(맥) 보리,밀
	猛(맹) 사나울,용감할	冕(면) 면류관
	務(무) 힘쓸,직무	珷(무) 옥돌
	問(문) 물을,찾을	敏(민) 민첩할,예민할
	訪(방) 찾을,널리물을	培(배) 가꿀,북돋울
	捧(봉) 받들	烽(봉) 봉화
	逢(봉) 만날	副(부) 버금,다음
	部(부) 떼,무리,거느릴	崩(붕) 무너질
	彬(빈) 빛날,姓	斌(빈) 빛날

12획

음오행	한　자	
木	街(가) 거리,길 堪(감) 견딜 距(거) 막을,클 傑(걸) 호걸,뛰어날,훌륭할 結(결) 맺을,마칠 硬(경) 굳을,단단할,강할 琨(곤) 아름다운 옥 款(관) 정성스러울,공경할 菊(국) 국화 貴(귀) 귀할,비쌀,높을 揆(규) 헤아릴,법 琴(금) 거문고,姓 期(기) 기약할,기간 琦(기) 옥이름	渴(갈) 목마를 敢(감) 용감할,감히 景(경) 볕,밝을,클 階(계) 차례,계단 菓(과) 과실,과자 琯(관) 옥저,피리 鈞(균) 무거울,삼십근 幾(기) 기미,몇,얼마 棋(기) 바둑,뿌리 琪(기) 구슬
火	湳(남) 물 短(단) 짧을,모자랄 悳(덕) 큰 棹(도) 돛대 都(도) 서울,도읍,姓 童(동) 아이 絡(락) 연락할,두를 勞(로) 수고로울 琢(탁) 다듬을 統(통) 거느릴,합칠	單(단) 외로울,다할,姓 貸(대) 빌릴,꿀 堵(도) 담,집 渡(도) 건널,나루 敦(돈) 도타울,姓 登(등) 오를,무리 量(량) 헤아리 晫(탁) 밝을 琸(탁) 사람이름

	雅(아) 맑을, 아담할	雁(안) 기러기
	菴(암) 암자, 가림	
	揚(양) 떨칠, 높일, 나타날	
	陽(양) 볕, 밝을	涓(연) 물방울
	然(연) 허락할, 옳을	硯(연) 벼루
	琰(염) 서옥	瑛(영) 물맑을
	琬(완) 서옥, 아름다운옥	堯(요) 임금, 높을
	堣(우) 모퉁이	雲(운) 구름, 姓
	媛(원) 어여쁠, 예쁠	援(원) 도울, 잡아당길
	越(월) 건널, 넘칠	圍(위) 에울, 둘레
	渭(위) 위수, 물이름	爲(위) 할, 만들, 위할
土	庾(유) 창고, 姓	
	猶(유) 오히려, 같을, 머뭇거릴	
	裕(유) 넉넉할, 너그러울	銳(윤) 병기
	閏(윤) 윤달	異(이) 다를, 姓
	貳(이) 두, 둘, 버금	壹(일) 하나, 오로지
	逸(일) 편안, 뛰어날	賀(하) 하례, 姓
	閒(한) 한가할, 편안할	港(항) 항구
	項(항) 클, 조목	虛(허) 빌, 헛될, 약할
	惠(혜) 은혜, 인자할	湖(호) 물, 호수
	皓(호) 빛날, 흴	畵(화) 그림
	華(화) 빛날	換(환) 부꿀
	黃(황) 누루, 姓	喜(희) 좋을, 기쁠

	掌(장) 손바닥, 주장할, 맡을	場(장) 마당, 곳
	溨(재) 맑을	粧(장) 단장할
	貯(저) 저축, 저장할	裁(재) 끊을, 마를
	絕(절) 끊을, 뛰어날	琠(전) 구슬
	晶(정) 맑을, 수정, 밝을	幀(정) 화상, 그림족자
	湞(정) 물이름 정	敡(정) 해돋는 모양
	堤(제) 언덕, 둑	
	程(정) 길, 한정, 과정, 姓	
	朝(조) 아침, 조정	提(제) 끌, 들, 내놓을
金	琮(종) 옥돌	椶(종) 종려
	週(주) 두루, 주일	註(주) 주낼
	衆(중) 많을, 무리	竣(준) 마칠, 그칠
	曾(증) 일찍, 거듭	軫(진) 수레
	進(진) 나아갈	集(집) 모을, 나아갈
	創(창) 찌를, 비롯할, 시작할	
	敞(창) 넓을, 드러날, 시원할	
	菖(창) 창포	菜(채) 나물, 姓
	策(책) 꾀, 대책, 대쪽	喆(철) 밝을
	晴(청) 갤, 날	替(체) 대신, 바꿀
	超(초) 뛰어날, 뛸	最(최) 가장, 제일

水	媒(매) 중매 買(매) 살 棉(면) 솜 描(묘) 그릴, 모뜰 無(무) 없음 貿(무) 무역할 渼(미) 물 博(박) 넓을 湃(배) 물소리, 물결칠 番(번) 차례 棅(병) 자루, 가질 堡(보) 막을, 방축 報(보) 알릴, 대답할 普(보) 넓을, 두루 補(보) 도울, 임관할 棒(봉) 두드릴, 몽둥이 傅(부) 스승 備(비) 준비할, 갖출 彭(팽) 땅, 姓 評(평) 의논, 평론할, 요량할 弼(필) 도울, 거듭

음오행	한 자
木	感(감) 감동할,느낌 鉀(갑) 갑옷 梘(건) 문지방 傾(경) 기울,위태로울 敬(경) 공경할,姓 誇(과) 클,자랑할,뽐낼 較(교) 밝을,뚜렷할 鳩(구) 비둘기,편안할 極(극) 지극할,극진,가운데 僅(근) 적을 勤(근) 부지런할,근무할 嗜(기) 즐길,좋아할 祺(기) 길할,상서로울
火	暖(난) 따뜻할 楠(남) 들메나무 農(농) 농사,농사지을 達(달) 깨달을,사무칠 道(도) 길,말할,姓 董(동) 바를 落(락) 떨어질 廊(랑) 행랑 廉(렴) 청렴 路(로) 길 祿(록) 녹

愛(애) 사랑,사모할,아낄	楊(양) 버들,姓
業(업) 업,선악의 소행	筵(연) 가장자리
鉛(연) 납,분	葉(엽) 잎,대
瑛(영) 옥광채	詠(영) 읊을,노래할
鈺(옥) 금	
溫(온) 따뜻할,부드러울	
雍(옹) 화할	搖(요) 흔들
溶(용) 물	遇(우) 만날,대접할
煜(욱) 빛날,불꽃	項(욱) 구슬
運(운) 옮길,부릴	園(원) 동산,뜰
瑗(원) 구슬	暐(위) 빛날
瑋(위) 구슬,옥이름	楡(유) 느릅나무
溢(일) 넘칠,가득할	絃(현) 솔귀
瑚(호) 산호	話(화) 말할,이야기
煥(환) 빛날,붉은모양	滉(황) 깊을
煌(황) 빛날	會(회) 모을,깨달을
煇(휘) 빛날,일광	携(휴) 이끌,가질
熙(희) 빛날	鈴(영) 방울

土

金	想(상) 생각할 詳(상) 상세할,자세할 瑞(서) 상서로운 錫(석) 놋쇠 瑄(선) 구슬 瑆(성) 옥 聖(성) 성인,거룩할 勢(세) 권세,위세,기세 頌(송) 칭송할 遂(수) 이룰,통달할 愼(신) 정성스럴,삼갈 新(신) 새로울,처음 資(자) 재물,자본 裝(장) 꾸밀,차릴 載(재) 실을 著(저) 나타날 傳(전) 전할,전기,옮길 塡(전) 편안할,오랠 靖(정) 편안할 鼎(정) 세발솥 照(조) 비칠,비춤,대조할 準(준) 법,평평할 稙(직) 올벼,조도 粲(찬) 빛날 滄(창) 푸를,싸늘할 置(치) 베풀
水	萬(만) 일만 盟(맹) 맹세할 溟(명) 바다,적은비 睦(목) 화목,친할 煩(번) 번거로울,수고로울

음오행	한　　자

음오행	한자	
木	嘉(가)14 좋을,아름다울	歌(가)14 노래,노래할
	稼(가)15 심을	駕(가)15 가마,수레
	閣(각)14 집,선반	覺(각)20 깨달을,감각
	監(감)14 볼,살필	鑑(감)22 모범,거울
	綱(강)14 대강,벼리	鋼(강)16 강철
	講(강)17 익힐,강론할,외일	橿(강)17 박달나무
	擧(거)17 일으킬	據(거)16 웅거할,일으킬
	儉(검)15 검소할	檢(검)17 검사할
	遣(견)14 보낼	鵑(견)18 두견
	潔(결)15 맑을,깨끗할	境(경)14 지경,경계
	慶(경)15 경사,복,姓	憬(경)15 깨달을
	擎(경)17 받들	暻(경)16 밝을
	璟(경)16 옥빛	競(경)20 다툴,겨룰
	警(경)20 일어날,깨우칠	輕(경)14 가벼울,경솔할
	鏡(경)19 거울	鯨(경)19 고래
	廓(곽)14 넓을,클	慣(관)14 익숙할,버릇
	觀(관)25 보일,볼	廣(광)15 넓을,널리
	橋(교)16 다리	權(권)22 권세,姓
	勸(권)20 가르칠,권할	閨(규)14 안방,규수
	漌(근)14 맑을	瑾(근)15 붉은옥
	謹(근)18 공경할	錦(금)16 비단,아름다울
	暟(기)14 볕기운	瑱(기)15 옥
	綺(기)14 비단	錡(기)16 가마,밥솥

火	諾(락)16 허락	檀(단)17 박달나무
	端(단)14 단정할,끝	德(덕)15 큰
	圖(도)14 그림,그릴	導(도)16 인도할
	稻(도)15 벼	頭(두)16 처음,우두머리
	羅(라)19 비단,그물,姓	蓮(련)15 연꽃
	潾(린)15 맑을	鐸(탁)21 방울
	澤(택)16 못,은혜	爛(난)21 빛날
	蘭(난)21 난초	
土	顏(안)18 얼굴,빛,색채	億(억)15 억,많은수]
	憶(억)16 생각,기억할	檍(억)17 싸리
	嚴(엄)20 엄할,엄숙할	演(연)14 넓을,넓힐
	熱(열)15 뜨거울,바쁠	曄(엽)16 빛날
	燁(엽)16 빛날	榮(영)14 영화로울
	鍈(영)17 방울소리	瑥(온)14 이름
	穩(온)19 편안할,평온할	擁(옹)16 가질,낄
	鎔(용)18 녹일	鏞(용)19 쇠북
	熊(웅)14 곰	遠(원)14 멀,깊을
	願(원)19 원할,바랄	維(유)14 얽을,오직
	潤(윤)15 빛날,윤택할	銀(은)14 은빛
	認(인)14 허락할,인정할	翰(한)16 날개,글,높이
	韓(한)17 나라이름	赫(혁)14 빛날
	爀(혁)18 빛날	賢(현)15 어질,어진이
	縣(현)16 고을	
	顯(현)23 밝을,귀할,높을	
	豪(호)14 호걸,성할	鎬(호)18 호경,남비

土	確(확)15 굳을, 확실할	擴(확)18 넓힐, 채울
	闊(활)17 넓을, 너그러울	曉(효)16 깨달을, 새벽
	勳(훈)16 공	熏(훈)14 더울, 불기운
	薰(훈)18 더울	輝(휘)15 빛날
	僖(희)14 즐거울	嬉(희)15 아름다울
	熹(희)16 기뻐할, 좋아할	禧(희)17 복
	熹(희)16 밝을	蓮(연)15 연꽃
	綸(윤)14 다스릴	
金	像(상)14 코끼리, 형상	霜(상)17 서리, 세월
	署(서)14 마을, 관청	錫(석)16 주석, 지팡이
	銑(선)14 광채날	鮮(선)17 빛날, 고울, 姓
	爕(섭)17 불꽃, 화할	誠(성)14 정성, 진실
	蘇(소)20 깨어날, 회생할	樹(수)16 나무, 세울
	實(실)14 열매, 참될	慈(자)14 인자할, 사랑
	奬(장)14 장려할, 칭찬할	璋(장)15 구슬
	障(장)14 막을	齋(재)17 집, 재계
	靜(정)16 조용할, 고요할	齊(제)14 나라, 가지런할
	綜(종)14 모을, 자세할	種(종)17 술잔, 쇠북
	鎭(진)18 진정, 편안하게할	燦(찬)17 빛날
	贊(찬)19 찬성할	彰(창)14 빛날, 밝을
	蔡(채)15 나라, 거북	徹(철)15 뚫을, 통할
	澈(철)15 맑을	鐵(철)21 쇠, 단단할
	請(청)15 청할, 물을	
水	銘(명)14 새길	模(모)15 법, 본보기
	謀(모)16 꾀, 도모할	穆(목)16 아름다울, 공경할
	默(묵)16 잠잠할	聞(문)14 들을, 이름날
	鳳(봉)14 새	

- 부   록 -

★ 이름의 종류

- 아명(兒名) : 어린아이 때의 이름
- 자(字) : 전통예식의 하나로써 20세가 되면(혼인후) 관례(冠禮)를 거행하는데, 이때에 이 관례를 주관하신 분이 예식을 거행하면서 지어준 이름
- 항명(行名) : 항렬자(行列字)에 따라 족보에 올리는 이름
- 별호(別號) : 이름 외에 따로 부르는 이름
- 함자(銜字) : 살아 계신 웃어른의 이름자를 부를 때
- 휘자(諱字) : 돌아 가신 분의 이름자를 부를 때
- 호(號) : 자(字) 이외에 쓰는 이름으로 학자, 문인, 유명인등이 사용하는 뜻 다른 이름
- 시호(詩號) : 임금이나 경상(卿相), 유현(儒賢) 등이 죽은 뒤 임금이 그 행적을 칭송하면서 추정하는 이름

★ 항렬(行列)자란 ?

항렬이란 같은 혈족사이에 세계(世系)의 관계를 분명하게 하기 위한 문중(門中)의 법을 말한다.
각기 가문과 파에 따라서 다르다.
항렬자(行列字)는 이름자 중에서 한 글자를 공통으로 사용하여 같은 세대를 나타내는 돌림자이다.
항렬자는 대개 다음과 같은 기준에 의해 만들어진다.

오행상생법(五行相生法) - 일반적으로 많이 사용

- 수(水), 목(木), 화(火), 토(土), 금(金)의 변을 순서적으로 사용.

십간(十干)순으로 사용

- 갑(甲), 을(乙), 병(炳), 정(丁), 무(戊), 기(己), 경(庚), 신(辛), 임(壬), 계(癸)를 차례로 사용

십이지(十二支)순으로 사용

- 자(字), 축(丑), 인(寅), 묘(卯), 진(辰), 사(巳), 오(午), 미(未), 신(申), 유(酉), 술(戌), 해(亥)를 순서적으로 사용.

숫자순서로 사용

- 일(一:丙.尤), 이(二:宗,重). 삼(三:素), 사(四:寧) 등으로 사용.

개명하여 스타가 된 연예인들

★ 강신영 – 신성일 – 강신성일   ★ 강만호 – 강석우

★ 강영걸 – 강산애   ★ 권소영 – 송채환

★ 김길남 – 김종환   ★ 김덕용 – 남보원

★ 김민정 – 김민   ★ 김문선 – 김규리

★ 김영희 – 소찬휘   ★ 김남진 – 남진

★ 김은경 – 진도희   ★ 김영목 – 김희라

★ 김성희 – 정선경   ★ 김명자 – 김지미

★ 김미영– 진미령   ★ 김명선 – 현미

★ 김명옥 – 나미   ★ 김연제 – 최연제

★ 김혜자 – 패티김   ★ 김홍복 – 김윤경

★ 김희숙 – 김세레나   ★ 김희수 – 김수미

★ 김영한 – 최불암   ★ 노운영 – 노주현

★ 문택길 – 문풍지   ★ 박두식 – 백남봉

★ 박미애 – 방미   ★ 백미경 – 민해경

★ 박채림 – 채림   ★ 방영순 – 방실이

★ 백현석 – 현석   ★ 송승복 – 송승헌

★ 손미나 – 윤정희   ★ 손미자 – 금보라

★ 심상군 – 심혜진   ★ 안칠현 – 강타

★ 옥보경 – 옥보단 – 옥소리   ★ 오진홍 – 오지명

★ 왕지현 – 전지현   ★ 이윤희 – 유지인

★ 안귀자 – 안소영   ★ 유종렬 – 유열

★ 이도진 – 양파   ★ 이화란 – 이수미

★ 이성규 – 이원승   ★ 이상우 – 이주노

★ 이영춘 – 설운도   ★ 이유미 – 이영자

★ 이영재 - 이휘재   ★ 이본숙 - 이본
★ 임기희 - 임예진   ★ 임한룡 - 임하룡
★ 정민철 - 서태지   ★ 정은숙 - 정수라
★ 조문례 - 강수지   ★ 조영필 - 조용필
★ 조방헌 - 태진아   ★ 조영숙 - 이보희
★ 주일춘 - 주 현   ★ 주 진 - 진 주
★ 최미향 - 최지우   ★ 최홍기 - 나훈아
★ 최성준 - 최희준   ★ 최성희 - 바 다
★ 허상용 - 허 참   ★ 황정만 - 황신혜

★ 위의 사람들은 연예계로 진출하면서 왜 부모님들이 지어 주신 자신의 본명을 버리고 새로운 이름을 선택하여야만 했을까?

그것은 다름 아닌 이름의 중요성을 깨달았기 때문일 것이다.

이렇게 결단성 있게 이름을 바꿈으로 하여 그들은 오늘날에 많은 사람들의 사랑을 받는 위치에서 인기와 명예와 부를 거머 쥐게 된 것이다.

신생아의 이름은 물론 잘 지어야 하겠지만 현재 사용하고 있는 이름이라도 마음에 들지 않으면 당장에 바꾸도록 하여야할 것이며 그래서 보다 나은 삶을 살아 가고 행복 할 수 있는 권리를 최대한으로 누려야할 것이다.

1. 출생신고와 그 절차

(1) 신고 의무자

가. 혼인중의 출생자의 신고의무자

혼인중의 출생자란 법이 정당하게 인정한 혼인생활로부터 출생한 자를 말합니다. 처가 혼인 중에 포태한 자는 부(父)의 자로 추정하며, 혼인성립의 날로부터 200일 후 또는 혼인관계종료의 날로부터 300일 내에 출생한 자는 혼인 중에 포태한 것으로 추정합니다.

혼인중의 출생자의 출생신고는 부 또는 모가 하여야 하며, 부 또는 모가 신고할 수 없는 경우에는 (1) 호주 (2) 동거하는 친족 (3) 분만에 관여한 의사, 조산사 또는 기타의 자가 그 순위에 따라 신고하여야 합니다. 여기에서 "호주"라 함은 출생자의 출생 당시의 호주를 말하는 것이고, "동거하는 친족"이라 함은 출생 당시에 출생자와 동거하는 친족을 말하며 동일 호적 내에 있는 친족에 한하는 것은 아닙니다. 위 신고의무자 중 후순위자가 신고하는 경우에는 선순위자가 신고할 수 없는 사유를 신고서에 부기 하여야 합니다.

나. 혼인 외의 출생자의 신고의무자

혼인 외의 출생자란 법률상 부부가 아닌 자 사이에서 출생한 자를 말하며, 사실혼관계, 간통관계, 무효혼관계 등의 남녀관계에서 출생한 자와 친생부인 또는 친생자관계부존 재확인의 재판에 의하여 호적상 부의 친생자가 아님이 확정된 자 등입니다.

혼인 외의 출생자라도 그 부모가 혼인한 때에는 그 때로부터 혼인중의 출생자로 봅니다.

혼인 외의 출생자의 출생신고는 모가 하여야 하며, 모가 신고할 수 없는 경우에는 (1) 호주 (2) 동거하는 친족 (3) 분만에 관여한 의사, 조산사 또는 기타의 자가 그 순위에 따라 신고하여야 합니다. 여기에서 "호주"라 함은 혼인 외의 출생자가 출생할 당시의 혼인 외의 출생자의 부가 속하였던 가의 호주가 아니라 생모가 속하였던 가의 호주를 말하는 것입니다.

혼인 외의 출생자에 대하여 부는 출생신고의무자가 아니라, 혼인 외의 출생자에 대하여 부가친생자 출생의 신고를 한 때에는 그 신고는 인지의 효력이 있습니다.

(2) 신고 장소

출생신고는 출생자의 본적지 또는 신고인의 주소지나 현주거 시(구),읍,면의 사무소에 하여야 하나, 출생자의 출생지 시(구),읍,면의 사무소에도 할 수 있습니다.

시에 있어서는 위 신고장소가 출생자의 주민등록을 할 지역과 같은 경우에는 출생자의 주민등록을 할 지역을 관할하는 동의 사무소에 출생신고를 할 수 있습니다.

(3) 신고기간

출생신고는 출생한 날로부터 1월 이내에 하여야 하며, 이 기간 내에 신고하지 아니한 때에는 신고의무자에게 과태료를 부과하도록 규정되어 있습니다.

그러나 신고기간 경과 후의 신고도 출생신고로서 적법한 효력이 있습니다.

(4) 신고서 기재방법

가. 출생자의 본적(출생자가 입적할 가)

혼인중의 출생자 및 부가 인지한 혼인 외의 출생자는 부가에 입적합니다.

부가 인지하지 아니한 혼인 외의 출생자는 모가에 입적하고, 모가에 입적할 수 없는 때에는 일가를 창립합니다.
나. 출생자의 성명 및 본

혼인중의 출생자는 부의 성과 본을 따릅니다.

혼인 외의 출생자라도 부의 성과 본을 알 수 있는 경우에는 부의 성과 본을 따를 수 있으나, 부를 알 수 없는 자는 모의 성과 본을 따릅니다.

출생자의 성명과 본은 한자로 표기할 수 없는 경우를 제외하고는 한자로 기재하고, 이 경우에는 성명의 한글 표기를 병기하여야 합니다.

출생자의 이름을 한자로 기재하는 경우에는 대법원 규칙(호적법시행규칙)으로 정한 인명용 한자를 사용하여야 합니다. 그리고 이름자는 5자(성은 포함되지 아니함)를 초과하지 않아야 합니다.

다. 출생일시 및 장소

출생일시는 1일 24시간제를 기준으로 하여 오전 10시는 10시, 오후 11시는 23시, 오후 12시는 다음날 0시로 기재하여야 합니다.

우리 나라 국민이 외국에서 출생한 경우에는 원칙적으로 현지시간 및 현지시간을 한국시간으로 환산하여 정하여지는 출생 일을 함께 기재하여야 하나, 현지시간만을 기재하여도 무방합니다.

출생장소는 실제 출생한 장소의 주소를 기재하면 되며, 병원에서 출생한 경우에 병원 명까지 기재할 필요는 없습니다.

(5) 첨부서류

출생신고서 에는 원칙적으로 의사, 조산사 기타 분만에 관여한 자가 작성한 출생증명서를 첨부하여야 합니다. 출생자가 병원 등 의료기관에서 출생하지 않고 출생 당시 분만에 관여한자도 없는 경우에는 출생사실을 아는 사람이 출생증명서를 작성하여 출생신고서에 첨부하여야 합니다.

의사나 조산사가 작성하는 출생증명서는 의료법시행규칙에서 규정하는 서식이나 보건복지부가 정한 양식에 의하여 작성하여야 합니다. 의사나 조산사가 아닌 자로서 분만에 관여한 자나 출생사실을 아는 사람이 작성하는 출생증명서는 별지 제2호 서식에 의하여 작성하며, 이 경우에는 출생증명서에 증명인의 인감증명서 또는 주민등록증 사본을 각 1부 첨부하여야 합니다.

부가 혼인 외의 출생자에 대한 출생신고를 할 때에는 생모가 혼인 외의 출생자를 출산할 당시 유부(有夫)의 여자가 아니었음을 증명하는 서면(호적등본 등)을 첨부하여야 하며, 생모가 본적지 외에 호적을 가진 자인 경우에는 생모의 호적등,초본을 제출하여야 합니다.

⑹ 한국인과 외국인 사이에서 출생한 자에 대한 출생신고

가. 한국인 남자와 외국인 여자 사이의 출생자

혼인중의 출생자인 경우에는 부(父) 또는 기타 출생신고 의무자의 출생신고로써 부(父)의 가에 입적합니다.

혼인 외의 출생자인 경우에는 (1) 부(父)가 신고할 경우에는 부(父)의 출생신고로써 부(父)의 가에 입적하나, (2) 모가 신고할 경우에는 아직 부(父)가 한국인인지 모르므로 외국인 신고사건으로 처리하며(호적에 기재하지 않고 출생신고서류를 특종신고서류편철장에 편철-보존함), 부(父)의 인지가 있으면 비로소 부(父)의 가에 입적합니다.

나. 한국인 여자와 외국인 남자 사이의 출생자

1) 혼인중의 자인 경우

자는 출생과 동시에 대한민국의 국적을 취득하므로 모 또는 기타 출생 신고의무자의 신고(부나 모의 성과 본을 따를 수 있고, 부를 표시하여야 함)로써 모의 가에 입적할 것입니다.

2) 혼인 외의 자인 경우

혼인 외의 자 또한 출생과 동시에 대한민국의 국적을 취득하고 모 또는 기타 출생 신고의무자의 신고(모의 성과 본을 따르며, 부를 표시할 수는 없음)로써 모의 가에 입적할 것이나 모의 가에 입적할 수 없는 때에는 일가를 창립할 것입니다. 그러나 부의 인지가 있으며 그 인지 신고에 따라 그 사유를 기재하고 부의 국적을 취득하면 국적상실신고에 따라 제적될 것입니다.

(양식 제 1호)

출 생 신 고 서

년 월 일

※ **뒷면의 작성방법**을 읽고 기재하시되 선택항목은 해당번호에 "O"으로 표시하여 주시기 바랍니다.

① 출생자	본적					호 주 및 관계	의
	주소					세대주 및관계	의
	성명	한글		본		성 별	① 혼인중의 자
		한자				①남 ②여	② 혼인중의 자
	출생일시		년 월 일 시 분 (①자택 ②병원 ③기타)에서 출생				
	출 생 장 소						
② 부모	부	본 적					
		성 명				본	
	모	본 적					
		성 명				본	
③ 기타사항							
④ 신고인	성 명	서명(인)	주민등록번호			자격	
	주 소					전화	

※ 다음은 통계법 제 13조에 의거 개인의 비밀사항이 철저히 보호되고 또한 국가의 인구정책 수립에 필요한 정보 수집이 목적이므로 사실대로 기재하여 주십시오.

구 분	부(父)에 관한 사항	모(母)에 관한 사항
⑤ 실제생년월일	년 월 일	년 월 일
⑥ 직 업		
⑦ 최종졸업학교	①무학 ②초등학교 ③중학교 ④고등학교 ⑤대학이상	①무학 ②초등학교 ③중학교 ④고등학교 ⑤대학이상
⑧ 실제결혼년월일	년 월 일부터 동거	⑨ 임신주(週)수 임신 만(滿) 주
⑩ 다태아(쌍둥이) 여 부	① 단태아 ② 쌍태아(쌍둥이) ③ 삼태아(세쌍둥이) 이상	⑪ 출생 순위 ①첫째아이 ②둘째아이 ③셋째이상(번째아이) / ⑫신생아 체중 kg
⑬ 모의 출산아 수	이 아이까지 총 명을 출산하여 명 생존 (명 사망)	

※ 아래사항은 신고인이 기재하지 않습니다.

읍면동접수		세대별주민 등록표정리	월 일 (인)	본적지송부	월 일 (인)	본적지접수	호 적 부 정 리	월 일 (인)
		개인별주민 등록표작성	월 일 (인)				호적부에주민 등록번호기재	월 일 (인)
		대 장 정 리	월 일 (인)				주민등록지 통 보	월 일 (인)
		주 민 등 록 번 호					인 구 동 태 신고서 송부	월 일 (인)

616 · 음파 메세지(氣) 성명학

작 성 방 법

※ 신고서는 2부를 작성, 제출하여야 합니다.

※ 도장을 찍는 대신에 서명을 하셔도 됩니다.

※ 출생자의 이름에 사용하는 한자는 대법원규칙이 정하는 범위내의 것이어야 하며, 본(本)은 한자로 기재합니다.

※ 출생신고서에는 의사, 조산사, 기타 분만에 관여한 사람의 출생증명서를 첨부하여야 하며, 부득이한 사유로 첨부하지 못하는 때에는 그 이유를 기타사항란에 기재하고, 출생사실을 알고 있는 자의 출생증명서를 첨부하여야 합니다. (출생증명서의 양식은 별도 비치)

 ① 란에서 출생자의 본적은 출생자가 들어가야 할 집(家)의 본적을 기재합니다.

① 란에서 출생일시는 24시각제로 기재합니다.

(예 : 오후 2시 30분 → 14시 30분,

　　　밤 12시 30분 → 다음날 0시 30분)

② 란에서 부(父)란은 혼인외의 출생자를 모(母)가 신고하는 경우에는 기재하지 않으며, 재혼금지기간 중에 재혼한 여자가 재혼 성립 후 200일 이후, 직전혼인의 종료 후 300일 이내에 출산하여 모가 출생신고를 하는 경우에는 "부미정"이라고 기재합니다.

③ 란의 기타사항에는 다음과 같은 내용을 기재합니다.

　가. 혼인외의 출생자를 부(父)가 신고하는 경우에는 모(母)의 호주 및 그 관계

　나. 출생자가 출생신고에 의하여 일가를 창립하는 경우에는 그 취지, 원인과 창립장소

　다. 선순위자(부모)가 출생신고를 할 수 없는 경우에는 그 이유

라. 기타 호적에 기재하여야 할 사항을 분명하게 하는 데 특히 필요한 사항

④ 란의 자격란에는 부,모,호주, 동거친족, 분만관여의사 등 해당하는 자격을 기재합니다.

⑤ 란은 호적상 생년월일과 실제 출생일이 다른 경우에는 실제의 생년월일을 기재합니다.

⑥ 란은 아이가 출생할 당시의 부모의 직업을 구체적으로 기재합니다.

　　- 잘못된 기재의 예 : 회사원, 공무원, 사업, 운수업
　　- 올바른 기재의 예 : ○○회사 영업부 판촉사원,
　　　　　　　　　　　　　건축목공,
　　　　　　　　　　　　　○○구청 건축허가 업무담당

⑦ 란은 교육부장관이 인정하는 모든 정규교육기관을 기준으로 하여 기재하되 각급 학교의 재학 또는 중퇴자는 최종 졸업한 학교의 해당번호에 O 표시를 합니다.

(예 : 대학교 3학년 중퇴 → ④ 고등학교에 O 표시)

⑧ 란은 호적상 혼인신고일과는 관계없이 실제로 결혼(동거)생활을 시작한 연월일을 기재합니다.

⑩ 란은 실제로 출생한 아이의 수와 관계없이 임신하고 있던 당시의 태아수에 O 표시를 합니다.

⑪ 란은 신고서상의 아이가 다태아(쌍둥이) 중 몇 번째로 태어난 아이인지를 표시합니다.

⑬ 란은 신고서상의 아이까지 모두 몇 명의 아이를 출산했고 그 중 몇 명이 생존하고 있는지를 기재하며, 모가 재혼인 경우에는 현재의 혼인뿐만 아니라 이전의 혼인에서 낳은 자녀도 포함합니다.

2. 개명에 따른 절차

(1) 개명허가 신청절차

가. 관할법원

개명하고자 하는 자는 본적지 또는 주소지를 관할하는 가정법원(지방법원 및 지원 포함)의 허가를 받아야 한다.

나. 개명허가 신청인

개명허가신청은 개명하고자 하는 자가 하여야 합니다. 개명하고자 하는 자가 미성년자인 때에는 법정대리인이 대리하여 개명허가신청을 하여야 하나, 의사능력이 있는 미성년자는 자신의 개명허가신청을 할 수 있습니다.

다. 개명허가 신청서

개명허가신청서에는 신청인의 본적, 주소, 성명, 출생년월일, 대리인에 의하여 신청을 할 때에는 그 성명과 주소, 신청의 취지와 그 원인인 사실, 신청의 연월일, 법원의 표시 등을 기재하고 신청인 또는 그 대리인이 서명 날인하여야 한다.

신청의 취지는 "00시 00동 00번지 호주 000 호적 중 사건본인 △△△의 이름【△△】를 【▼▼】으로 개명함을 허가한다 라는 결정을 구함"의 형식으로 기재하고, 신청원인 사실은 개명 신청을 하게된 이유를 간결하고 조리 있게 기재하여야 합니다. "사건 본인의 이름이 호적상 【동개】로 되어 있는데 학교의 친구들이나 주위사람들로부터 【똥개】로 놀림을 당하여 본 개명허가신청을 하게 된 것입니다." 도 한 예가 됩니다.

개명허가신청서에는 소정의 인지(현재 1,000원)를 첨부하여야 합니다. 개명허가신청에 대한 허.부 결정은 비송사건절차법에 의한 재판으로 그 당해 사건을 심리하는 판사가 개명허가신청사유와 개명허가신청서에 첨부되어 있는 소명자료 등을 심사한 후 결정하게 되며, 그 불허가 결정에 대하여는 항고로 불복할 수 있습니다.

라. 소명자료

개명허가신청서에는 신청인의 성명과 신청인 적격, 법원의 관할 등을 소명하기 위하여 호적 등. 초본을 첨부하여야 하며, 주소지를 관할하는 법원에 개명허가신청을 하는 경우에는 관할 법원임을 소명하기 위하여 주민등록등,초본을 첨부하여야 합니다.

그리고 개명허가신청원인사실을 소명할 증거서류가 있을 때에는 그 원본 또는 등본을 개명허가신청서에 첨부하여야 하는데, 통상 첨부하는 소명자료로는 인우인보증서(보증인의 주민등록등,초본 첨부), 족보사본, 종친회장증명서, 재학증명서, 졸업증명서, 생활기록부, 병적 증명서, 서신(편지) 등이 있습니다.

⑵ 개명 신고절차

가. 신고의무자

개명신고는 개명허가를 받은 자가 하여야 합니다. 개명허가를 받은 자가 미성년자 또는 금치산자인 때에는 친권을 행사하는 자 또는 후견인이 개명신고를 하여야 하나, 의사능력 있는 미성년자 또는 금치산자는 스스로 개명신고를 하여도 무방합니다.

나. 신고장소

개명신고는 개명하고자 하는 자의 본적지 또는 신고인의 주소지나 현주거지 시(구), 읍,면의 사무소에 하여야 합니다.

다. 신고기간

개명신고는 법원의 개명허가를 받은 날로부터 1월 이내에 하여야 합니다.

라. 첨부서류

개명신고서에는 법원의 개명허가결정의 등본을 첨부하여야 합니다.
개명허가신청서에는 신청인의 본적,주소,성명,출생년월일,

대리인에 의하여 신청을 할 때에는 그 성명과 주소, 신청
의 취지와 그 원인인 사실, 신청의 연월일, 법원의 표시등
을 기재하고 신청인 또는 그 대리인이 서명 날인하여야 한
다.

개명허가가 되는 사유

① 사회 생활에 지장을 주는 같은 이름
   (예 : 학교의 같은 반에 같은 이름이 여럿인 경우등)
② 성별(남,여)에 부적합한 이름
③ 항렬자가 잘못 기록된 이름
④ 진기하고 난해한 이름
⑤ 일반적으로 통용되는 이름이 아닌 경우
⑥ 귀화자의 외국식 이름
⑦ 출생신고에 잘못 기재된 이름
⑧ 가정에서 부르는 이름과 호적의 이름이 다른 경우
⑨ 일본식 이름
⑩ 타인의 놀림감이 되는 이름 등 기타 개명사유가 납득할만
한 경우
⑪ 발음하기가 어려운 이름
⑫ 주민 등록상의 이름보다 많이 사용하고 있으며, 그 사유를
증명할 수 있는 이름

(양식 제28호) (개정 94. 10. 17)

개 명 신 고 서

※아래의 작성방법을 일고 기재하시기 바랍니다.　　　년　월　일

① 개명자	본 적				호 주 및관계	의
	주 소				세대주 및관계	의
	부 모 성 명	부 (父)		모 (母)		
	본 인 성 명	한글		본	주민등록 번 호	
		한자				
②변경하고자 하 는 이 름	한 글			한 자		
③ 허가일자		년　월　일		병원명		
④ 기타사항						
⑤ 신고인		서명 ⑩	주민등록번호		자격	
					전화	

병적정리	월 일 ⑩

작 성 방 법

※ 도장을 찍는 대신에 서명을 하셔도 됩니다.

※ 이 신고서에는 개명허가의 등본을 첨부하여야 합니다.

① 란에서 본인의 본(本)은 한자로 기재합니다.

② 란은 변경하고자 하는 이름을 기재하며, 한자가 없는 경우에는 한글란에만 기재합니다.

④ 란 기타 사항에는 호적에 기재하여야 할 사항을 분명하게 하는데 특히 필요한 사항을 기재합니다.

⑤ 란에서 자격은 부모, 후견인, 사건본인등 해당되는 자격을 기재합니다.

사무명	개 명 신 고 안 내	관련부서	처리기관	지도감독	주무부서
			구)민원봉사과	관할법원	법원행정서

사무내용	호적상 이름을 변경하고자 할 때 법원의 허가를 받아 신고하는 민원사무임

처 리 결 정	접 수 처	민원봉사과	경 유 처		처 분 청	구 청 장
	대조공부	호 적 부	비치대장	호적신고 접수부	처리기간	즉 시
	최종결재	담 당 자	수 수 료	없 음	면 허 세	없 음
	현장조사 사 항					
	처리요건					
	후속민원					
	처리흐름	신고서 검토 → 접수부등재 → 호적부정리 → 교합 → 법원송부				

근거법규	호적법 제 113조

구비서류	· 신고서 1통 · 허가서등본 1통

처리요령및유의사항	· 제출기한 → 법원허가일로부터 1월이내 신고

적천수 정설
유백온 선생의 적천수 원본을 정석으로 해설
원래 유백온 선생이 저술한 적천수의 원문은 그렇게 많지가 않으나 후학들이 각각 자신의 주장으로 해설하여 많아졌다. 이 책은 적천수 원문을 보고 30년 역학의 경험을 총동원하여 해설했다. 물론 백퍼센트 정확하다고 주장할 수는 없다. 다만 한국과 일본을 오가면서 실제의 경험담을 함께 실었다. 공부하는 사람들에게는 많은 도움이 될 것이라 믿는다.
신비한 동양철학 82 │ 역산 김찬동 편역 │ 692면 │ 34,000원 │ 신국판

궁통보감 정설
궁통보감 원문을 쉽고 자세하게 해설
『궁통보감(窮通寶鑑)』은 5대원서 중에서 가장 이론적이며 사리에 맞는 책이며, 조후(調候)를 중심으로 설명하며 간명한 깃이 특징이다. 역학을 공부하는 학도들에게 도움을 주려고 먼저 원문에 음독을 단 다음 해설하였다. 그리고 예문은 서낙오(徐樂吾) 선생이 해설한 것을 그대로 번역하였고, 저자가 상담한 사람들의 사주와 점서에 있는 사주들을 실었다.
신비한 동양철학 83 │ 역산 김찬동 편역 │ 768면 │ 39,000원 │ 신국판

연해자평 정설(1·2권)
연해자평의 완결판
연해자평의 저자 서자평은 중국 송대의 대음양 학자로 명리학의 비조일 뿐만 아니라 천문점성에도 밝았다. 이전에는 년(年)을 기준으로 추명했는데 적중률이 낮아 서자평이 일간(日干)을 기준으로 하고, 일지(日支)를 배우자로 보는 이론을 발표하면서 명리학은 크게 발전해 오늘에 이르렀다. 때문에 연해자평은 5대 원서 중에서도 필독하지 않으면 안 되는 책이다.
신비한 동양철학 101 │ 김찬동 편역 │1권 559면, 2권 309면 │ 1권 33,000원, 2권 20,000원 │ 신국판

명리입문
명리학의 정통교본
이 책은 옛부터 있었던 글들이나 너무 여기 저기 산만하게 흩어져 있어 공부하는 사람들에게는 많은 시간과 인내를 필요로 하였다. 그래서 한 군데 묶어 좀더 보기 쉽고 알기 쉽도록 엮은 것이다.
신비한 동양철학 41 │ 동하 정지호 저 │ 678면 │ 29,000원 │ 신국판 양장

조화원약 평주
명리학의 정통교본
자평진전, 난강망, 명리정종, 적천수 등과 함께 명리학의 교본에 해당하는 것으로 중국 청나라 때 나온 난강망이라는 책을 서낙오 선생께서 자세하게 설명을 붙인 것이다. 기존의 많은 책들이 오직 격국과 용신을 중심으로 감정하는 것과는 달리 십간 십이지와 음양오행을 각각 자연의 이치와 춘하추동의 사계절의 흐름에 대입하여 인간의 길흉화복을 알 수 있게 했다.
신비한 동양철학 35 │ 동하 정지호 편역 │ 888면 │ 39,000원 │ 신국판

사주대성
초보에서 완성까지
이 책은 과거 현재 미래를 모두 알 수 있는 비결을 실었다. 그러나 모두 터득한다는 것은 어려울 것이다.역학은 수천 년간 동방의 석학들에 의해 갈고 닦은 철학이요 학문이며, 정신문화로서 영과학적인 상수문화로서 자랑할만한 위대한 학문이다.
신비한 동양철학 33 │ 도관 박흥식 저 │ 986면 │ 46,000원 │ 신국판 양장

쉽게 푼 역학(개정판)
쉽게 배워 적용할 수 있는 생활역학서!
이 책에서는 좀더 많은 사람들이 역학의 근본인 우주의 오묘한 진리와 법칙을 깨달아 보다 나은 삶을 영위하는데 도움이 될 수 있도록 가장 쉬운 언어와 가장 쉬운 방법으로 풀이했다. 역학계의 대가 김봉준 선생의 역작이다.
신비한 동양철학 71 | 백우 김봉준 저 | 568면 | 30,000원 | 신국판

사주명리학 핵심
맥을 잡아야 모든 것이 보인다
이 책은 잡다한 설명을 배제하고 명리학자에게 도움이 될 비법들만을 모아 엮었기 때문에 초심자가 이해하기에는 다소 어려운 부분도 있겠지만 기초를 튼튼히 한 다음 정독한다면 충분히 이해할 것이다. 신살만 늘어놓으며 감정하는 사이비가 되지말기를 바란다.
신비한 동양철학 19 | 도관 박흥식 저 | 502면 | 20,000원 | 신국판

물상활용비법
물상을 활용하여 오행의 흐름을 파악한다
이 책은 물상을 통하여 오행의 흐름을 파악하고 운명을 감정하는 방법을 연구한 책이다. 추명학의 해법을 연구하고 운명을 추리하여 오행에서 분류되는 물질의 운명 줄거리를 물상의 기물로 나들이 하는 활용법을 주제로 했다. 팔자풀이 및 운명해설에 관한 명리감정법의 체계를 세우는데 목적을 두고 초점을 맞추었다.
신비한 동양철학 31 | 해주 이학성 저 | 446면 | 26,000원 | 신국판

신수대전
흉함을 피하고 길함을 부르는 방법
신수는 대부분 주역과 사주추명학에 근거한다. 수많은 학설 중 몇 가지를 보면 사주명리, 자미두수, 관상, 점성학, 구성학, 육효, 토정비결, 매화역수, 대정수, 초씨역림, 황극책수, 하락리수, 범위수, 월영도, 현무발서, 철판신수, 육임신과, 기문둔갑, 태을신수 등이다. 역학에 정통한 고사가 아니면 추단하기 어려우므로 누구나 신수를 볼 수 있도록 몇 가지를 정리했다.
신비한 동양철학 62 | 도관 박흥식 편저 | 528면 | 36,000원 | 신국판 양장

정법사주
운명판단의 첩경을 이루는 책
이 책은 사주추명학을 연구하고자 하는 분들에게 심오한 주역의 이해를 돕고자 하는 의도에서 시작되었다. 음양오행의 상생상극에서부터 육친법과 신살법을 기초로 하여 격국과 용신 그리고 유년판단법을 활용하여 운명판단에 첩경이 될 수 있도록 했고 추리응용과 운명감정의 실례를 하나하나 들어가면서 독학과 강의용 겸용으로 엮었다.
신비한 동양철학 49 | 원각 김구현 저 | 424면 | 26,000원 | 신국판 양장

내가 보고 내가 바꾸는 DIY사주
내가 보고 내가 바꾸는 사주비결
기존의 책들과는 달리 한 사람의 사주를 체계적으로 도표화시켜 한 눈에 파악할 수 있고, DIY라는 책 제목에서 말하듯이 개운하는 방법을 제시한다. 초심자는 물론 전문가도 자신의 이론을 새롭게 재조명해 볼 수 있는 케이스 스터디 북이다.
신비한 동양철학 39 | 석오 전광 저 | 338면 | 16,000원 | 신국판

인터뷰 사주학
쉽고 재미있는 인터뷰 사주학
얼마전만 해도 사주학을 취급하면 미신을 다루는 부류로 취급되었다. 그러나 지금은 하루가 다르게 이 학문을 공부하는 사람들이 폭증하고 있는 것으로 보인다. 젊은 층에서 사주카페니 사주방이니 사주동아리니 하는 것들이 만들어지고 그 모임이 활발하게 움직이고 있다는 점이 그것을 증명해준다. 그뿐 아니라 대학원에는 역학교수들이 점차로 증가하고 있다.
신비한 동양철학 70 | 글갈 정대엽 편저 | 426면 | 16,000원 | 신국판

사주특강
자평진전과 적천수의 재해석
이 책은 『자평진전』과 『적천수』를 근간으로 명리학의 폭넓은 가치를 인식하고, 실전에서 유용한 기반을 다지는데 중점을 두고 썼다. 일찍이 『자평진전』을 교과서로 삼고, 『적천수』로 보완하라는 서낙오의 말에 깊이 공감한다.
신비한 동양철학 68 │ 청월 박상의 편저 │ 440면 │ 25,000원 │ 신국판

참역학은 이렇게 쉬운 것이다
음양오행의 이론으로 이루어진 참역학서
수학공식이 아무리 어렵다고 해도 1, 2, 3, 4, 5, 6, 7, 8, 9, 0의 10개의 숫자로 이루어졌듯이 사주도 음양과 오행으로 이루어졌을 뿐이다. 그러니 용신과 격국이라는 무거운 짐을 벗어버리고 음양오행의 법칙과 진리만 정확하게 파악하면 된다. 사주는 음양오행의 변화일 뿐이고 용신과 격국은 사주를 감정하는 한 가지 방법에 지나지 않는다.
신비한 동양철학 24 │ 청암 박재현 저 │ 328면 │ 16,000원 │ 신국판

사주에 모든 길이 있다
사주를 알면 운명이 보인다!
사주를 간명하는데 조금이라도 도움이 됐으면 하는 바람에서 이 책을 썼다. 간명의 근간인 오행의 왕쇠강약을 세분하고, 대운과 세운, 세운과 월운의 연관성과, 십신과 여러 살이 미치는 암시와, 십이운성으로 세운을 판단하는 법을 설명했다.
신비한 동양철학 65 │ 정담 선사 편저 │ 294면 │ 26,000원 │ 신국판 양장

왕초보 내 사주
초보 입문용 역학서
이 책은 역학을 너무 어렵게 생각하는 초보자들에게 조금이나마 도움을 주고자 쉽게 엮으려고 노력했다. 이 책을 숙지한 후 역학(易學)의 5대 원서인 『적천수(滴天髓)』, 『궁통보감(窮通寶鑑)』, 『명리정종(命理正宗)』, 『연해자평(淵海子平)』, 『삼명통회(三命通會)』에 접근한다면 훨씬 쉽게 터득할 수 있을 것이다. 이 책들은 저자가 이미 편역하여 삼한출판사에서 출간한 것도 있고, 앞으로 모두 갖출 것이니 많이 활용하기 바란다.
신비한 동양철학 84 │ 역산 김찬동 편저 │ 278면 │ 19,000원 │ 신국판

명리학연구
체계적인 명확한 이론
이 책은 명리학 연구에 핵심적인 내용만을 모아 하나의 독립된 장을 만들었다. 명리학은 분야가 넓어 공부를 하다보면 주변에 머무르는 경우가 많아, 주요 내용을 잃고 헤매는 경우가 많다. 그러므로 뼈대를 잡는 것이 중요한데, 여기서는 「17장. 명리대요」에 핵심 내용만을 모아 학문의 체계를 잡는데 용이하게 하였다.
신비한 동양철학 59 │ 권중주 저 │ 562면 │ 29,000원 │ 신국판 양장

말하는 역학
신수를 묻는 사람 앞에서 술술 말문이 열린다
그토록 어렵다는 사주통변술을 쉽고 흥미롭게 고담과 덕담을 곁들여 사실적으로 생동감 있게 통변했다. 길흉을 어떻게 표현하느냐에 따라 상담자의 정곡을 찔러 핵심을 끌어내 정답을 내리는 것이 통변술이다.역학계의 대가 김봉준 선생의 역작.
신비한 동양철학 11 │ 백우 김봉준 저 │ 576면 │ 26,000원 │ 신국판 양장

통변술해법
가닥가닥 풀어내는 역학의 비법
이 책은 역학과 상대에 대해 머리로는 다 알면서도 밖으로 표출되지 않아 어려움을 겪는 사람들을 위한 실습서다. 특히 실명감정과 이론강의로 나누어 역학의 진리를 설명하여 초보자도 쉽게 이해할 수 있다. 역학계의 대가 김봉준 선생의 역서인 「알기쉬운 해설·말하는 역학」이 나온 후 후편을 써달라는 열화같은 요구에 못이겨 내놓은 바로 그 책이다.
신비한 동양철학 21 │ 백우 김봉준 저 │ 392면 │ 26,000원 │ 신국판 양장

술술 읽다보면 통달하는 사주학
술술 읽다보면 나도 어느새 도사

당신은 당신 마음대로 모든 일이 이루어지던가. 지금까지 누구의 명령도 받지 않고 내 맘대로 살아왔다고, 운명 따위는 믿지 않는다고, 운명에 매달리지 않는다고 말하는 사람들이 많다. 그러나 우주법칙을 모르기 때문에 하는 소리다.

신비한 동양철학 28 │ 조철현 저 │ 368면 │ 16,000원 │ 신국판

사주학
5대 원서의 핵심과 실용

이 책은 사주학을 체계적으로 공부하려는 학도들을 위해서 꼭 알아두어야 할 내용들과 용어들을 수록하는데 중점을 두었다. 이 학문을 공부하려고 많은 사람들이 필자를 찾아왔을 깨 여러 가지 질문을 던져보면 거의 기초지식이 시원치 않음을 보았다. 따라서 용어를 포함한 제반지식을 골고루 습득해야 빠른 시일 내에 소기의 목적을 달성할 수 있을 것이다.

신비한 동양철학 66 │ 글갈 정대엽 저 │ 778면 │ 46,000원 │ 신국판 양장

명인재
신기한 사주판단 비법

이 책은 오행보다는 주로 살을 이용하는 비법을 담았다. 시중에 나온 책들을 보면 살에 대해 설명은 많이 하면서도 실제 응용에서는 무시하고 있다. 이것은 살을 알면서도 응용할 줄 모르기 때문이다. 그러나 이 책에서는 살의 활용방법을 완전히 터득해, 어떤 살과 어떤 살이 합하면 어떻게 작용하는지를 자세하게 설명하였다.

신비한 동양철학 43 │ 원공선사 저 │ 332면 │ 19,000원 │ 신국판 양장

명리학 │ 재미있는 우리사주
사주 세우는 방법부터 용어해설 까지!!

몇 년 전 『사주에 모든 길이 있다』가 나온 후 선배 제현들께서 알찬 내용의 책다운 책을 접했다는 찬사를 받았다. 그러나 사주의 작성법을 설명하지 않아 독자들에게 많은 질타를 받고 뒤늦게 이 책을 출판하기로 결심했다. 이 책은 한글만 알면 누구나 역학과 가까워질 수 있도록 사주 세우는 방법부터 실제간명, 용어해설에 이르기까지 분야별로 엮었다.

신비한 동양철학 74 │ 정담 선사 편저 │ 368면 │ 19,000원 │ 신국판

사주비기
역학으로 보는 역대 대통령들이 나오는 이치!!

이 책에서는 고서의 이론을 근간으로 하여 근대의 사주들을 임상하여, 적중도에 의구심이 가는 이론들은 과감하게 탈피하고 통용될 수 있는 이론만을 수용했다. 따라서 기존 역학서의 아쉬운 부분들을 충족시키며 일반인도 열정만 있으면 누구나 자신의 운명을 감정하고 피흉취길할 수 있는 생활지침서로 활용할 수 있을 것이다.

신비한 동양철학 79 │ 청월 박상의 편저 │ 456면 │ 19,000원 │ 신국판

사주학의 활용법
가장 실질적인 역학서

우리가 생소한 지방을 여행할 때 제대로 된 지도가 있다면 편리하고 큰 도움이 되듯이 역학이란 이와같은 인생의 길잡이다. 예측불허의 인생을 살아가는데 올바른 안내자나 그 무엇이 있다면 그 이상 마음 든든하고 큰 재산은 없을 것이다.

신비한 동양철학 17 │ 학선 류래웅 저 │ 358면 │ 15,000원 │ 신국판

명리실무
명리학의 총 정리서

명리학(命理學)은 오랜 세월 많은 철인(哲人)들에 의하여 전승 발전되어 왔고, 지금도 수많은 사람이 임상과 연구에 임하고 있으며, 몇몇 대학에 학과도 개설되어 체계적인 교육을 하고 있다. 그러나 아직도 실무에서 활용할 수 있는 책이 부족한 상황이기 때문에 나름대로 현장에서 필요한 이론들을 정리해 보았다. 초학자는 물론 역학계에 종사하는 사람들에게 큰 도움이 될 것이라고 믿는다.

신비한 동양철학 94 │ 박흥식 편저 │ 920면 │ 39,000원 │ 신국판

사주 속으로
역학서의 고전들로 입증하며 쉽고 자세하게 푼 책
십 년 동안 역학계에 종사하면서 나름대로는 실전과 이론에서 최선을 다했다고 자부한다. 역학원의 비좁은 공간에서도 항상 후학을 생각하는 마음으로 역학에 대한 배움의 장을 마련하고자 노력한 것도 사실이다. 이 책을 역학으로 이름을 알리고 역학으로 생활하면서 조금이나마 역학계에 이바지할 것이 없을까라는 고민의 산물이라 생각해주기 바란다.
신비한 동양철학 95 │ 김상회 편저 │ 429면 │ 15,000원 │ 신국판

사주학의 방정식
알기 쉽게 풀어놓은 가장 실질적인 역서
이 책은 종전의 어려웠던 사주풀이의 응용과 한문을 쉬운 방법으로 터득하는데 목적을 두었고, 역학이 무엇인가를 알리고자 하는데 있다. 세인들은 역학자를 남의 운명이나 풀이하는 점쟁이로 알지만 잘못된 생각이다. 역학은 우주의 근본이며 기의 학문이기 때문에 역학을 이해하지 못하고서는 우리 인생살이 또한 정확하게 해석할 수 없는 고차원의 학문이다.
신비한 동양철학 18 │ 김용오 저 │ 192면 │ 8,000원 │ 신국판

오행상극설과 진화론
인간과 인생을 떠난 천리란 있을 수 없다
과학이 현대를 설정하여 설명하고 있으나 원리는 동양철학에도 있기에 그 양면을 밝히고자 노력했다. 우주에서 일어나는 모든 일을 과학으로 설명될 수는 없다. 비과학적이라고 하기보다는 과학이 따라오지 못한다고 설명하는 것이 더 솔직하고 옳은 표현일 것이다. 특히 과학분야에 종사하는 신의사가 저술했다는데 더 큰 화제가 되고 있다.
신비한 동양철학 5 │ 김태진 저 │ 222면 │ 15,000원 │ 신국판

스스로 공부하게 하는 방법과 천부적 적성
내 아이를 성공시키고 싶은 부모들에게
자녀를 성공시키고 싶은 마음은 누구나 같겠지만 가난한 집 아이가 좋은 성적을 내기는 매우 어렵고, 원하는 학교에 들어가기도 어렵다. 그러나 실망하기에는 아직 이르다. 내 아이가 훌륭하게 성장해 아름답고 멋진 삶을 살아가는 방법을 소개한다.
신비한 동양철학 85 │ 청암 박재현 지음 │ 176면 │ 14,000원 │ 신국판

진짜부적 가짜부적
부적의 실체와 정확한 제작방법
인쇄부적에서 가짜부적에 이르기까지 많게는 몇백만원에 팔리고 있다는 보도를 종종 듣는다. 그러나 부적은 정확한 제작방법에 따라 자신의 용도에 맞게 스스로 만들어 사용하면 훨씬 더 좋은 효과를 얻을 수 있다. 이 책은 중국에서 정통부적을 연구한 국내유일의 동양오술학자가 밝힌 부적의 실체와 정확한 제작방법을 소개하고 있다.
신비한 동양철학 7 │ 오상익 저 │ 322면 │ 15,000원 │ 신국판

수명비결
주민등록번호 13자로 숙명의 정체를 밝힌다
우리는 지금 무수히 많은 숫자의 거미줄에 매달려 허우적거리며 살아가고 있다. 1분 ·1초가 생사를 가름하고, 1등·2등이 인생을 좌우하며, 1급·2급이 신분을 구분하는 세상이다. 이 책은 수명리학으로 13자의 주민등록번호로 명예, 재산, 건강, 수명, 애정, 자녀운 등을 미리 읽어본다.
신비한 동양철학 14 │ 장충한 저 │ 308면 │ 15,000원 │ 신국판

진짜궁합 가짜궁합
남녀궁합의 새로운 충격
중국에서 연구한 국내유일의 동양오술학자가 우리나라 역술가들의 궁합법이 잘못되었다는 것을 학술적으로 분석·비평하고, 전적과 사례연구를 통하여 궁합의 실체와 타당성을 분석했다. 합리적인 「자미두수궁합법」과 「남녀궁합」 및 출생시간을 몰라 궁합을 못보는 사람들을 위하여 「지문으로 보는 궁합법」 등을 공개하고 있다.
신비한 동양철학 8 │ 오상익 저 │ 414면 │ 15,000원 │ 신국판

주역육효 해설방법(상·하)
한 번만 읽으면 주역을 활용할 수 있는 책
이 책은 주역을 해설한 것으로, 될 수 있는 한 여러 가지 사설을 덧붙이지 않고, 주역을 공부하고 활용하는데 필요한 요건만을 기록했다. 따라서 주역의 근원이나 하도낙서, 음양오행에 대해서도 많은 설명을 자제했다. 다만 누구나 이 책을 한 번 읽어서 주역을 이해하고 활용할 수 있도록 하는데 중점을 두었다.
신비한 동양철학 38 │ 원공선사 저 │ 상 810면·하 798면 │ 각 29,000원 │ 신국판

쉽게 푼 주역
귀신도 탄복한다는 주역을 쉽고 재미있게 풀어놓은 책
주역이라는 말 한마디면 귀신도 기겁을 하고 놀라 자빠진다는데, 운수와 일진이 문제가 될까. 8×8=64괘라는 주역을 한 괘에 23개씩의 회답으로 해설하여 1472괘의 신비한 해답을 수록했다. 당신이 당면한 문제라면 무엇이든 해결할 수 있는 열쇠가 이 한 권의 책 속에 있다.
신비한 동양철학 10 │ 정도명 저 │ 284면 │ 16,000원 │ 신국판 양장

주역 기본원리
주역의 기본원리를 통달할 수 있는 책
이 책에서는 기본괘와 변화와 기본괘가 어떤 괘로 변했을 경우 일어날 수 있는 내용들을 설명하여 주역의 변화에 대한 이해를 돕는데 주력하였다. 그러나 그런 내용을 구분할 수 있는 방법을 전부 다 설명할 수는 없기에 뒷장에 간단하게설명하였고, 다른 책들과 설명의 차이점도 기록하였으니 참작하여 본다면 조금이나마 도움이 될 것이다.
신비한 동양철학 67 │ 원공선사 편저 │ 800면 │ 39,000원 │ 신국판

완성 주역비결 │ 주역 토정비결
반쪽으로 전해오는 토정비결을 완전하게 해설
지금 시중에 나와 있는 토정비결에 대한 책들은 옛날부터 내려오는 완전한 비결이 아니라 반쪽의 책이다. 그러나 반쪽이라고 말하는 사람은 없다. 그것은 주역의 원리를 모르기 때문이다. 그래서 늦은 감이 없지 않으나 앞으로 수많은 세월을 생각해서 완전한 해설판을 내놓기로 했다.
신비한 동양철학 92 │ 원공선사 편저 │ 396면 │ 16,000원 │ 신국판

육효대전
정확한 해설과 다양한 활용법
동양고전 중에서도 가장 대표적인 것이 주역이다. 주역은 옛사람들이 자연을 거울삼아 생활을 영위해 나가는 처세에 관한 지혜를 무한히 내포하고, 피흉추길하는 얼과 슬기가 함축된 점서인 동시에 수양·과학서요 철학·종교서라고 할 수 있다.
신비한 동양철학 37 │ 도관 박흥식 편저 │ 608면 │ 26,000원 │ 신국판

육효점 정론
육효학의 정수
이 책은 주역의 원전소개와 상수역법의 꽃으로 발전한 경방학을 같이 실어 독자들의 호기심을 충족시키는데 중점을 두었습니다. 주역의 원전으로 인화의 처세술을 터득하고, 어떤 사안의 답은 육효법을 탐독하여 찾으시기 바랍니다.
신비한 동양철학 80 │ 효명 최인영 편역 │ 396면 │ 29,000원 │ 신국판

육효학 총론
육효학의 핵심만을 정확하고 알기 쉽게 정리
육효는 갑자기 문제가 생겨 난감한 경우에 명쾌한 답을 찾을 수 있는 학문이다. 그러나 시중에 나와 있는 책들이 대부분 원서를 그대로 번역해 놓은 것이라 전문가인 필자가 보기에도 지루하며 어렵다는 느낌이 들었다. 그래서 보다 쉽게 공부할 수 있도록 이 책을 출간하게 되었다.
신비한 동양철학 89 │ 김도희 편저 │ 174쪽 │ 26,000원 │ 신국판

기문둔갑 비급대성
기문의 정수
기문둔갑은 천문지리·인사명리·법술병법 등에 영험한 술수로 예로부터 은밀하게 특권층에만 전승되었다. 그러나 아쉽게도 기문을 공부하려는 이들에게 도움이 될만한 책이 거의 없다. 필자는 이 점이 안타까워 천견박식함을 돌아보지 않고 감히 책을 내게 되었다. 한 권에 기문학을 다 표현할 수는 없지만 이 책을 사다리 삼아 저 높은 경지로 올라간다면 제갈공명과 같은 지혜를 발휘할 수 있을 것이다.
신비한 동양철학 86 │ 도관 박흥식 편저 │ 725면 │ 39,000원 │ 신국판

기문둔갑옥경
가장 권위있고 우수한 학문
우리나라의 기문역사는 장구하나 상세한 문헌은 전무한 상태라 이 책을 발간하였다. 기문둔갑은 천문지리는 물론 인사명리 등 제반사에 관한 길흉을 판단함에 있어서 가장 우수한 학문이며 병법과 법술방면으로도 특징과 장점이 있다. 초학자는 포국편을 열심히 익혀 설국을 자유자재로 할 수 있도록 하고, 개인의 이익보다는 보국안민에 일조하기 바란다.
신비한 동양철학 32 │ 도관 박흥식 저 │ 674면 │ 39,000원 │ 사륙배판

오늘의 토정비결
일년 신수와 죽느냐 사느냐를 알려주는 예언서
역산비결은 일년신수를 보는 역학서이다. 당년의 신수만 본다는 것은 토정비결과 비슷하나 토정비결은 토정 선생께서 사람에게 용기와 희망을 주기 위함이 목적이어서 다소 허황되고 과장된 부분이 많다. 그러나 역산비결은 재미로 보는 신수가 아니라, 죽느냐 사느냐를 알려주는 예언서이니 재미로 보는 토정비결과는 차원이 다르다.
신비한 동양철학 72 │ 역산 김찬동 편저 │ 304면 │ 16,000원 │ 신국판

國運·나라의 운세
역으로 풀어본 우리나라의 운명과 방향
아무리 서구사상의 파고가 높다하기로 오천 년을 한결같이 가꾸며 살아온 백두의 혼이 와르르 무너지는 지경에 왔어도 누구 하나 입을 열어 말하는 사람이 없으니 답답하다. 불확실한 내일에 대한 해답을 이 책은 명쾌하게 제시하고 있다.
신비한 동양철학 22 │ 백우 김봉준 저 │ 290면 │ 9,000원 │ 신국판

남사고의 마지막 예언
이 책으로 격암유록에 대한 논란이 끝나기 바란다
감히 이 책을 21세기의 성경이라고 말한다. 〈격암유록〉은 섭리가 우리민족에게 준 위대한 복음서이며, 선물이며, 꿈이며, 인류의 희망이다. 이 책에서는 〈격암유록〉이 전하고자 하는 바를 주제별로 정리하여 문답식으로 풀어갔다. 이 책으로 〈격암유록〉에 대한 논란은 끝나기 바란다.
신비한 동양철학 29 │ 석정 박순용 저 │ 276면 │ 16,000원 │ 신국판

원토정비결
반쪽으로만 전해오는 토정비결의 완전한 해설판
지금 시중에 나와 있는 토정비결에 대한 책들을 보면 옛날부터 내려오는 완전한 비결이 아니라 반면의 책이다. 그러나 반면이라고 말하는 사람이 없다. 그것은 주역의 원리를 모르기 때문이다. 따라서 늦은 감이 없지 않으나 앞으로의 수많은 세월을 생각하면서 완전한 해설본을 내놓았다.
신비한 동양철학 53 │ 원공선사 저 │ 396면 │ 24,000원 │ 신국판 양장

나의 천운·운세찾기
몽골정통 토정비결
이 책은 역학계의 대가 김봉준 선생이 몽공토정비결을 우리의 인습과 체질에 맞게 엮은 것이다. 운의 흐름을 알리고자 호운과 쇠운을 강조하고, 현재의 나를 조명하고 판단할 수 있도록 했다. 모쪼록 생활서나 안내서로 활용하기 바란다.
신비한 동양철학 12 │ 백우 김봉준 저 │ 308면 │ 11,000원 │ 신국판

역점 | 우리나라 전통 행운찾기
쉽게 쓴 64괘 역점 보는 법

주역이 점치는 책에만 불과했다면 벌써 그 존재가 없어졌을 것이다. 그러나 오랫동안 많은 학자가 연구를 계속해왔고, 그 속에서 자연과학과 형이상학적인 우주론과 인생론을 밝혀, 정치·경제·사회 등 여러 방면에서 인간의 생활에 응용해왔고, 삶의 지침서로써 그 역할을 했다. 이 책은 한 번만 읽으면 누구나 역점가가 될 수 있으니 생활에 도움이 되길 바란다.

신비한 동양철학 57 | 문명상 편저 | 382면 | 26,000원 | 신국판 양장

이렇게 하면 좋은 운이 온다
한 가정에 한 권씩 놓아두고 볼만한 책

좋은 운을 부르는 방법은 방위·색상·수리·년운·월운·날짜·시간·궁합·이름·직업·물건·보석·맛·과일·기운·마을·가축·성격 등을 정확하게 파악하여 자신에게 길한 것은 취하고 흉한 것은 피하면 된다. 이 책의 저자는 신학대학을 졸업하고 역학계에 입문했다는 특별한 이력을 갖고 있기 때문에 더 많은 화제가 되고 있다.

신비한 동양철학 27 | 역산 김찬동 저 | 434면 | 16,000원 | 신국판

운을 잡으세요 | 改運秘法
염력강화로 삶의 문제를 해결한다!

행복과 불행은 누가 주는 것이 아니라 자기 자신이 만든다고 할 수 있다. 한 마디로 말해 의지의 힘, 즉 염력이 운명을 바꾸는 것이다. 이 책에서는 이러한 염력을 강화시켜 삶에서 일어나는 문제를 해결하는 방법을 알려준다. 누구나 가벼운 마음으로 읽고 실천한다면 반드시 목적을 이룰 수 있을 것이다.

신비한 동양철학 76 | 역산 김찬동 편저 | 272면 | 10,000원 | 신국판

복을 부르는방법
나쁜 운을 좋은 운으로 바꾸는 비결

개운하는 방법은 여러 가지가 있으나, 이 책의 비법은 축원문을 독송하는 것이다. 독송이란 소리내 읽는다는 뜻이다. 사람의 말에는 기운이 있는데, 이 기운은 자신에게 돌아온다. 좋은 말을 하면 좋은 기운이 돌아오고, 나쁜 말을 하면 나쁜 기운이 돌아온다. 이 책은 누구나 어디서나 쉽게 비용을 들이지 않고 좋은 운을 부를 수 있는 방법을 실었다.

신비한 동양철학 69 | 역산 김찬동 편저 | 194면 | 11,000원 | 신국판

천직·사주팔자로 찾은 나의 직업
천직을 찾으면 역경없이 탄탄하게 성공할 수 있다

잘 되겠지 하는 막연한 생각으로 의욕만 갖고 도전하는 것과 나에게 맞는 직종은 무엇이고 때는 언제인가를 알고 도전하는 것은 근본적으로 다르고, 결과도 다르다. 만일 의욕만으로 팔자에도 없는 사업을 시작했다고 하자, 결과는 불을 보듯 뻔하다. 그러므로 이런 때일수록 침착과 냉정을 찾아 내 그릇부터 알고, 생활에 대처하는 지혜로움을 발휘해야 한다.

신비한 동양철학 34 | 백우 김봉준 저 | 376면 | 19,000원 | 신국판

운세십진법·本大路
운명을 알고 대처하는 것은 현대인의 지혜다

타고난 운명은 분명히 있다. 그러니 자신의 운명을 알고 대처한다면 비록 운명을 바꿀 수는 없지만 향상시킬 수 있다. 이것이 사주학을 알아야 하는 이유다. 이 책에서는 자신이 타고난 숙명과 앞으로 펼쳐질 운명행로를 찾을 수 있도록 운명의 기초를 초연하게 설명하고 있다.

신비한 동양철학 1 | 백우 김봉준 저 | 364면 | 16,000원 | 신국판

성명학 | 바로 이 이름
사주의 운기와 조화를 고려한 이름짓기

사람은 누구나 타고난 운명이 있다. 숙명인 사주팔자는 선천운이고, 성명은 후천운이 되는 것으로 이름을 지을 때는 타고난 운기와의 조화를 고려해야 한다. 따라서 역학에 대한 깊은 이해가 선행함은 지극히 당연하다. 부연하면 작명의 근본은 타고난 사주에 운기를 종합적으로 분석하여 부족한 점을 보강하고 결점을 개선한다는 큰 뜻이 있다고 할 수 있다.

신비한 동양철학 75 | 정담 선사 편저 | 488면 | 24,000원 | 신국판

작명 백과사전
36가지 이름짓는 방법과 선후천 역상법 수록
이름은 나를 대표하는 생명체이므로 몸은 세상을 떠날지라도 영원히 남는다. 성명운의 유도력은 후천적으로 가공 인수되는
후존적 수기로써 조성 운화되는 작용력이 있다. 선천수기의 운기력이 50%이면 후천수기도의 운기력도50%이다. 이와 같이 성
명운의 작용은 운로에 불가결한조건일 뿐 아니라, 선천명운의 범위에서 기능을 충분히 할 수 있다.
신비한 동양철학 81 │ 임삼업 편저 │ 송충석 감수 │ 730면 │ 36,000원 │ 사륙배판

작명해명
누구나 쉽게 활용할 수 있는 체계적인 작명법
일반적인 성명학으로는 알 수 없는 한자이름, 한글이름, 영문이름, 예명, 회사명, 상호, 상품명 등의 작명방법을 여러 사례를
들어 체계적으로 분석하여 누구나 쉽게 배워서 활용할 수 있도록 서술했다.
신비한 동양철학 26 │ 도관 박흥식 저 │ 518면 │ 19,000원 │ 신국판

역산성명학
이름은 제2의 자신이다
이름에는 각각 고유의 뜻과 기운이 있어 그 기운이 성격을 만들고 그 성격이 운명을 만든다. 나쁜 이름은 부르면 부를수록 불
행을 부르고 좋은 이름은 부르면 부를수록 행복을 부른다. 만일 이름이 거지같다면 아무리 운세를 잘 만나도 밥을 좀더 많이
얻어 먹을 수 있을 뿐이다. 저자는 신학대학을 졸업하고 역학계에 입문한 특별한 이력으로 많은 화제가 된다.
신비한 동양철학 25 │ 역산 김찬동 저 │ 456면 │ 19,000원 │ 신국판

작명정론
이름으로 보는 역대 대통령이 나오는 이치
사주팔자가 네 기둥으로 세워진 집이라면 이름은 그 집을 대표하는 문패라고 할 수 있다. 따라서 이름을 지을 때는 사주의 격
에 맞추어야 한다. 사주 그릇이 작은 사람이 원대한 뜻의 이름을 쓰면 감당하지 못할 시련을 자초하게 되고 오히려 이름값을
못할 수 있다. 즉 분수에 맞는 이름으로 작명해야 하기 때문에 사주의 올바른 분석이 필요하다.
신비한 동양철학 77 │ 청월 박상의 편저 │ 430면 │ 19,000원 │ 신국판

음파메세지(氣)성명학
새로운 시대에 맞는 새로운 성명학
지금까지의 모든 성명학은 모순의 극치를 이룬다. 그러나 이제 새 시대에 맞는 음파메세지(氣) 성명학이 나왔으니 복을 계속
부르는 이름을 지어 사랑하는 자녀가 행복하고 아름다운 삶을 살아갈 수 있도록 하는데 도움이 되었으면 한다.
신비한 동양철학 51 │ 청암 박재현 저 │ 626면 │ 39,000원 │ 신국판 양장

아호연구
여러 가지 작호법과 실제 예 모음
필자는 오래 전부터 작명을 연구했다. 그러나 시중에 나와 있는 책에는 대부분 아호에 관해서는 전혀 언급하지 않았다. 그래
서 아호에 관심이 있어도 자료를 구하지 못하는 분들을 위해 이 책을 내게 되었다. 아호를 짓는 것은 그리 대단하거나 복잡하
지 않으니 이 책을 처음부터 끝까지 착실히 공부한다면 누구나 좋은 아호를 지어 쓸 수 있을 것이라고 생각한다.
신비한 동양철학 87 │ 임삼업 편저 │ 308면 │ 26,000원 │ 신국판

한글이미지 성명학
이름감정서
이 책은 본인의 이름은 물론 사랑하는 가족 그리고 가까운 친척이나 친구들의 이름까지도 좋은지 나쁜지 알아볼 수 있도록
지금까지 나와 있는 모든 성명학을 토대로 하여 썼다. 감언이설이나 협박성 감명에 흔들리지 않고 확실한 이름풀이를 볼 수
있을 것이다. 그리고 아름답고 멋진 삶을 살아갈 수 있는 이름을 짓는 방법도 상세하게 제시하였다.
신비한 동양철학 93 │ 청암 박재현 지음 │ 287면 │ 10,000원 │ 신국판

비법 작명기술
복과 성공을 함께 하려면
이 책은 성명의 발음오행이나 이름의 획수를 근간으로 하는 실제 이용이 가장 많은 기본 작명법을 서술하고, 주역의 괘상으로 풀어 길흉을 판단하는 역상법 5가지와 그외 중요한 작명법 5가지를 합하여 「보배로운 10가지 이름 짓는 방법」을 실었다. 특히 작명비법인 선후천역상법은 성명의 원획에 의존하는 작명법과 달리 정획과 곡획을 사용해 주역 상수학을 대표하는 하락이수를 쓰고, 육효가 들어가 응험률을 높였다.
신비한 동양철학 96 │ 임삼업 편저 │ 370면 │ 30,000원 │ 사륙배판

올바른 작명법
소중한 이름, 알고 짓자!
세상 부모들에게 가장 소중한 것이 뭐냐고 물으면 자녀라고 할 것이다. 그런데 왜 평생을 좌우할 이름을 함부로 짓는가. 이름이 얼마나 소중한지, 이름의 오행작용이 일생을 어떻게 좌우하는지 모르기 때문이다.
신비한 동양철학 61 │ 이정재 저 │ 352면 │ 19,000원 │ 신국판

호(雅號)책
아호 짓는 방법과 역대 유명인사의 아호, 인명용 한자 수록
필자는 오래 전부터 작명연구에 열중했으나 대부분의 작명책에는 아호에 관해서는 전혀 언급하지 않고, 간혹 거론해도 몇 줄 정도의 뜻풀이에 불과하거나 일반작명법에 준한다는 암시만 풍기며 끝을 맺었다. 따라서 필자가 참고한 문헌도 적었음을 인정한다. 아호에 관심이 있어도 자료를 구하지 못하는 현실에 착안하여 필자 나름대로 각고 끝에 본서를 펴냈다.
신비한 동양철학 97 │ 임삼업 편저 │ 390면 │ 20,000원 │ 신국판

관상오행
한국인의 특성에 맞는 관상법
좋은 관상인 것 같으나 실제로는 나쁘거나 좋은 관상이 아닌데도 잘 사는 사람이 왕왕있어 관상법 연구에 흥미를 잃는 경우가 있다. 이것은 중국의 관상법만을 익히고 우리의 독특한 환경적인 특징을 소홀히 다루었기 때문이다. 이에 우리 한국인에게 알맞는 관상법을 연구하여 누구나 관상을 쉽게 알아보고 해석할 수 있도록 자세하게 풀어놓았다.
신비한 동양철학 20 │ 송파 정상기 저 │ 284면 │ 12,000원 │ 신국판

정본 관상과 손금
바로 알고 사람을 사귑시다
이 책은 관상과 손금은 인생을 행복하게 만든다는 관점에서 다루었다. 그야말로 관상과 손금의 혁명이라고 할 수 있다. 여러분도 관상과 손금을 통한 예지력으로 인생의 참주인이 되기 바란다. 용기를 불어넣어 주고 행복을 찾게 하는 것이 참다운 관상과 손금술이다. 이 책이 일상사에 고민하는 분들에게 해결방법을 제시해 줄 것이다.
신비한 동양철학 42 │ 지창룡 감수 │ 332면 │ 16,000원 │ 신국판 양장

이런 사원이 좋습니다
사원선발 면접지침
사회가 다양해지면서 인력관리의 전문화와 인력수급이 기업주의 애로사항이 되었다. 필자는 그동안 많은 기업의 사원선발 면접시험에 참여했는데 기업주들이 모두 면접지침에 관한 책이 있으면 좋겠다는 것이다. 그래서 경험한 사례를 참작해 이 책을 내니 좋은 사원을 선발하는데 많은 도움이 될 것이라고 믿는다.
신비한 동양철학 90 │ 정도명 지음 │ 274면 │ 19,000원 │ 신국판

핵심 관상과 손금
사람을 볼 줄 아는 안목과 지혜를 알려주는 책
오늘과 내일을 예측할 수 없을만큼 복잡하게 펼쳐지는 현실에서 살아남기 위해서는 사람을 볼줄 아는 안목과 지혜가 필요하다. 시중에 관상학에 대한 책들이 많이 나와있지만 너무 형이상학적이라 전문가도 이해하기 어렵다. 이 책에서는 누구라도 쉽게 보고 이해할 수 있도록 핵심만을 파악해서 설명했다.
신비한 동양철학 54 │ 백우 김봉준 저 │ 188면 │ 14,000원 │ 사륙판 양장

완벽 사주와 관상
우리의 삶과 관계 있는 사실적 관계로만 설명한 책
이 책은 우리의 삶과 관계 있는 사실적 관계로만 역을 설명하고, 역에 대한 관심과 흥미를 갖게 하고자 관상학을 추록했다. 여기에 추록된 관상학은 시중에서 흔하게 볼 수 있는 상법이 아니라 생활상법, 즉 삶의 지식과 상식을 드리고자 했다.
신비한 동양철학 55 | 김봉준·유오준 공저 | 530면 | 36,000원 | 신국판 양장

사람을 보는 지혜
관상학의 초보에서 실용까지
현자는 하늘이 준 명을 알고 있기에 부귀에 연연하지 않는다. 사람은 마음을 다스리는 심명이 있다. 마음의 명은 자신만이 소통하는 유일한 우주의 무형의 에너지이기 때문에 잠시도 잊으면 안된다. 관상학은 사람의 상으로 이런 마음을 살피는 학문이니 잘 이해하여 보다 나은 삶을 삶을 영위할 수 있도록 노력해야 한다.
신비한 동양철학 73 | 이부길 편저 | 510면 | 20,000원 | 신국판

한눈에 보는 손금
논리정연하며 바로미터적인 지침서
이 책은 수상학의 연원을 초월해서 동서합일의 이론으로 집필했다. 그야말로 논리정연한 수상학을 정리하였다. 그래서 운명적, 철학적, 동양적, 심리학적인 면을 예증과 방편에 이르기까지 상세하게 기술했다. 이 책은 수상학이라기 보다 바로미터적인 지침서 역할을 해줄 것이다. 독자 여러분의 꾸준한 연구와 더불어 인생성공의 지침서가 될 수 있을 것이다.
신비한 동양철학 52 | 정도명 저 | 432면 | 24,000원 | 신국판 양장

이런 집에 살아야 잘 풀린다
운이 트이는 좋은 집 알아보는 비결
한마디로 운이 트이는 집을 갖고 싶은 것은 모두의 꿈일 것이다. 50평이니 60평이니 하며 평수에 구애받지 않고 가족이 평온하게 생활할 수 있고 나날이 발전할 수 있는 그런 집이 있다면 얼마나 좋을까? 그런 소망에 한 걸음이라도 가까워지려면 막연하게 운만 기대하고 있어서는 안 된다. 좋은 집을 가지려면 그만한 노력이 있어야 한다.
신비한 동양철학 64 | 강현술·박흥식 감수 | 270면 | 16,000원 | 신국판

점포, 이렇게 하면 부자됩니다
부자되는 점포, 보는 방법과 만드는 방법
사업의 성공과 실패는 어떤 사업장에서 어떤 품목으로 어떤 사람들과 거래하느냐에 따라 판가름난다. 그리고 사업을 성공시키려면 반드시 몇 가지 문제를 살펴야 하는데 무작정 사업을 시작하여 실패하는 사람들이 많다. 그래서 이 책에서는 이러한 문제와 방법들을 조목조목 기술하여 누구나 성공하도록 도움을 주는데 주력하였다.
신비한 동양철학 88 | 김도희 편저 | 177면 | 26,000원 | 신국판

쉽게 푼 풍수
현장에서 활용하는 풍수지리법
산도는 매우 광범위하고, 현장에서 알아보기 힘들다. 더구나 지금은 수목이 울창해 소조산 정상에 올라가도 나무에 가려 국세를 파악하는데 애를 먹는다. 따라서 사진을 첨부하니 많은 활용하기 바란다. 물론 결록에 있고 산도가 눈에 익은 것은 혈 사진과 함께 소개하였다. 이 책을 열심히 정독하면서 답산하면 혈을 알아보고 용산도 할 수 있을 것이다.
신비한 동양철학 60 | 전항수·주장관 편저 | 378면 | 26,000원 | 신국판

음택양택
현세의 운·내세의 운
이 책에서는 음양택명당의 조건이나 기타 여러 가지를 설명하여 산 자와 죽은 자의 행복한 집을 만들 수 있도록 했다. 특히 죽은 자의 집인 음택명당은 자리를 옳게 잡으면 꾸준히 생기를 발하여 흥하나, 그렇지 않으면 큰 피해를 당하니 돈보다도 행·불행의 근원인 음양택명당에 관심을 기울여야 한다.
신비한 동양철학 63 | 전항수·주장관 지음 | 392면 | 29,000원 | 신국판

용의 혈·풍수지리 실기 100선
실전에서 실감나게 적용하는 풍수의 길잡이

이 책은 풍수지리 문헌인 만두산법서, 명신론, 금랑경 등을 이해하기 쉽도록 주제별로 간추려 설명했으며, 풍수지리학을 쉽게 접근하여 공부하고, 실전에 활용하여 실감나게 적용할 수 있도록 하는데 역점을 두었다.

신비한 동양철학 30 | 호산 윤재우 저 | 534면 | 29,000원 | 신국판

현장 지리풍수
현장감을 살린 지리풍수법

풍수를 업으로 삼는 사람들이 진가를 분별할 줄 모르면서 많은 법을 알았다고 자부하며 뽐낸다. 그리고는 재물에 눈이 어두워 불길한 산을 길하다 하고, 선하지 못한 물)을 선하다 한다. 이는 분수 밖의 것을 바라기 때문이다. 마음가짐을 바로 하고 고대 원전에 공력을 바치면서 산간을 실사하며 적공을 쏟으면 정교롭고 세밀한 경지를 얻을 수 있을 것이다.

신비한 동양철학 48 | 전항수·주관장 편저 | 434면 | 36,000원 | 신국판 양장

찾기 쉬운 명당
실전에서 활용할 수 있는 책

가능하면 쉽게 풀어 실전에 도움이 되도록 했다. 특히 풍수지리에서 방향측정에 필수인 패철 사용과 나경 9층을 각 층별로 설명했다. 그리고 이 책에 수록된 도설, 즉 오성도, 명산도, 명당 형세도 내거수 명당도, 지각형세도, 용의 과협출맥도, 사대혈형 와겸유돌 형세도 등은 국립중앙도서관에 소장된 문헌자료인 만산도단, 만산영도, 이석당 은민산도의 원본을 참조했다.

신비한 동양철학 44 | 호산 윤재우 저 | 386면 | 19,000원 | 신국판 양장

해몽정본
꿈의 모든 것

시중에 꿈해몽에 관한 책은 많지만 막상 내가 꾼 꿈을 해몽을 하려고 하면 어디다 대입시켜야 할지 모르는 경우가 많았을 것이다. 그러나 최대한으로 많은 예를 들었고, 찾기 쉽고 명료하게 만들었기 때문에 해몽을 하는데 어려움이 없을 것이다. 한집에 한권씩 두고 보면서 나쁜 꿈은 예방하고 좋은 꿈을 좋은 일로 연결시킨다면 생활에 많은 도움이 될 것이다.

신비한 동양철학 36 | 청암 박재현 저 | 766면 | 19,000원 | 신국판

해몽·해몽법
해몽법을 알기 쉽게 설명한 책

인생은 꿈이 예지한 시간적 한계에서 점점 소멸되어 가는 현존물이기 때문에 반드시 꿈의 뜻을 따라야 한다. 이것은 꿈을 먹고 살아가는 인간 즉 태몽의 끝장면인 죽음을 향해 달려가고 있는 인간이기 때문이다. 꿈은 우리의 삶을 이끌어가는 이정표와도 같기에 똑바로 가도록 노력해야 한다.

신비한 동양철학 50 | 김종일 저 | 552면 | 26,000원 | 신국판 양장

명리용어와 시결음미
명리학의 어려운 용어와 숙어를 쉽게 풀이한 책

명리학을 연구하는 이들은 기초공부가 끝나면 자연스럽게 훌륭하다고 평가하는 고전의 이론을 접하게 된다. 그러나 시결과 용어와 숙어는 어려운 한자로만 되어 있어 대다수가 선뜻 탐독과 음미에 취미를 잃는다. 그래서 누구나 어려움 없이 쉽게 읽고 깊이 있게 음미할 수 있도록 원문에 한글로 발음을 달고 어려운 용어와 숙어에 해석을 달아 이 책을 내게 되었다.

신비한 동양철학 103 | 원각 김구현 편저 |300면 | 25,000원 | 신국판

완벽 만세력
착각하기 쉬운 서머타임 2도 인쇄

시중에 많은 종류의 만세력이 나와있지만 이 책은 단순한 만세력이 아니라 완벽한 만세경전으로 만세력 보는 법 등을 실었기 때문에 처음 대하는 사람이라도 쉽게 볼 수 있도록 편집되었다. 또한 부록편에는 사주명리학, 신살종합해설, 결혼과 이사택일 및 이사방향, 길흉보는 법, 우주천기와 한국의 역사 등을 수록했다.

신비한 동양철학 99 | 백우 김봉준 저 | 316면 | 20,000원 | 사륙배판

정본만세력

이 책은 완벽한 만세력으로 만세력 보는 방법을 자세하게 설명했다. 그리고 역학에 대한 기본적인 내용과 결혼하기 좋은 나이·좋은 날·좋은 시간, 아들·딸 태아감별법, 이사하기 좋은 날·좋은 방향 등을 부록으로 실었다.

신비한 동양철학 45 │ 백우 김봉준 저 │ 304면 │ 사륙배판 26,000원, 신국판 16,000원, 사륙판 10,000원, 포켓판 9,000원

정본│완벽 만세력
착각하기 쉬운 서머타임 2도인쇄

시중에 많은 종류의 만세력이 있지만 이 책은 단순한 만세력이 아니라 완벽한 만세경전이다. 그리고 만세력 보는 법 등을 실었기 때문에 처음 대하는 사람이라도 쉽게 볼 수 있다. 또 부록편에는 사주명리학, 신살 종합해설, 결혼과 이사 택일, 이사 방향, 길흉보는 법, 우주의 천기와 우리나라 역사 등을 수록하였다.

신비한 동양철학 99 │ 김봉준 편저 │ 316면 │ 20,000원 │ 사륙배판

원심수기 통증예방 관리비법
쉽게 배워 적용할 수 있는 통증관리법

『원심수기 통증예방 관리비법』은 4차원의 건강관리법으로 질병이 악화되는 것을 예방하여 건강한 몸을 유지하는데 그 목적이 있다. 시중의 수기요법과 비슷하나 특장점은 힘이 들지 않아 어린아이부터 노인까지 누구나 시술할 수 있고, 배우고 적용하는 과정이 쉽고 간단하며, 시술 장소나 도구가 필요 없으니 언제 어디서나 시술할 수 있다.

신비한 동양철학 78 │ 원공 선사 저 │ 288면 │ 16,000원 │ 신국판

운명으로 본 나의 질병과 건강상태
타고난 건강상태와 질병에 대한 대비책

이 책은 국내 유일의 동양오술학자가 사주학과 정통명리학의 양대산맥을 이루는 자미두수 이론으로 임상실험을 거쳐 작성한 자료다. 따라서 명리학을 응용한 최초의 완벽한 의학서로 질병을 예방하고 치료하는데 활용하면 최고의 의사가 될 것이다. 또한 예방의학적인 차원에서 건강을 유지하는데 훌륭한 지침서로 현대의학의 새로운 장을 여는 계기가 될 것이다.

신비한 동양철학 9 │ 오상익 저 │ 474면 │ 15,000원 │ 신국판

서체자전
해서를 기본으로 전서, 예서, 행서, 초서를 연습할 수 있는 책

한자는 오랜 옛날부터 우리 생활과 뗄 수 없음에도 잘 몰라 불편을 겪는 사람들이 많아 이 책을 내게 되었다. 이 책에서는 해서를 기본으로 각 글자마다 전서, 예서, 행서, 초서 순으로 배열하여 독자가 필요한 것을 찾아 연습하기 쉽도록 하였다.

신비한 동양철학 98 │ 편집부 편 │ 273면 │ 16,000원 │ 사륙배판

택일민력(擇日民曆)
택일에 관한 모든 것

이 책은 택일에 대한 모든 것을 넣으려고 최선을 다하였다. 동양철학을 공부하여 상담하거나 종교인·무속인·일반인들이 원하는 부분을 쉽게 찾아 활용할 수 있도록 칠십이후, 절기에 따른 벼농사의 순서와 중요한 과정, 납음오행, 신살의 의미, 구성조견표, 결혼·이사·제사·장례·이장에 관한 사항 등을 폭넓게 수록하였다.

신비한 동양철학 100 │ 최인영 편저 │80면 │ 5,000원 │ 사륙배판

모든 질병에서 해방을 1·2
건강실용서

우리나라는 아주 오랜 옛날부터 건강과 관련한 약재들이 산천에 널려 있었고, 우리 민족은 그 약재들을 슬기롭게 이용하며 나름대로 건강하게 살아왔다. 그러나 오늘날 현대의학에 밀려 외면당하며 사라지게 되었다. 이에 옛날부터 내려오는 의학서적인 『기사회생』과 『단방심편』을 바탕으로 민가에서 활용했던 민간요법들을 정리하고, 현대에 개발된 약재들이나 시술방법들을 정리했다.

신비한 동양철학 102 │ 원공 선사 편저 │1권 448면·2권 416면 │ 각 29,000원 │ 신국판

명리용어와 시결음미
어려운 명리용어와 숙어를 쉽게 풀이한 책
명리학을 연구하는 이들은 기초공부가 끝나면 자연스럽게 훌륭하다고 평가하는 고전을 접하게 된다. 그러나 음양오행의 논리와 심오한 명리학의 진리에 큰 뜻을 갈무리하고 있는 것으로, 이 모두가 세상의 도리와 관련이 있는 시결(詩訣)과 용어와 숙어는 어려운 한자로만 되어 있어 대다수의 역학도는 선뜻 탐독과 음미에 취미를 잃을 수 있다. 그래서 누구나 어려움 없이 쉽게 읽고 깊이 있게 음미할 수 있도록 원문에 한글로 발음을 달고 어려운 용어와 숙어에 해석을 달아 이 책을 내게 되었다.
신비한 동양철학 103 │ 원각 김구현 편저 │ 300면 │ 25,000원 │ 신국판

참역학은 이렇게 쉬운 것이다② ― 완결편
역학을 활용하는 방법을 정리한 책
『참역학은 이렇게 쉬운 것이다』에서 미처 쓰지 못한 사주를 활용하는 방법을 정리한다는 의미에서 다시 이 책을 내게 되었다. 전문가든 비전문가든 이 책이 사주라는 학문을 이해하는 데 도움이 되고, 사주에 있는 가장 좋은 길을 찾아 행복하게 살았으면 합니다. 특히 사주상담을 업으로 하는 분들도 참고해서 상담자들이 행복하게 살도록 도와주었으면 한다.
신비한 동양철학 104 │ 청암 박재현 편저 │ 330면 │ 23,000원 │ 신국판

인명용 한자사전
한권으로 작명까지 OK
이 책은 인명용 한자의 사전적 쓰임이 본분이지만 그것에 국한하지 않고 작명법들을 그것도 일반적으로 통용되는 기본적인 것 외에 주역을 통한 것 등 7가지를 간추려 놓아 여러 권의 작명책을 군살없이 대신했기에 이 한권의 사용만으로 작명에 관한 모든 것을 충족하고도 남을 것이다. 5,000자가 넘는 인명용 한자를 실었지만 음(音)으로 한 줄에 수십 자, 획수로도 여러 자를 넣어 가능한 부피를 줄이려고 노력하였다. 그리고 작명하는데 한자에 관해서는 다양하게 활용할 수 있도록 하였고, 일반적인 한자자전의 용도까지 충분히 겸비하도록 하였다.
신비한 동양철학 105 │ 임삼업 편저 │ 336면 │ 24,000원 │ 신국판

바로 내 사주
행복한 인생을 만들어 갈 수 있는 방법을 소개하는 책
역학이란 본래 어려운 학문이다. 수십 년을 공부해도 터득하기 어려운 학문이라 많은 사람이 중간에 포기하는 일이 많다. 기존의 당사주 책도 수백 년 동안 그 명맥을 유지해왔으나 적중률이 매우 낮아 일반인들에게 신뢰를 많이 받지 못했다. 그래서 지금까지 30여 년 동안 공부하며 터득한 비법을 토대로 이 책을 내게 되었다. 물론 어느 역학책도 백 퍼센트 정확하다고 장담할 수는 없다. 이 책도 백 퍼센트 적중률을 목표로 했으나 적어도 80% 이상은 적중할 것이라고 자부한다.
신비한 동양철학 106 │ 김찬동 편저 │ 242면 │ 20,000원 │ 신국판